Dawna Markova

Die Versöhnung mit dem inneren Feind

Heilung durch Annehmen und Integration

Gewidmet denen, die selbst an den Pforten der Mitternacht
noch von der Morgenröte träumen

Dawna Markowa

Die Versöhnung mit dem inneren Feind

Heilung durch Annehmen und Integration

Aus dem Amerikanischen von Cordula Grehling

Junfermann Verlag · Paderborn
1997

Titel der Originalausgabe: No Enemies Within. A Creative Process For Discovering What's Right About What's Wrong; erschienen bei Conari Press, Berkeley, CA
Übersetzung: Cordula Grehling
Covergestaltung: Petra Friedrich, unter Verwendung des Motives „Kämpfende Formen" von Franz Marc

Satz: adrupa Paderborn
Druck: PDC – Paderborner Druck Centrum

Kontaktadresse der Autorin für Workshop- und weitere Informationen:
Conari Press
2550 Ninth Street, Suite 101,
Berkeley, CA 94710
U.S.A.

Die Deutsche Bibliothek – CIP-Einheitsaufnahme
Markova, Dawna:
Die Versöhnung mit dem inneren Feind: Heilung durch Annehmen und Integration/Dawna Markova. Aus dem Amerikan. von Cordula Grehling. – Paderborn: Junfermann, 1997.
Einheitssacht.: No enemies within <dt.>
ISBN 3-87387-342-7

NE: GT

ISBN 3-87387-342-7

Inhalt

Die Glyzinie, eine Kletterpflanze, gedeiht auf kargem Boden. Ihr Geheimnis sind die sogenannten Rhizobien. Das sind Mikroorganismen, die unter der Erde in kleinen Knoten an den Wurzeln leben. Sie saugen Stickstoff aus dem Boden und verwandeln ihn in Dünger für die Pflanze. Sie sind nicht Teil der Pflanze, sie sind eigenständige Lebewesen, doch sie bilden eine Symbiose mit der Pflanze; sie fungieren als eine Art unterirdischer Eisenbahn, die im Geheimen an den Wurzeln hinauf- und hinabfährt. Es gibt ein ganzes unsichtbares System zur Unterstützung der Pflanze, dessen Existenz man nie vermuten würde. Es ist fast genauso wie bei den Menschen. Die Glyzinie allein würde es kaum schaffen, zu überleben, doch bringt man sie mit Rhizobien zusammen, ist sie imstande, wahre Wunder zu vollbringen. – *Barbara Kingsolver*

Danksagungen

Für die Erde, die mir lebendige Wurzeln schenkt:
Andy Bryner

Für den Himmel, der mich in die Richtung meiner Träume zieht:
Mary Jane Ryan

Für den Mutterboden, der diese Träume nährt:
Milton Erickson, Thich Nhat Hanh, Richard Kuboyama

Für die, die die Rhizobien dieser Arbeit sind, ja, meines Lebens:
David Peck, Joan und Lewis Sapiro, Tommy Sapiro, Jimmy Sapiro, Karen Bouris, Will Glennon, Emily Miles, Shauna Frazier, Peris Gumz, June LaPointe, Dale LaPointe, Anne Powell, Rita Cleary, Fred Kofman, Peter Senge, Beth Renniger, Peggy Tileston, Jody Whelden, Jode Cohen, Riki Moss, Hollie Noble, Robert Ostermeyer, Marjean Bailey, Maria Chiriboga, Lisa Caine, John Moody, Lonnie Weiss, die East Coast Study Group, „Hearts and Hands“, die Brownells, die Familie Bryner, die Einwohner der Stadt Madison, Wisconsin

Für die nicht sichtbaren Wesen, deren Licht auf all dies fällt:
Terry Dobson,
William Mechanic, Edith Mechanic,
meine Großmutter,
Bambi, Muppet, Domino

Den Dämonen begegnen:

Heilung als Befreiung

Ich schreibe dies so, wie ein Baby an den eigenen Zehen saugt,
das Innen mit dem Außen verschmelzen lassend.
Ich schreibe dies, um Momente meines Lebens wiederzuerschaffen,
um sie in winzig kleine Spiegelfragmente zu pressen,
um meine Wunden zu salben und
meine zerbrochenen Träume zu heilen.
Ich schreibe dies, auf daß deine Augen fühlen lernen
und dein Herz Ruhe finden kann,
auf daß deine Seele aus ihrem Versteck herauskriechen kann
und ein Wunder schaut,
das nicht wie ein Rätsel gelöst oder geklärt werden kann.
Ich schreibe dies, um dem Geiste in uns Leben einzuhauchen.

Es lebte einmal vor langer, langer Zeit in einem fernen Land ein großer tibetischer Dichter namens Milarepa, der jahrzehntelang studierte und meditierte. Er zog über das Land und lehrte die Dorfbewohner, denen er begegnete, sich in Barmherzigkeit und Mitgefühl zu üben. Er mußte viele Beschwerlichkeiten, Schwierigkeiten und großes Leid erdulden – all dies verwandelte er in seinen Pfad des Erwachens.

Endlich war die Zeit gekommen, da er zu der kleinen Hütte zurückkehrte, die er sein Heim nannte. Während all der Jahre seiner Reise hatte er die Erinnerung an sie im Herzen getragen. Als er jedoch in die Hütte eintrat, war sie mit Feinden aller Art angefüllt. Mit schrecklichen, furchterregenden, ungeheuerlichen Dämonen, vor denen jedermann schleunigst Reißaus genommen hätte. Aber Milarepa war nicht jedermann.

Er atmete dreimal langsam ein und aus und wandte sich den Dämonen zu, völlig gegenwärtig und bewußt. Er blickte jedem von ihnen tief in die Augen, verneigte sich respektvoll und sprach: „Ihr seid jetzt hier in meiner Hütte. Ich erweise euch Ehrerbietung und bin offen für das, was ihr mich zu lehren habt."

Kaum hatte er diese Worte ausgesprochen, waren alle Feinde bis auf fünf an der Zahl verschwunden. Diese, die übriggeblieben waren, waren schauerliche, wüste, riesengroße Ungeheuer. Milarepa verneigte sich aufs neue und begann, ihnen ein Lied vorzusingen, eine süße Melodie, in welcher Liebe schwang für die mannigfachen Weisen, in denen diese Ungeheuer Leid erfahren hatten, und Wißbegier in bezug auf das, was ihnen ermangelte und wie er ihnen helfen könnte. Als die letzten Töne seinen Lippen entwichen, lösten die Dämonen sich in Luft auf.

Nun blieb nur noch eines der garstigen Geschöpfe übrig; seine Reißzähne troffen von Unheil, aus den Nasenlöchern loderten Flammen, und sein aufgerissenes Maul ließ einen in einen dunklen, übelriechenden schwarzen Schlund schauen. Milarepa trat näher an diesen riesigen Dämon heran, atmete tief in den Bauch und sagte mit ruhigem Mitgefühl: „Ich muß lernen, dein Leiden zu verstehen und zu wissen, was du zu deiner Heilung brauchst." Darauf legte er seinen Kopf in das Maul dieses Feindes. In diesem Augenblick verschwand der Dämon, und Milarepa war endlich zu Hause angekommen.

Ein schwerer Beginn. Es fühlt sich so an, als sei ich noch nie hier gewesen, und gleichzeitig fühle ich mich so, als käme ich nach Hause. Meine Angst gleicht der Angst, die die Menschen vor dem Unbekannten befällt, die sie verspüren, wenn sie im Kampf mit sich liegen, ob sie eine Reise durch die dunklen Gebiete ihrer Seele beginnen sollen. Ich bin aufs äußerste versucht, mich abzuwenden, wegzulaufen, mich aus dem Staube zu machen. Die Videobänder zurückzuspulen, den Kühlschrank abzutauen oder die Reisequittungen für die nächstes Jahr fällige Steuererklärung alphabetisch zu ordnen. Ein Käsesoufflé zuzubereiten und zu essen. Einen Wodka Collins zu mixen und zu trinken. Einen anderen Menschen zu finden, dem etwas fehlt, irgend etwas zu finden – eine Wunde, eine Kränkung, eine Neurose, in die sich meine Aufmerksamkeit ergießen kann.

Heilen bedeutet, mit Liebe zu berühren, was wir zuerst mit Angst berührten.
– Stephen Levine

Ich schalte das Radio ein. Es ist vier Uhr morgens, und ich höre nur Rauschen. Die Stimme in meinem linken Ohr flüstert: „Dich vor dem abzuwenden, was du fürchtest, ist nicht dasselbe, wie dich dem zuzuwenden, was du willst. Was willst du?“

Ich hasse diese Frage. „Was willst du? Wie kann ich dir helfen?“ Ich habe diese Frage ständig gestellt im Laufe der dreißig Jahre, seit ich mit Menschen arbeite, die darum kämpfen, zu lernen, harte Zeiten zu überstehen, von dem Verlust der Liebe, spirituellen Werten oder Lebenssinn zu genesen. Auf einmal sah ich ihre Gesichter wie auf einem geistigen Bildschirm vor mir – Männer, Frauen und Kinder, verstört, gequält, leidend, die nach Antwort oder Lösung verlangen, nach Rat und Richtung, die danach verlangen, ein Problem loszuwerden, die es geheilt sehen wollen.

Im Umgang mit der Furcht besteht der einzige Ausweg darin, direkt hineinzugehen.
– Sheldon Kopp

Ich sehe ihre ausgestreckten Hände, die nach etwas tasten, suchen, greifen wollen, an dem sie sich festhalten können, nach einer Verbindung zu sich selbst, zu denen, die sie lieben oder zu lieben versuchen, zu der Welt, die sie umgibt; unbeholfene Finger, die nach einer Quelle des Trostes und der Weisheit suchen, die mehr ist als das Leid, das sie in ihrem täglichen Leben finden.

Ich sehe, wie ihre Lippen sich bewegen, ich höre ihre Stimmen, Tausende von Stimmen, die mir von den Dämonen erzählen, mit denen sie zu kämpfen haben, Geschichten, die die Landschaft ihres Geistes formen. Geschichten, die alle verschieden und doch alle auf eine Weise gleich sind. Geschichten von Gebärmutterhalskrebs oder von der Scheidung einer 22jährigen Ehe; Geschichten von Kokain- oder Arbeits- oder Eßsucht; Geschichten von einem siebzigjähri-

In dunkler Zeit beginnt das Auge zu sehen.
– Theodore Roethke

gen Großvater, der ein siebenjähriges Kind vergewaltigt, und Geschichten von demselben Mann, der von seinem Vater vergewaltigt wird.

Die Nacht quillt über von so vielen, in so viel Schmerz geätzten Gesichtern. Ich kann es kaum ertragen. Ich schwimme in dreißig Jahren Leid. Ich spüre keine Wut mehr, keine Empörung. Alles, was bleibt, ist Mitgefühl. Ein ganzer Ozean von Mitgefühl erfüllt mich und öffnet mich, wo vorher nur Knochen, Blut und Bauch waren.

Nichts Menschliches ist mir fremd.
– *Terenz*, 161 v. Chr.

Jetzt höre ich Fragen in meinem rechten Ohr, Fragen, die alle unterschiedlich sind und doch alle auf dasselbe hinauslaufen: „Wie kann ich mit dem Krieg, der in meinem Geist tobt, Frieden schließen? Wie kann ich mich von der Angst und der Qual meiner Kindheit befreien? Wie kann ich Liebe für mein Leben empfinden? Wie kann ich Heilung finden?“ Dreißig Jahre Fragen, die zu beantworten ich gerade erst begonnen habe.

Dreißig Jahre, in denen ich Menschen auf ihrer Reise zu ihrer wahren Heimat begleitet habe. All diese Gesichter und Hände; all diese Fragen und Geschichten. Jenseits der bedeutungslosen Bezeichnungen „Psychotherapeutin“ und „Klientin“ oder „Lehrer“ und „Schüler“ sind wir an der Wurzel alle miteinander verbunden. Wir alle sind verletzte Heiler, wir alle sind verwundete Krieger. Wir alle kämpfen uns durch dunkles, gebirgiges Land, um Heilung zu finden.

Solange es keinen Feind im Innern gibt, kann uns der Feind in Außen nichts anhaben.
– *Afrikanisches Sprichwort*

Jetzt erscheint auf dem leeren Bildschirm meines Geistes mein eigenes Gesicht, das Gesicht, das ich vor fünfzehn Jahren besaß, scharf und deutlich – das Gesicht einer Frau, die mit vielen Feinden im Kampf liegt: mit ihrer tödlichen Krankheit, ihrer Sucht, ihrer Vergangenheit des Mißbrauchs und der Mißhandlung; eine Frau, die vor einer Wegscheide steht und völlig unvorbereitet darauf ist; eine Frau, die schwer gezeichnet ist von Fragen, die zu beantworten ihr nicht möglich war: Wo gibt es eine Quelle des Trostes, die tiefer ist als all diese Qual? Was will ich in meinem Herzen sein im Moment, da ich sterbe? Werde ich in diesem Moment wissen, daß ich fähig war, zu lieben? Werde ich meinem eigenen Weg treu geblieben sein? Wie finde ich meinen Weg durch all dies hindurch?

Wir können den schlimmen Zustand, in den wir die Welt gebracht haben, nicht heilen, ohne uns eine Art spiritueller Heilung zu unterziehen.
– *M. Scott Peck*

Viele von uns haben nie ein Schlachtfeld aus der Nähe gesehen und haben doch ihre eigenen Kriege im kleinen durchlebt. Unser Leben stellt einen einzigen Kampfplatz dar, auf dem wir ständige Gefechte mit inneren Feinden austragen, die zu schlagen uns nie gelingt. Was immer wir versuchten, Frontalangriffe oder hastigen Rückzug, wir haben überlebt. Aber wir alle haben in irgendeiner Weise Schaden genommen; wir sind alle zu Opfern geworden. Wir alle sind Veteranen, die darum kämpfen, ihre Geschichte erzählen zu dürfen, so daß sie nicht länger in uns gärt, damit wir den Schmerz ertragen können, damit wir aus ihm lernen, damit wir die Lehre aus ihm weitergeben können, damit wir einst wieder imstande sein werden, der Welt anzugehören.

Ich schreibe dieses Buch, weil ich es vor fünfzehn Jahren selbst gebraucht hätte. Dringend. Ich war auf der Suche nach einem Floß, das mich durch die aufgewühlten Wasser hindurchtragen sollte. Ich hatte das große Glück, einige Menschen zu finden, die mich lehrten, daß eine Wunde ein Weg zur Heilung sein kann.

Als ich in meinen Forschungen innehalten mußte, weil der Weg sich unter meinen Schritten auflöste, fand ich einen bodenlosen Abgrund zu meinen Füßen, und aus ihm entspringt – auftauchend aus dem Nirgendwo – der Strom, den ich mein Leben zu nennen wage.
– Teilhard de Chardin

C.G. Jung sagte, daß wir traumatische Erfahrungen erleben, damit wir unsere Seele kennenlernen, unserem Leben einen Sinn geben. Der Dalai Lama lehrt, daß das Umwandeln von Problemen ein Weg zum spirituellen Erwachen sei. Und wir müssen aufwachen, als Gesellschaft und als einzelne. Es ist möglich, daß die menschliche Gemeinschaft sich aufgrund der Lektionen, die durch individuelles Leiden gelernt worden sind, weiterentwickelt. Aber wie können die Menschen ihr Leben so leben, daß sie Heilung finden können, und umgekehrt, wie können die Menschen Heilung finden, um zu lernen, ihr Leben zu leben? Wie können geballte Fäuste sich in weiche, offene Händen verwandeln, die die geheimen Geschichten der Rettung ihres Lebens preisgeben?

Ich weiß, was ich mit all dem machen möchte, dessen Zeugin ich während dieser vergangenen dreißig Jahren gewesen bin. Ich trage einiges im Herzen, was ich dir über diese Menschen erzählen möchte, über ihre Fragen und die Vielfalt ihrer Wege. Solange ich diese Dinge nicht niederschreibe, habe ich als Zeugin versagt. All dies fühlt sich an wie ein schwerer Stein, all diese nie erzählten Geschichten, die drücken und drängen, die ihre Geburt in eine Welt erleben wollen, die aus ihnen lernen wird, so daß der ganze Schmerz einen Sinn erhalten kann.

Diese Geschichten habe ich aus meinem Gedächtnis, aus Tonband- und schriftlichen Aufzeichnungen von Workshop-Sitzungen ausgewählt, die mein Mann Andy und ich geleitet haben. Sie sind alle wahr und haben sich so ereignet wie beschrieben. Zum Schutz der Beteiligten habe ich die Namen und charakteristischen Kennzeichen wie Geschlecht, Beruf und Wohnort verändert.

Ich bitte dich, mit so viel Tiefe und Offenheit zu lauschen, wie du kannst. Meine Hoffnung ist, daß du im Verlauf dieses Zuhörens neue Möglichkeiten lernen wirst, den Dingen im Innen wie im Außen, die du bisher bekämpft hast, mit Mitgefühl zu begegnen und die einzigartigen Ressourcen deines Geistes zu Hilfe zu nehmen, um dein Leben zu retten.

Milarepa war ein großer Weiser, der seinen Feinden mit offenem Herzen und erleuchtetem Geist begegnete. Die meisten von uns verfügen noch nicht über seine besondere Art von Weisheit und müssen doch neue Weisen lernen, mit den Dämonen umzugehen, die sie auf ihrem Wege treffen. Wir können lernen, daß krank zu werden nicht gleichbedeutend ist mit Versagen, daß Krankheit keine Sünde und verwirrt zu sein keine Schwäche ist. All dies sind vielmehr Hinweise auf die Richtung, in die die Heilung gehen muß. Jeder Weg zur Hölle kann eine Straße zum Himmel sein.

In den folgenden Kapiteln vermittele ich einen einfachen, doch sehr tiefgehenden Transformationsprozeß, der darin besteht, daß man Probleme als Lösungen ansieht, daß man ein Gefühl der Geborgenheit in sich selbst herstellt, daß man sich zu seinem Schmerz bekennt und ihm Ausdruck verleiht, daß man sich seiner verleugneten Stärken erinnert und daß man sich die Freiheit der Wahl zurückerobert, die Entscheidung zu treffen, wie jedes gegebene Ereignis sich auf das eigene Leben auswirkt. Diesen Prozeß nenne ich Lernen durch Wieder-Verbinden. Dabei findet eine Verschmelzung des Lernens durch Gewahrsein, Phantasie und Mitgefühl statt, so daß wir, wie Milarepa, die Fähigkeit erlangen, unseren Problemen und Dämonen in einer Weise zu begegnen, die Harmonie schafft statt Widerstand, Ganzheit statt Fragmentierung. Ihnen mit Gewahrsein zu begegnen, so daß wir uns gründlich mit unserer Angst, unserem Schmerz und unserer Wut auseinandersetzen. Ihnen auf eine Weise zu begegnen, daß wir dies alles nicht nur einfach überleben, sondern daß diese Erfahrung uns transformiert.

Viele Menschen beten darum, daß Berge versetzt werden mögen, dabei müßten sie doch einfach nur hinaufsteigen.
– anonym

Alles, was ich hier mitteile, habe ich aufgrund meiner eigenen Erfahrungen erkannt und in der Arbeit mit anderen Menschen angewandt, die durch Lebenskrisen gegangen sind. Ihr Wachstum ist mein Lehrer. Die hier vorliegende Mischung von Geschichten, Gedanken und Ergebnissen ist die reine Wahrheit, wie sie aus der Erforschung einer dunklen Landschaft hervorgegangen ist; die Frucht der vielen Umbrüche und Wege, die ich als Psychotherapeutin, Lehrerin und Erziehungsberaterin während der letzten drei Jahrzehnte mitverfolgt habe. Es ist durch Arbeit verdiente Weisheit.

Dieser Prozeß ist für jeden da, der aufgrund eines unlösbaren persönlichen Problems zu einem solchen Moment der Qual gelangt ist, daß er jetzt bereit dazu ist, mit dem Wegrennen aufzuhören und sich dem Problem zuzuwenden. Es bietet dem Geist so etwas wie ein Geländer zum Festhalten, während man durch den von den eigenen Wunden verursachten Aufruhr der Gefühle und die Einsamkeit reist, durch die Haufen von Dreck, die einem das Leben manchmal serviert.

Wir alle sind auf der Reise, auf einer Reise durch unseren persönlichen Kampf hindurch und über ihn hinaus, auf der Suche danach, spirituell zu reifen. Es ist ein einsames Abenteuer, welches uns jedoch letztlich auf eine tiefere und wahrere Weise mit der Welt verbindet als je zuvor. Wenn du auf der Reise bist und dabei deine Feinde zu Gefährten hast, wenn du ihnen deine vom Mitgefühl abgearbeiteten Hände reichst, wenn deine Verwunderung ihnen Schutz gewährt, dann kommt das, was du bist, und das, was aus dir werden könnte, zusammen. Du empfindest ein Gefühl der Verantwortung der Welt gegenüber, die dich umgibt – nicht, weil du versuchst, ein guter Mensch zu sein, sondern weil du fähig bist, zu lieben.

Vielleicht ist es so, daß wir, wenn wir nicht mehr wissen, was wir tun sollen, zu unserer wahren Aufgabe gefunden haben und daß wir, wenn wir nicht mehr wissen, welche Richtung wir einschlagen sollen, unsere wahre Reise begonnen haben.
– Wendell Berry

Dieses Buch ist keine Anleitung zur fixen Selbstreparatur. Heilung geschieht nicht an einem Wochenende. Nein, sie erfordert vielmehr allmähliche Entfaltung, so wie ein Geheimnis sich entfaltet. Da gibt es keine vorgefertigten Antworten oder Zauberkräfte. Was hier mitgeteilt wird, ist einfach, doch nicht leicht. Zu lange habe ich in meinem eigenen Kampf gegen die Sucht versucht, die leichte Lösung zu finden. Ich wechselte die Zigarettenmarken, rauchte nur einmal pro Woche einen Joint statt täglich. Als ich endlich zuließ, daß mein Schmerz mich berührte, als ich meinen eigenen Kampf auf Reichweite an mich herankommen ließ und mich zu ihm bekannte, ihm zuhörte, ihn ansah und zuließ, dann und erst dann begann ich, mich im Herzen zu verändern und das Risiko einzugehen, ein Leben ohne dauernde Betäubung zu leben. Erst an diesem Punkt begann die wirkliche Heilung.

Das Heilen besteht nicht aus einer Technik; diese ist nur ein Mittel.
– Rachel Naomi Remen

Ich glaube, daß letztlich jeder von uns der Heiler oder die Heilerin seiner/ihrer eigenen Probleme ist, egal, worin diese begründet sein mögen. Wir können aber lernen, Hilfsmittel zu benutzen, die immens hilfreich dabei sein können, die Landkarte zu entdecken, die uns den Weg zeigt. Ich biete dir ein paar Wegweiser an und, wenn du sie annehmen willst, eine Hand, die sich dir von der anderen Seite der Tür aus offen entgegenstreckt, als Gefährtin auf dieser Reise durch dunkles Gebiet.

Viele der Ideen, die dir im Gewebe dieser Seiten begegnen werden, sind nicht neu. Zu kostbarem Gewirk sind sie gesponnen aus vielen geistigen Richtungen: Charlotte Selver, Thich Nhat Hanh und andere buddhistische Lehrer bilden die Kette aus Bewußtheit und Gewahrsein; Clarissa Pincola Estes, Deena Metzger, Natalie Goldberg, Gabriele Rico und andere Lehrerinnen der Kreativität benutzen den Webstuhl der Macht der Phantasie zur Förderung der Selbstverwirklichung; Jack Kornfield, Ram Dass, Viktor Frankl, Joan Borysenko,

Stephen Levine und Joanna Macy weben den Schußfaden des Mitgefühls. Jeanne Achterberg und Dr. Milton Erickson, Stephen Gilligan und Yvonne Dolan benutzen das Weberschiffchen des Unbewußten zur Heilung; die Kampfkünste, insbesondere Aikido, schenken uns den unverwüstlichen Faden der Lehre von der Kunst, sich in Harmonie mit einer gegnerischen Macht zu bringen, indem man mit ihr verschmilzt und ihre Kraft dazu benutzt, den Angriff zu zerstreuen und in eine andere Richtung zu lenken; und Stanley Siegel, Sheldon Kopp und andere revolutionäre Psychotherapeuten steuern rohseidenes Garn bei mit ihrer Beobachtung des Erfindungsreichtums und der Anpassungsfähigkeit des menschlichen Geistes.

Eines Tages würde ich gerne ein paar Leuten viele und schöne Dinge beibringen, die ihnen helfen könnten, wenn sie eines Tages ein paar Leuten usw. ...
– anonym

Es sind auch Fasern dabei, die ich selbst beigesteuert habe und die diesem besonderen Material die einzigartige Textur verleihen: die Betonung , die ich auf die Wichtigkeit lege, den eigenen individuellen Weg zu finden, Zugang zu den Botschaften der Intuition zu erhalten, sie zu empfangen und zu erkennen; der Gebrauch der Offenbarungskraft der Phantasie; die speziellen Anleitungen zur Anwendung der kombinierten Grundqualitäten Gewahrsein, Mitgefühl und Phantasie auf den Umgang mit den Schwierigkeiten, denen man sich gegenübersieht. Die Struktur dieses Buches, die Erfahrungen, die Integration und die Schlußfolgerungen habe ich aus meinem eigenen Leben geschöpft.

Eines der Erlebnisse, die am meisten zu meiner Transformation beigetragen haben, bestand darin, viereinhalb Minuten lang tot auf einem Operationstisch zu liegen. Ich weiß, viereinhalb Minuten machen mich nicht zur Expertin. Aber diese Erfahrung half mir, meinen Weg an manchen Stellen, wo er ungute Krümmungen machte, zu begradigen; und sie führte mich weit fort von meinem ursprünglichen Standort. In der Familie, aus der ich stamme, wurde „dieses Wort" (Tod) nie erwähnt.

Bevor ich 25 wurde, war ich nie auf einer Beerdigung gewesen. Man starb nicht; man ließ sich nur nirgendwo mehr sehen. Der Tod war der Gipfel des Versagertums.

Meine kleine Viereinhalb-Minuten-Erfahrung unterschied sich so sehr davon. Es fällt mir immer noch schwer, sie in Wort zu fassen – ich habe die Form nicht gefunden, in die ich die Intensität der Verzückung zu fassen vermöchte, die ich erlebt habe. Ich habe versucht, die sich ständig verändernden Lichtmuster zu beschreiben, die mich umtanzten, aber meine Zunge stolpert am Ende über Wolken. Es war, als sei meine Seele ergriffen und über das ganze Universum verteilt, oder vielmehr, als seien das Universum und meine Seele so miteinander verwoben, daß es unmöglich war, zu sagen, wo das eine begann und die andere endete. Ich wurde zu einem Zyklon intensiver Wachheit. In dem größten Schulraum, den man sich vorstellen kann, lernte ich eine Geometrie des Lebens, in der alles einen Sinn ergab. Eine unendliche Zahl von getrennten, unzusammenhängenden Fasern verspann sich zu einem einzigen dicken Faden.

Ich schaute aus einer Höhe von tausend Meilen herab und sah meinen armen in grünes Tuch gehüllten Körper auf dem metallenen Operationstisch liegen; der Arzt spritzte Adrenalin, die Schwester huschte wie verrückt über den Linoleumboden. Zur gleichen Zeit erhob sich eine Stimme um mich herum und in mir, die fragte: „Hast du genug Freude erlebt?“ In diesem Moment wurde mir klar, daß ich von all den Millionen Augenblicken meines Lebens nur sehr wenige wirklich erlebt hatte. Die meisten von ihnen hatte ich verpaßt, indem ich wie verrückt in Richtung Zukunft raste und vor der Vergangenheit davonlief. Diese Erkenntnis traf mich wie ein Schock, so, als wäre ich ein Vogel, der gegen eine große Glastür fliegt.

Eine spirituelle Krise ist der Versuch, sich selbst zu finden, neuen Glauben zu gewinnen.
– Andrej Tarkowski

Es folgte eine zweite Frage: „Was hast du noch nicht gesehen?“ Dann hörte ich eine Art Rascheln, ein sanftes Brausen um mich herum, ein Ziehen, Zerren, Abwärtsschweben, das mich in den Operationssaal zurückbrachte, zurück in meinen Körper.

Solch ein kurzer, intimer und letztlich zeitloser Moment, doch nichts war seither wie zuvor. Ich erlebte eine gefühlsmäßige und spirituelle Verschiebung zu einer Art des Denkens, bei der es nicht mehr so wichtig für mich war, „etwas zu werden“ – reich zu werden, geliebt zu werden, vorwärtszukommen, anerkannt zu werden. Durch das dauernde „Werden“ verpaßte ich zuviel.

Diese viereinhalb Minuten formten mich, so, wie ein Fluß die Wände eines Canyons formt. Der innere Kompaß hat sich statt am Werden und Bekommen am Geben ausgerichtet – einem Geben, bei dem ich mich nicht weggebe. Zu lernen, so viel Freude wie möglich zu empfinden, ist zu meinem magnetischen Nordpol geworden; darauf zu bestehen, ein Leben zu erschaffen, das so lebendig und von Freude erfüllt ist, daß ich es nicht verlassen möchte.

Dieses Buch ist kein Ziel an sich. Es ist ein Mittel, miteinander zu sprechen, in Zusammenarbeit miteinander zu kommunizieren. Gäbe es dich nicht auf der anderen Seite dieses Blattes, könnte es nicht existieren. Du bist der Pfeil, und das Buch ist der Bogen. Ohne dich hätte es keinen Sinn.

Auf den folgenden Seiten gibt es viele Stellen, die dich auffordern, innezuhalten und die angebotenen Hilfestellungen zu benutzen, so daß diese Reise zur gelebten Erfahrung werden kann. Es gibt viele Geschichten, die alle wahr sind; doch sind sie nicht als Anleitung zum Handeln gedacht. Geschichten, die älteste Form der Unterweisung, lehren, ohne direkte Anweisungen zu geben. Sie erinnern uns daran, daß wir nicht

Wir sind die, auf die wir gewartet haben.
– June Jordon

allein sind. Sie schaffen eine Verbindung zwischen uns auf der Ebene des Herzens.

Laßt uns hier beginnen. Jeder hat eine Landschaft in sich, die zur Veränderung benutzt werden kann, einen Ort, an dem man Erneuerung finden kann, ein Gebiet, das der Entspannung und Verjüngung dient. Für einige Menschen muß dieses Gebiet schroff und zerklüftet sein wie eine Berglandschaft. Für andere weitläufig und ausgedehnt wie ein Meeresufer.

Wenn du auf einer Reise wärest, wie sähe die Landschaft aus? Befindest du dich in einer Wüste oder in einem Wald? Gleichen die Kräfte, die dich fordern, Stürmen oder Stromschnellen? Welches sind die Fragen, die Suche, die dem Leben jetzt zugrunde liegen?

Heilung als Befreiung

Heutzutage findet zu Beginn der meisten Flugreisen eine Überprüfung des Bestimmungsortes statt: „Dieses Flugzeug fliegt nach Pittsburgh. Falls dies nicht Ihr Reiseziel sein sollte, steigen Sie bitte sofort aus." Es könnte also eine gute Idee sein, sich zu vergewissern, ob wir uns auf *dieser* Reise in dieselbe Richtung bewegen. Um das herauszufinden, möchte ich erst einmal das Heilen vom Kurieren unterscheiden.

Das Kurieren benutzt dieselbe Art von Denkprozessen, wie sie bei der Problemlösung Verwendung finden. Es ist auf ein Endresultat ausgerichtet; Diagnose und Behandlung sind erforderlich. Man verletzt sich am Zeh und tut ein Antiseptikum und ein Pflaster darauf. „Kuriert" ist ein finiter Zustand, kein Prozeß; er impliziert ein Abspalten der Krankheit oder Störung von der betreffenden Person. Kurieren ist notwendig. Ich bin sehr dankbar für die Behandlungen, die mein Überleben ermöglichten, so daß ich lernen konnte, Heilung in mein Leben zu bringen.

Heilen ist keine „Alternative" zum Kurieren. Dieses ist der Heilung untergeordnet, es ist ein begleitender Prozeß. Wenn wir nur unsere Krankheiten und Probleme kurieren, reichen wir nicht an die Wurzeln heran: die Symptome verschwinden vielleicht, *aber es hat kein Lernen stattgefunden.* In unserem Beispiel mit dem verletzten Zeh würde Heilen implizieren, daß man die Empfindungen, die die Wunde auslöst, zuläßt und Neugier entwickelt in Hinblick darauf, welche Umstände zu der Verletzung geführt haben, so daß man lernen kann, was nächstes Mal gebraucht wird.

Was einst Licht bringen soll, muß zuerst brennen.
– Viktor Frankl

Wenn man von Heilung spricht, schließt man also die Art und Weise ein, wie man lebt, wieviel Zeit auch immer einem bleiben mag. Manchmal impliziert dies auch die Linderung von Symptomen, aber immer schließt es die Bedingungen ein, unter denen man lebt. Man heilt nicht *von* etwas, vor dem man Angst hat, man heilt *in Richtung auf* etwas, was man sich intensiv wünscht.

Heilung besteht darauf, daß du alles einer genauen Prüfung unterwirfst – alle Gewohnheiten, Vorstellungen, Überzeugungen, Werte, Leidenschaften, Hemmungen, Meinungen –, bis du das findest, was im innersten Kern die meiste Wahrheit besitzt, und alles andere ad acta legst. Heilung verlangt, daß du deine Fragen so lange nährst, bis du entdeckst, wie du die Art von Umgebung schaffen kannst, die dich fähig macht, von Tag zu Tag in Integrität mit dir *selbst* und der Welt zu leben.

Heilung ist das Umarmen dessen, was man am meisten fürchtet; Heilung ist das Öffnen dessen, was verschlossen war, das Weichwerden dessen, was zur Blockade verhärtet war. Heilung besteht darin, zu lernen, dem Leben zu vertrauen.
– Jeanne Achterberg

„Kurieren" impliziert eine spezielle Behandlung für eine bestimmte Krankheit. „Heilung" dagegen verweist auf eine sehr persönliche Medizin, die man nur selbst erahnen kann. Dies ist kein linearer Prozeß, und so werden Fragen nicht direkt beantwortet, sondern auf indirekte Weise – Bilder tauchen auf, Einsichten schießen hoch, auf unvorhersehbare Weise. Es gibt kein bekanntes Rezept dafür außer dem folgendem: Du mußt dich Schritt für Schritt von allem befreien, was dir nicht dabei hilft, das Leben zu erschaffen, für das du geboren wurdest – mit Sensibilität und wilder Entschlossenheit.

Du machst eine Kehrtwendung und setzt deinen eigenen Kurs für diese Reise fest, findest deine eigene Definition. Du bist eingeladen, deinen Geist eine Weile wandern zu lassen. Vielleicht hast du eine Lieblingsart, dies zu tun – gehen oder schwimmen oder Golf spielen oder auf einer unbelebten Straße Auto fahren. Laß deinen Geist schweifen, wohin er will, und achte dabei auf das Ein- und Ausströmen deines Atems. Dann stelle dir nacheinander folgende Fragen:

- *„Was bedeutet Heilung für meinen Körper genau jetzt?"*
- *„Was bedeutet Heilung für mein Herz genau jetzt?"*
- *„Was bedeutet Heilung für meine Seele genau jetzt?"*

Erwarte nicht, daß nach jeder Frage eine Antwort auftaucht, sondern beobachte nur, welche Bilder oder Gedanken sich mit dem Atem in deinem Geist heben und senken, so, als würdest du auf einer Sommerwiese liegen und den Wolken oder Sternen nachschauen.

Als Kinder fürchten wir uns vor dem, was uns schaden könnte. Als Erwachsene fürchten wir uns oft vor dem, was die größte Kraft in sich schließt, uns zu heilen. Ich glaube, daß die größte Sicherheit in unserer Bereitschaft liegt, nicht vor uns selbst davonzulaufen.

Willst du mit mir reisen? Das Ziel unserer Reise ist Lernen und Befreiung. Sie ist auf einen Prozeß gerichtet, nicht auf ein zu erreichendes Ziel; es geht darum, neue Bedeutungen zu finden, nicht neue Mechanismen. Der Feind, dem du dich gegenübersiehst, wird dich aufbrechen, so daß das, was zum Durchbruch finden muß, eine Möglichkeit dazu hat. Deine Wunden werden die evolutionäre Schwelle für den Ausdruck dessen sein, was du bist in deinem natürlichsten, auf göttliche Weise menschlichen, auf außergewöhnliche Weise gewöhnlichen, authentischen Selbst.

1 Das gefangene Ich:

Das Erkennen des inneren Feindes

Die Helden und Friedensstifter unserer Zeit werden diejenigen Männer
und Frauen sein, die den Mut besitzen, in die dunklen Tiefen der
individuellen und der kollektiven Psyche hinabzutauchen
und dem inneren Feind gegenüberzutreten. – *Sam Keen*

Ich habe es immer geliebt, dabei zuzusehen, wie meine Großmutter Brot für den Sabbat machte. Bis zu den Ellbogen im Mehl, lehrte sie mich, während sie den Teig knetete, Küchenpsychologie. Eines Morgens, ich war fünf oder sechs, sagte sie, ohne vom Tisch aufzuschauen: „Es gibt Menschen, die auf ihrer Energie sitzen, so daß es in ihrem Leben zu gären anfängt. Ihre Seele wird krank, wenn sie die Energie nicht herauslassen; sie kommt durcheinander. Sie kann nicht richtig aufgehen; sie verbiegt sich und erstickt, anstatt zu einer neuen Form zu finden." Ihre Finger blieben im Teig stecken, während sie sprach, und ihr schönes Brot wurde zu einer chaotischen Masse. Mit Mühe machte sie ihre Hände frei. Dabei wurde die Form des Brotes zerstört.

Nichts kann für sich allein existieren oder ganz sein, was nicht vorher zerrissen war.
– W.B. Yeats

„Dann müssen wir wieder zum Anfang zurückkehren und aufs neue mit dem Kneten und dem Aufgehenlassen beginnen", sagte sie und klopfte den Teig wieder flach.

☆ ☆ ☆

Wir hören nicht auf, Krieg zu führen, in uns selbst, in unseren Familien und Gemeinschaften, zwischen den Rassen und Geschlechtern, Nationalitäten und Nationen. Ich sehe dies als eine Widerspiegelung jener inneren verdrehten Konflikthaftigkeit und hämmernden Angst, über die meine Großmutter mich auf so tiefgründige Art und Weise belehrte.

Wenn wir den Krieg in unserem Innern beenden, finden wir das, wovor wir davongelaufen sind. Was geheilt werden muß, wird in irgendeiner Form wieder und wieder auftauchen, wie eine zugekorkte luftgefüllte Flasche, die in den Ozean unseres Geistes geworfen wurde. Es ist dieses uns eingeborene „Gehen", diese gärende innere Kraft, nach der wir suchen. Sie zu entdecken heißt, unser verlorenes Ich wiederzufinden.

Was immer du begräbst, begräbst du lebendig.
– anonym

Ich denke eben an einen Fernsehdokumentarfilm über Mutter Theresa, der zeigte, wie sie die Verbände der Leprakranken in Kalkutta löste, ihre Wunden wusch und ihnen die Stirn streichelte. Obwohl die Bilder hinter Glas eingesperrt waren, obwohl sich alles in meilenweiter Entfernung abspielte, obwohl eine Sprache gesprochen wurde, die ich nicht verstand, wollte ich mich abwenden und nicht hinschauen. Gleichzeitig konnte ich meinen Blick nicht vom Bildschirm lösen. Wie konnte sie sie anfassen? Wie konnte sie sehen, was sie sah, und bei all dem noch lächeln? Einen Moment lang stand ich neben ihr und hielt die Wasserschale. Dann schüttelte ich den Kopf und saß wieder auf meiner grünen Couch. Ich wußte, daß ich Zeugin geworden war eines Miteinanderverbundenseins, von Beziehung und Heilung im wahrsten Sinne des Wortes.

Ein paar Wochen später saß ich auf derselben grünen Couch und sah, wie im Irak Gebäude in Rauch aufgingen, Panzer durch eine Wüstenlandschaft rollten; ich sah Scud-Raketenwerfer. Ich sah, wie Generäle in Tarnuniformen und -mützen bei einer Pressekonferenz Erklärungen über das Geschehen abgaben, wie viele Gebäude zerstört worden waren, wie viele Babys ... Nein, Babys wurden nicht erwähnt. Menschen wurden nicht erwähnt. Nur „der Feind". Das Wort „Verluste" bezog sich auf Flugzeuge, auf die Anzahl der Flugzeuge, die abgeschossen worden waren oder vermißt wurden.

Der größte Krieger ist der, der nie zum Schwert greifen muß.
– anonym

Obwohl die Bilder hinter Glas eingesperrt waren, obwohl sich alles in meilenweiter Entfernung abspielte, obwohl eine Sprache gesprochen wurde, die ich nicht verstand, wollte ich mich abwenden und nicht hinschauen. Gleichzeitig konnte ich den Blick nicht vom Bildschirm lösen. Wie konnten sie andere Menschen in die Luft jagen? Wie konnten sie so tun, als ob sie die Schreie nicht hörten und die Wunden nicht sahen? Wie konnten sie bei all dem noch lächeln? Einen Moment lang stand ich selber dort und sprach in das Mikrophon vom Sieg. Dann schüttelte ich den Kopf und saß wieder auf der grünen Couch. Ich wußte, daß ich Zeugin geworden war von Nicht-Verbundensein, Nicht-in-Beziehung-Sein im wahrsten Sinne des Wortes.

Jeder Krieg ist ein Krieg gegen die Welt, und jeder Krieg gegen die Welt ist ein verlorener Krieg.
– Alice Walker

Ich glaube nicht, daß „da draußen" irgend etwas geschieht, was nicht in irgendeiner Form auch in mir existiert. Es gibt in meiner Seele einen Krieger, der sich täglich vom Kampfgeschehen abspaltet, der die Totenhemden und die Wunden wegerklärt, während er mit dem Sieg prahlt. Es gibt dort auch eine Heilerin, die niederkniet und die Leprawunden versorgt, die ich im Herzen trage, und sie reinwäscht, sie salbt in Mitgefühl und ein Lächeln in die Augen meiner Angst schickt.

Heilung, sei es von einer schwächenden Krankheit, einem gebrochenen Herzen oder einer schreckenerfüllten Vergangenheit, erfordert die Herstellung einer Beziehung zwischen dem Krieger und der Heilerin, wodurch eine mögliche Zukunft für einen selbst, für uns alle geschaffen wird. Es erfordert die Schaffung eines Umfelds, wo beide existieren können; wo man den Krieger lehren kann, einen zu beschützen, ohne andere zu vernichten; wo man der Heilerin gestatten kann, unsere Wunden offenzulegen, ohne daß es uns vernichtet. Dies

Da der Krieg im Geist der Menschen seinen Anfang nimmt, müssen wir im Geist der Menschen die Bollwerke des Friedens errichten.
– Charta der UNESCO

zu tun heißt letztlich, daß wir die Art und Weise transformieren, wie wir über unsere Probleme oder unsere Feinde denken; es bedeutet, die alte Form flachzuklopfen und aufgehen zu lassen, bevor wir sie zu etwas Neuem und Ganzem flechten.

Das Entwickeln neuer Vorstellungen von der Natur des Feindes

Das Erwachsenwerden kam mir immer vor wie ein Fähnchenkrieg, bei dem die Welt in zwei gegnerische Mannschaften aufgeteilt wurde, die Guten gegen die Bösen, die Weißhüte gegen die Schwarzhüte, die richtige Seite gegen die falsche. „Zu Hause" bedeutete heißen Krieg mit meinem Vater und seinen Wutausbrüchen oder kalten Krieg mit meiner Mutter, die ihn schweigend sabotierte. Mein Vater lehrte mich: Der Feind ist immer der andere. Meine Mutter lehrte mich: Der Feind ist immer man selbst. „Zu Hause" war der Ort, wo ich lernte, mittels Vorwurf und Rache, Groll und Vergeltung Krieg zu führen.

Das Gespenst des Urteilens verleiht den Ängsten ein vertrautes Gesicht – das eines Elternteils, des Lehrers, des politischen Tyrannen. Es ist leicht für uns, es nach außen zu projizieren, es in den Feind zu verwandeln, in all den Personen oder Faktoren nach ihnen zu suchen, die uns niederdrücken, die uns im Weg sind.
– *Stephen Nachmanovitch*

Meine Mutter war die Anführerin der Opfer-Mannschaft. Die Regeln lauteten: Nicht sehen, nicht sagen und nicht wissen, wie sehr mein Vater uns verletzte. Ihre Augen, ihr Mund und ihr Geist machten mich, im Namen des Mutter-Seins, zur Waise. Mein Vater war der Anführer der Siegermannschaft. Seine Regeln bestanden darin, immer einen Grund zu haben, mich zu schlagen. Wenn man recht hatte, mußte man schlagen. Wenn man unrecht hatte, wurde man geschlagen. Seine Hände machten mich, im Namen des Vater-Seins, zur Waise. Als ich älter wurde, spielte ich innere Fähnchenkriege, indem ich mir unrecht gab, mich selbst zusammenschlug und mich selbst mit Händen und Geist zur Waise machte.

Während meines Studiums war ich sehr darauf bedacht, ein richtiger Profi zu werden. Ich lernte die Faszination des Pathologischen kennen. Ich lernte herauszufinden, was jedem, mit dem ich arbeitete, fehlte, ich lernte, seine Defizite zu finden und zu etikettieren. Während meiner gesamten Ausbildung herrschte die Grundannahme vor, daß es in den Menschen „Feinde" gebe, „böse" Dinge, die so schnell wie möglich entfernt, Dinge, die behandelt oder verbessert werden mußten. Das verwendete Vokabular war natürlich recht kompliziert, aber darauf lief es in normaler Sprache ausgedrückt hinaus. Es wurde mir beigebracht, daß mein unbewußter Geist, im Zentrum meines Wesens, eine von dunklen, libidinösen Kräften wimmelnde Hölle sei, die bewirkten, daß bestimmte Dinge bei mir „nicht in Ordnung" seien. Als ich meinem Analytiker gegenüber die Mißhandlungen erwähnte, die ich als Kind erfahren hatte, erklärte er mit, daß dies in Wirklichkeit eine Phantasie sei, die aus meinem Unbewußten stamme.

Als ich versuchte, mich von der im Endstadium befindlichen Krebserkrankung zu heilen, stellte ich mir den Feind in Form von fremden Zellen vor, die vernichtet werden mußten. Als ich darum kämpfte, von der Sucht zu genesen, stellte ich mir einen Feind in mir selbst vor, der nach schlechten Substanzen verlangte. Gesund zu werden bedeutete, dieses Ungeheuer loszuwerden und darum zu beten, daß der „Gute" namens Will siegen möge. Ebenso war die „Bewältigung" einer Vergewaltigung auch ein Krieg zwischen dem Feind in mir, der irgendwie die Realität geschaffen hatte, indem er etwas getan hatte, dessen man sich schämen mußte und was Strafe verdiente, und dem braven Mädchen, das so tat, als wäre es nie geschehen.

Gewaltlosigkeit bedeutet nicht nur, körperliche Gewalt im Außen, sondern auch innere Gewalt im Geiste zu vermeiden. Man sollte sich nicht nur weigern, auf einem Menschen zu schießen, sondern auch, ihn zu hassen.
– Martin Luther King, Jr.

Das „Wegmachen" jedes einzelnen dieser Probleme – das Herausschneiden der Krebsgeschwulst, der Verzicht auf die toxische Substanz, die Analyse der Gründe für die Vergewaltigung und dann ihr Vergessen – hat denselben Effekt, wie einer Raupe Flügel anzunähen: Sie wird dadurch nicht zum Schmetterling. Mein Körper war geheilt, aber meine Seele brauchte eine Metamorphose, wenn sie wieder fliegen lernen wollte.

Der Krebs stellte die erste Herausforderung in meinem Leben dar, bei der intellektuelles Wissen sich als wertlos erwies. Die besten Köpfe Amerikas hatten keine Vorstellung, wie sie meinen Körper in Ordnung bringen sollten; in der Tat sagten sie mir, daß ich nicht überleben würde. In dem rasenden Bemühen, ein Heilverfahren, eine Lösung oder einen Experten zu finden, die mir da weiterhelfen könnten, wo die Fachmedizin aufgab, versuchte ich es mit einer Reihe von Heilern. Einige Psychotherapeuten legten mir nahe, auf Kissen einzuschlagen, um meine Feindseligkeit loszuwerden. Ich machte einen Versuch mit einer berühmten deutschen Bodyworkerin, die Hornhäute auf den Fingerknöcheln hatte, die aussahen wie Zigarrenstummel und die sie mir in meinen „Muskelpanzer" bohrte. Eine Frau, die Channeling machte, verlangte mehrere hundert Doller für die Botschaft, daß meine Seele die Krankheit kreiert habe, um eine spirituelle Unzulänglichkeit zu korrigieren. Eine Sozialarbeiterin erklärte sich bereit, „Arrangements" für die Vormundschaft für meinen Sohn zu treffen. Meine beste Freundin, in einfühlsamer Kommunikation nach Rogers ausgebildet, brachte es nicht fertig, dem gequälten Stöhnen, das sich meinen fest zusammengepreßten Kiefern entrang, zuzuhören. Andere

Freunde erschienen mit Kristallen und Weizengras – alle versuchten tapfer, mir dabei zu helfen, diesen Feind Krankheit loszuwerden und meine Probleme zu lösen.

Die meisten Menschen, die mir doch eigentlich helfen wollten, hatten im Grunde fürchterliche Angst vor Krankheit, Schmerzen und Tod. Auch sie hielten dies für etwas „Schlimmes", für Fehler, die korrigiert, für Fehlschläge, die so bald wie möglich eliminiert werden müssen. New-Age-Heiler standen meiner Krankheit wohlwollender gegenüber, doch blendeten sie mich mit dem Licht der Verantwortlichkeit, das sie mir in die Augen hielten, indem sie Erklärungen darüber abgaben, wie ich die Krankheit selbst verursacht hätte. Ich brauchte eine Rettungsleine, und sie warfen mir eine Schlinge zu.

Die Wurzel jedes Krieges ist die Angst.
– Thomas Merton

Erst als ich aufhörte, diese Herausforderungen als Probleme anzusehen, die gelöst, oder als Feinde, die besiegt werden mußten, und damit anfing, eine neue Weise des Umgangs mit ihnen zu erkunden, konnte eine Transformation stattfinden.

Probiere es eine Minute lang selbst aus. Was wäre, wenn du, statt dein Problem oder deinen Feind für etwas zu halten, mit dem etwas nicht in Ordnung ist, es oder ihn dir in Form einer Geschichte vorstellst, die eine Richtungsänderung gebrauchen könnte? Als einen Weg, der zu einem wichtigen Ort führt, aber in die falsche Richtung abgebogen ist? Als den Überbringer einer Botschaft? Was wäre, wenn du dir dein Problem als Lösung vorstelltest und deinen Feind als geheimen Verbündeten?

Wenn man durch das Licht geht, gibt es einen Moment, in dem man den eigenen Schatten durchschreitet.
– Keri Hulme

Die Vorstellung von „Feinden" ist in Wirklichkeit ein Fall von Identitätsverwirrung. Irgend jemand hat dir in der Vergangenheit beigebracht, daß du bist, was du tust, oder sogar das, was dir angetan wurde. Ich wurde verletzt. Ich bin ein Opfer. Ich bin krank. Ich bin hilflos, verlassen, deprimiert. Du hast jedoch mehr Kraft, wenn du in die Fußstapfen von Gregory Bateson trittst, der sagte: „Ich betrachte mich als Verb." Oder Dr. Milton Erickson folgst, einem Psychiater und medizinischen Hypnosetherapeuten, der großes Interesse und Neugier in bezug auf die Muster zeigte, die die Menschen ihm vorführten, Muster des Kommunizierens, Erlebens, Verhaltens, Miteinanderumgehens. In anderen Worten, ein Problem zu haben heißt nicht, daß prinzipiell etwas an einem nicht in Ordnung sei, sondern daß etwas bei dem nicht stimmt,

Unsere beste Hoffnung in bezug auf das Überleben liegt in der Veränderung der Art und Weise, wie wir über Feindschaft und Krieg denken. Statt uns vom Feind hypnotisieren zu lassen, müssen wir anfangen, die Augen anzuschauen, mit denen wir den Feind sehen.
– Sam Keen

was man tut. Und es mag sein, daß sogar daran vielleicht etwas Richtiges ist. Es gibt keine Feinde in mir. Nicht in Wirklichkeit. Auch nicht in dir. Nicht, wenn wir in unserem Herzen Raum schaffen für das, wogegen wir gekämpft haben. Doch wenn wir genaues Wissen darüber erlangen wollen, müssen wir uns dem stellen, was in uns selbst am abstoßendsten und erschreckendsten ist. Wenn wir davor davonlaufen, werden wir es zwangsläufig vernichten wollen, wenn wir ihm im Außen begegnen. In dem Maße, wie wir die Verbände abnehmen, finden wir die Wunden und Nöte unserer Geschichte, die darauf warten, versorgt zu werden.

In der Magazinbeilage der *New York Times* sah ich einmal eine Werbeanzeige für eine neue Art Safe. Er war aus grünem Plastikmaterial und sah genauso aus wie ein schimmliger Kohlkopf, er sollte so sehr wie ein echter verschimmelter Kohlkopf aussehen und sich auch so anfühlen, daß kein Einbrecher, der ihn in dem Kühlschrank fand, es der Mühe wert erachten würde, ihn genauer zu untersuchen. Nur der Besitzer weiß, daß das ganze Ding, wenn man es an der richtigen Stelle auf der Mittelnaht berührt, aufgeht und die wertvollsten Schätze preisgibt.

Wie das Tao te King klar zu verstehen gibt, kommt Heilung nicht daher, daß man die Menge von Licht in unserem Leben vermehrt, sondern daher, daß man in den Schatten hineinreicht und unversöhnte Teile seiner selbst in das Licht heraufzieht, wo sie geheilt werden können.
– Greg Johnson & Ron Kurtz

Dieser raffinierte Kohlkopf ist ein wunderbares Modell für die Transformationsarbeit, denn diese entspringt den inneren Orten, an denen wir uns am minderwertigsten, verächtlichsten, unbeherrschtesten empfinden – das entspricht dem verschimmelten Kohlkopf, den mit mitfühlenden Händen zu berühren nur eine wirklich neugierige und bedingungslose Seele bereit wäre –, und, wenn dies geschieht, ist das, was sich offenbart, von höchstem Wert.

In der buddhistischen Tradition ist dies die Aufgabe der spirituellen Krieger, derer, die gewillt sind, sich ihren dunkelsten Ich-Anteilen zu stellen und sie als das anzuerkennen, was sie in Wahrheit sind. Diese Umkehr ist keine Kleinigkeit. Diese dunkelsten Ich-Anteile sind sehr viel mehr als Charakterfehler. Es sind Schatten im Zentrum unseres Seins, überlebensgroß dräuende Schatten, die sich weigern, mit einem Achselzucken abgetan, unter Kontrolle gebracht, ignoriert oder eliminiert zu werden. Und wir sind sehr geschickt darin, uns davor zu bewahren, von ihnen zu wissen.

Mein gefährlichster Feind ist ein Mann namens Mohandas K. Gandhi. Auf ihn scheine ich sehr wenig Einfluß zu haben.
– M.K. Gandhi

Eine Geschichte zur Illustration: Sylvia hatte jahrelang in einer religiösen Sekte gelebt. In einer größeren Stadt verkaufte sie Broschüren auf der Straße, um Geld zu beschaffen für den Mann, der der Leiter der Organisation war und den alle „Vater“ nannten. Zuerst kam Sylvia, um Hilfe zu finden, weil sie nicht richtig schreiben konnte; das hielt sie für ihre „Dummheit“ – das, was sie am meisten an sich haßte. Sie war auch nicht imstande, eine intime Beziehung mit irgend jemand einzugehen, und beschrieb sich selbst als von ihrem eigenen Leben abgeschnitten. Innerhalb kurzer Zeit wurde mir klar, daß die Ressource visuelles Langzeitgedächtnis aufgrund eines großen Traumas in ihrer Geschichte blockiert war. Diese Frau war eine lebende Wunde, die mit einem Menschen in Zusammenhang stand. Meine Intuition sagte mir, daß ich nicht in dieses „Problem“ eingreifen solle durch den Versuch, ihre Rechtschreibung zu verbessern. Statt dessen schlug ich ihr vor, einen Computer zu benutzen, der über ein Rechtschreibprogramm verfügt.

Sylvia hielt den Kontakt zu mir aufrecht, und drei Monate später erhielt ich einen Notanruf von ihr. Sie schluchzte hysterisch. Als wir uns schließlich am nächsten Tag trafen, erzählte sie mir, daß ihr Vater, den sie nicht mehr gesehen habe, seit sie elf Jahre alt war, gerade gestorben sei. Sie ging zu dem Haus, wo er gestorben war, und als sie vor dem Sarg stand und seinen Leichnam wirklich vor sich sah, schoß ihr eine Flut von Erinnerungsbildern durch den Kopf. Die Tür ihrer Gefängniszelle hatte sich geöffnet.

Ruhm, Pracht und Rang magst du mir nehmen. Doch nicht mein Leid. Noch bin ich König über dies.
– William Shakespeare

Sie erinnerte sich daran, daß er sie von dem Alter von fünf Jahren an sexuell mißbraucht hatte. Er verkaufte sie als Kinderprostituierte auf der Straße, bis sie elf wurde und ihre Großmutter sie bei sich zu Hause aufnahm. Diese Erinnerung war in Sylvias Innerstem verborgen geblieben, bis ihr Unbewußtes wußte, daß er nicht mehr am Leben war. Ohne daß sie sich darüber bewußt war, was eigentlich ablief, hatte es sie in ähnliche Umstände geführt (zu der Sektenfamilie, wo sie etwas Kleines verkaufte, um für ihren „Vater“ Geld zu verdienen), was einen Versuch darstellte, diese frühe Wunde zu heilen.

Sylvias Problem, das „dumme“ Fehlen eines visuellen Gedächtnisses, stellte eine vortreffliche Leistung ihres Unbewußten dar – es rettete ihre geistige Gesundheit, bis die Zeit gekommen war, wo es in Sicherheit möglich wurde, sich zu öffnen und zu heilen. Es ist sehr gut möglich, daß die Feinde, die Dinge in einem selbst, die man am liebsten loswäre oder ändern möchte, ebensogut heldenhafte Versuche darstellen, mit Traumata zurechtzukommen, die man in der Vergangenheit erlitten hat. Sie mögen vielleicht nicht so extrem sein wie in Sylvias Fall, doch Wunden sind sie dennoch.

Der Feind, der sich in den Schatten verbirgt

Vor mehr als vierzig Jahren äußerte C.G. Jung Besorgnis darüber, daß die Menschheit an einem verhängnisvollen Wendepunkt angelangt sei. Angesichts der Folgen des Zweiten Weltkrieges kam ihm zu Bewußtsein, daß zu keiner anderen Zeit in der Menschheitsgeschichte die Vernichtung so vieler in der Hand so weniger ruhte. Er war in Sorge wegen der Atombombe, der Überbevölkerung und der Umweltzerstörung. Jung glaubte, daß es allein in der Macht der Psyche des einzelnen liegen könne, diesen bösartigen Verlauf der Dinge umzukehren. Er sagte, daß die Möglichkeit des Überlebens bestünde, wenn es eine genügend große Anzahl von Menschen gebe, die imstande seien, „die Spannung der Gegensätze" auszuhalten. Er bezog sich dabei auf die Teile in uns, die im Licht unseres Bewußtseins stehen, und deren Gegensätze – das, was in dem, was er den „Schatten" in unserer Seele nannte, verborgen liegt.

Einen Menschen mit seinem Schatten zu konfrontieren heißt, ihm sein Licht zu zeigen.
– *C.G. Jung*

Wir lernen es, uns von diesem Schatten überwiegend auf zwei Weisen abzuspalten – indem wir ihn nach oben und außen projizieren, wo er zum äußeren Feind wird, oder indem wir ihn hinunter- und in unsere Muskeln, Knochen und Herzen hineinpressen, wo er zum Symptom oder zur Krankheit wird.

Stell dir eine Wippe vor. An dem einen Ende sitzen die Aspekte von dir, die, wie dir beigebracht wurde, akzeptabel sind. Am anderen Ende – im Schatten – sitzen die Gefühle und Kräfte, die, wie dir beigebracht wurde, nicht dem entsprechen, wie du zu sein hast. Wenn du z.B. viel Zeit auf selbstgerechtes Diäthalten verwendest, ist es sehr wahrscheinlich, daß sich am anderen Ende eine hemmungslose Fresserin verbirgt. Oft ist es so, daß sich bei Menschen, die an der Oberfläche scheinbar kontrolliert und unemotional sind, in den Schatten unter der Oberfläche ihres ruhigen Äußeren eine Brutstätte verbirgt, die nur darauf wartet, daß ein paar Drinks einen Wutanfall oder einen Tränenausbruch auslösen.

Je weniger wir von dem Tier wissen wollen, das wir sind, desto wahrscheinlicher ist es, daß die Bestie, die selbst voller Angst ist, sich losreißt.
–*Sheldon Kopp*

Stell dir eine Maske vor. Sie hat eine konvexe, der Welt zugewandte Seite und eine andere, konkave, die an deiner Haut anliegt. Diese zweite Seite ist der Schatten, der Feind. Wenn du die Maske nicht ab und zu abnehmen würdest, wärest du dir nicht einmal bewußt, daß die verborgene Seite existiert.

Mein Vater war ein Löwe von einem Mann, der beharrlich behauptete, niemals vor irgend etwas Angst zu haben. Leute, die „keinen Mumm" hatten, stießen ihn ab. Sie zeigten das offen, wovor er sich versteckte – Angst. Da jeder von uns ständig bemüht ist, Ganzheit herzustellen, ist es eine spirituelle Notwendigkeit, diese ungelebte Seite der Maske einzufordern. Als mein Vater im Alter von 75 Jahren einen Herzanfall hatte, überwältigte ihn die nackte Angst – Angst vor allem und jedem. Er war endlich seinem Feind „ohne Mumm" in einem Krankenhausbett begegnet.

Egal, welcher Bereich in deinem Leben dir blockiert oder gescheitert vorkommt, halte inne und denke nach: Du wirst den äußeren „Feind" als bloße Widerspiegelung dessen erkennen, was du bisher nicht als von innen kommend erkennen wolltest.
– Ralph Blum

Nach oben und außen

Wir neigen unbewußt dazu, uns mit Menschen zu umgeben, die die verborgenen Aspekte unserer selbst offen leben und die sich so benehmen, wie wir es uns nicht trauen. Eine emotional warme, einnehmende Frau z.B. fühlt sich vielleicht von jemand angezogen, der eher auf Distanz bedacht ist. Ein Elternteil, der immer hart gearbeitet, immer das Richtige getan hat, hat ein Kind, das gerne was riskiert, Regeln durchbricht, faul ist, einfach das Leben genießt. Ein Mann, den jeder als „total nett" bezeichnet, ein gutherziger Mensch, aber auch ein Krieger, heiratet eine Frau, die als explosiv und manipulativ erlebt wird, „ein totales Miststück, das auf nichts und niemand Rücksicht nimmt".

Ein äußerer Feind, sei es Hitler, Saddam Hussein oder die Person an deiner Arbeitsstelle, die du einfach nicht ausstehen kannst, besteht aus den abgespaltenen Teilen deiner selbst, der verborgenen Seite deiner Maske. Wie die meisten Menschen nahm ich einen inneren Feind aus dem Unterleib meines Geistes und warf ihn aus meinem Bewußtsein hinaus, indem ich ihn auf Menschen projizierte, die in meinem Leben eine Rolle spielten. Als ich zum ersten Mal meinen Mann Andy begegnete, war seine herausragende Eigenschaft ein sinnliches, gesundes Bewußtsein seines Körpers und der physischen Welt, die ihn umgab. Zuerst fand ich das sehr anziehend. Es kam mir völlig fremdartig und erstrebenswert vor. Nach einer gewissen Zeit jedoch fing ich an, ihn zu beschuldigen, daß er faul sei, den ganzen Tag nur herumhänge, den Augenblick genieße und sich überhaupt nicht um die Katastrophen kümmere, die in der Welt oder in der Zukunft passierten. Ich mußte viel Zeit und Mühe darauf verwenden, mich mir selbst zu- statt mich gegen ihn zu wenden. Was ich dort fand, war meine eigene Angst, etwas zu fühlen – egal, was. Fühlen bedeutete für mich, meinen eigenen Schmerz fühlen zu müssen. Solange ich mich um die Zukunft sorgen konnte, konnte ich mein eigenes Leiden ignorieren. Jahrelang rechtfertigte ich meine Gefühllosigkeit damit, daß ich Erklärungen darüber ablieferte, wieviel Gutes

Die Geliebte, was ist sie? Sie ist, was ich nicht bin.
– D.H. Lawrence

ich in der Welt tat. Krankheitssymptome waren das Höchste an Gefühlen, das ich mir zuzugestehen vermochte. Ich stand mehr zu seinem Körper als zu meinem eigenen, und das war ein spiritueller Notstand. Andy war mein wacher Teil, und ich war sein schlafender. Wenn ich nicht lernte, mein eigenes fühlendes, sinnliches Körperselbst zu entwickeln, würde ich sterben.

Könnten wir die geheime Geschichte unserer Feinde lesen – im Leben eines jeden fänden wir Kummer und Leid genug, um jedes Gefühl der Feindseligkeit in uns zu entwaffnen.
– Longfellow

Zur praktischen Anwendung dieser Gedankengänge kann es hilfreich sein, über die Menschen, mit denen man die meisten Probleme hat, nachzudenken. Denke jetzt, wenn du möchtest, an fünf Personen, in der Vergangenheit oder in der Gegenwart, die dich frustrieren oder ärgern. Es mag sein, daß die jeweilige Person als Ganzes dich verrückt macht oder nur irgendein Verhalten von ihr (z.B.: „Ich kann Millicent einfach nicht ausstehen; ich weiß auch nicht, warum." Oder: „Die Arroganz von Saddam Hussein macht mich wütend."). Schau dir besonders „Typen" von Menschen oder Verhaltensweisen an, die in deinem Leben immer wieder auftauchen (z.B.: „Ich weiß nicht, warum, aber ich scheine auf einen brutalen Mann nach dem anderen hereinzufallen.").

Der nächste Schritt: Schreibe drei Eigenschaften, Handlungs- oder Verhaltensweisen auf, die dich besonders stören (z.B. Bedürftigkeit, Selbstgerechtigkeit usw.). Jetzt lies das Geschriebene noch einmal durch und frage dich:

- *Gibt es einen Teil in mir, der ebenso handelt?*
- *Gibt es einen Teil in mir, der dieses Verhalten irgendwie bewundert?*
- *Gibt es irgend etwas an diesem Verhalten, das „richtig" sein könnte?*
- *Gibt es einen Teil in mir, der sich insgeheim so verhalten möchte, sich aber nicht traut?*

Nach unten und innen

Viele von uns sind aus ihrer eigenen Kindheit Verbannte. Wir kämpfen um die Genesung von einer Krankheit, einer Sucht, mit dem Scheitern einer Beziehung. Wenn wir uns umwenden und jedem dieser Feinde ins Auge sehen, stoßen wir oft auf Geschichten, die von Verletzung, Mißhandlung und Mißbrauch erzählen. Wir nähern uns ihnen und wehren uns noch dagegen und beteuern: „So weh hat es ja auch wieder nicht getan. Jetzt geht es mir gut. Was ich fühle, ist nur ein bißchen Verzweiflung. Ich komme mir nur irgendwie unsichtbar vor. Ich brauche nur Medikamente gegen meine Depressionen. Ich habe nur eine

Jeder Teil unserer Persönlichkeit, den wir nicht lieben, wird uns zum Feind werden.
– Robert Bly

Eßstörung, bin von meinem Körper abgespalten, arbeite mich zu Tode, kann keine intime Beziehung aufrechterhalten ..."

Jedesmal, wenn wir uns abspalten und jemand oder etwas zum Feind machen, ist dies in Wirklichkeit ein Deckmantel für einen verleugneten Aspekt unseres eigenen Leidens. Häufig verbirgt sich in dem Schatten eine seelische Wunde, die Ursache dafür ist, daß alte Ängste unser gegenwärtiges Erleben überschwemmen. Wir reagieren auf die Vergangenheit, nicht auf die Gegenwart. Wie bei der russischen Puppe, in der weitere Puppen versteckt sind, verbirgt sich in dem Feind die Geschichte von Verletzungen, in der unsere nichterfüllten Bedürfnisse sowie unsere inneren Ressourcen verborgen liegen, mit deren Hilfe wir diese Bedürfnisse befriedigen könnten.

Bevor Kinder stabile Ich-Grenzen entwickeln, neigen sie dazu, das Schlimme, das um sie herum passiert, zu verinnerlichen, in dem Versuch, es in Ordnung zu bringen. Wenn die Eltern miteinander streiten, nimmt das Kind dies in sich hinein, in dem Glauben, es selbst sei schuld daran. Ein Haustier stirbt, und das Kind glaubt, dies sei deshalb geschehen, weil es das Tier nicht genug geliebt habe.

Die Wahrheit über unsere Kindheit ist in unserem Körper gespeichert, und obwohl wir sie verdrängen können, können wir sie niemals verändern. Unser Intellekt kann getäuscht, unsere Gefühle manipuliert, unsere Wahrnehmungen verwirrt und unser Körper mit Medikamenten ausgetrickst werden. Doch eines Tages wird uns der Körper die Rechnung präsentieren, denn er ist unbestechlich wie ein Kind, das im Geiste noch keine Kompromisse oder Ausflüchte akzeptiert, und er wird nicht aufhören, uns Qualen zu bereiten, bis wir aufhören, uns der Wahrheit zu entziehen.
– *Alice Miller*

Unsere Kultur bestärkt uns darin, das Problem nach innen zu nehmen. „Es ist deine Schuld, Sally. Hättest du gehorcht, hätte Papi dich nicht schlagen müssen." Sie bestärkt uns auch darin, Lösungen im Außen zu suchen: „Kauf dieses neue Spielzeug/Droge/Auto/Therapie, und du wirst glücklich sein bis an dein Lebensende", was uns zu dauernden Konsumenten macht. Unseligerweise werden wir von dieser Art des Konsumierens selbst konsumiert.

Wenn wir nun auf diese Weise das Problem nach innen nehmen und die Lösung im Außen suchen, rufen wir die Überzeugung ins Leben, daß wir über keine inneren Ressourcen verfügen und deshalb irgend etwas, das außerhalb von uns existiert, alles in Ordnung bringen wird. Eine schöne Geliebte, mehr Geld oder Erfolg bei der Arbeit – dies alles mag eine Zeitlang funktionieren. Aber letztendlich kann es die Bedürfnisse, die aus unserer aus Verletzungen bestehenden Geschichte herrühren, nicht erfüllen, weil unser Schwerpunkt immer bei dieser Geliebten, diesem Geld, dieser Arbeit liegen wird. Wir fangen an, uns Sorgen zu machen: „Was wäre, wenn ...?" Was wäre, wenn die Frau mich verläßt, wenn der Aktienmarkt plötzlich fällt oder wenn ich krank werde und nicht mehr arbeiten kann? Selbst wenn die Frau dich liebt, kann es sein, daß du deine Zeit damit verbringst, dir Sorgen darüber zu machen, wann sie dich verlassen wird, und auf diese Weise ihre Gegenwart versäumst, wenn sie bei dir *ist.*

In dem Moment, wo wir verletzt werden, kommt uns die Erkenntnis, daß die Welt kein sicherer Ort ist. Unser Leben wird verbogen, verzerrt. Unsere Seele erhält ein Leck. Wir hören auf, die Weite und Tiefe der Dinge zu sehen, ihre Beschaffenheit zu fühlen, und sprechen nur noch das aus, was den Konventionen entspricht. Die Trennlinie, wo wir enden und wo die Gefahr beginnt, wird undeutlich; die Membran, die unseren persönlichen, privaten Raum abgrenzt, erhält Risse. Wir lernen, in der kalten Unart zu leben, die darin besteht, daß wir entweder andere Menschen total in uns hineinlassen oder daß wir uns so sehr hinter Betonmauern verstecken, daß nichts und niemand uns berühren kann.

Wer ist es, den wir unser ganzes Leben lang lieben?
– *Kabir*

Cynthia ist in ihrer Kindheit von ihrer Mutter traumatisiert worden. Im Alter von 40 Jahren entwickelte sie eine „irrationale" Angst vor ihrer Nachbarin, die mit durchdringender Stimme ihre Kinder anzubrüllen pflegte. Immer wenn Cynthia aus dem Haus ging und das hörte, fühlte sie sich wie ein fünfjähriges Mädchen, das furchtbare Angst hat. Sie bat ihren Mann inständig, das Haus zu verkaufen, um „dieser gräßlichen Stimme" zu entkommen. Sie wußte sogar, daß die Nachbarin sie an ihre Mutter erinnerte. Sie wußte, daß sie *nicht* ihre Mutter war, doch sie konnte ihrer Reaktion auf sie keinen Einhalt gebieten.

Traumatisierte Kinder fühlen sich oft wie Wesen von einem anderen Stern, wie Fremde in einem fremden Land, so, als gäbe es keinen Ort, wo sie hingehören. Da sie keine Grenzen in der äußeren Welt setzen können, errichten sie in ihrer inneren Welt Mauern zwischen dem, was sie als „ich" empfinden, und dem Teil, den sie verstoßen haben. Dieses verletzte Ich wird von den Ressourcen, über die das Kind verfügt, und weiteren Lebenserfahrungen abgeschnitten. Das Kind wächst zu einem Erwachsenen heran, der sich weiterhin so verhält, als *sei* er oder sie das Problem, die Erinnerung, das Trauma. Es ist so, als hätte ein Computer das Material auf dem Bildschirm einfrieren lassen und als wäre kein Zugriff auf das Gespeicherte möglich. Das Bewußtsein des Betreffenden erfährt eine Verengung. Die ganze Aufmerksamkeit ist auf das Problem gerichtet. Alle Wahrnehmungen werden wie durch einen Tunnel in eine kontinuierlich ablaufende Bandschleife eingegeben – eine Bandschleife, die lautet: „Ich kann nichts daran ändern." Es ist, als sei ein Zauberwort gesprochen und der oder die Betroffene in einen dunklen Wald hinein gebannt worden.

Der eigentliche Drache ist in einem selbst.
– Joseph Campbell

Da es im tiefsten Teil unseres Unbewußten eingeschlossen ist, gleicht das Verletzungserlebnis dem Film in einem virtuellen Drive-in-Kino, der in ständiger Wiederholung abläuft, auch wenn wir ihn nicht mehr bewußt wahrnehmen. Nachdem die Mißhandlung längst aufgehört hat, verletzen wir uns weiterhin durch die Geschichten, die wir uns selbst darüber erzählen, die lebensechten Bilder, die wir auf unserem geistigen Bildschirm sehen, und die Gefühle, die aus dem Nirgendwo aufzutauchen scheinen. Wir verlieren die Verbindung zu unseren Ressourcen, unserem Körper, unseren Kraftquellen. Das Selbst wird zu einem ichlosen Ich (a „me" without an „I"), zu einer Art Nicht-Wesen, das sich weder im Innen noch im Außen sicher fühlt. Es ist so, als säßen wir in einem zeitlosen Gedächtnis gefangen, verstoßen aus unserem gegenwärtigen Selbst. An diesem Ort werden wir immer noch weiter eingeschüchtert, geschlagen, mißbraucht oder im Stich gelassen. Ich nenne dieses Phänomen „Trauma-Trance". Die Brücke zwischen der betroffenen Person, dem gegenwärtigen Moment und dem, was von dem, was sie gelernt hat, noch bleibt, ist weggespült.

Zur Zeit einer tiefen Verletzung bleiben grundlegende Überlebensbedürfnisse unbefriedigt, wie das Bedürfnis nach Schutz, Genährt-, Berührt-, Angeschaut- und Gehörtwerden, das Bedürfnis nach Freiheit und Zugehörigkeit. Dies sind universelle, konstante Bedürfnisse, die nicht verschwinden, wenn wir älter werden, sondern die uns folgen von der Geburt bis in den Tod. Unser Überlebenstrieb drängt uns, sie zu erfüllen, zu vollenden, was unvollständig geblieben ist, uns zu entwikkeln. Darum befinden sich in der Tiefe unserer Wunden, im Innersten unseres Feindes die Bedürfnisse, die darauf warten, erfüllt zu werden: z.B. das Bedürfnis von Inzestüberlebenden, zu lernen, Grenzen zu errichten, hinter denen sie in Sicherheit sind, und die Wahl zu treffen hinsichtlich dessen, was in sie hineinkommen darf und was nicht. Eine Frau, die unter der ständigen Dominanz und Regie ihrer Mutter aufgewachsen ist, braucht die Anerkennung ihrer individuellen Identität. Ein Arbeitssüchtiger, der durch das Mißhandeltwordensein durch seinen Vater getrieben wird, braucht Führung und Unterstützung, damit er sich seiner eigenen Gefühle bewußt werden und sie nähren kann und damit er fähig wird, seinen eigenen Schmerz auszudrücken.

Ich verdanke meinen Freunden viel, doch ... noch mehr meinen Feinden. Das Eigentliche im Menschen wird eher durch einen Stachel als durch eine Liebkosung zum Leben erweckt.
– André Gide

Wir müssen das Schweigen brechen: unseren eigenen Schmerz annehmen und ihn von der Gemeinschaft, in der wir leben, annehmen lassen; unsere Wunden zeigen; uns in den Arm nehmen und uns von reinen Händen berühren lassen; trauern und die Lehre weitergeben; Gehör finden und die Hand nach anderen Menschen ausstrecken. Die Taubstummen drücken all dies in einer Sprache aus, die tiefer ist als Worte: Die Fingerspitzen berühren die Lippen, die Handfläche liegt am Ohr – ein Platz zum Essen und zum Schlafen, aber auch noch mehr, denke ich. Jeder von uns braucht – und brauchte schon immer – einen Ort, an dem er sich sicher und genährt fühlen kann, wo man in Geborgenheit und Vertrauen schlafen kann. Jeder von uns braucht die Möglichkeit, von seinen Verletzungen zu sprechen und zu wissen, daß andere Herzen ihm zuhören.

Unser Ganzsein beruht darauf, daß wir diese Aspekte unserer selbst wiedergewinnen, die wir aufgrund unserer persönlichen Umstände unterwegs zurücklassen mußten. Höchstwahrscheinlich hast du lange Zeit dein Problem als einen Feind empfunden, den du loswerden mußt. Ich möchte dich bitten, von nun an auf eine ganz andere Weise darüber zu denken und damit umzugehen – mit Mitgefühl, was die Art und Weise ist, wie das Herz die wahre Identität aller Dinge wahrnimmt. Beim Aikido, einer Kampfkunst, gibt es keinen Angreifer. Der Gegner wird „uke" genannt, das bedeutet „der, der fällt" oder „Partner". Wie bei allen Partnerschaften besteht das gemeinsame Ziel darin, eine gemeinsame Basis zu finden.

Du kannst den Feind nicht eher besiegen, bis du nicht das in dir selbst geheilt hast, was du an ihm verachtenswert findest.
– I-Ging

Laß uns beginnen. Nimm mich als Gefährtin mit auf deine Reise an einen sicheren Ort, zu einem Hafen, an den besten Ort in der Wirklichkeit oder in deiner Phantasie, den du dir vorstellen kannst, einen Platz, wo du dich umwenden und dem ins Auge sehen kannst, wovor du weggerannt bist. Nimm mich mit an diesen Ort in dir, wo die Wurzeln deiner Wahrheit liegen. Geh ein Weilchen mit mir im Park spazieren, auf einer ruhigen Straße, in einem Kornfeld, das du liebst. Du hast mir so gut zugehört. Gib mir die Erlaubnis, das für dich zu tun. Geh mit mir, unter dem nächtlichen Himmel oder an einem frischen, klaren Morgen, der deine Haut nach Frühling riechen läßt.

Wenn wir dort angekommen sind, erzähle mir von einem Feind, den du in dir gefunden hast, gegen den du gekämpft hast. Vielleicht ist dir einer in den Sinn gekommen, als zu zum ersten Mal den Titel des Buches sahst oder hörtest und dich fragtest, was er bedeutet. Vielleicht ist beim Lesen dein Geist auf eine innere Suche gegangen und hat die Worte in Beziehung zu deinen eigenen Erfahrungen gesetzt. Erzähle mir so viel oder so wenig, wie du möchtest. Was du jetzt sagst, ist gar nicht so wichtig; worauf es ankommt, ist, daß du dir einen sicheren Raum für dich selber schaffst, wo du dir den Kampf betrachten kannst, in dem du bis jetzt gelebt hast.

Tauche einen dicken Pinsel in den unbewußten Brunnen deiner eigenen verleugneten Dunkelheit und färbe, was fremd ist, im Farbton des Schattens. Bemale das Gesicht des Feindes mit der Gier, dem Haß, der Gedankenlosigkeit, die du als deine eigene nicht anzuerkennen wagst.
– Sam Keen

Von wem lassen wir uns scheiden? Wen knallen wir mit Drogen zu, wen zerbomben und mißhandeln wir? Ich weiß, daß es möglich ist, den Kampf gegen sich selbst zu beenden, eine Versöhnung im eigenen inneren Bürgerkrieg herbeizuführen. Ich weiß, es ist möglich, zu entdecken, daß du mehr bist als dein Leiden, mehr als dein Trauma, mehr als deine Verletzungen. Du *kannst* lernen, dich umzuwenden und deinem Feind ins Auge zu blicken und ihm genügend Raum zu verschaffen, so daß du herausfinden kannst, was er braucht. Du *kannst* lernen, Zugang zu deinen inneren Ressourcen zu gewinnen und dich auf sie zu verlassen, um diese Bedürfnisse zu erfüllen. Du *kannst* ein heilendes Bündnis in dir selbst herstellen, nicht um die Vergangenheit zu verändern oder in Ordnung zu bringen, sondern um jetzt in der Gegenwart eine Umgebung für dich zu schaffen, in dem diese Bedürfnisse Erfüllung finden können.

Unter den Symptomen körperliche Krankheit, Sucht, Verzweiflung und Hilflosigkeit, unter den Feinden, die du an diesem Punkt in deinem Leben konfrontierst, liegt die Aufforderung, dein Leben und deine Beziehung zur Welt zu verändern. Letzten Endes können wir all dem nicht ausweichen, indem wir drunter durchtauchen oder darüber hinweggehen. Der einzige Weg hinaus ist der Weg hindurch. Wir haben innere Ressourcen. Wir haben eine Führung, die sich in Gestalt von Bildern aus einer Quelle in unserem Inneren zeigt. Diese Bilder sind Kanäle für die sich ausbreitende Energie. Sie sind farbige Glasfenster, die Licht in die Dichte der Materie bringen. Die Feinde fordern uns dazu heraus, in die dunkle Masse von Krankheit und Trauma Licht hinein zu tanzen, zu trommeln, zu malen, zu schnitzen, zu erzählen; unsere schöpferische Kraft zu benutzen, die Person, die wir bisher waren, mit dem Strahlen des Menschen wiederzuverbinden, zu dem wir werden können.

Warum sollte es für eine ganze Zivilisation keine Chance geben, wenn so viele ihrer Mitglieder wie möglich es wagen, ihrer eigenen Wahrheit furchtlos ins Auge zu sehen?
– *anonym*

Alles liegt in deinen Händen

Irgendwo in deinem Haus oder deiner Wohnung muß ein Gummiband aufzutreiben sein – je größer, desto besser. Schlüpfe mit den Händen hinein, die Handflächen einander gegenüber. Zuerst bewege nur die eine Hand. Sie stellt den Krieger in dir dar. Laß sie dir eine Beschreibung von sich selbst geben, kinästhetisch, durch Bewegungen.

Dann laß die andere Hand deinen inneren Heiler beschreiben.

Wenn möglich, laß sie sich beide gleichzeitig bewegen, innerhalb des Gummibandes. Laß deine Augen weich, neugierig und in größerem Abstand sein, so als sähest du ein Marionettenspiel zu dem Thema, was für ein Verhältnis die beiden jetzt in dir zueinander haben. Du kannst dies noch erweitern, indem du die

Bewegungen veränderst, so daß sie beschreiben, wie du es gern hättest, daß sie sich zueinander verhielten.

Welche Worte würdest du benutzen, um den Veränderungen Ausdruck zu geben, die du vornehmen müßtest, um diese Beziehung zu leben?

2 Der Verlust von Leben, Herz und Geist:

Das Abgespaltensein

Mister Duffy lebte ein wenig von seinem Körper entfernt. – *James Joyce*

Milton Erickson glaubte, daß Menschen, die ein Trauma erlitten haben, in einem Bezugsrahmen, in einer Art und Weise, über die Welt, über sich selbst und ihre Schwierigkeiten nachzudenken, steckenbleiben. Dieses „Festhängen" ist unser Gefängnis, weil es sich zerstörerisch auf unser Verhältnis zu unserem Körper und unseren Sinnen auswirkt. Wir haben das Gefühl, als wäre die Inspiration aus unserem Leben verschwunden.

Zu der Zeit, da wir in unserer Kultur das Erwachsenenalter erreichen, haben die meisten von uns gelernt, was Appetit ist, doch der Appetit auf das Lernen ist uns fast ganz abhanden gekommen. Wir sind nicht nur den Ressourcen unseres Geistes entfremdet, wir sind auch vom Gewahrwerden der Botschaften unseres Körpers abgespalten, so daß Krankheit die einzige Möglichkeit wird, wie wir uns selbst die Erlaubnis zur Veränderung geben können. Wir sind auch getrennt vom Gewahrsein des gegenwärtigen Augenblicks. Das Leben wird zu etwas, das geschieht, während wir darauf warten, endlich Urlaub machen zu können (Urlaub = vacation = vacate shun = die Woche, in der wir es vermeiden, freie Zeit zu haben!). Es wurde uns beigebracht, uns von der inneren Welt der Intuition und Phantasie, der Quelle der Führung abzutrennen. Und wir sind abgespalten von unserem Mitgefühl – wir empfinden uns selbst als eine Ansammlung von Teilen, die wir loswerden oder an den Meistbietenden verkaufen wollen.

Wenn die Macht der Liebe die Liebe zur Macht überwindet, wird es wahren Frieden geben.
– Sri Chinmoy

Als Folge davon neigen wir dazu, wenn wir einer inneren oder äußeren Herausforderung gegenüberstehen, in unserem Gefängnis, das da heißt: „Es gibt nur eine Art und Weise, damit umzugehen", steckenzubleiben. Wir versuchen, uns „richtig" zu verhalten. Ob wir die „Feinde" Krebs, Entfremdung von einem Partner, Einsamkeit, Depression oder Sucht konfrontieren, wir bemühen uns, so gut wir können, uns in einer winzigen Kontrollzelle Sicherheit zu verschaffen, was bedeutet, daß wir Herrschaft ausüben. Halte diese Krankheit unter Kontrolle. Beherrsche deine Wut. Kontrolliere diese Hilflosigkeitsgefühle. Kontrolliere deinen Partner, deine Kinder, deinen Körper, deinen Nachbarn. Wenn wir einer Herausforderung nicht mit Kontrolle begegnen können, rütteln wir an den Gitterstäben und brüllen: „Das ist gemein!"

Unsere Sicherheit liegt jedoch nicht in der Abwesenheit von Gefahr oder in unserer Fähigkeit, die ganze Welt unter Kontrolle zu haben, sondern in unserer Fähigkeit, allem, was geschieht, die passende Form zu geben. Wir haben gut gelernt, anderen zu gefallen. Aber wo lernen wir, unseren Weg durch die Herausforderungen zu finden, denen wir im Leben begegnen? Wer bringt uns bei, mit Schwierigkeiten auf kreative Weise umzugehen?

Uns dazu zu bekennen, wie wir in dieses Gefängnis des Abgespaltenseins gelangt sind, und eine Umkehr zu vollziehen, um zu bemerken, wie sehr wir von unserer Bewußtheit, unserer Phantasie und unserem Mitgefühl weggebrochen worden sind, ist der erste Schritt, unseren Weg zurück zum Ganzsein zu finden.

Der übliche Weg, unsere Lebendigkeit zu verlieren: die Abspaltung vom Gewahrsein

Als Kinder sind wir völlig im Einklang mit dem gegenwärtigen Moment. Deshalb stellen wir solche unpassenden Fragen wie: „Mama, warum riecht der Mann so komisch aus dem Mund?“ Empfindungen in unserem Körper Beachtung zu schenken wird fast immer als unpassend angesehen und als etwas, das es loszuwerden gilt. Wie sonst könnten wir „lernen“, stundenlang auf harten, kleinen Stühlen zu sitzen und uns auf das Scharren der Kreide auf der Schultafel zu konzentrieren? Es wird uns beigebracht, was wir von unseren Körpern denken sollen, anstatt wie wir mit und in ihnen denken können. Es wird uns beigebracht, wie unsere Körper auszusehen haben, anstatt wie wir die Dinge durch eine vernünftige, sinnen-gemäße („sense-able“) Perspektive aus betrachten können.

Verliere deine Ehrfurcht, laß deinen Eigendünkel das Gefühl für das Verehrungswürdige schmälern, und die Welt wird zum Marktplatz.
– Rabbi Heschel

Hört diese bewegende Beschreibung des körperlichen Abgespaltenseins durch Betsy, eine junge Frau, die von langjährigen Mißbrauchserlebnissen genas. „Ich beginne zu sehen, daß es eine bewußte Wahl meinerseits darstellt, ob ich in meinem Körper bin oder nicht, und daß es letztlich nötig ist, wenn ich wirklich Mensch sein will, in meinem Körper zu sein. Eine Frage, die sich mir seit dem Beginn meiner Heilung stellte und die sich immer noch stellt, lautet: Wer ist in meinem Körper, wenn ich es nicht bin? Wer hat z.B. all die Jahre lang, die ich nicht in meinem Becken war, dieses kontrolliert und Entscheidungen über es getroffen? Die Angst, die ich beim Zurückkehren in meinen Körper empfinde, gleicht der, die man empfinden mag, wenn man nach einem Bombenangriff in sein Dorf zurückkehrt – man weiß nicht, welche Greuel man entdecken wird, welche Gewalttaten, welche Zerstörung. Doch es ist das Zuhause, mein Zuhause, also muß ich zurückkehren oder weiterhin als Flüchtling leben.“

Das japanische Wort für Krankheit bedeutet „Geistesabwesenheit“. Entsprechend bedeuten die Worte für Gesundheit „Geistesgegenwart“ oder „Bewußtheit“, „Gewahrsein“. Ich bin in dem Glauben erzogen worden, daß im Geiste abwesend zu sein gleichbedeutend mit Sicherheit sei. In meiner Familie sagten wir oft: „Ist mir egal“ und zuckten mit den Schultern. Als ich meine Mutter fragte, ob sie sich darüber aufregte, daß mein Vater einen Tobsuchtsanfall hatte, zuckte sie mit den Schultern und sagte: „Oh, so ist es halt. Mir doch egal." Auf dieselbe Weise lernte ich, alles, was mich herausforderte, zu verleugnen oder zu ignorieren: „Beachte es einfach nicht, Dawna, es wird schon aufhören."

Krankheit war das einzige Alarmsignal, das ich nicht ignorieren konnte. Als ich mich der Krebserkrankung gegenübersah, wurde offensichtlich, daß mein Geist sich sehr entfremdet, sehr entfernt hatte und sehr unbewußt war in bezug auf alles, was sich unterhalb meines Kinns abspielte. Ich war völlig achtlos meinem Körper gegenüber, der nur noch als fleischgewordenes Taxi für die wirklich „wichtigen" Teile meiner selbst, das Gehirn, fungierte. Ich war ein uninteressierter Fahrgast, der mit wichtigen Ideen und Dingen beschäftigt war, die erledigt werden mußten. Wieder in meinen Körper zurückzukehren war ein langwieriger, frustrierender Prozeß, ähnlich, wie wenn man Styropor zum Leben erwecken wollte. Mein Intellekt, dieses geschliffene, überzüchtete Instrument, das so exakt zu definieren wußte, wie individuell und *anders* ich war, war völlig nutzlos. Er war mein Adelsschwert, meine Krone, aber er hatte mich auch aufgespießt und war mein Kreuz. Er war zum Kontrollieren geschaffen, und ich hatte jeden Tropfen Gewahrsein aus meinem Körper herauskontrolliert, bis ich keinerlei Freude in ihm oder durch ihn mehr erfahren konnte. Ich hatte in meiner Arbeit, im Geist anderer Menschen, in Hirngespinsten und im Fernsehprogramm gelebt. Ich hatte wenig Zeit für mich, wenig Zeit für Freunde, für Muße, zum Nachdenken, zum Herumwerkeln oder – die schlimmste Sünde von allen! – zum Nichtstun.

Die Krankheit ist der Arzt, der am meisten Gehör findet. Der Güte und Weisheit gegenüber geben wir nur Versprechungen ab; dem Schmerz gehorchen wir.
– Marcel Proust

Heilung lief für mich darauf hinaus, eine innere Beziehung zu meinem Körper aufzubauen und ihn in einer Weise zu verstehen, wie es kein anderer Mensch vermag. Ich mußte lernen, im Dunkeln zu sehen, das Unausgesprochene zu hören, zu fühlen, was in den Zwischenräumen zwischen den Schmerzen noch existierte. Ich mußte lernen, mich in einer mysteriösen Landschaft zu bewegen, deren Terrain mir völlig unbekannt war.

Durch die Anregung einer Freundin, Ilana Rubenfeld, wurde mein Interesse für die Arbeit von Moshe Feldenkrais geweckt, einem israelischen Arzt und Inhaber des Schwarzen Gurtes im Judo, der ein System mit Namen „Bewußtsein durch Bewegung" entwickelt hatte. Eines der ersten Dinge, die ich ihn sagen hörte, war: „Wo Bewußtsein ist, ist freies Strömen. Wo freies Strömen ist, ist Gesundheit. Wo ein Zustand der Betäubung und Erstarrung vorliegt, ist es wahrscheinlicher, daß der freie Fluß gestört ist und ein erhöhtes Risiko für Verletzung und Krankheit besteht."

Der Körper sollte nicht nur von denjenigen studiert werden, die Ärzte werden wollen, sondern auch von denen, die ein tieferes Wissen von Gott zu erlangen wünschen.
– Al-Ghasali

Feldenkrais entwickelte Tausende von kleinen Bewegungsabfolgen, die zum Ziel haben, das Bewußtsein für körperliche Empfindungen zu erhöhen, wodurch auch neue neuronale Bahnungen im Gehirn geschaffen werden. Hier ist eine einfache Übung, die du vielleicht ausprobieren möchtest:

Falte deine Hände, die Finger so verschränkt, wie du sie als Kind gefaltet hast, wenn du brav aussehen wolltest. Schau auf deine Hände und achte darauf, ob dein rechter Daumen über deinem linken liegt oder umgekehrt.

Nun löse die Hände voneinander und falte sie wieder auf ungewohnte Weise. Wenn dein rechter Daumen zuerst oben war, laß jetzt den linken oben sein.

Jetzt falte die Hände mal in der alten, mal in der neuen Weise und überlege dir folgende Fragen: Was fühlt sich angenehmer an? Was ist vertrauter? Was fühlt sich seltsam an? Was fühlt sich sicherer an? Was erhöht dein Bewußtsein für all deine Finger und die Zwischenräume zwischen ihnen? Was bewirkt, daß deine Hände sich lebendiger anfühlen? Was läßt dich der Tatsache bewußt werden, daß du zwei einzelne, unterschiedliche Hände hast?

Wenn wir glauben, es sei falsch, uns selbst zu lieben, wie es die meisten von uns tun, können wir keinen wirklich lieben, unsere Feinde nicht und nicht unsere Freunde. Statt dessen strecken wir die Hand nach Sicherheit aus: nach dem Versprechen, daß jemand anderes uns lieben wird, einer Versicherungspolice der Allianz, einer Raketenabwehr.
– *Sy Safransky*

Als ich diese Übung zum ersten Mal machte, tat ich meine Hände zusammen und wieder auseinander und murmelte dabei: „Vertraut = sicher, bekannt; seltsam = nicht wichtig, unbekannt." Ich konnte es kaum glauben! Die *seltsame* Art und Weise erhöhte meine Lebendigkeit! Über dreißig Jahre lang hatte ich versucht, alles zu tun, was nötig war, um mich sicher zu fühlen, und was ich in Wirklichkeit getan hatte, war, mich noch unsensibler zu machen! Wenn ich lebendiger werden, wenn ich die seltsame Sprache der Empfindungen verstehen lernen wollte, in der mein Körper sprach, mußte ich damit anfangen, Dinge auf eine Weise zu tun, die linkisch und unvertraut war. Ich mußte mich Gefühlen zuwenden, vor denen ich davongelaufen war, und sie mit vollem Bewußtsein erleben.

Die logische Art und Weise, wie wir uns um unseren Verstand bringen: die Abspaltung von der Phantasie

Unsere Kultur unternimmt alles, was sie kann, um uns davon abzubringen, uns unseres Innenlebens bewußtzuwerden. Es wird als Zeitverschwendung angesehen, als Ablenkung von den wirklich wichtigen Dingen. Es gibt keine

Belohnung für Kontemplation. Man bekommt dafür keine Diplome, Beförderungen oder Prämien. Tatsächlich wird uns beigebracht, so außenorientiert wie möglich zu sein; jeder unserer Sinne wird mit Verlockungen aus der Außenwelt überflutet.

Wir haben uns eine Lebensweise aufgebaut, die darauf beruht, daß die Menschen tun, was ihnen gesagt wird, weil sie nicht wissen, wie sie sich selbst sagen können, was sie tun sollen.
– John Gatto

Es wird uns auf akribische Weise beigebracht, daß sich das Wissen immer außerhalb von uns befindet. Sogar diejenigen meiner Schüler, die einen spirituellen Anspruch haben, verbringen fünf Stunden mit Reisen, um zu Wochenendworkshops zu fahren, auf denen sie einer „Wesenheit" lauschen, die durch einen Menschen gechannelt wird, den sie nicht einmal um Rat fragen würden, wie man Ofenkartoffeln bäckt. Sie kommen zurück, künden lautstark von der Weisheit und Tiefsinnigkeit dieser Wesenheit und rechtfertigen sich damit, daß sie einfach zu beschäftigt waren, um zu meditieren oder Tagebuch zu schreiben. Jede Art von suchterzeugendem System funktioniert über den Außenbezug; es bewertet und motiviert nach Maßgabe von außen kommender Meinungen. Ein Mann, mit dem ich arbeitete und der mit einer Kokainabhängigkeit kämpfte, machte sich ständig Gedanken darüber, was andere Leute denken. Das ging so, seit er sieben Jahre alt war und zu erreichen versuchte, daß Frau Kreidestaub ihm Grinsegesichter ins Heft malte und Herr Schablone ihm sagte, wann er mit seinen Einmaleinsaufgaben fertig sein sollte. Er besaß absolut keine Erfahrung von einem inneren Bezugspunkt, mit dessen Hilfe er beurteilen konnte, ob etwas, was er machte, gut war oder nicht, oder um einschätzen zu können, wieviel genug war. Erinnerst du dich an das Bild von der Kinderwippe, wo am anderen Ende der Schattenaspekt sitzt? Je mehr sich das außenorientierte Ich bemüht, jedem zu gefallen, desto mehr verschanzt sich das innenorientierte, sabotierende Ich in sein „Keiner kann mich zwingen, etwas zu tun, was ich nicht will!"-Verhalten. Während der bewußte Aspekt seines Geistes sich darum Gedanken machte, was die anderen denken, sabotierte der unbewußte Aspekt seines Geistes, dem es nur um das ging, was *er* dachte, alle äußeren Ziele, indem er heimlich irgendwelchen Vergnügungen frönte, die direkt zum Leiden führten.

Das ist der Grund, weshalb, egal welcher Herausforderung wir uns gegenübersehen, sei es eine des Körpers, des Herzens oder der Seele, das erste Stadium der Heilung der Rückzug in uns selbst ist. Wir müssen lernen, einen Wechsel in unserer Loyalität vorzunehmen – anstatt Menschen, Situationen und toxischen Substanzen im Außen ergeben zu sein, müssen wir lernen, Treue unserer Suche gegenüber zu entwickeln, müssen wir uns der Suche nach Dingen verpflichten, die dem Heiligen in uns Nahrung geben, die den müden, alten Stimmen in unserem Kopf, die darüber jammern, wie selbstsüchtig und unmöglich wir doch seien, Schweigen gebieten.

Eine Frau, mit der ich arbeitete und die mit einer scheiternden Ehe zu kämpfen hatte, die ihre Aufmerksamkeit bitter nötig gehabt hätte, erklärte mir, daß sie der Beziehung zu ihrem Mann keine Aufmerksamkeit widmen könne, weil sie sechzig Stunden pro Woche arbeiten müsse, um genügend Geld zu sparen, um in zehn Jahren in Pension gehen zu können. Ich stellte ihre Logik in Frage: „Sie sagen mir, daß Sie die Zeit opfern müssen, die Sie jetzt haben, um genug Geld zu verdienen, daß Sie in zehn Jahren Zeit haben werden?" Sie schaute mich verdutzt an und nickte mit dem Kopf, im Banne des Abgespaltenseins von ihren Sinnen, der über uns alle gelegt wird, indem uns beigebracht wird, „vernünftig" zu sein.

Es ist so, als führen wir nachts mit immer größer werdender Geschwindigkeit eine Straße entlang und drehten die Helligkeit unserer Scheinwerfer immer mehr herab.
– Peter Senge

Tatsächlich sehnen wir uns alle nach unserer eigenen Gesellschaft, ohne es zu wissen. Je schneller wir rennen, sprechen und handeln, desto abgestumpfter werden wir. Unsere Befreiung beginnt, wenn wir die Wahl treffen, nicht mehr im Kreise zu rennen, sondern zur Ruhe zu kommen. Zurücktreten, abspringen, aussteigen. Körperliches Ausruhen ist natürlich notwendig, aber noch notwendiger ist mentales, psychisches, spirituelles Ausruhen. Das Herz kann wachsen, wenn der Verstand ruht. Auf magische oder logische Weise (je nach der Perspektive, die du einnimmst) kann, wenn *wir* uns zurückziehen, der Krebs sich zurückziehen, die Wut sich zurückziehen, Entfremdung und Angst sich zurückziehen. Dies alles sind Boten, die uns mit wachsender Dringlichkeit mahnen, haltzumachen, zu fühlen, zu sehen und zu hören, wie wir uns selbst benutzen. Sie bestehen darauf, daß wir unser Leben eine Schleife nach rückwärts beschreiben lassen, so daß unsere Seele unsere übrige Person einholen kann.

Die Selbstmordrate unter amerikanischen Highschool-Kindern ist seit 1970 um 500% angestiegen. Die Hauptursache für Verletzungen bei Frauen in diesem Land liegt beim Geschlagenwerden durch den Mann, mit dem sie jeweils zusammenleben. Die Menschen wissen nicht, wie sie mit ihren Wohngenossen, Seelengefährten, Liebespartnern oder sich selbst umgehen sollen, weil sie nie die Gelegenheit hatten, das dazu nötige Wissen zu erwerben.
– Colman McCarthy

Angesichts einer Krise des Körpers, des Herzens oder der Seele erweisen sich die gewöhnlichen Arten der Problemlösung als immer unwirksamer, und kreatives Lernen wird zur Notwendigkeit. Um dahin zu kommen, müssen wir uns erst einmal mit Neugier und Wißbegier an den Ort des Nicht-Wissens begeben. Nichts von dem, was wir gelernt haben, hat uns darauf vorbereitet, das zu tun; wenn wir sagen: „Ich weiß nicht", ist dies ein Eingeständnis von Schwäche und Versagen. Sobald wir in das Grenzgebiet des Unbekannten gelangen, sobald wir verwirrt sind und unsere Gewißheit verlieren, ziehen wir uns, wie es uns beigebracht wurde, angstvoll zusammen und tun, was wir können, um es nicht erfahren zu müssen.

Versuche es jetzt ein paar Minuten lang. Ich lade dich ein, das Buch beiseite zu legen und an etwas zu denken, bezüglich dessen du in deinem gegenwärtigen Leben feststeckst, etwas, wovon du nicht weißt, wie du es tun sollst, oder was du nicht verstehst. Achte darauf, was mit deiner Energie geschieht, deinem Atem, deinen Muskeln, wenn du das ein paar Minuten lang tust. Ziehst du dich zusammen? Fühlst du dich angespannt? Wird dein Atem flach?

Wir beherrschen die Kunst, auf recht wirkungsvolle Weise unser Gehirn zur Problemlösung einzusetzen. Aber das Lösen von Problemen und das Erlernen des Heilens erfordern sehr verschiedenartige Denkprozesse. Unsere Kultur setzt Lernen mit dem Aufnehmen und Ausgeben von Informationen gleich. In Wirklichkeit wäre eine effektivere Definition des Lernens die, die Peter Senge, Systemdenker und Autor des Buches *Die fünfte Disziplin* vorgeschlagen hat: „die Verbesserung unserer Fähigkeit, Ergebnisse zu produzieren, an denen uns wirklich liegt".

Wenn man die Sache so betrachtet, wird es offensichtlich, daß an den Schulen und Universitäten nur sehr wenig echtes Lernen stattfindet. Mein Abschluß in Psychologie und Erziehungswissenschaften brachte mich einer liebevollen Beziehung zu meinem Sohn oder zu meinem Körper keinen Schritt näher, was ja das eigentlich Wichtige für mich war. Einundzwanzig Jahre lang wurde mir beigebracht, wie man Probleme löst. D.h., ich lernte, wie man etwas zum Verschwinden bringt. Aber ich wollte meinen Sohn oder meinen Körper nicht zum Verschwinden bringen. Und die allerintelligentesten Leute konnten mir keine Lösungen anbieten, wie ich meine Krebserkrankung oder meinen seelischen Schmerz zum Verschwinden bringen konnte.

Im Chinesischen bedeuten die beiden Zeichen für das Wort „lernen": „studieren" und „ständiges Üben". Man kann nicht sagen, daß man etwas gelernt hat, nur, daß man am Üben ist. Und uns wird beigebracht, uns beim Lösen von Problemen zu verkrampfen, wenn wir Verwirrung spüren. Praktisch jedoch kann das Gefühl der Verwirrung eine Ausdehnung in das Gefühl der Neugier und letztlich des Staunens erfahren: „Ich frage mich, wie ich dies auf einfachere, elegantere Weise tun kann?"

Es gibt zahlreiche Situationen, in denen das Lösen von Problemen eine effektive Art des Denkens darstellt. Es kann uns bei der Heilung von Krankheiten und bei der Steuererklärung helfen. Der Punkt ist, daß Problemlösung nicht die *einzige* Möglichkeit darstellt, unseren Geist zu gebrauchen, und daß es, wie die folgende Aufstellung zeigt, nicht die Art des Denkens ist, die man zum Heilen braucht.

Problemlösen	**Lernen**
eliminieren	zum Vorschein bringen
diskriminieren	Möglichkeiten hinzufügen
Vermeiden des Unbekannten	Eintreten ins Unbekannte
in Distanz gehen	sich verbinden
endlich	unendlich
auf Antworten hin orientiert	prozeßorientiert
auf Gegensätze hin orientiert	beziehungsorientiert
Sammeln von Informationen	Entwickeln von Fähigkeiten
kurzfristig	langfristig
kontrahiert/fokussiert	expansiv, staunend
linear	kreativ
reaktiv	proaktiv

Wie diese Aufstellung zeigt, lernen wir, uns anzupassen, aber nicht, kreativ oder in Beziehung zu sein. Wir lernen, uns abzutrennen, etwas „mit" oder „für" jemanden zu tun. Wir müssen lernen, etwas „gemeinsam" zu tun, in Beziehung zu treten. Echtes Lernen ist ein verbindender und imaginativer Prozeß der Entdekkung von Mustern des Handelns und Denkens. Wenn wir von unserer Phantasie abgespalten sind, bedeutet dies in Wirklichkeit, daß wir von unserer Lernfähigkeit abgespalten sind.

Psychopathen und Soziopathen können sich keine Vorstellung davon machen, was in einem anderen Menschen vor sich geht. Eine Erziehung, die die Ausbildung der Vorstellungskraft in jeder Weise vernachlässigt, ist eine Erziehung zur Psychopathie. Es ist eine Erziehung, die eine durch Manipulationen gelenkte soziopathische Gesellschaft zur Folge hat. Wir lernen, auf veräußerlichte Weise mit anderen umzugehen, und werden zu einer Gesellschaft von „Dealern". –*James Hillman*

Die Phantasie des Menschen birgt eine ungeheure ungenutzte Kraft. Jeder von uns ist von Natur aus kreativ geboren. Als Kinder erschaffen wir uns Phantasiefreunde, wir sprechen mit Bäumen, Autostraßen und Ameisen und erfinden neue Möglichkeiten, mit allem möglichen umzugehen. Aber allzu schnell wird uns beigebracht, daß dies im besten Falle eine nutzlose Art und Weise des Denkens ist. In unserer Kindheit wurde unsere Phantasie zerrissen, zerpflückt und wieder zusammengekleistert. Allzu oft geschieht es, daß ich jemanden bitte, zu malen, zu tanzen oder zu singen, wie eine Krankheit oder Blokkade sich für ihn anfühlt, aussieht, anhört, und der oder die Betreffende mich anschaut, als hätte ich gerade einen Gorilla gebeten, Tango zu tanzen. „Aber ich bin nicht kreativ, Dawna! Das kann ich nicht."

Das Erfinden von Geschichten war meine erste Möglichkeit, mit selbständig die Welt zu erobern. Meine Geschichten dienten mir als Leiter zu allem, was sich in meiner Reichweite befand – was zu weit entfernt, zu hoch oder zu groß für mein Verständnis war. Die Geschichten nahmen das Fremde und machten es vertraut. Meine beste Freundin Joyce, die in einem unscheinbaren braunen Kleid steckte, kniete sich hin und malte mit wilden bunten Farbkreiden auf den Bürgersteig, und ich kniete mich dicht neben sie und erfand Geschichten von einem Land, in dem die Farben die Macht übernahmen und Purpur zum König ernannten und Scharlach einen Hermelinmantel umlegten. Wir suchten uns Bettlaken, Watte und Seifenflocken zusammen und verwandelten das Wohnzimmer in ein Zauberland, wo nichts mehr unscheinbar, wo nichts braun und wo alles möglich war.

Als ich ein kleiner Junge war, nannte man mich einen Lügner, doch jetzt, wo ich groß bin, nennt man mich einen Schriftsteller.
– Isaac Bashevis Singer

Unsere Lehrerin im Kindergarten, Mrs. Corsette, nahm Joyce alle Kreiden weg, bis auf die grüne und die braune. Sie sagte ihr, die richtige Art, einen Baum zu malen, bestehe darin, einen grünen Kreis und als Stamm zwei braune Linien zu zeichnen. Mir wurden Kinderbücher über Dick, Jane und Spot gegeben. In meiner Familie war der Ausdruck „Geschichten erzählen" gleichbedeutend mit „lügen"; mit höhnischer Stimme und abgewandtem Kopf wurde gesagt: „Oh, du erzählst uns wohl wieder mal was." Das war erniedrigend für mich, und ich fing an zu glauben, daß ich nicht ganz ehrlich sei, weil alles, was mir begegnete, vom Kaleidoskop meines Geistes in eine Geschichte verwandelt wurde, die im wesentlichen wahr, aber faktisch ein phantastischer Höhenflug war. Ich versuchte alles, um diese Geschichten im Keime zu ersticken, doch ich konnte sie so wenig verdrängen wie meine Träume. Mein Geist erfand diese Dinge nicht, er nahm sie nur neu wahr, als wäre er ein Prisma.

Niemand von uns ist hier aufgrund eines Akts der Kontrolle. Wir sind hergekommen, weil unsere Eltern sich so sehr liebten, daß sie die Kontrolle verloren; dies bildet einen Teil der Ekstase des Universums.
– Matthew Fox

Ich tat mein Bestes, um zu lernen, welche Geschichten ich erzählen durfte und welche nicht. So wie meine Mutter versuchte, mein wildes und widerspenstiges Haar in enggeflochtenen, ordentlichen Zöpfen zu bändigen, versuchte ich, meinen ungebärdigen Geist mit Hilfe von engen, ordentlichen Fakten beizukommen. Das Ergebnis davon war, daß etwas in mir sich eng zusammenrollte, in den Untergrund gedrückt wurde und die Welt merkwürdig fremd wurde.

Sowohl Joyce als auch ich verloren unsere angeborene Fähigkeit, unsere Phantasie zu erforschen und unsere Kreativität auszudrücken. Ich wurde gescheit und behielt all die richtigen Antworten. Joyce wurde brav und lernte, sich auf die grünen und braunen Linien zu beschränken. Zu Hause wurde mir gesagt, ich sei so gescheit, daß es nicht gut für mich sei. In der Schule wurde mir vermittelt, daß es nichts Wichtigeres gebe, als gescheit zu sein. Es war, als würde ich allergisch auf mich selbst. Kein Wunder, daß, als ich älter wurde, mein Immunsystem nicht zu unterscheiden vermochte, was ich war und was nicht. Als Joyce erwachsen wurde, hatte sie einen sogenannten „Nervenzusammenbruch". Beide wurden wir schlecht und dumm, indem wir eine Drogensucht entwickelten. Wir benutzten Drogen, um in einen Zustand zu entfliehen, der dem, was wir als Kreativität gekannt hatten, am nächsten kam. Joyce fand schließlich ihren eigenen Weg, der Dunkelheit zu entfliehen, indem sie ihre Farben auf die Leinwand brachte, während ich mir meine Geschichten zurückholte.

Wenn das Seelenhafte vernachlässigt wird, verschwindet es nicht einfach, es taucht als Symptom auf in Form von Zwangsvorstellungen, Süchten, Zerstörung und Sinnverlust.
– Thomas Moore

Zu der Zeit, als ich meine erste Hypnose-Vorlesung bei Milton Erickson hörte, war mein widerspenstiger Geist in eine säuberliche Reihe von kleinen, konkreten Kategorien eingeteilt. Ich hörte genau zu, als die anwesenden Psychiater dem berühmten Hypnosetherapeuten die sehr lineare Frage stellten: „Sagen Sie, Dr. Erickson, warum hielten Sie es für notwendig, die Patientin von ihren traumatischen Hemmungen und libidinösen Reaktionen wegzuorientieren?" Ich war im höchsten Grade überrascht, als ich entdeckte, daß er antwortete, indem er genau das tat, was mir selbst so viel Beschämung eingetragen hatte. Er bewegte seinen Kopf in seiner typischen Weise hin und her und auf und ab, schaute direkt an ihnen vorbei in Leere und erzählte diesen Weißkitteln *Geschichten!* „Nun, ich freue mich, daß Sie mich danach fragen, denn es erinnert mich an die Zeit, als ..."

Er war ein brillanter Seelenarzt, was aber zu der Zeit am wichtigsten für mich war, war die Entdeckung, daß dieses Talent, für das ich mich so lange geschämt hatte, ein Werkzeug des Lehrens und Heilens sein konnte. Als ich ihn dieses erste Mal eine „Lehrgeschichte" („teaching tale") erzählen hörte, trat ein Lächeln auf mein Gesicht, das zehn Jahre lang hinter meinen Lippen gefangen gewesen war.

Meine Großmutter erzählte mir, daß jede Seele zur Welt kommt mit etwas, das sie zu geben, etwas, das sie zu erfahren, und etwas, das sie zu lernen hat. Im innersten Zentrum eines jeden von uns gibt es eine schöpferische Kraft – einen Strom von Energie, der arbeitet und kämpft und der danach verlangt, in die Welt hinein transformiert zu werden. Aufgrund dessen, wie mit uns umgegangen und was uns beigebracht wird, schließen wir diese Wahrheit in uns ein und errichten eine Blockade gegen ihre mögliche Befreiung. Ich glaube, daß mein Körper dies in Form von Zellen manifestierte, die in schiefe und verrückte Richtungen wuchsen. Dieses Wachstum mußte umgedreht werden. Dieser Wahrheit mußten Stimme, Bild und Bewegung verliehen werden.

Der Künstler ist keine besondere Art von Mensch, es ist eher so, daß jeder Mensch eine besondere Art von Künstler ist.
– Ananda Coomaraswamy

Schreiben, Geschichtenerzählen und schöpferisches Tätigsein war schließlich die Medizin, die meine Seele brauchte, um zu heilen. Ohne dies wäre das Leben sinnlos. Es gibt mir eine Heimat, einen Pfad, ein Ziel. Ich gehöre dem Schreiben, doch ich habe mich ihm so lange verweigert. Ich glaube, ich habe einen hohen Preis dafür bezahlt, daß ich einen so tiefen Teil meiner selbst verraten habe. Jetzt, in diesem Moment, da ich diese Worte für dich niederschreibe, bin ich im Begriff, zu heilen.

Geschichten – das wertvollste Gefäß für das Geistige.
– Laurens van der Post

Die fragmentierte Art und Weise, unser Herz zu verlieren: das Sich-Abspalten vom Mitgefühl

Die Quantenphysik lehrt uns, daß es in allen Dingen eine innewohnende Ganzheit gibt. Heilung ist das Entdecken dieser Ganzheit und die Bewegung auf sie hin, das Pflegen und das Nähren dieses Prozesses. Aber was uns für den Fall des Auftretens einer Krise beigebracht wurde, ist, diese abzuspalten durch Fragmentierung oder Frakturierung. „Ein Teil von mir haßt ihn, doch ein Teil anderer hat Angst und möchte ..." Uns abzuspalten von unserer Ganzheit heißt, unser Mitgefühl zu verlieren, unsere Fähigkeit, alles das zu integrieren, was wir sind. Denn die Praxis des Mitgefühls erfordert, wie bei Milarepa, daß man gewillt ist, sich mit etwas oder jemandem zu vereinen und in einer Weise zu ihm in Beziehung zu treten, daß man bis in die Tiefe hinein verstehen kann, was sich in seinem Innersten verbirgt.

Gefangen in unserer Tradition des krassen Individualismus, sind wir ein außergewöhnlich einsames Volk. Tatsächlich so einsam, daß viele sich ihre Einsamkeit nicht einmal sich selbst gegenüber eingestehen können und schon gar nicht anderen.
– M. Scott Peck

Nicht jeder ist dazu bereit, das zu tun. Der Onkologe, bei dem ich mehrere Jahre lang in Behandlung war, war Ende Siebzig. Als sich zeigte, daß ich nicht gleich sterben würde, wie er es prophezeit hatte, wartete ich darauf, daß er mich danach fragen würde, was ich zu meiner Heilung unternahm. Er fragte mich nie. Meine Untersuchungstermine wurden immer seltener. Schließlich kam ich nur noch alle sechs Monate nach New York. Jedesmal begrüßten wir uns auf dieselbe Weise. Ich fragte: „Leben Sie noch?", und er sagte: „Klar. Leben Sie noch?" Ich bin in einem frühen Alter zum Vermeiden und Verleugnen erzogen worden, doch dieser Mann war ein Profi.

Schließlich hielt ich es nicht länger aus. Ich mußte einfach fragen: „Sagen Sie mir, Dr. Stethococcus, Sie sagten doch, daß keiner, der mit dieser Art Krebs zu tun hatte, jemals überlebt hat – warum haben Sie mich nie danach gefragt, was ich tue, um es doch zu schaffen?"

Er machte eine Drehung in seinem braunen Ledersessel und blickte aus dem Fenster. Die Linien auf seinen Wangen bildeten tiefe Furchen. Seine silbrigen Brauen hingen schwer über seinen Augen. Das Fensterbrett stand voll goldgerahmter Bilder von seinen Kindern und Enkelkindern. Er drehte den Sessel zurück, stand auf und begann auf und ab zu gehen, wobei seine Hände in den Taschen seines weißen Kittels staken wie verbrauchte Gaze. Seine Schritte waren zögernd, unbewußt. Er fand schließlich zu Worten, als er sich von mir entfernte. „Sehen Sie, alle meine Patienten sterben. Ich bin jetzt ein alter Mann. Ich werde bald in Pension gehen."

Und das Blöde dabei ist: Wenn man gar nichts riskiert, riskiert man sogar noch mehr.
– Erica Jong

Er hatte keinen Platz mehr, drehte sich nach links wie auf dem Exerzierplatz und ging schweigend zu einem Mahagonitischchen, das in der Ecke des Raumes stand. Dort standen seine Pfeifen säuberlich auf einem Ständer angeordnet. Er nahm die vorderste, die kunstvoll geschnitzt und mit Patina versehen war. Ich bin mir nicht einmal sicher, ob es ihm bewußt war, daß er sie in der Hand hielt, als er fortfuhr: „Ich wurde Mediziner, um Leben zu retten, verstehen Sie?" Er blickte mich direkt an, seine Augen schwammen, seine Worte kamen quer durch den Raum. „Wenn ich wüßte, was Sie gemacht haben, würde das heißen, daß es möglicherweise noch etwas gegeben hätte, was ich hätte tun können, um meinen Patienten zu helfen. Ich bin ein alter Mann. Ich werde bald in Pension gehen. Ich glaube nicht, daß ich damit leben könnte. Können Sie das verstehen?"

Ich wollte nicht. Ich fühlte, wie es in meinem Geist kämpfte und kochte und eine Stimme schrie: „Aber wie ist es möglich, daß Sie nicht wissen wollen?"

Im nächsten Moment hörte ich mich seufzen. Ein langes, langsames Seufzen, das meine Brust löste. Ich spürte, wie meine Hände sich entkrampften. Ich hatte nicht einmal bemerkt, wie meine Nägel kleine rote Halbmonde in meine Handflächen gruben. Eine Hand ging hoch, öffnete sich nach oben, nach außen, zu ihm hin. Ich verstand. Auf einer Ebene, die tiefer lag als der Schrei in meinem Geist, so tief wie meine Knochen und mein Blut, verstand ich.

Liebe deinen schlechten Nächsten mit deinem schlechten Herzen.
– W.H. Auden

Wie der gute Arzt hatte ich auch nicht wissen wollen. Ich hatte meine Wahrheit verleugnet und sie von mir abgeschnitten. Ich hatte die Weisen, in denen ich verletzt worden war, in die dunkelste Kammer meiner Seele verfrachtet. Das war es, was meiner Krankheit zugrunde lag. Ich fühlte mich ohnmächtig, irgendeine Bedrohung von meinem System fernzuhalten, sei es meinen Vater, sei es den Mann, der mich vergewaltigt hatte, oder die Krankheit. Das ist der Grund, warum es mir „natürlich" vorkam, etwas Bedrohliches in mir zu haben. Ich hatte kein richtiges Gefühl für Grenzen, um voneinander zu trennen, was ich war und was nicht. Das Immunsystem hilft uns dabei, zwischen dem zu unterscheiden, was zuträglich für uns ist, und dem, was toxisch für uns ist; es sichtet und sortiert aus, was nicht hineingehört. Ohne Grenzen war ich wie eine offene Handfläche, die darauf wartet, daß ihr die Zukunft geweissagt wird. Die einzige Möglichkeit für mich, in Sicherheit zu sein, bestand darin, Barrieren zu errichten, um mich dahinter zu verstecken, doch dies isolierte meine Wunden und schnitt mich von meinen eigenen Ressourcen ab. Ich war zu einem no-body, einem Nichts, einem Nicht-Ich geworden.

Diese Barrieren hinderten mich auch daran, die Verantwortung für meine Heilung selbst zu übernehmen. Ich war dazu erzogen worden, zu glauben, daß Verantwortung bedeute, daß ich für die Verursachung meiner Krankheit selbst verantwortlich sei, aber es kam mir nicht in den Sinn, daß ich meine Fähigkeiten dazu benützen könnte, mit Mitgefühl auf die Bedürfnisse zu reagieren, die sich unter der Krankheit verbargen.

Wir pflegten uns zu fragen, wo die Wohnstatt des Krieges sei, was es sei, das den Krieg zu so etwas Schändlichem macht. Und jetzt wird uns deutlich, daß wir wissen, wo er wohnt, daß er in uns selbst existiert.
– Albert Camus

An unserer Heilung müssen wir aktiv mitwirken; wir können nicht einfach darauf warten. Letztlich sind wir so, wie wir sind, aufgrund unserer Art und Weise zu denken. Solange wir unsere Art des Denkens und Miteinanderumgehens nicht verändern, wird sich auch sonst nichts verändern. Die Verletzungen, die wir erfuhren, können als unabgeschlossener Lernprozeß betrachtet werden. Eine Krise stellt eine Aufforderung dar, aufzuwachen aus den gewohnheitsmäßigen Weisen, wie wir gehandelt und über Dinge nachgedacht haben, und schafft einen offenen Raum, in dem wir lernen können. Was abgespalten ist, muß aufgedeckt, in Szene gesetzt und wieder in unser Leben eingewoben werden als tägliches Üben von Integrität.

Wir wollen nun darangehen, dies in deiner eigenen Erfahrung zu verankern. Welches sind die widerstrebenden Kräfte in deinem Leben? Wann hörst du dich selbst sagen: „Ein Teil von mir will ... doch ein Teil denkt ...“? Erstelle eine fortlaufende Liste von diesen sich widersprechenden Wünschen – z.B.: einerseits gibt es den Teil, der sich ständig um die Bedürfnisse aller anderen kümmern will, und andererseits den anderen Teil, der einfach nur spielen und sich um niemand anderen kümmern will.

Wenn ich einen Zauberstab über deinem Kopf schwingen und dich damit in die Lage versetzen könnte, irgendwelche Teile von dir selbst „loszuwerden“, welcher Teil oder welche Teile würden dies sein? Halte jeden von ihnen auf einem Blatt Papier fest.

Setze die Teile, die du am meisten loswerden willst, an die oberste Stelle. Halte jeden von ihnen nacheinander in der Hand und stelle dir jeden von ihnen so lebhaft wie möglich vor. Zerreiße dann das Blatt und achte darauf, wie sich das auf dich auswirkt. Was verlierst du, wenn du dich dieser Teile entledigst?

3 Der Wendepunkt:

Wie man zu dem verlorengegangenen Selbst wieder Verbindung aufnimmt

Laß meine Wunden meine Lehrer sein,
Laß meinen Schmerz meinen Führer sein,
Laß meine Ungeheuer Gefährten sein
der Einsamkeit im Innern.

Ich hörte auf, eigene Entscheidungen zu treffen,
wandte der Welt den Rücken zu,
ließ alles mit mir machen,
verlor den besten Teil meiner Jugend.

Ich lernte, Dingen treu zu sein,
die Verräter waren
an meinem Herzen, meinem Denken, meinem Geist,
meinem Recht auf einen reinen, klaren Weg.

Laß meine Wunden meine Ratgeber sein,
laß meine Narben meine Führer sein,
laß meinen Schmerz mich wahrhaft lehren,
wie ich mich auf meine eigene Seite stellen kann.

Jede persönliche Krise stellt einen Wendepunkt dar. Du gelangst an diese Weggabelung, wenn eine Lebensweise im Sterben liegt, eine Beziehung, eine Rolle oder Tätigkeit, eine Sucht, ein langgehegtes Geheimnis. Das Wort Krise stammt aus dem Griechischen und bedeutet „Moment der Entscheidung". Ein Wendepunkt ist im wesentlichen eine spirituelle Krise. Er tritt ein, wenn wir von unserer Seele abgespalten sind und uns so der Herausforderung gegenübersehen, aus Gefühllosigkeit und Stagnation zu erwachen. Dann, wenn unser Herz bricht, stehen wir vor der Wahl: uns weiter abzuspalten oder unser Herz aufbrechen zu lassen und eine vollkommen neue Weise des In-Beziehung-Seins zu erfahren.

> **Die wiederkehrenden Momente der Krise und der Entscheidung sind, wenn man sie richtig versteht, kritische Momente des Wachsens, Augenblicke der Initiation, die eine Befreiung von einem Zustand des Seins und des Wachstums in Richtung auf den nächsten hin markieren.**
> *– Jill Purce*

Es ist ähnlich wie bei einer gläsernen Drehtür, wie man sie auf Flughäfen findet. Ich habe Leute gesehen, die schnurstracks auf die Tür zugehen, davor stehen bleiben und ihr für den Rest des Lebens beim Drehen zuschauen und die Anerkennung der Tatsache verweigern, daß eine Veränderung der Situation in ihrer Reichweite liegt. Andere stürzen sich förmlich in die Tür hinein, hören dann aber nicht mehr auf, sich im Kreise zu drehen; sie sind sich ihres Problems bewußt, aber unfähig, durch es hindurchzugehen.

Wenn wir in einem Muster des Abgespaltenseins von unserem Gewahrsein, unserer Phantasie und unserem Mitgefühl feststecken, ist dabei auffällig, daß wir uns durch Wendepunkte hindurchbewegen, als handele es sich dabei immer wieder um dieselbe verdammte Angelegenheit. Wir glauben, Lösungen im Außen finden zu können, und folgen denselben Verhaltensmustern – wir ziehen uns hinter Barrieren zurück, entschlüpfen durch die Hintertür –, bis wir zu den lebenden Toten gehören. Doch weil unser Organismus alles daransetzt, was möglich ist, um das Lernen zu vervollständigen und uns mit unseren eigenen vernachlässigten Bedürfnissen wieder zu verbinden, werden wir uns immer wieder vor dem nämlichen Wendepunkt wiederfinden.

> **Therapie hilft einem dabei, sich von der Vorstellung zu befreien, das Leben bestünde aus der ständigen Wiederholung derselben verdammten Angelegenheit, und zu der Anschauung zu gelangen, daß das Leben aus einer verdammten Angelegenheit nach der anderen besteht.**
> *– John Weakland*

Diejenigen, die mutig genug sind, durch die Tür zu gehen, finden auf der anderen Seite eine fremdartige Leere. Jeder, der diesen Durchgang vollzogen hat, weiß um das Vakuum, den Abgrund, das Nichts, das Sehnen, welches das dunkle Antlitz der Ganzheit ist. Dies kann so erschreckend sein, daß wir jede Leere, die uns in unserem Leben begegnet, ausfüllen – mit Essen, Reden, Arbeit, Fernsehen, Drogen – mit allem und jedem, nur um den Raum mit etwas zu füllen. Denn in dieser Leere gibt es kein Gefühl von Macht, Kontrolle oder Ordnung. Man ist alleingelassen im Unerwarteten, tritt der brutalen Wahrheit seiner selbst und des eigenen Schmerzes gegenüber, schreit im Dunkeln: „Ich weiß nicht, was ich tun soll!"

Aus solchen Momenten lernen wir, daß Glaube, daß Vertrauen nichts ist, was man besitzen oder verlieren könnte. Es ist etwas, das man praktiziert, weil das eigene Leben davon abhängt.

Die gewaltlose Revolution beginnt in deinem Geist. Du mußt dich zuerst neu definieren. Sobald die Menschen sich neu definieren, findet die Sklaverei ihr Ende.
– James Bevel

Ein Wendepunkt fordert uns zu der Entscheidung heraus, unsere Schattenanteile und unsere Ressourcen wieder einzufordern, die Welt und unsere Beziehung zu ihr auf neue Weise wahrzunehmen, unser fragmentiertes Selbst zu reintegrieren und unserem Leben eine neue Richtung zu geben, so daß wir mehr Energie in die Welt einfließen lassen können. Auf diese Weise ist eine Krise in erster Linie eine Gelegenheit, die Leere sich in einen Raum des Lernens hinein öffnen zu lassen. Denn wenn wir nicht wissen, wohin wir gehen sollen, haben wir mit der wahren Heimreise begonnen.

Diese Augenblicke der Wende, die Erfahrungen, die wir nicht wählen, denen zu entrinnen wir alles geben würden, schenken uns die wertvolle Gelegenheit, uns aufs neue mit unserer Seele zu verbinden, eine beständige Beziehung zu unserem Herzen, unserem Geist und unserem Körper herzustellen. Hierin liegt unsere Chance, die Lektion zu lernen, die keiner gerne lernt – daß es möglich ist, durch Leiden zu wachsen. Diese Momente sind es, die die Erfahrung der inneren Verwandlung mit sich bringen, die geschicht, wenn unsere Schwierigkeiten uns wirklich nahe genug gehen, daß die stärkste aller Veränderungen geschehen kann – die Umkehr des Herzens.

Ich weiß nicht, wie ich dich an den Punkt bringen kann, den Schritt in die Tür hinein zu machen. Ich weiß nicht, wie ich dir helfen soll, deine Krebskrankheit zu lieben, auf die Sucht zu verzichten oder zu entscheiden, ob du als Kind sexuell mißbraucht wurdest. Es gibt kein richtiges Rezept. Nach all diesen Jahren weiß ich immer noch nicht, was jemanden wirklich dazu bewegt, die Entscheidung zu treffen, durch diese Tür hindurchzugehen, was es ist, das diese Veränderung in ihm „bewirkt". Jeder Mensch, den ich begleitet habe, hat einen einzigartigen Pfad, einen individuellen Weg gefunden.

Das Leben hat Sinn nur im Kampf. Sieg oder Niederlage liegt in der Hand der Götter. So laßt uns feiern den Kampf.
– Kriegerlied der Suaheli

Als ich mich der Herausforderung Krebs gegenübersah, konnten die besten Onkologen, Internisten und Endokrinologen die Geschichte meiner Pathologie (wie ich so erkrankte) in vielsilbigen Details erklären. Sie waren sich ganz sicher, daß ich kaum eine Chance hatte, noch länger als drei Monate zu leben, waren aber völlig sprachlos und standen mit leeren Händen da, als ich die Frage stellte, wie ich gesund werden könnte.

Während ich mich jedoch darauf vorbereitete, zu sterben, bereitete ich mich, ohne es zu wissen, auf meine Heilung vor. Bis zu diesem Punkt war ich immer in der Lage gewesen, davonzurennen und zu allem, womit ich nicht umgehen konnte, die Beziehung abzubrechen. Ich fand immer noch eine Hintertür, eine Seiten- oder eine Falltür. Doch dem Krebs konnte ich so nicht entkommen. „Die Eitelkeit rennt davon, die Liebe verschenkt sich." Jemand schenkte mir ein gerahmtes Sticktuch, auf dem diese Worte mit rosa und gelbem Garn im Kreuzstich aufgestickt waren. Ich mußte mich im Graben verschanzen. Neunzig Tage lang. Kein Ausweg. Ich war angekommen. Endlich. Der einzige Weg hinaus war der Weg hindurch. Die Krankheit Krebs wurde zum Weg. Der Tod wurde zum Weg. Die Angst wurde zum Weg.

(Über ein blindes Mädchen)

Heute als es Abend wurde, führte ich das Mädchen, das nicht sehen kann, ein Stückchen in den Wald, wo es dunkel war und wo Schatten waren. Ich führte es zu einem Schatten, der auf unserem Wege lag. Er berührte ihre Wange mit seinen samtigen Fingern, und auch sie mag Schatten gerne. Die Angst, die sie hatte, ist weg.
– Opal Whitely, 4 Jahre alt

Wenn du dich auf das Sterben vorbereitest, reduzierst du alles auf das Einfache und Wesentliche – Familie, Schönheit, Gebet. Du kehrst dich von den Dingen ab und wendest dich dem Herzen zu. Du hat keine Zeit zur Zerstreuung. „Irgendwann werde ich dazu kommen" gibt es nicht mehr. Schuldgefühle oder Vorwürfe würden nur das bißchen Zeit, das bleibt, verschwenden. Keine Zeit mehr für Zweifel oder kleinliche Kritik, wenn du statt dessen die zarte Wange deines Söhnchens berühren könntest. Keine Zeit mehr zum Brüllen und Toben, wenn du statt dessen riechen könntest, wie die Luft im April nach dem Gelb der Weiden zu duften beginnt.

Dies war der Wendepunkt auf meiner Reise durch die Drehtür. Wie war es möglich, im Sterben noch mein eigener Feind zu sein? Blieb mir noch genug Zeit zum Lernen? Jeder schien sich Sorgen zu machen, wie lange ich noch leben würde. Doch für mich bedeutete länger zu leben, das Elend meines Lebens, das hohl, gefühllos und giererfüllt war, zu perpetuieren. Sollte ich überleben, so wollte ich weiter, tiefer leben. Ich wollte das Gefühl haben, zu leben, um das Gefühl, am Leben zu sein, zu erfahren. Ich wollte nicht einfach nur vor dem Sterben bewahrt, ich wollte transformiert werden.

Ich habe immer daran geglaubt, daß Veränderung möglich ist, solange man fähig ist, zu lernen. War ich imstande, so total wie möglich zu leben, solange ich noch lebte? War ich imstande, mich dem zu öffnen, was mich am Leben erhielt? War ich imstande, neue Weisen zu lernen, mich zu meinem Leben und zu den Dingen, die ich als anders, als feindlich etikettiert hatte, in Beziehung zu setzen?

Obwohl er gewöhnlich eine Art Tod mit sich bringt, wird ein Wendepunkt von vielen Menschen wie das Übergangsstadium während einer Geburt erlebt:

er geschieht, wenn eine rasche Veränderung dich plötzlich geöffnet hat; du fühlst dich heiß oder kalt, desorientiert, zum Erbrechen. Du kannst keine Ruhe finden, und du bist voller Angst; und dann scheint alles ganz langsam zu gehen. Du fühlst dich vielleicht, als würdest du wahnsinnig, du fluchst, du betest laut, du bist böse auf die, die zu liebst – es ist natürlich alles ihre Schuld –, du willst nach Hause gehen und alles vergessen; du wirst vielleicht festgehalten, wenn du dich hinstellen oder niederkauern willst; du bist reizbar, brauchst Ruhe, willst nicht gestört werden, mußt nach innen gehen.

Die einzige Hoffnung, die Mutter Erde für ihr Überleben bleibt, ist unsere Wiederentdeckung der Kreativität – und das heißt natürlich unserer göttlichen Kraft. Kreativität ist so befriedigend, so wichtig, nicht weil sie etwas produziert, sondern weil der Prozeß ein kosmologischer ist. Im Gebären liegt Freude und Entzücken.
– Matthew Fox

Ich möchte dich dazu einladen, eine Pause zu machen und diese besondere Zeit so zu betrachten, als sei sie ein Übergangsritus für dich. Wozu ist es zu spät? Zu früh? Genau der richtige Zeitpunkt? Was ist gestorben, oder was stirbt? Welche Weisen des Sich-Beziehens können nicht mehr weitergehen? Was will geboren werden? Auf welche Weise trifft dich die Herausforderung, zu erwachen? Womit in dir mußt du dich versöhnen, um Frieden erfahren zu können?

Die Entscheidung, die Verbindung zu sich selbst wiederherzustellen

Vor vielen Jahren sah ich auf einer Reise nach Japan, wie eine Gruppe von Mönchen einen Käfig voller weißer Vögel einen Hügel hinauftrug. Es war ein ungewöhnlicher Anblick, und ich folgte ihnen. Mit meiner schweren Nikon, die mir an einem dicken, rotbestickten Band um den Hals hing, versuchte ich, so unauffällig wie möglich zu sein. Es war ein langer und beschwerlicher Aufstieg. Ich sagte mir, daß ich wohl nicht ganz gescheit sei und lieber umkehren solle. Mein Atem ging schwer. Meine Waden schmerzten. Es war neblig, feucht, kalt.

Und dann waren wir oben. Die Mönche bildeten um den Käfig herum einen Kreis, sie chanteten in tiefen, vollklingenden Tönen, die Handflächen aneinandergelegt, die Häupter gebeugt; und ihre orangefarbenen Gewänder tanzten im Nebel, der um ihre Füße wallte. Einer von ihnen beugte sich vor und öffnete die Käfigtür. Zwanzig weiße Tauben explodierten in den Himmel hinein – stiegen auf, kreisten, flatterten der Freiheit entgegen.

Ich betätigte wie verrückt den Auslöser, als einer der Mönche mir leicht auf die Schulter klopfte. In sehr gebrochenem Englisch wollte er etwas über meine Kamera wissen. Ich gab sie ihm. Als er sich die Linse ansah, fragte ich ihn, warum sie die Vögel freigelassen hatten. Er lächelte freundlich und sagte: „Einer unserer Brüder ist hinübergegangen. Diese Vögel werden Gefährten sein für die Befreiung seiner Seele."

Wenn ich jetzt den Prozeß meiner Heilung betrachte, ist mir klar, daß das Wichtigste, was ich getan habe, darin bestand, daß ich mich allmählich befreite. Die Krebserkrankung war der Käfig. Die Sucht war der Käfig. Die Mißbrauchserfahrung war der Käfig. Mein Leben so zu leben, als sei es eine einzige Theaterprobe, war der Käfig.

Ich bin auch die Mönche; ich öffne jeden Käfig, einen nach dem anderen. Ich bin die weißen Tauben, die der Freiheit entgegenfliegen. Ich bin der Mönch, der starb. Ich bin die Frau, die Fotos macht.

Meine Genesung erforderte, daß ich lernte, mein Leben von innen nach außen anstatt von außen nach innen zu leben. Ich hielt mich selbst gefangen, indem ich fieberhaft äußere Ziele verfolgte. Rund und rund drehte ich mich auf dem Rädchen; erreichte dies und vollbrachte jenes. Da mittendrin zu stecken ermöglichte mir, zu vergessen, daß ich selbst ein Innen besaß. Es hielt mich ab von meiner Wildheit. Und es hielt mich davon ab, frei zu sein.

Der spirituelle Weg besteht darin, flach hinzufallen, wieder aufzustehen, sich abzubürsten, sich umzudrehen und in Einfalt auf Gott zu schauen und dann den nächsten Schritt zu machen.
– Sri Aurobindo

Jemand sagte einmal zu mir, daß Krankheit die westliche Form der Meditation sei, womit er meinte: der einzige Umstand, der offiziell der Erforschung unseres Inneren gewidmet ist. Selbst wenn ich gewußt hätte, daß ich ein Innenleben habe, hätte ich vor meiner Krankheit nicht gewußt, wie ich Zugang zu ihm hätte finden sollen. Mein Leben brauchte Tiefe, nicht nur Ergebnisse, Freude, nicht nur Leistung, einen Sinn, nicht nur ein Ziel.

Heute spreche ich nur noch selten von meiner „unheilbaren Krankheit". Das hat nichts mit Vergessen zu tun. Ich werde es mir nie leisten können, zu vergessen, daß das Leben ein frei gewähltes, kein einfach gegebenes Geschenk ist. Ab und zu werde ich gefragt, was ich unternommen hätte, um meinen Krebs zu heilen. Dann weiß ich in der Regel nicht, was ich antworten soll. Zuerst sage ich, daß ich keinen Krebs mehr „habe". Hin und wieder sind Knoten aufgetreten und wieder verschwunden. Keiner von ihnen war bösartig. Obwohl der Krebs anscheinend „kuriert" ist, dauert mein Heilungsprozeß noch an. Ich werde weiter an diesem Prozeß arbeiten, ebenso wie an meiner Heilung von der Sucht und von den Mißbrauchserlebnissen – von Tag zu Tag, indem ich eines mit dem anderen durch Gewahrsein, Phantasie und Mitgefühl in Beziehung setze.

Der Drang danach, heil zu werden, liegt dem gesamten Sein zugrunde. Alles bewegt sich auf die Ganzheit zu. Und nichts anderes ist das Heilen als diese Bewegung.
– Rachel Naomi Remen

Sich wieder in Beziehung zu setzen, wieder Verbindung aufzunehmen, ist eine der Möglichkeiten, Herausforderungen zu begegnen, neben der Flucht in die Rigidität, dem Aufgeben, der Gleichgültigkeit oder übertriebener Sorge. Es liegt zwischen Kampf oder Flucht. Es ist die Reihe von kleinen Veränderungen, winzigen Gesten, scheinbar gewöhnlichen Aktionen, die das Wesen des Heilens ausmacht.

Die Wurzel des Wortes Heilen bedeutet „ganz machen". Definitionsgemäß bedeutete Heilung also, daß ich nicht länger versuchen konnte, irgendeinen Teil von mir loszuwerden. Ich konnte nicht mehr leben, solange ein Aspekt meiner selbst sich im Kriegszustand mit einem anderen befand – mein gesamtes System mußte respektiert werden.

Ich bin nicht sicher, ob ich frei bin von Krankheit, Sucht oder Mißbrauchsschädigungen, doch weiß ich bis ins Mark meiner Knochen und meinen Atem hinein, daß ich dabei bin, mich von den Käfigen zu befreien. Das Schreiben dieses Buches hat mit Gebenwollen und mit Dankbarkeit zu tun, es ist ein Glaubensakt, eine wunderbare Möglichkeit, die Lektion, die ich gelernt habe, weiterzugeben, sie im Nebel aufsteigen und sie kreisend und flügelschlagend den Weg in die Freiheit finden zu lassen.

Was ist deine Lieblingsnarbe?

Milton Erickson sagte einmal, daß Heilung damit zu tun habe, daß man seine Erfahrungen auf eine neue Weise miteinander verknüpft und reorganisiert, so daß Erinnerungen und Ereignisse, die man einst als Begrenzungen wahrgenommen hatte, zu Wachstumsressourcen werden. Als er z.B. gefragt wurde, wie er derart phänomenale Fähigkeiten des Beobachtens entwickelt habe, antwortete er: „Oh, ich hatte mehr Glück als die meisten anderen. Als junger Mann wurde ich gelähmt, so daß ich liegen mußte und jede Menge Gelegenheit hatte, die Menschen genau zu beobachten."

Wir müssen Gott suchen im Irregehen, im Vergessen, in der Torheit.
– Meister Eckart

Anstatt dich durch solche Situationen und Ereignisse, die du vielleicht als „feindlich" empfindest, zum Opfer machen zu lassen, möchte ich dazu auffordern, sie auf eine Weise neu wahrzunehmen, daß, wie bei Milton, das Dunkel offen wird für die Entdeckung.

Laß mich ein kleines Beispiel für das von mir Gemeinte anführen. Was ist deine Lieblingsnarbe? Worin besteht ihre Geschichte?

Ich erzähle oft von der Narbe an meiner Wade, die ich mir zuzog, als ich sechs Jahre alt war und auf dem Lenker von Stuie Stillmans Fahrrad die Rugby Road entlangfuhr. Wir fuhren schrecklich schnell, schneller, als ich je zuvor gefahren war, und ich bemerkte nicht, wie die lose Speiche an seinem Vorderrad in mein rechtes Bein schnitt; erst als er mich an meiner Haustür absetzte, sah ich, wie ein Schwall Blut sich auf den Boden unserer Eingangshalle ergoß.

Jedesmal, wenn ich diese Geschichte erzähle, fällt mir auf, daß ich die Narbe liebevoll berühre, obwohl sie ein Ort des Schreckens war, als Dr. Goldfarb sie zusammenflickte. Zwei oder drei Jahre lang danach kam es mir so vor, als müsse die dicke rote Haut bei jeder Beanspruchung gleich aufplatzen, und ich war mir sicher, daß das häßliche Mal mich von meiner wahren schicksalsmäßigen Bestimmung, nämlich Primaballerina zu werden, abhalten würde.

Narbengewebe ist das stärkste, flexibelste Gewebe im Körper. Die meisten Menschen, die ich kenne, erzählen die Geschichte ihrer Narben mit der gleichen Freude und wehmütigen Erinnerung wie ich, obwohl die Wunde ursprünglich ein Ort der Qual und der Angst gewesen war. Ich mag Narben sehr gerne. Sie lehren mich, daß Heilen im wesentlichen in der Aufgabe besteht, sich selbst neu zu erschaffen. Sie sind die Bestätigung dafür, daß wir als Menschen trotz allem einer sehr zarten, empfindlichen Unbesiegbarkeit fähig sind.

Wie man aus einer Falle herauskommt, indem man tiefer in sie hineingeht

Da sind wir nun – du hast dich entschieden, durch die Drehtür hindurchzugehen, und du stehst auf der anderen Seite, zwischen dem, was war, und dem, was kommen wird. In diesem offenen Moment hast du die Macht, zu wählen. Anstatt darauf zu beharren, immer wieder das Gleiche zu tun und dabei auf ein anderes Ergebnis zu hoffen, erhältst du durch einen Wendepunkt immer die Gelegenheit, etwas Neues zu lernen, das auszuüben, was Viktor Frankl „persönliche Freiheit“ nennt.

Das Wort Held oder Heldin muß dem Mann oder der Frau vorbehalten sein, der oder die willens ist, die einsame Reise in die Tiefen des Selbst auf sich zu nehmen, sich zum eigenen Schatten zu bekennen, die uralte Kriegerseele aus der Macht böser Geister zu befreien, die Macht und Autorität zu entdecken, die im Ganzsein liegen.
– Sam Keen

Es gibt Menschen, die, obwohl wir ihnen niemals begegnen, uns dazu inspirieren, einen anderen Weg auf unserer Reise einzuschlagen – durch ein Buch, ein Lied, ein Kunstwerk, ihre Art und Weise zu leben. Viktor Frankl war in meinem Leben ein solcher „spontaner Akt der Menschlichkeit“. Für ein Abschlußexamen las ich ein Buch über sein Leben. Er ist ein jüdischer Psychiater, der in den Todeslagern Nazideutschlands gefangen saß. Bis auf seine Schwester wurden alle seine Familienangehörigen umgebracht. Er erlitt entsetzliche Folterungen. Er wußte nie, ob er zu denen gehören würde, die in den Verbrennungsöfen landeten, oder zu denen, die vor den Öfen die Leichen und die Asche wegtrugen. Im Laufe von Monaten und Jahren wurde Frankl allmählich bewußt, daß es etwas gab, „die letzte der menschlichen Freiheiten", was die Nazischergen ihm nicht wegnehmen konnten: Er konnte in seinem Inneren die Entscheidung treffen, welche Wirkung all dies auf ihn hatte. Zwischen dem, was ihm zustieß, und seiner Reaktion darauf lag seine Macht, zu wählen. Was ich da las, faszinierte mich dermaßen, daß ich vergaß, Notizen zu machen oder etwas zu unter- oder anzustreichen. Alles, was ich im Morgengrauen auf mein Karteikärtchen schrieb, war: „Zwischen einem Impuls und einer Handlung haben wir die Freiheit der Wahl. Es liegt in unserer Macht, zu wählen, wie wir auf die Dinge, die uns zustoßen, die wir nicht gewählt haben, reagieren."

Ich weiß nicht mehr, welche Fragen in diesem Examen gestellt wurden. Meine Hand und mein Herz schrieben den gesamten Prüfungstext über Viktor Frankl, ohne daß sich mein bewußtes Denken irgendwie einmischte. Als ich fertig war, klappte ich mein Heft zu und schrieb die Note Eins plus auf den Umschlag.

Im wesentlichen liegt die Bedeutung des Lernprozesses durch Wieder-Verbindung darin, daß er einem dabei hilft, zu wählen, wie man auf das, was einem zu einer bestimmten Zeit im Leben als Herausforderung begegnet, reagiert. Wenn du bis hierher gelesen hast, weißt du, daß Kampf oder Flucht nur zu noch mehr Kampf oder Flucht führen. Im Aikido wird einem beigebracht, daß das eigene Handeln um so effizienter und effektiver sein kann, je weniger Widerstand geleistet wird. Was ich bis ins Mark hinein weiß, ist, daß man in dem Moment, in dem man aufhört zu kämpfen, frei ist.

Ich möchte dich dazu auffordern, eine Übung zu machen, die ich von Terry Dobson, einem wunderbaren Aikido-Sensei und Nachbarn, gelernt habe.

Denke an die Strohhülse aus dem Kinderzauberkasten – man steckt von beiden Enden je einen Finger hinein und zieht. Es geht einem wie dem Teerkind in „Uncle Remus"; je mehr man zieht, desto mehr steckt man fest. Stecke den Zeigefinger der einen Hand in die zur Faust geballte andere und zieh. Je mehr du versuchst, deinen Finger herauszuziehen, desto stärker wird deine Faust sich um ihn schließen.

Probiere jetzt etwas anderes: Schiebe den Finger kurz noch tiefer hinein und ziehe ihn dann schnell heraus.

Zwanzig Jahre lang habe ich auf jemanden gewartet, der zu mir sagt: „Du mußt Feuer mit Feuer bekämpfen", um antworten zu können: „Das ist seltsam, dafür nehme ich immer Wasser."
–Howard Gossage

Da du jetzt weißt, wie es geht, hast du Lust, es noch mal zu tun? Vielleicht kannst du dir sogar erlauben, das sichere Gefühl, einen Moment lang in der Faust festgehalten zu werden, zu genießen. Während du mit diesem Paradox weiterspielst, entdeckst du vielleicht, – wenn du auf die Faust so reagierst, daß du dich in sie hineinbewegst, daß du ihr Raum gibst, anstatt zu versuchen, von ihr wegzukommen –, daß du frei bist, so wenig logisch dies einem auch vorkommen mag.

Dies ist dasselbe Prinzip, das Flugschülern für das Abfangen des Trudelns der Maschine beigebracht wird: Wenn man den Steuerknüppel gewaltsam hochzieht, richtet sich die Nase des Flugzeugs nicht auf. Wenn man ihn abwärts bewegt, in die Richtung des Trudelns hinein, hört das Flugzeug wie durch ein Wunder mit dem Trudeln auf, man bekommt die Kontrolle zurück und kann die Maschine aus dem Sturzflug wieder hochziehen.

Notsituationen sind Boten

Die meisten von uns sind lernbehindert im Hinblick auf die Fähigkeiten, die es uns ermöglichen würden, uns mit unserem Feind in Verbindung zu setzen und auf ihn zu reagieren. Statt wegzurennen oder gegen ihn anzukämpfen, müssen wir etwas über das Verb „sich beziehen auf" lernen. Wie setze ich mich in Beziehung zu meiner Einsamkeit, zu den Wunden meiner Vergangenheit, meiner Angst, meiner Traurigkeit, meinem Schmerz, meinem Körper?

Milton Erickson zeigte auf, daß alles, was der menschliche Geist tut, irgendwie nutzbar gemacht werden kann. Er nannte das *Utilisieren.* Die hier vorgestellte Herangehensweise benutzt das Symptom als einen Teil der der Veränderung zugrundeliegenden Schablone. Der Mechanismus des Problems ist der Mechanismus der Lösung. Dies gibt dir die Möglichkeit, Wunden aus deiner persönlichen Geschichte in Botschaften umzusetzen, die du dann sogar in deiner engeren und weiteren Umgebung weitervermitteln kannst.

Probleme? Das Leben besteht aus Problemen! Nur der Tod ist leicht. Leben heißt, die Ärmel aufzukrempeln und die Schwierigkeiten mit Freuden aufzunehmen.
– Alexis Sorbas

Lernen, heilen, dienen. So können wir um so stärkere Heiler werden, je mehr wir in der Vergangenheit gelitten haben. Wir können lernen, unser Leiden in die Art von Verständnis zu transformieren, welches Kreise des Schutzes und der Sinnhaftigkeit bildet, die eine Verbindung zwischen den Menschen herstellen.

In der gesamten Menschheitsgeschichte, quer durch alle Kulturen, wurde das Ins-Werk-Setzen einer solchen Transformation spirituelle Reise oder Pilgerfahrt genannt. Der Reisende wird als Wahrheitssucher angesehen.

Die Spirale ist das uralte Symbol für das Labyrinth, den gewundenen Pfad zum innersten Sein, mit Geheimgängen und mystischen Durchgängen und Sackgassen. Vor vielen Jahren hatte ich die Gelegenheit, eine Wanderung durch das Labyrinth der Kathedrale von Chartres in Frankreich zu machen. Es stellt eine Allegorie für die spirituelle Reise dar. Gleich nach dem Eintreten wird der Pilger direkt zu einer Stelle nahe dem Zentrum geführt – nahe genug, um es sehen zu können, jedoch in einiger Entfernung davon. Der erste flüchtige Anblick des Lichts ist sehr ergreifend. Es übt eine große Anziehung aus, doch um dorthin gelangen zu können, mußt du den gesamten Irrgarten bis an die äußersten Enden in spiralförmigen Bewegungen vorwärts und rückwärts durchwandern. An diesem Punkt erkennst du, daß du dich in Wirklichkeit weiter und weiter vom Licht entfernst.

Der Weg, den wir brauchen, führt nicht von hier nach dort, sondern von hier nach hier.
– Jakusho Kwong

Jetzt muß deine anfängliche Vision und Leidenschaft deine lange Reise durch die dunklen Gänge aufrechterhalten. Vielleicht geht sie dir sogar verloren, und was dich weitergehen läßt, ist dein Glaube. Wenn auch dieser ins Wanken gerät, bleibt dir nur noch, einen Fuß vor den anderen zu setzen. Deine Schritte beginnen sich dem Rhythmus des Herzschlags anzugleichen, und sehr bald danach biegst du um die letzte Ecke und befindest dich klar und deutlich auf einem Pfad, der auf das Zentrum zuführt, hin zur Quelle, zum Licht.

Meine Großmutter nannte den spirituellen Weg eines Menschen in diesem Leben „die Wanderung auf dem Weisheitspfad“. Sie sagte, dieser verlaufe spiralförmig und bringe uns bei jeder Umdrehung der Wahrheit in unserem innersten Kern näher. Dies bedeutet, daß wir wieder und wieder an dieselben Stellen, Weggabelungen und Kämpfe gelangen, daß wir aber jedesmal weiter geworden sind, mehr Weisheit gesammelt haben. Immer wenn du in eine Spirale gerätst, gibt es kein Entkommen vor dir selbst.

Das Ende einer Umdrehung der Spirale wird zum Beginn der nächsten ... Wir sind für ständig neue Möglichkeiten geschaffen.
– Gabriele Rico

Als vereinheitlichendes Thema für den Rest des Buches werde ich die Metapher des Übergangsrituals oder der Initiationsreise verwenden. In einigen Kulturen wird beschrieben, daß diese drei unterschiedlichen Stadien umfaßt. Das erste ist Trennung, der Rückzug aus der Welt, das Sich-Absondern von den vertrauten Gewohnheiten des täglichen Lebens.

Das zweite Stadium wurde von meiner Großmutter „Zurechtgebogenwerden durch das Feuer“ genannt; es hat damit zu tun, daß man sich nach innen kehrt, der chaotischen Welt zu, wo man den Dämonen begegnet. Du machst dich für sie empfänglich, erhältst „Medizin“ von ihnen und findest Erneuerung durch deine gesammelten Geisteskräfte. Es ist eine Initiation, die, wenn sie erfolgreich zu Ende gebracht wird, die Gabe des Heilens für dich selbst und andere mit sich bringt.

Wenn man sie richtig versteht und sie als schwierige Phasen eines natürlichen Entwicklungsprozesses behandelt, können diese Erfahrungen („spirituelle Notfälle" oder transpersonale Krisen) zur Heilung auf gefühlsmäßiger und psychosomatischer Ebene, zur kreativen Lösung von Problemen und zur Transformation der Persönlichkeit führen.
– Stanislav Grof

Das letzte Stadium, genannt „der offene Moment", erfordert, daß du in die äußere Welt zurückkehrst und das Gelernte in dein tägliches Leben einbringst, wo du es mit deiner Gemeinschaft teilen kannst.

Der Weisheitspfad

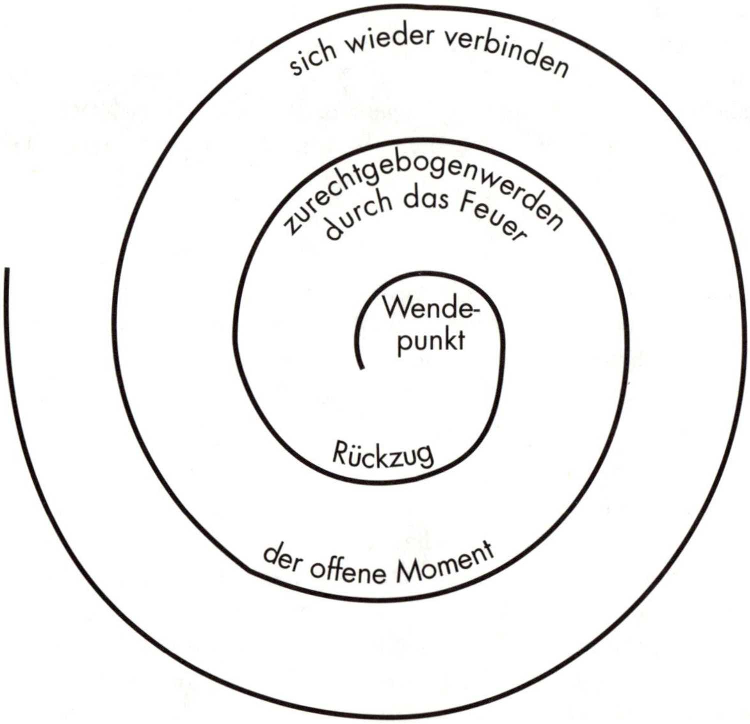

Ich mache dir das Angebot, diese Dimension des Heilens mit mir zu betreten. Wir werden den Weg zusammen finden. Unser Ziel wird sein, zu lernen, wie wir Gewahrsein, Phantasie und Mitgefühl dazu verwenden können, uns unserem Feind zuzuwenden, uns vor ihm zu verneigen und ihm ein Lied vorzusingen und die Nöte zu erkennen, die in den Schatten seines Bauches verborgen liegen, so daß du ihm auf eine Weise zu antworten vermagst, die deine Heilung unterstützt. Vielleicht werden wir sogar fähig sein, in diesem Prozeß gegenseitig unsere Herzen zu berühren.

Wir müssen unseren Weg von hier aus lernen – nicht lehren oder predigen.
– Don Michael

Zuerst werden wir damit anfangen, uns zurückzuziehen, um zu lernen, unser Gewahrsein durch Zentrieren und Empfänglichkeit zu erhöhen, so daß du deinen Geist beruhigen und dein Herz öffnen kannst.

Dann werden wir uns vom Feuer zurechtbiegen lassen, indem wir die Schwelle zur Welt der Phantasie überqueren, so daß du lernst:

- Zugang zu deiner Intuition zu erhalten und die tiefere Quelle der Führung, die sich dort befindet, um Rat zu fragen;
- kreativen Ausdruck und bildhafte Vorstellungen als Mittel zu verwenden, mit deinem Problem umzugehen und in einen heilenden Dialog mit ihm zu treten.

Im letzten Stadium wirst du all dein Mitgefühl aufbringen müssen, über das du verfügst, um

- das unbefriedigte drängende Bedürfnis in deinem Feind zu erkennen;
- die inneren Ressourcen zu finden, um diesem Bedürfnis gerecht zu werden;
- eine Beziehung zwischen diesem Bedürfnis und deinen persönlichen Ressourcen herzustellen;
- diese Erfahrung in eine Botschaft persönlicher Wahrheit umzuwandeln;
- und dieser Botschaft Ausdruck zu verleihen – sie zu lehren, sie mit dem Rest der Welt zu teilen.

Dies ist keine Liebesaffäre, die nur eine Nacht lang währt. Jedes dieser Stadien ist ein Wegweiser in dem Gewirr von Wendepunkten. Was wir hier miteinander teilen, ist ein andauernder Prozeß – die Art und Weise, wie du mit dir selbst lebst – wie du lernst, deinen Schmerz warm in deiner einen Hand und deine Liebe in der anderen zu halten und die beiden zusammenzubringen.

Diesen Prozeß habe ich mit großer Wirkung bei zahllosen Menschen in Einzelsitzungen und in Seminaren überall in den Staaten angewandt. Jedoch: was er dir nicht wird vermitteln können, ist Hoffnung. Ich glaube, daß denen unter uns, die tiefe Verletzungen erfahren haben, eine ganz grundlegende Fähigkeit verlorengegangen ist; die, sich verzaubern zu lassen. Wir wissen, daß

Der Unterschied besteht darin, daß die Medizin des Weißen Arztes dazu neigt, sehr mechanisch zu sein. Der Mensch wird wiederhergestellt, doch er ist nicht besser geworden, als er es zuvor war. Bei der indianischen Heilweise ist es möglich, daß man zu einem besseren Menschen wird, wenn man durch eine Krankheit, auf die die richtige Medizin gefolgt ist, hindurchgegangen ist.
– Ernie Benedict
Stammesältester der Mohawk

die Welt kein wunderschöner Ort ist. Dieser Prozeß kann dir aber dabei helfen, dein Vertrauen wiederzufinden. Du kannst das Gefühl entwickeln, dazuzugehören, einen Platz zu haben. Du kannst das, was du lernst, dazu verwenden, um aus den Trümmern deines Lebens eine reichere, eine mögliche Zukunft zu bauen, um innerhalb der Würde deiner eigenen Grenzen mit erfülltem und freiem Herzen einherzuschreiten.

Einige Fragen für unterwegs, die du während unserer Reise neugierig abtasten kannst: Wie soll es im Augenblick deines Todes in deinem Herzen aussehen? Was wirst du auf die Fragen antworten: „Hast du geliebt?", „Bist du deinem Herzen treu gewesen?", „Welche Geschichte hast du in all den Jahren, die dir beschieden waren, gelebt?"

Wie du schon erraten haben wirst, bin ich eine leidenschaftliche Fürsprecherin für die Möglichkeit der Veränderung. Ich glaube, daß der Wendepunkt für dich, liebe Leserin, lieber Leser, ein Augenblick ist, der dich dazu einlädt, dich an deine eigene Wahrheit zu erinnern, sie zurückzufordern, auszusprechen, zu erschaffen, zu heilen, mitzuteilen und zu lehren. Ich möchte dich bei deiner Suche nach dem Verbündeten begleiten, der sich in dem Feind verbirgt. Ich möchte dir dabei helfen, den Käfig durch ein Nest zu ersetzen, das du selbst gestaltet hast, um die gefiederten Mysterien zu beherbergen, die in deinen dunkelsten Ecken leben und sehnsüchtig auf ihre Befreiung warten.

Sich vor den Dämonen verneigen:

Beruhigung des Geistes, Öffnung des Herzens

Jeder, der die Tage zählt, sorgt sich nicht um Vergangenheit oder Zukunft, sondern ist dankbar für die Gegenwart: Ich bin der Auffassung, daß man durch Not und Unglück wächst. Es ist die Angst, von der Szene zu verschwinden, die dich den Wert erkennen läßt, der darin liegt, sich auf der Szene zu befinden. Wenn du annimmst, daß deine Tage endlos seien, dann ist kein Tag von besonderem Wert. Ich denke an all die Väter, die kleine Kinder haben und am Samstag und Sonntag den ganzen Tag lang Golf spielen. Sie hatten nie Krebs. Ich denke an die Ehemänner, die nie der Zuneigung zu ihrer Frau Ausdruck gaben. Sie hatten nie Krebs.

– *Paul Tsongas*

Buddha besuchte ein Dorf auf dem Lande. Seltsamerweise hielten sich alle Dorfbewohner in ihren Hütten versteckt. Er fragte sie nach dem Grund und erfuhr, daß es in der Gegend einen Räuber gab, der häufig von den Bergen herabkam und jeden, den er auf der Straße fand, umbrachte. Buddha dachte sorgfältig über diese Angelegenheit nach. Am nächsten Morgen wollte ihn der Wirt davon abhalten, nach draußen zu gehen, um seine Gehmeditation zu machen. „Geh bitte nicht, er bringt dich mit Sicherheit um. Der Räuber kommt heute." Doch Buddha lächelte nur freundlich und machte sich schweigend auf den Weg.

Und wirklich: der Räuber stürmte durch die Straßen, nachdem keine halbe Stunde vergangen war. Er lief auf Buddha zu, zog sein Schwert und brüllte mit durchdringender Stimme: „Bleib stehen, oder ich bringe dich um!"

Buddha ließ sich nicht aus seinem Rhythmus bringen: ein Schritt, ein Atemzug. Als sie nur noch auf Armeslänge voneinander entfernt waren, schwang der Terrorist sein Schwert und brüllte: „Bist du taub, Alter? Hast du nicht gehört, was ich gesagt habe? Bleib stehen, oder ich renne dir mein Schwert durch den Leib!"

Buddha machte einen Schritt. Und atmete. Dann sagte er mit einer Stimme, die so ruhig war wie ein Sommerhauch: „Aber, guter Mann, ich bin stehen geblieben. Du bist es, der nicht anhält."

Der Arm des Räubers blieb mitten in der Luft stehen, sein Mund stand vor Überraschung sperrangelweit offen. „Was meinst du damit: Du bist es, der nicht anhält?"

Buddha machte einen Schritt und atmete. Inzwischen war er dem Mann so nahe, daß er seinen schalen Schweiß riechen konnte. Er antwortete mit brennender Güte: „Ich habe aufgehört, mich selbst in Angst und Schrecken zu versetzen. Du nicht. Also bist du es, der anhalten muß, denn es ist in Wirklichkeit dein eigenes Selbst, das du umbringst."

– nach einer Geschichte von Thich Nhat Hanh

Ein Wendepunkt bewirkt, daß du versuchst, dich durch einen Trichter von Fragen hindurchzufinden, auf die es anscheinend keine Antwort gibt. In dem Maße, wie die Fragen größer werden, lernst du, um durch den Trichter hindurchzukommen, in den kleinen Dingen Trost zu finden, die dir ganz nah sind: dem Geruch eines nassen Junimorgens, dem Aufblühen der Schwertlilien, dem Glitzern der Sonne in den goldenen Härchen auf dem Arm eines Babys.

Wenn du einen harmonischen Rückzug auf diese Art von Gewahrsein geschehen läßt, wirst du dir einer Sehnsucht bewußt werden, eines Hungers, die zuerst undefinierbar sind und die du dann als das Bedürfnis erkennst, Schönheit in jeglicher Form zu berühren. Schönheit kann dich nähren, kann dich erfüllen, so daß du mit der Leere umgehen kannst, die das Leiden mit sich bringt. Es sind die kleinen Dinge, die einen Anker für dich bilden in den mächtigen Stürmen von unbeantwortbaren Fragen, die große Herausforderungen mit sich bringen.

Heilen bedeutet, den Menschen die Fähigkeit zu vermitteln, das Wunder ihrer eigenen Existenz zu sehen und das einer Blume. Und, noch weitergehend, wie beides miteinander in Verbindung steht.
– *Shawn May*

Gewahrsein bedeutet, völlig in den Moment der Gegenwart zu kommen, was Thich Nhat Hanh *mindfulness* nennt. Es ist eine Bewegung in Richtung auf Verbindung hin, bei der man alles in sich selbst vereinigt, zur gleichen Zeit am gleichen Ort ist. Es ist das Reich des ungeteilten Selbst. Doch was macht es so schwer, innezuhalten und des gegenwärtigen Moments gewahr zu sein?

Zu der Zeit, als ich eine Privatpraxis hatte, geschah es häufig, daß die Leute aus dem Urlaub zurückkehrten und berichteten, daß sie in den ersten Tagen wie wild herumgesaust seien und versucht hätten, bis zum Umfallen zu spielen. Dann verlangsamten sie ihr Tempo und hielten inne. Großartig! Nein. Schrecklich, da die meisten von ihnen berichteten, daß sie, als sie ihre Geschwindigkeit von Tempo 100 auf 50 reduzierten, Trauer, Angst, Wut oder Schmerz fühlten. Sie kämpften im Außen mit ihrem Partner oder in ihrem Innern mit sich selbst. Nicht das Innehalten war der Grund für den Schmerz oder die Kämpfe; es trug nur lediglich dazu bei, daß sie sehen konnten, was die ganze Zeit schon dagewesen war, aber unterhalb der Bewußtseinsschwelle gehalten worden war.

Zwei wesentliche Aspekte des Gewahrseins, die dieses erste Stadium der Heilung möglich machen, sind ein ruhiger Geist und ein offenes Herz. Zusammen bilden sie eine Linse, mit deren Hilfe du die Geographie des Geistes erforschen kannst, ohne von deinen Gedanken weggefegt oder von deinen Gefühlen beherrscht zu werden. Anders ausgedrückt, Gewahrsein hilft dir nicht dabei, Ruhe in deinem Geist zu finden, doch es kann dir dabei helfen, deinen Geist ruhig zu beobachten.

Du kannst nur das verändern, was du annimmst. Dieser erste Teil deiner Reise ist also der Möglichkeit gewidmet, herauszufinden und zu lernen, wie du in deinem Geist die Ruhe und in deinem Herzen die Empfänglichkeit wiederherstellen kannst. Wenn du das getan hast, kannst du innehalten und deinem Dämon mit Gleichmut gegenübertreten, ihn als einen Agenten in deinem eigenen Entwicklungsprozeß achten und seine Energie anerkennen, ohne dich von ihr wegfegen zu lassen.

Jenseits aller Vorstellungen von rechtem oder falschem Tun gibt es ein Feld. Dort werde ich dir begegnen. Wenn die Seele sich in diesem Gras zur Ruhe legt, ist die Welt zu erfüllt, als daß man darüber zu sprechen vermöchte.
– Rumi

Gewahrsein ist das Licht der Aufmerksamkeit, mit dem du verschiedene Stellen beleuchtest. Wenn du dich in jemanden verliebst, erhellst du mit diesem Licht all die entzückenden und hinreißenden Dinge, die dir auffallen – das Heben eines Ellbogens, ein Grübchen am Knie, eine schiefe Nase. Wenn du dich entliebst, fällt das Licht auf zu große Poren, einen Stimmton, der dir wehtut, eine ständige Unruhe des oder der Betreffenden.

Versuche einen Moment lang folgendes: Was geschieht, wenn du dir den Zwischenraum zwischen den Zehen deines linken Fußes bewußtmachst? Diese Zwischenräume waren immer schon da – garantiert. Dein Gewahrsein jedoch war bis vor einem Augenblick woanders. Dieser Fuß ist nun im gegenwärtigen Moment auf eine Weise existent, wie er es zuvor nicht war. Kannst du weiter bei ihm bleiben, während du weiterliest?

Ich bin der Überzeugung, daß unsere Seele ständig versucht, uns zu korrigieren, wenn wir auf unserem Pfad auf Abwege geraten – sie sendet vermittels der Symbolsprache unserer Träume und unserer Intuition eine ständige Botschaft, ein Zielflugfunkfeuer der Führung von innen. Das Ziel der ersten Etappe dieser Reise besteht darin, dich mit deiner eigenen Stille wiederzuverbinden; aufs neue zu lernen, deine Angst in eine weiche Decke von Ruhe und Gelassenheit zu hüllen, so daß du empfänglich genug werden kannst, diese Wahrheit in dir selbst zu finden.

Wir können letzlich nicht verstehen, aber wir müssen es versuchen.
– Theresa von Avila

4 Das Zentrum des Zyklons:

Die Heimkehr deines Geistes

Der Himmel befindet sich dort, wo du gerade bist, und da gilt es zu üben. – *Morehei Ueshiba*

Du kannst nirgends hingehen, bevor du nicht weißt, wo du dich überhaupt befindest. Einem Wendepunkt zu begegnen heißt, in äußerem Chaos zu leben. Wenn du auf eine solche Weise herausgefordert bist, ist das erste, was du zu tun hast, wieder zu dir selbst zurückzufinden. Wo bist du im Sturm des Augenblicks? Achtest du auf deinen Atem? Was geht in dir vor? Wo ist deine Stabilität? Um diese Fragen beantworten zu können, mußt du buchstäblich „in den Körper hineingehen" – du mußt erleben, wie es ist, in diesem Augenblick, an diesem Ort, in diesem Körper zu sein. Das sind deine Hände. Das sind deine Füße. Hier, in deinem Bauch, in deinem Schwerpunkt, hast du alle Möglichkeiten. Das unveränderte Gewahrsein der Tatsache, daß du über ein stabiles Gleichgewichtszentrum im Innern verfügst, bringt die Möglichkeit der Veränderung hervor.

Sieg bedeutet den Sieg über den Geist der Zwietracht in dir selbst. Diesen Sieg zu vollbringen ist dein Auftrag, deine Sendung.
– Morehei Ueshiba

Klingt das einfach? Es ist einfach. Klingt das leicht? Leicht ist es nicht. Was tust du, wenn du der einzige Mensch unter Millionen bist, der kein Zentrum besitzt? Was ist, wenn du es nicht finden kannst oder es verlierst?

Ein aufgewühlter Geist gleicht einem mit schäumendem Wasser angefüllten Schüttelbecher – man braucht das Wasser nicht zu glätten, man muß nur eine Möglichkeit finden, den Becher ruhig zu halten, und das Wasser wird von selbst zur Ruhe kommen. Im folgenden Kapitel werden wir verschiedene Möglichkeiten kennenlernen, genau dies zu tun.

Die Heimkehr zu dir selbst

Früher dachte ich, einen ruhigen Geist zu haben hieße, einen völlig unbewegten Geist zu haben. Ruhig bedeutet leer, passiv – so dachte ich. (Das einzige Mal, als ich meinen Geist tatsächlich so empfand, war, als ich einmal vor zweitausend Leuten sprechen sollte, ohne mich auf eine Ansprache vorbereitet zu haben!)

Die Ruhe des Geistes ist derHerr der Tat.
– Gandhi

Sensei Richard Kuboyama, ein Ki-Aikido-Lehrer auf Hawaii, sagt, daß ein zentrierter Geist voll *ruhiger Kraft* sei. Er beschreibt eine Möglichkeit, dies zu erreichen: Stell dir vor, wie sich alle Energie des Universums in einem dynamischen Punkt im Zentrum deines Beckens konzentriert. Andy sagt, es fühle sich so an, als habe er seinen Platz in der Welt und das Recht darauf, Raum einzunehmen.

Stell dir vor, daß dein ganzer Körper vor Energie vibriert – gelöst und doch in sich gefestigt, wie eine Möwe auf einer Welle, pulsierend von Möglichkeiten.

Wenn du auf diese Weise einen festen Stand in dir selbst hast, sind deine Wurzeln an eine Quelle der Energie angeschlossen, die größer ist als deine eigene – eine universale Quelle, eine höhere Macht –, in der gleichen Weise, wie eine Quelle ihre Kraft aus der Macht des gesamten Ozeans erhält.

Sich zu zentrieren hat auch damit zu tun, daß man proaktiv wird: daß man sich von innen nach außen bewegt statt umgekehrt, daß man sich von den eigenen Werten aus vorwärts bewegt. In dieser Kultur haben viele von uns im Laufe der Zeit des Erwachsenwerdens ihr Gleichgewichtszentrum verloren: wir kennen unsere persönlichen Werte nicht; wie wissen nicht, was uns wirklich wichtig ist. Wir haben Meinungen, aber Meinungen sind nicht Werte. Ein Wert ist eine Spindel, die alles in eine Ausrichtung bringt, wie ein Rückgrat, das sich durch das ganze Leben zieht: „Das ist mir so wichtig, daß mein gesamtes Leben sich darum dreht, es zu verwirklichen." Indem wir uns zentrieren, finden wir wieder und wieder zu dieser Spindel zurück.

Es ist keine Frage des Maßes. Geduldiges Warten erfordert eine Art von Mut, weitermachen eine andere.
– Sheldon Kopp

Sich zu zentrieren ist ein natürlicher Vorgang. Es läßt deinen Körper zu seiner Heimposition zurückkehren und ermöglicht dadurch, daß deine ganze zerstreute Energie gebündelt wird. Mein Freund Will macht es einfach dadurch, daß er einen Golfschläger in die Hand nimmt. Bonnie macht es immer, wenn sie sich an einen Webstuhl setzt. Karen geht ans Meer und läßt ihren Geist zum Horizont wandern. Rachel bekommt Menstruationsbeschwerden und erinnert sich daran, daß sie ein Becken hat. Don spielt mit seinem Hund Sampson und ist sofort im Körper, in der Gegenwart.

Er warf sich auf sein Roß und ritt davon in alle Richtungen.
– anonym

Du weißt schon längst, wie du dich zentrieren kannst. Als Kind hast du es auf ganz natürliche Weise getan. Es ist nichts Neues, was du erst lernen müßtest; es ist ein Vorgang, an den du dich nur zu erinnern brauchst. Wenn du schwimmen gelernt hast und an einem heißen Sommertag in einen kühlen See springst, wird sich dein Körper daran erinnern, was er zu tun hat, selbst wenn du dreißig Jahre lang nicht mehr geschwommen bist. Vielleicht wirst du zuerst die Luft anhalten. Vielleicht spannst du die Muskeln an und „versuchst" ein paar Minuten lang, dich daran zu erinnern, wie es geht; aber bald läßt du deinen Atem los und gibst auf. Voilà! Dein Körper trägt dich.

Die folgenden Übungen werden dir dabei helfen, eine Möglichkeit zu finden, dich wieder mit deinem Zentrum zu verbinden. Sie sind vielleicht nützlicher und machen mehr Spaß, wenn man einen Partner findet, der einen „herausfordert", indem er einem sanft und doch fest gegen die Vorderseite der Schulter drückt. Ihr könnt euch mit dem Zentrieren und dem Herausfordern abwechseln. Wenn du einen Partner herausforderst, der zentriert ist, wirst du wahrscheinlich bemerken, daß er sich anfühlt wie ein Schaumgummi mit Luftkammern – flexibel, aber massiv – nachgiebig, aber fest. Denkt er an eine streßerfüllte Situation, fühlt er sich starr an. Denkt er voller Selbstmitleid: „Ist mir doch egal", fühlt er sich an wie ein toter Fisch. Ist er aber zentriert, kannst du ihn nicht vom Fleck bewegen, obwohl er keinen aktiven Widerstand leistet.

Nimm dir den Raum, den du einnimmst.
– Adrienne Rich

Wie du dich auf deine eigene Weise zentrierst

Denke an eine Zeit oder an eine Situation, in der du dich voller Selbstvertrauen, unabhängig, voll ruhiger Kraft gefühlt hast. Stelle dir dies so intensiv vor, als würde es eben jetzt geschehen. Achte darauf, was mit der Art und Weise geschieht, wie du die Welt siehst, mit deinem Hörsinn, deinem Atem, deinem Körpergefühl. Achte darauf, wie es sich anfühlen kann, „zu Hause" zu sein.

Nun laß dieses Gefühl absichtlich verlorengehen. Denke daran, was du morgen tun mußt. Denke daran so intensiv wie möglich. Achte, wie zuvor, darauf, wie dies deine Sinneserfahrung beeinflußt. Was ist es, das am ehesten zum Verlust deines Zentrums führt? Sind es in einem bestimmten Stimmton geführte Selbstgespräche, die unausweichlich dazu führen, daß du aus deiner Mitte gerätst? Ist es der Verlust des peripheren Sehens? Oder das Anhalten des Atems? Jeder hat seine oder ihre gewohnheitsmäßige „Lieblings"art, aus der Mitte zu geraten. Und wenn du lernst, es zu verlieren, kannst du den Prozeß umkehren, um es zu finden – indem du dein Sehen weit werden läßt, indem du hörst, atmest, den Ton deiner Stimme veränderst usw.

Sich zentrieren durch Bewegung

Sei zäh wie ein Grashalm: fest verwurzelt, willig zu lernen und im Frieden mit deiner Umgebung.
– Natalie Goldberg

Stelle dich auf deine Fußballen, die Fersen etwa drei Zentimeter vom Boden entfernt. Schüttle kräftig ein paar Minuten lang die Arme von den Ellbogen aus, so, als hättest du nasse Hände. Laß dein Schütteln deinen gesamten Körper auf- und abbewegen. Laß zu, daß dein Körper losläßt. Achte auf dein Becken und fühle, wie die Schwerkraft an der Unterseite von allem zieht – deinem Gesäß, deinen Fingerspitzen, deinen Ohrläppchen.

Lenke dein Bewußtsein mehr und mehr auf das Ein- und Ausströmen deines Atems und auf die Zwischenräume zwischen jedem Atemzug. Laß deine Fersen wieder den Boden berühren, ganz sanft, und stell dir dabei vor, wie sich das ganze Universum in einem Punkt in deinem Bauch verdichtet. Wenn du es nicht fühlen kannst, macht das nichts. Finde den Mittelpunkt der Stelle, wo du es nicht fühlen kannst.

Sich zentrieren mit Hilfe der eigenen Wertvorstellung

Denke an etwas, das dir wirklich wichtig ist – an eine Wertvorstellung, auf die du mit jeder Zelle deines Körpers eingeschworen bist. Achte darauf, wie dies deine Sinneswahrnehmungen beeinflußt.

Nun laß es absichtlich verlorengehen. Denke an eine Situation, in der du dich gewöhnlich gestreßt oder apathisch fühlst. Achte darauf, auf welche Weise sich das andere anfühlt.

Wechsele zwischen beiden hin und her, zwischen dem Denken an das, was dir wichtig ist, und dem „ist mir egal", bis du in aller Deutlichkeit identifizieren kannst, wann du deine Mitte verlierst, und vertraue deiner Fähigkeit, sie wiederzufinden.

Verlieren und Wiederfinden der eigenen Mitte

Die gute Nachricht ist, daß Sich-Zentrieren ein natürlicher Vorgang ist, den du auf ganz einfache Weise gelernt hast. Die schlechte Nachricht ist, daß Zentriertsein kein anhaltender Zustand ist. Wie ein Kreisel, der sich um die eigene Achse dreht, richtest du dich kurz aus und verlierst es dann wieder. Du findest es wieder. Und du verlierst es. Dein Zentrum ist kein fixierter, statischer Punkt; es ist eine sich ausdehnende und wieder zusammenziehende Energieachse. Es ist wie ein Heimkommen. Müßtest du immer zu Hause bleiben, würde dein Heim zu einem Gefängnis werden. Was du wissen mußt, ist, *wie du erkennst, daß du deine Mitte verloren hast und wie du sie wiederfindest,* was nicht immer einfach ist. Im Kleinkindalter sind wir zentriert, verlieren unser Zentrum und finden es ständig wieder. Das ist so natürlich für uns wie der Instinkt, der eine Katze auf ihren vier Pfoten landen läßt. An einem bestimmten Punkt ihrer Entwicklung lernen jedoch die meisten von uns, ihren Körper im Stich zu lassen und nicht mehr zurückzukommen.

Eine Erneuerung erfordert eine Rückkehr zum Urquell, in dem alle persönlichen und kulturellen Mythen letztlich ihren Ursprung haben – zur Seele des Menschen.
– *David Feinstein*

Unser Denken trennt uns oft von unserem Schwerpunkt ab, um uns davor zu bewahren, Schmerz zu fühlen. Als ich vergewaltigt wurde, verließ ich meinen Körper. Es gab keinen Ausweg, ein Messer war an meiner Kehle. So machte ich mich unverzüglich durch die Falltür meines Geistes davon. Ich beobachtete alles von einer dunklen Stelle an der Wand aus. Danach sagte ich mir, daß, weil „ich" in der Wand gewesen war, meine Seele unberührt geblieben sei. Sie ist nicht vergewaltigt worden.

Mein Gefühl dazu ist, daß unsere Haut, unsere Muskeln, unsere Nervenfasern eine körpereigene Weisheit besitzen und daß wir diese Weisheit aktivieren müssen, um mutiger zu werden und unser Leben zu transformieren.
– *Miryam Glazer*

Was damals eine Lösung für mich war, wurde in meinem späteren Leben zu einem Problem, denn ich konnte in meinem eigenen Körper keine Lebendigkeit mehr fühlen. Ein Psychoanalytiker stempelte mich als „frigide" ab, und das war es dann. So kam es, daß ich, als ich bei Kuboyama Sensei zum ersten Mal lernte, mich zu zentrieren, auf Zellebene ein tiefes Entsetzen empfand. Es gab keinen logischen Grund dafür. Mein Körper vibrierte. Mein Adrenalinpegel schoß in die Höhe. Das Zentrieren brachte mich buchstäblich zurück an den Schauplatz des Verbrechens an meinem Körper. Die Erinnerung daran existierte in meinem Zellgewebe. Die Zellen erinnerten sich an das, was geschehen war. Die einzige Möglichkeit, Bewußtsein in mein Becken zu bringen, bestand darin, die Stelle in meinem Innersten zu finden, an der ich *nichts* spüren konnte. Ich mußte neue Wege erlernen, heimzukommen, Sicherheit in meinem eigenen Körper zu finden.

Viele lernen, ihr Gleichgewichtszentrum außerhalb ihres eigenen Körpers zu verlegen; wir werden blind, taub und gefühllos dem gegenüber, was unsere Sinne uns sagen. Auf diese Weise lernen wir, immer ein wenig „aus dem Gleichgewicht" zu sein, immer angespannt in Vorbereitung auf das drohende Unheil, das jeden Moment eintreten kann, wenn wir Pech haben. Vermeidung (avoidance – a void dance – ein sinnentleerter Tanz) wird zu einem Ersatz für Gewahrsein. Wenn wir Angst bekommen, greifen wir zu Valium, Wodka oder Marihuana, um uns zu betäuben.

Die Menschen ertragen es nicht, mit sich selbst alleine zu sein. Sie brauchen den Fernseher, das Telefon, die Stereoanlage ... weil Alleinsein heißt, all das zu sehen, um dessen Vermeidung willen wir so viel Zeit vergeuden.
– *bell hooks*

Der Verlust der eigenen Mitte stellt in meiner Erfahrung eine spirituelle Krise dar. Dein grundlegender Überlebensinstinkt weiß, daß ein ruhiger, wacher Geist, der in deinem Körper zentriert ist, deine ursprüngliche Funktionsweise ist. Wenn du ständig dein Zentrum in etwas oder jemanden im Außen verlegst, wird dein Unbewußtes alles tun, um diesen ungesunden Zustand zu sabotieren und dich zu dir selbst zurückzubringen.

Ich lernte, mein Zentrum in leidende Menschen zu verlegen. Ich arbeitete sechzehn Stunden am Tag mit jeder wandelnden Wunde, die mir über den Weg lief. Schließlich sorgte mein Organismus dafür, daß in meinem Körper eine große Wunde entstand und ich mich gezwungen sah, zu mir selbst heimzukehren, ob ich das/mich mochte oder nicht.

Brian ist ein weiteres Beispiel für dieses Phänomen. Er wuchs bei einer Mutter auf, die sich in bösartigen Beschimpfungsausbrüchen gegen seinen Vater und seine älteren Schwestern erging. Sie alle wehrten sich dagegen und wurden daraufhin körperlich angegriffen. Er hatte so viel Angst, daß er einfach „aus dem Körper" ging. Da er wußte, daß er seiner Mutter nicht gewachsen war, versetzte er sich im Geiste in sie hinein, so daß er in der Lage war, zu verstehen, was sie empfand. Als Erwachsener hatte Brian wiederholt mit gewalttätigen Frauen zu tun. Im Geschäftsleben war er ein Dynamiker, doch zu Hause dankte er ab; er verlegte sein Zentrum in die wütende Frau des Moments und hatte in einer Weise Verständnis für sie, wie es kein anderer je vermochte. Schließlich bemerkte er, daß er die Frau haßte. Daraufhin machte er Schluß mit ihr und suchte sich eine andere. Man sagte ihm, er solle sich mehr behaupten, und er stimmte dem zu; doch jedesmal, wenn er sich in der Nähe einer wütenden Frau befand und dabei in seinem Körper blieb, packte ihn aufs neue grenzenloses Entsetzen.

Wenn sich dein Zentrum außerhalb von dir befindet, wirst du auf eine der folgenden Weisen auf eine Herausforderung reagieren; du wirst *starr* werden – „Los, mach mich glücklich!" – oder du wirst *weich* werden – „Hey, mit mir ist es leicht und angenehm. Ich schwimme mit dem Strom" – oder du wirst *erst starr und dann weich* – „Du willst mich rumkriegen? Ich habe doch nur Spaß gemacht!"

Umgekehrt, wenn du dich in deinem Körper zentrierst, erhöht sich dein Gewahrsein: Die Lichter sind an, und es ist jemand zu Hause! Du fühlst dich sicher, weil deine Reaktionszeit kürzer ist. Dein Körper ist gelöst, flexibel, wendig. Dein Geist funktioniert schnell und gut und hat Zugang zu allen Ressourcen, anstatt in Starre zu verfallen. Zwischen jedem Reiz und jeder Reaktion liegt ein Moment, in dem du wählen kannst. In diesem Zustand wird Wahlfreiheit und, infolgedessen, Veränderung möglich.

Der Körper ist die äußere Manifestation des Geistes.
– Candace Pert

Wie du siehst, sehe ich, daß du mich siehst

Aufgrund der unterschiedlichen Art und Weise, wie unser Geist jeweils funktioniert, gibt es für jeden für uns unterschiedliche Dinge, die das Zentrieren begünstigen oder verhindern. Einige müssen einen Moment lang die Augen schließen; einige müssen vor sich hinsummen; einige bewegen sich; einige stellen sich bildlich etwas vor, z.B., daß ihre Füße Wurzeln hätten. Mach dir den Spaß, mit all dem zu experimentieren, was dir das Zentrieren schwer oder leicht macht. Achte darauf, welche Situationen es dir schwerer machen, dich zu zentrieren – ein lärmerfüllter Raum, jemandem in die Augen zu schauen oder einfach eine bestimmte Körperhaltung einzunehmen. Mir fiel es sehr schwer, mich im Liegen zu zentrieren, weil das die Position war, in der ich vergewaltigt wurde. Die Wiedergewinnung dieser Fähigkeit war am schwersten und auch am wichtigsten.

Wenn du in diesem zentrierten Zustand des Im-Körper-Seins in die Gegenwart kommst, gehst du mit dem, was dich herausfordert, eine Verbindung ein. Du nimmst es auf, anstatt es von dir fernhalten zu wollen. Dies versetzt dich in die Lage, die Energie der Herausforderung für dich zu nutzen. Wenn es dir z.B. schwerfällt, viel Lärm oder viele Worte zu ertragen, kannst du dies als Zentrierungshilfe verwenden, indem du dir sagst: „Je mehr ich davon höre, desto mehr werde ich mein Becken spüren." Mag dies deinem bewußten Verstand auch unlogisch vorkommen, so fällt es deinem Unbewußten jedoch nicht schwer, diese Art von Verknüpfung herzustellen. Schließlich ist es auch nicht logisch, sich einzureden: „Wenn ich vor einer tausendköpfigen Menschenmenge stehe und eine Rede halten soll, habe ich furchtbare Angst." So oder so handelt es sich bloß um eine assoziative Gedankenverknüpfung.

Wahren Wert zu erkennen erfordert einen sehr ruhigen Geist.
– Suzuki Roshi

Einige wunderbare assoziative „Auslöser", die von Menschen, mit denen ich gearbeitet habe, mit Erfolg verwendet wurden, um sich zu zentrieren, lauten: „Je verrückter es im Außen zugeht, desto mehr spüre ich die Ruhe in meiner Mitte." „Je mehr er versucht, mich zu schikanieren, desto mehr fühle ich mich in meiner Mitte gefestigt." „In dem Maße, wie sie jammert und um Aufmerksamkeit bettelt, achte ich auf die Stille in meinem Zentrum." „Während sie äußerlich an mir herumnörgelt, frage ich mich neugierig, was ich innerlich brauche."

Die Menschen sind wie Teebeutel. Wie stark sie sind, findest du heraus, wenn du sie in heißes Wasser tauchst.
– anonym

Das Folgende bietet dir die Gelegenheit, ein natürliches Beruhigungsmittel kennenzulernen, eine weitere Möglichkeit, den Becher ruhig zu halten, so daß dein Geist zur Ruhe kommen kann. Beschreibe, was du außerhalb von dir hörst und siehst und was du in deinem Körper spürst. Beschreibe nur die Empfindungen, die deine Sinne dir vermitteln – keine Gedanken, Vergleiche oder Beurteilungen. Z.B.: „Eben jetzt sehe ich, wie meine Finger über die grauen Plastiktasten huschen. Ich sehe die weißen Buchstaben und die Schatten unter meinen Fingern. Ich höre das Summen des Deckenventilators und das Geräusch der Spülmaschine eine Treppe tiefer. Ich spüre, wie mein Gesäß auf dem Stuhl ruht, und ich spüre die verschwitzte Stelle hinter meinem rechten Knie. Ich spüre das Jucken des Mückenstichs auf meinem Arm. Ich höre das Zirpen einer Grille ..." Fahre damit fünf Minuten lang fort.

Wenn man seine Sinneserfahrungen auf diese Weise schildert, führt dies zu einer generellen Verlangsamung des Tempos. Es läßt deinen Geist leerlaufen und bringst dich in deine Mitte zurück, in deinen Körper und in den gegenwärtigen Augenblick. Es bietet kein Material für eine fesselnde Unterhaltung; ich schlage also vor, daß du es machst, wenn du allein bist oder wenn du mit jemandem zusammen bist, der weiß, was du da tust. Zu Beginn ist es wichtig, das, was du bemerkst, laut auszusprechen, weil sonst deine Gedanken zu schnell ineinander übergehen. Wenn dir das Schwierigkeiten macht oder wenn du in einer Bibliothek oder in einer Vorstandssitzung (board meeting – bored meeting – gelangweilte Sitzung) sitzt, halte deine Sinneserfahrungen auf die gleiche Weise schriftlich fest.

Nicht mit großen Geisteskräften begabt, doch ehrlich das Erfahrene tief im Herzen tragend, bewahrte er sich seine Einfachheit und Menschlichkeit.
– Sakaki

Die Übung ist einfach. Die Ergebnisse sind bemerkenswert. Ich habe sie bei Leuten angewandt, die unter zu hohem Blutdruck litten, und bei Leuten, die Tobsuchtsanfälle bekamen und ausfallend wurden. Sie lernen, einfach das herauszuschreien, was gerade ihre sinnliche Wahrnehmung ausmacht: „Ich spüre, wie meine Fäuste sich ballen und es in meinem Bauch glühend heiß wird. Ich spüre ein Hämmern in meinem Kopf und sehe deine braunen Augen, und ich höre, wie du mit den Zähnen knirscht." Das Herausschreien dessen, was man wahrnimmt, erhöht nicht den Druck, sondern bewirkt sein Nachlassen und verbessert den mentalen, spirituellen und physischen Kreislauf.

Für den Geist des Anfängers gibt es viele Möglichkeiten; für den Geist des Fachmanns nur wenige.
–Shunryu Suzuki Roshi

Sich zentrieren im Angesicht des Feindes

Der Aikido-Meister Terry Dobson sagte einmal: „Wenn du auf deine Aufgeregtheit meditierst, verlierst du deine Mitte. Meditiere also auf eine Mitte, und du verlierst deine Aufgeregtheit." Denke daran, *Zentrieren* ist kein Substantiv oder Adjektiv („Ich bin zentriert/unzentriert"). Es ist ein Verb – etwas, das du tust, eine Weise, immer wieder zu dir selbst zurückzukehren.

Sollte ich sterben, besteht die beste Vorbereitung darin, meinen Geist zu beruhigen und mein Herz zu öffnen. Sollte ich weiterleben, besteht die beste Vorbereitung darin, meinen Geist zu beruhigen und mein Herz zu öffnen.
– *Ram Dass*

Die Wahrscheinlichkeit liegt sehr hoch, daß du aus deiner Mitte gerätst, wenn du an deinen Feind denkst. Aber glaube mir nicht – übe.

Suche dir jemanden, der/die von hinten und von vorne sanft gegen deine Schulter drückt, nachdem du dich auf deine Lieblingsart zentriert hast. Denke dann an deinen Feind: eine Substanz, mit der du Mißbrauch getrieben hast, ein Mensch, der dich mißbraucht hat; deinen Mißbrauch eines anderen ... du verstehst, was gemeint ist. Wähle einen Feind. Denke an ihn und laß deinen Partner dich wieder herausfordern. (Du brauchst deinem Partner nicht zu erzählen, woran du denkst.)

Übe weiter, bis du in deiner Mitte bleiben kannst, während du an deinen Feind denkst. Ein Hinweis: Sensei Kuboyama gab den Hinweis, daß wir alles, worüber wir nachdenken, in unserem Bauch hineinnehmen können und dies uns dabei helfen wird, uns zu zentrieren. Andys Version besteht darin, sich zu sagen: „Je mehr ich über X nachdenke, desto mehr spüre ich mein Zentrum." Total unlogisch; doch es funktioniert.

Wieder einmal sage ich zu meinem Atem: Kleiner Atem, komm von vorne, gehe weg nach hinten, rudere mich jetzt still und leise, so weit du kannst, denn ich bin ein Abgrund, den ich zu überqueren versuche.
– *W.S. Merwin*

Das Ergebnis dieser Übung besteht darin, daß du dir deine eigene Kraft zurückholst. Es (der Feind oder alles andere im Außen) *bewirkt* nicht mehr, daß du dich elend fühlst. Der Feind ist genauso fruchtbar, abscheulich oder erbärmlich wie zuvor, aber *du* bist wieder in dir selbst im Gleichgewicht.

5 Die Öffnung des Herzens:

Empfänglich werden und loslassen

Schweigen – nicht das der feindlichen Art, sondern das Schweigen, das einfach ein Ausdruck der Seinshaftigkeit ist – wurde anscheinend und, wie ich glaube, auf unbewußter Ebene als bedrohlich empfunden. Es war, als ob etwas möglicherweise Gefährliches zum Vorschein kommen müßte, wenn das Reden auch nur dreißig Sekunden lang aufhören würde. Was dabei vermieden wird, sind die Fragen danach, wer wir sind und was wir eigentlich miteinander tun. Diese Fragen leben in unserem Körper, und das Schweigen bringt sie an den Tag. – *Morris Berman*

Durch einen Wendepunkt auf dem Weisheitspfad zu reisen ist ein Forschungsunternehmen in Aktion, welches als solches keinen Raum für den Versuch der Kontrolle läßt. Der Wunsch, die Dinge zu kontrollieren, sie zu dem zu machen, was sie in der Vergangenheit waren – anstatt sie das sein zu lassen, was sie sind, so daß sie eine Herausforderung für uns sein können, eine neue Zukunft zu schaffen –, ist ein Anzeichen für die Seelenkrankheit, die uns überhaupt an diesen Kreuzungspunkt geführt hat.

Wahre Furchtlosigkeit kommt aus unserer Sensibilität. Sie begegnet dir, wenn du zuläßt, daß die Welt dein offenes, schönes Herz kitzelt.
– Chögyam Trungpa Rinpoche

Man hat uns gelehrt, durch die Filter unserer Angst zu sehen, durch die Abdämmung unserer Projektionen zu hören und durch die Hornhäute unserer Vorurteile hindurch zu fühlen. Unsere Wahrnehmungen unterliegen Verzerrungen und Beschränkungen.

Was sollen wir also tun? Wie verlernt man das Nichtfühlen, Nichthören, Nichtsehen? Wie findest du die Zeit, langsam genug zu werden, um wahrzunehmen, was um dich herum geschieht, wenn du dich mitten in einer Krise befindest? Und wie steht es mit Angst und Trauer? Soll man sich auch dafür öffnen?

Dieses Kapitel handelt von dem Thema, wie du dein Gewahrsein wieder bewohnen, wie du dich für dich selbst im gegenwärtigen Moment öffnen kannst – was deine problematischen Gefühle mit einschließt – und wie du dich für deinen Feind öffnen kannst, so daß du dich in Respekt und Würde vor ihm verneigen kannst.

Bei einem Schwertkampf mit scharfen Klingen wird derjenige, der nicht spüren kann, was als nächstes auf ihn zukommt, verlieren. Es kommt nicht darauf an, wie stark die Hiebe der Kämpfenden sind. Es kommt auf ihr Feingefühl an.
– Lloyd Miyashiro

Die Herausforderungen, denen wir auf dieser Reise begegnen, werden nicht lange unserer Kontrolle unterliegen können. Sie erfordern, daß wir uns so auf sie beziehen wie auf einen Klumpen Ton auf einer Töpferscheibe: mit Händen, die fest und fühlsam genug sind, dem Ton Form zu geben und gleichzeitig zuzulassen, daß er auf natürliche Weise hochsteigt, um zu einer neuen Form zu finden.

Sich öffnen für das, was jetzt ist

An einem Morgen in Nordkalifornien. Andy und ich sind auf einem Retreat mit Thich Nhat Hanh, der liebevoll „Thâi“ (vietnamesisch für „Lehrer“) genannt wird. Es nieselte, und auch ich war tropfnaß. Ich beobachtete die eigenartigen, sich schnell wieder verflüchtigenden Konturen, die hinter meinen Augenlidern herumschwebten. In der Nacht davor hatte ich schlecht geschlafen, in einem Zelt, das auf einer Plattform aus Redwoodholz errichtet war, und ich ließ mich von Thâis sanfter Stimme einlullen. Seine Worte folgten mir und hallten in meinem Bewußtsein wider, als würde eine Glocke angeschlagen.

Thâi erklärte, daß nur dann, wenn wir uns die Zeit nehmen, darauf zu achten, was an Frieden bereits in uns vorhanden ist, dieser Frieden von unserem gesamten Organismus absorbiert und dadurch alles Schiefgeratene wieder in Ordnung gebracht werden kann. „Ihr alle sagt, ihr wollt mehr Frieden, mehr Frieden. Aber habt ihr den Frieden bemerkt, den ihr *habt*, jetzt, in diesem Moment?“ Ich machte eine kleine Bewegung mit dem Kopf, als ob sich etwas sich gelöst habe und an seinen Platz gerollt sei. Was er sagte, war so einfach, so offensichtlich.

Ich trinke eine Tasse Tee und beende so den Krieg.
– Paul Reps

Er sagte uns, wie wichtig es sei, die Wahrnehmung auf das zu richten, was er den „Nicht-Zahnschmerz“ nannte – jene Momente, in denen wir nicht unter Schmerzen leiden oder in Gefahr sind –, und sie förmlich zu trinken und sie tief in die ausgedörrten Stellen unserer Geschichte einsickern zu lassen.

Während er so sprach, dachte ich daran, wie sehr die Kürze meines Geduldsfadens mit meinem ständigen Gefühl zu tun hatte, zu wenig Zeit, zu wenige Ressourcen und, während der Kindheit meines Sohnes David, zu wenig Hilfe zu haben.

„Wenn du zu denen gehörst, die mit dem Leid der Menschen arbeiten, mußt du dir unbedingt einen Ausgleich durch Freude verschaffen. Wenn du dir drei Stunden lang Leidensgeschichten angehört hast, gehe in die Wälder und umarme einen Baum, bis du wieder im Gleichgewicht bist. Das bist du dir selbst schuldig, den Menschen, mit denen du arbeitest, und deiner Familie. Man kann das Leiden der Menschen nicht lindern, wenn man nicht über viel Freude als Grundlage verfügt.“

Mit den Noten kann ich nicht besser umgehen als viele andere Pianisten auch. Aber die Pausen zwischen den Noten – ah, darin liegt die Kunst!
– Arthur Schnabel

Während er so sprach, erinnerte ich mich daran, wie ich lernte, zur Verleugnung des Leidens eine halbwegs funktionierende künstliche Freude zu benutzen: Ein Drink, und ich war friedlich; zwei, und ich war glücklich. Das Leid der Welt hatte ein Ende. Doch das war eine Flucht, ein zeitweiliger Waffenstillstand von kurzer Dauer, kein Frieden.

Thâi fuhr fort: „Der Frieden ist gegenwärtig hier und jetzt, in uns selbst und in allem, was wir tun und sehen. Die Frage ist, ob wir mit ihm in Kontakt sind oder nicht. Wir brauchen nicht in die Ferne zu reisen, um den blauen Himmel zu genießen. Wir brauchen nicht aus der Stadt hinauszugehen, nicht einmal unser Stadtviertel zu verlassen, um mit Freude in die Augen eines schönen Kindes zu blicken. Sogar das Atmen kann ein Quell der Freude sein.“

Das Sammeln des Gefühls von Freude und Frieden in kleinen Quantitäten – der Genuß einer langen, heißen Dusche, die Weichheit des Kopfkissenbezugs an deiner Wange, die Abwesenheit von Schmerz in deinem Körper – stellt keine Flucht dar. Diese Freude und dieser Frieden sind die Grundlage für geistige Spannkraft und Unzerstörbarkeit, sie bilden ein Nest, eine geöffnete Hand, in der das Leiden Ruhe finden kann, eine sanfte Umarmung, in der der Schmerz eine Heimat finden kann. Je mehr Augenblicke einfachen Friedens du in dein Nest hineinweben kannst, desto mehr wirst du dazu fähig sein, an deinem Leiden etwas zu verändern. Dein Organismus wird wissen, daß du über einen inneren Kern verfügst, der so stark ist, daß das Leiden nicht imstande sein wird, dich zu verschlingen. Je mehr solcher Augenblicke in diesem Nest gesammelt sind, desto mehr Raum wird dasein für die Verwandlung deines Leidens in etwas Gutes und Klares, das an die Menschen in deiner Umgebung weitergegeben werden kann.

Als ein Mensch, der das Leben liebt, kann ich mich aus keinem Lebensbereich heraushalten ... genauso wie man ganz natürlich auf den Mangel an sauberem Wasser in den Dörfern (Indiens) reagiert, reagiert man auf einen Mangel an Verstehen und Frieden in den Herzen der westlichen Menschen. Wie kann ich, als ein Mensch der das Leben liebt, irgendeinen Teil vom Ganzen getrennt sehen?
– Vimala Thakar

Das Öffnen deines Herzens geht damit einher, daß du die Welt zu dir einläßt, wie Thich Nhat Hanh es beschreibt, und auch, daß du dich von der Welt einladen läßt. Es folgt eine Übung, die nur wenig Zeit erfordert, aber dir einen Bezugspunkt für die Offenheit geben wird, wie sie dir als Kind vertraut war:

Stell dir einen Moment lang vor, daß du am Strand liegst, etwa einen halben Meter von den warmen, weichen Wellen entfernt, die sanft heranschwappen. Deine Augen sind geschlossen, und dein Geist dehnt sich aus und macht dich empfänglich, ist deutlich gewahr, jedoch unsicher, wie oder wann das Wasser dich berühren wird. Du ziehst das Wasser an, so wie der Mond die Flut anzieht. Langsam kommen die Wellen deiner sonnenbeleckten Haut näher und näher. Du wirst dir bewußt, daß sich dein Körper innerhalb eines umfassenderen Ich befindet, das diese Wellen spüren kann, bevor sie dich tatsächlich berühren, und ihnen jedesmal folgt, wenn sie zurückweichen.

Gestern ist vorbei!

Deine Ohren sind klüger als du.
– Senegalesisches Sprichwort

Es folgt die Geschichte des Kampfes einer Frau um ihren Weg zurück zum gegenwärtigen Moment. Ich war dabei, wellenförmig quer über einen scheußlichen braun und gelb gefleckten Teppich zu kriechen, der in dem ehemaligen Kloster lag, wo wir einen Workshop abhielten. Zwanzig erwachsene Leute galoppierten, hüpften und rollten gemeinsam mit mir quer durch den Raum. Es war der sechste Tag eines einwöchigen Ausbildungsseminars. Wir untersuchten den Gruppenprozeß mit Hilfe von Metaphern, indem wir das erste Tier nahmen, das uns in den Sinn kam, und uns in es verwandelten. Die ganze Zeit tat ich so, als sei ich ein Delphin, doch eine Stimme in meinem Kopf hörte nicht auf, mir zuzuflüstern, daß dies keineswegs eine meiner brillantesten Ideen sei.

Am Ende einer langen halben Stunde fanden wir uns wieder in einem Kreis zusammen, und ich fragte danach, was jeder gelernt habe. Eine Frau, die einen Wal dargestellt hatte, sagte: „Ich konnte mir den Raum verschaffen, den ich brauche."

„Trifft das auch auf dein Leben zu? Fällt es dir schwer, den Raum zu finden, den du zum Klagen brauchst?" (Mehrdeutigkeit des Wortklangs: whale – Wal, to wail – klagen; A.d.Ü.)

Sie lächelte, schaute verlegen auf ihre Hände und atmete lange aus. „Mir ist überhaupt nicht klar, daß ich das gesagt habe oder daß dies der Grund dafür war, daß ich ein Wal sein wollte. Aber natürlich – ich brauche Raum in meinem Leben, um klagen zu können! Immer sage ich mir selbst, daß ich zuviel Raum einnehme."

Ich war begeistert davon, daß sie uns ein derart perfektes Beispiel dafür bot, wie das Denken sich ein- und desselben Wortes bedienen kann, um zwei verschiedene Bedeutungen auszudrücken. Ich kam auch nicht umhin, mir bewußtzumachen, daß der Delphin, für den ich mich bewußt entschieden hatte, im wesentlichen eine Botschaft meines Unbewußten war, „tiefer zu gehen" (dolphin – Delphin, to delve in – tief in eine Sache hineingehen; A.d.Ü.) Nachdem ich mich eine Woche lang ständig nur um die anderen gekümmert hatte, war es genau das, was für mich anstand.

Dann war Marga an der Reihe. Sie war eine kleine, rundliche Frau Mitte Sechzig, die an schwerem Asthma litt. Sie war schon seit einigen Jahren bei uns in Ausbildung, und diese Woche stellte eine besondere Belastung für ihren Körper dar. Sie konnte nur gebückt laufen, ihr Atem ging schwer. Bei unseren täglichen Gesprächen flogen ihre Worte im Kreis um meinen Kopf herum und tauchten spiralförmig ab in irgendeine Geschichte aus ihrer Kindheit darüber, wie ihre Eltern sie vernachlässigt hatten oder wie schlimm es war, als Mädchen geboren zu sein. Es war wie eine Windschutzscheibe aus Worten, und ich fühlte mich frustriert, weil ich nicht imstande war, da durchzudringen.

Marga nannte ihr Tier – sie war ein Seeotter – und sagte, sie glaube eigentlich nicht, daß er in ihrem Leben irgendeine Bedeutung habe. Andy setzte sich vor sie hin, mit weichem Gesichtsausdruck, seine offene Hand ausgestreckt, als wolle er ein Geschenk darbieten: „Könnte es sein, daß du immer nur die anderen siehst, Marga?“ (sea otter – Seeotter, see others – die anderen sehen)

Sie wandte ihren Kopf zur Seite und starrte mit leerem Gesichtsausdruck an die Wand hinter Andy. Ihre Hände flatterten wie Motten, die in einem Gefäß gefangen sind. „Nun, das paßt ja wohl ganz gut. Mein ganzes Leben lang galt meine Aufmerksamkeit anderen Menschen, und es gibt keinen, der mir Beachtung schenkt. Keiner kümmert sich darum, ob ich lebe oder sterbe. Ich denke daran, als ich sechs war und mein Hund starb und es keinen Menschen gab, der mich tröstete, dabei war dieser Hund das einzige auf der Welt, das ...“

Wir schauen zurück und vergessen darüber ganz, uns umzuschauen.
– James Hillman

Andy blieb beharrlich: „Ich kümmere mich, Marga. Jede Nacht höre ich, wie du den langen Gang zur Toilette entlanggehst. Du kämpfst um jeden Atemzug, und die Luft, die in deine Lungen hinein- und wieder herausgeht, macht ein Geräusch, als würde sie stöhnen: „... see ... I ... see ... eye see ... (... sehen ... ich ... sehe ... Auge sehen ...)“, und ich denke an die Zeiten, als ich in dunklen Korridoren meines Lebens steckte und um Hilfe rief und keiner da war. Jetzt bin ich hier, bei dir; doch ich habe nicht das Gefühl, daß du mich an dich heranläßt. Kannst du wahrnehmen, daß dir jetzt in diesem Moment Unterstützung und Aufmerksamkeit entgegengebracht wird?“

Sie warf einen Blick auf ihre Füße, dann drehte sie ihren Kopf zur gegenüberliegenden Wand. „Mir wurde immer gesagt, ich solle keinen Lärm machen. Als ich klein war, brüllte meine Mutter mich immer an, wenn ich nachts schrie, so daß ich versuchte, mäuschenstill zu sein ...“

Ich saß wie auf glühenden Kohlen; Funken sprühten im Dunkel meines Geistes. Ich zentrierte mich, spürte meine Füße auf dem Boden, ließ meinen Atem fließen, und mit ihm kamen die Worte: „Gestern ist vorbei, Marga!“

Alle im Raum schreckten auf. Das Kruzifix an der Wand hing plötzlich schief.

Überraschenderweise wurde Margas Atem ruhiger. „Ich weiß nicht, was du meinst, Dawna. Ich wollte nur sagen, daß ich den Leuten mit meinem Geschnaufe nicht auf die Nerven gehen will, doch daß es sicher schwer ist, so alt zu sein und ganz allein in der Welt. Alles muß ich selber machen. Vor Jahren sagte meine Mutter ...“

Dieses Mal schrie ich beinahe. „Gestern ist vorbei! Marga, schau zu Andy, sieh ihn einfach an. Da sitzt ein Mensch direkt vor dir, der sich ernsthaft um dich kümmert, und du nimmst ihn nicht einmal wahr.“

Sie drehte ihren Kopf in seine Richtung. Sein Kinn zitterte, als er sagte: „Ich will nicht mit all den Leuten, die sich nicht um dich gekümmert haben, auf einen Haufen geworfen werden. Es macht mir etwas aus, daß du leidest, Marga. Es macht mir etwas aus, ob du lebst oder stirbst.“

Ihre Hände begannen wieder zu flattern, ihr Atem ging schwer, und sie schaute mich an. „Ich weiß, daß er sich um mich kümmert, natürlich tut er das, aber es hat einfach nie jemand gesehen, daß ich Schmerzen hatte, und ..."

„Marga, schau Andy an und sieh ihn. Atme ihn mit deinen Augen ein. Gestern ist vorbei. Sieh die Zuwendung, die in diesem Moment für dich da ist. Laß sie jetzt in dich ein, Marga."

Ihr Kopf drehte sich langsam in Andys Richtung, so, als wären ihre Halswirbel gerade frisch geölt worden. Ich ging zu ihr und setzte mich Rücken an Rücken hinter sie. Ihr Atem wurde langsamer. Ich atmete ein, so laut ich konnte. Sie fing an zu weinen. „Ich sehe dich, Andy. Ja. Ich sehe dich. Ich sehe, wie du dich kümmerst. Ich habe Angst. Als ich klein war, gab es die Fürsorge, die ich gebraucht hätte, nicht. Also ... aber jetzt sehe ich. Ich sehe, wie du hier vor mir sitzt und Anteil an mir nimmst." Mit zitternden Fingern berührte sie sein Gesicht und fuhr die Linien nach, die seine Tränen über seine Wange gezogen hatten.

Die beste Art und Weise, dem Tod zu begegnen, ist, dich auf dein Leben zu konzentrieren. Wenn du auf dem Totenbett liegst, sage nicht: Ich hätte mehr Freude erleben sollen. Sage: Ich hätte meine Zeit wirklich nicht besser nützen können.
– anonym

Andy begann wieder zu sprechen: „Eines Tages werde *ich* nachts lange, dunkle Korridore entlanggehen. Ich hoffe, ich werde dann die Fürsorge sehen, die für mich da ist, anstatt des leeren Gestern, als ich allein und verlassen war."

Die Menschen im Raum streckten die Arme nacheinander aus, eine Hand fand die andere. Es war, als wäre in jedem von uns das festgehaltene Weinen des entfremdeten Selbst. Als Marga und Andy sich schließlich umarmten, hörte ich mich noch einmal sagen: „Gestern ist vorbei!"

Das Jetzt finden

Um sich in die Lage zu versetzen, mit dem, was das zufällige Chaos unseres Erlebens zu sein scheint, umzugehen, webt unser Geist Geschichten, die sich wie Narbengewebe zwischen unsere faktischen Wunden und den Schmerz legen, den sie uns verursachen. In Margas Fall sah die Realität ihrer Kindheit so aus, daß ihre Eltern häufig ihre Bedürfnisse ignorierten. Ihr inneres Erleben war von Schmerz und Isolation gekennzeichnet. Die Geschichte, die sie sich immer wieder erzählte, war, daß sie, wenn sie ein Junge gewesen wäre, sich um sie gekümmert hätten, daß sie aber, da sie ein Mädchen war, sie geringschätzten und vernachlässigten und sie der Einsamkeit überließen. Nacht um Nacht, Jahr um Jahr spulte sich diese Geschichte in ihrem Kopf ab als Versuch, sich von dieser Verletzung aus der Welt anzupassen. Es war, als hätte sie eine Burg gebaut mit kleinen Schlitzen anstelle von Fenstern, um sich vor den Pfeilen ihrer Kindheit zu beschützen, und als könnte sie deshalb nur noch ganz enge Ausschnitte der Landschaft wahrnehmen.

Die Pfeile waren real – die tatsächliche Deprivation und ihr inneres Schmerzerleben. Doch die Burg war von ihr selbst erschaffen worden und mußte zum Einsturz gebracht werden, wenn sie den weiteren Horizont der im Hier und Jetzt gegenwärtigen Wahlmöglichkeiten gewinnen wollte. Solange sie die Geschichte nicht veränderte, konnte sie die Art und Weise, wie sie ihr Leben lebte, nicht verändern.

Begabung gibt es nicht, nur Gewahrsein.
– Chögyam Trungpa Rinpoche

Die folgende Übung wird dir dabei helfen, den aus alten Geschichten – die zu blinden Mauern und in Sackgassen führen – bestehenden Mörtel aufzulösen, der dieses Gebäude zusammenhält:

Was sind die Fakten in deinem gegenwärtigen Kampf darum, dein verlorenes Ich zu finden oder mit deinem Feind fertigzuwerden? Nur die Fakten. Wenn du alles auf einer großen Filmleinwand sehen würdest, was für tatsächlich geschehene Dinge würdest du sehen und hören?

Was erlebst du innerlich, z.B. einen Kloß in der Kehle oder einen Knoten im Bauch?

Was für eine Geschichte erzählst du dir selbst bezüglich dieser Fakten und inneren Wahrnehmungen? Z.B.: „Was geschah, war, daß Jackie sagte, daß sie nie wieder mit mir sprechen wolle. Als ich das hörte, spürte ich einen Schmerz in der Brust und dann ein Zumachen an derselben Stelle. Die Geschichte, die ich mir selbst erzählte, lautete, daß sie mich für den schlimmsten Menschen auf der ganzen Welt hielt und daß es nie die Möglichkeit geben würde, eine Lösung herbeizuführen."

Da das menschliche Bewußtsein notwendigerweise sowohl Lust als auch Schmerz umfaßt, ist das Streben nach Lust unter Ausschluß des Schmerzes im Endeffekt gleichbedeutend mit dem Streben nach Bewußtseinsverlust.
– Alan Watts

Sei behutsam mit dir selbst, wenn du dies tust, und halte deine Neugier wach. Manchmal kann es dem Entwirren eines klebrigen Spinnennetzes mit Hilfe einer großen Zange und ungeschickten Fingern gleichen. Die Wahrscheinlichkeit ist groß, daß du gelernt hast, zwischen deinen Geschichten und dem, was du faktisch erlebt hast, nicht zu unterscheiden. Aber du kannst die Fakten von den Empfindungen und Geschichten, die du um sie herum kreierst, trennen.

Sei offen für dich selbst

Wenn wir im Außen anderen Aufmerksamkeit geben, aber unsere inneren Bedürfnisse ignorieren, ist es wahrscheinlich, daß wir das, was wir geben, sabotieren. Dies kann die Form von Ressentiments, Rückzug, Entfremdung oder Beschimpfungen annehmen. Wenn ich bemerke, daß ich für Andy, David oder einen Freund, der telefonisch um Hilfe bittet, nicht offen bin, weiß ich, daß es an der Zeit ist, nach innen zu gehen. Wenn meine Augen glasig werden und ich schaue, ohne zu sehen, höre, ohne zuzuhören, mache, ohne zu fühlen, weiß ich, daß ich offen werden muß für mich selbst. Ich muß neugierig sein hinsichtlich dessen, was geschieht, ohne den Versuch zu machen, mich zu verändern, in Ordnung zu bringen, zu behandeln, mir selbst Vorträge zu halten oder mich zu bessern. Erst einmal muß ich nach innen gehen, so daß ich mit neugewonnener Klarheit wieder auftauchen kann.

Du trägst die Wahrheit über dich selbst in deinem Inneren, an einer geschützten Stelle, genauso wie eine Frucht ihre mögliche Zukunft in dem harten Stein in ihrer Mitte trägt. Nur dann kannst du sie finden, ihr dabei helfen, aufzugehen und ans Tageslicht zu kommen, wenn du dich rezeptiv nach innen wendest, um das verrottende Fleisch alles dessen, was du nicht mehr bist, wegzuschneiden. Es folgt eine Geschichte, die solch eine Wende nachzeichnet.

Wenn du im Herzen eines Sommertages bist wie im Innern einer Frucht.
– Anaïs Nin

Ich war dabei, wie ein Samurai um mein Leben zu kämpfen, wobei ich auch starke Schmerzen hatte. Ich prüfte alle Möglichkeiten Selbstmord zu begehen. Ich spürte die Versuchung, mich vor ein Auto zu werfen. Ich hatte die Phantasie, in eine Schneelandschaft hineinzuwandern und zu erfrieren. Einen Monat lang hatte ich in meiner Handtasche ständig eine Spritze dabei für den Fall, daß die Schmerzen zu stark würden. Ich bin mir nicht sicher, ob ich gewußt hätte, was ich damit hätte anstellen müssen, aber der bloße Anblick, das Versprechen eines Auswegs, beruhigte mich. Das Beste, was ich tun konnte, war, jeden Tag damit zu beginnen, daß ich in den Spiegel sah und mir gelobte, mich während der nächsten vierundzwanzig Stunden nicht umzubringen, was auch immer mir zustoßen würde.

Eines Tages kam Andy, um mir eine Massage zu geben. Damals waren wir nur gute Freunde. Er war der einzige Bodyworker, der nicht versuchte, mich zurechtzubiegen oder „in meinem besten Interesse" tief in meine resistenten Muskelfaszien einzudringen. Es hatte den Anschein, daß er *mit* mir arbeitete anstatt *an* mir.

Als ich mich auf die braune lederne Massagebank legte, erzählte ich ihm von all den Stellen meines Körpers, die schmerzten oder aus dem Gleichgewicht waren. Das dauerte fünfzehn Minuten. Ich erwartete eine Antwort, wie sie mir der Akupunkteur, die Shiatsu-Frau die Krankengymnastin, der Onkologe, der Endokrinologe und der Psychotherapeut gegeben hatten. Ich erwartete, daß er die schmerzhafte Stelle bearbeiten und versuchen würde, sie in Ordnung zu bringen. Das tat er nicht. Er hörte aufmerksam zu, wie ich die Geschichte meiner Höllenqualen erzählte, aber unternahm nichts in bezug darauf. Statt dessen fragte er: „Wo hast du *keine* Schmerzen?"

In gewisser Weise bemißt sich Intelligenz an der Intensität, mit der wir uns unserer Sinne erfreuen.
– James E. Lovelock

Ich hatte keine Ahnung, was ich antworten sollte. Er erklärte: „Nun, es interessiert mich schon, wo du gerade Schmerzen hast, aber meine Neugier geht eher in die Richtung, zu erfahren, wo in deinem Körper Raum dafür wäre, etwas Frieden oder gar Wohlgefühl zu erleben." Er rieb sich die Hände mit Mandelöl ein. „Deine Füße, z.B. Du hast nichts von deinen Füßen gesagt; tun sie weh?"

Ich dachte, er wäre entweder verrückt oder wollte mich auf den Arm nehmen. Angesichts der Situation schien die erste Möglichkeit viel wahrscheinlicher zu sein als die zweite. Ich beschloß, beschwichtigend auf ihn einzuwirken. „Nein, meine Füße tun nicht weh. Was hast du mit ihnen vor?" (Ist dies die Sorte Frau, über die jeder herfällt?) Er nahm einen meiner Füße in seine Hände und ließ ihn einfach dort. Das war alles, was er tat. Er hielt ihn. Und er machte eine paar Atemzüge.

„Was machst du, Andy? Bist du ein Fußfetischist oder was?" Er lächelte, doch ohne zu lachen. Seine tiefliegenden Augen standen voll Tränen, als er sagte: „Nein, liebe Freundin, ich bin kein Fußfetischist; aber es macht mir Freude, deinen Fuß zu halten. Du bist anscheinend davon überzeugt, daß du bald sterben wirst, vielleicht wird es mir nicht viel länger vergönnt sein, ihn zu spüren, also dachte ich mir, ich sollte mir die Freude machen, ihn zu halten."

Ich hatte keine Ahnung, wovon er redete. Doch seine Hände waren warm, und die Wärme ging durch meinen Knöchel – ich legte meinen Kopf auf die Massagebank und vergaß ein, zwei Minuten lang das Denken. Daß jemand einfach meinen Fuß halten wollte – ohne auf irgendeine Weise zu versuchen, ihn zu entspannen oder etwas daran zu verbessern –, war eine einzigartige Erfahrung. Jeder andere hatte mir um meiner Schmerzen willen Aufmerksamkeit gegeben. Ich konnte aus dem, was geschah, nicht schlau werden. Es gab nichts, was ich tun konnte, um diese Wärme zu verdienen.

Ich versuchte, Andy eine lustige Geschichte zu erzählen, während er meinen Fuß hielt. Humor war immer eine automatische Reaktion von mir gewesen, um ein Gefühl oder einen Menschen auf Armeslänge von mir entfernt zu halten. Doch er sagte, ich solle still sein; dann hielt er meinen anderen Fuß. Ich versuchte an andere Dinge zu denken, doch diese verdammte Hitze, die seinen Händen entströmte, hatte eine sehr merkwürdige Wirkung auf mich:

Ich fing an zu weinen. Es war kein großes Schluchzen, doch es waren auch keine mageren, kalten Tränen. Meine Tränen waren warm, und sie waren grundlos. Bemerkenswert. Ich wußte nicht, daß es Tränen geben *konnte*, ohne daß es einen Grund dafür gab. In der Mitte meiner Brust entstand ein warmes Gefühl – diese gleiche Wärme. Als ich darüber sprechen wollte, was ich erlebte, sagte er nur: „Gut. Ich bin froh, daß in deinem Körper noch Raum für Frieden ist. Das ist doch nur gerecht, nicht?" Mein Gesicht steckte in dem dafür vorgesehenen Loch in der Massagebank, doch ich nickte trotzdem.

Wenn wir musizieren, tun wir das nicht, um einen gewissen Punkt zu erreichen, sagen wir z.B. das Ende des Stücks. Läge darin der Sinn des Musizierens, dann wären sicherlich die schnellsten Spieler die besten.
– Alan Watts

Andy hielt weiter meine Hände, meinen Nacken, meine Stirn und mein Gesicht, meine Waden und Knie, „mit Freuden", wie er sagte. Kein Reiben oder Zurechtrücken oder In-Ordnung-Bringen oder Behandeln. Als ich mich auf den Rücken drehte, schaute ich heimlich durch meine ansonsten geschlossenen Lider, und es schien ihm wirklich Freude zu machen, einfach verschiedene Teile meines Körpers zu halten. Und die Wärme, die von seinen Händen ausging, war beträchtlich. Bald war die Wärme, die durch meinen Körper strömte, ebenso beträchtlich. Es war keine sexuelle Erregung – es glich eher dem Gefühl, das man hat, wenn man im Schlaf auf einem Arm gelegen hat und sich umdreht und das Blut wieder anfängt, durch ihn hindurchzufließen. Zuerst ein stechendes Kribbeln und dann ... „Lebendigkeit" ist das beste Wort, das ich dafür finden kann. Warme Tränen flossen, meine Brust füllte sich. Ich spürte, wie ein inneres Vakuum sich anfüllte bis zum Überfließen. Ein Wasserfall aus Licht.

Als er seine Massagebank zusammenklappte, sagte Andy: „Nun, alte Freundin, immerhin, wenn du morgen stirbst, habe ich dich heute genossen, und diese Freude gehört mir. Kein Tod kann sie mir nehmen."

Dieses Mal fehlten mir die Worte für eine Antwort. Was hätte ich darauf sagen sollen? Ich glaube nicht, daß jemals zuvor jemand mich auf diese Weise genossen hat – ohne Grund, ohne selbst etwas zu wollen, ohne Motiv, ohne irgend etwas, das *ich* hätte tun müssen, um es zu verdienen. Jahrelang hatte ich dagegen gewütet, als Sexualobjekt für das gedankenlose Vergnügen eines Mannes benutzt zu werden, und jetzt war ich als spirituelles Objekt für das achtsame Vergnügen eines Mannes benutzt worden, und ich fand es großartig!

Doch noch ist das Dasein uns ein Wunder; an hundert Orten ist es noch die Quelle. Ein Spiel absoluter Kräfte, die keiner anzurühren vermag, der nicht staunend niederkniete.
– Rainer Maria Rilke

Mehr noch, ich spürte mich selbst! Ich konnte wirklich Stellen spüren, die *nicht* schmerzten. Als Andy kam, bestand mein Körper aus 55% Schmerz und 45% Styropor. Als er ging, schmerzten 50%, und 50% waren lebendig, auf greifbare Weise lebendig. Ein inneres Wissen, kein Wissen, daß ... Eine Realität, keine bloße Vorstellung.

Ich murmelte etwas Unzusammenhängendes und wankte ins Badezimmer. Ich schaute in den Spiegel. Mein Gesicht leuchtete so, als hielte ich den Mond im Mund. Ich fragte mich, ob ich verliebt sei. Die Antwort war ja, aber nicht in Andy. Ich war verliebt in die Erfahrung, lebendig zu sein, alles in mir zu spüren. Das Loch mitten in meiner Brust – die Stelle, die, solange ich denken kann, ein Vakuum gewesen war, hatte sich jetzt mit einem warmen Pulsieren angefüllt, das ich nicht berühren mußte, um es zu erkennen. Es sprach leise: „Ich bin hier. Lebe jetzt. Ich bin hier. Lebe weiter."

Mit einer Hand berührte ich das Gesicht im Spiegel, und mit der anderen fuhr ich eine Tränenspur entlang. „Ich verspreche, in den nächsten vierundzwanzig Stunden so viel Leben zu erleben, wie ich kann, egal, was sein wird." Ich wußte, daß ich lernen konnte, auf die gleiche Weise mit mir selbst zu sein, wie Andy es mit meinem Fuß gewesen war. Ich wußte, daß genügend Zeit dafür vorhanden war.

Jeder folgende Tag begann (und beginnt immer noch, ein Jahr später) mit demselben Vertrag vor dem Spiegel: Ich verspreche, in den nächsten vierundzwanzig Stunden so viel Leben zu erleben, wie ich kann.

Persönliche Exploration: Ein Rendezvous mit dir selbst

Jetzt bist du an der Reihe. Diese Übung soll dich dazu anleiten, direkt für dein eigenes Wohlergehen zu sorgen, so, als wärest du dein einziges Kind. Am besten ziehst du dich an einen Ort zurück, wo du ungestört bist – ein Badezimmer, eine Eiche, eine Bibliothek. Dies ist eine ganz normale Verabredung. Nichts Besonderes. Du fühlst dich zu Anfang vielleicht etwas unbeholfen, aber nicht schrecklich. Denke daran, unvertraut ist immer auch unbeholfen.

Das Leben verliert man nicht durch den Tod; man verliert es Minute für Minute, Tag für sich dahinschleppenden Tag durch all die tausend kleinen Arten und Weisen liebloser Unachtsamkeit.
– Stephen Vincent Benet

Vielleicht langweilst du dich auch dabei. Das ist in Ordnung. Wir richten unsere Aufmerksamkeit auf viele äußerliche Dinge, die wir langweilig finden. Ein Glas Wasser kann auch als langweilig wahrgenommen werden. Wenn du jedoch beim Trinken daran denkst, daß das einzige Wasser, das im ganzen Weltall bekannt ist, nur hier auf der Erde existiert, dann ist es plötzlich so, daß du ein heiliges Geschenk trinkst, das 20 Milliarden Jahre zu seiner Entstehung brauchte.

Bitte fühle dich frei, bei dieser Übung deine eigene Reihenfolge zu wählen.

Du öffnest dich für dich selbst, auf drei verschiedene Weisen, jeweils drei Minuten lang: kinästhetisch – durch deinen Empfindungs- und Bewegungssinn; auditiv – durch das Hören; und visuell – durch das Sehen. Wenn du kinästhetisch beginnen willst, berühre deinen Körper an irgendeiner Stelle – deinem Nacken z.B. Berühre ihn einfach, um ihn zu spüren, als wäre er etwas Seltsames und Wunderbares, nicht, um ihn in Ordnung zu bringen oder zu verbessern. Sei einfach offen für ihn, so, wie deine Hand offen ist für das, was sie spürt, mit jedem Atemzug, als wäre jede Pore ein kleiner Mund, der die Empfindung des Nackens einatmet. Nach drei Minuten höre damit auf und achte darauf, welche Wirkung das auf dich hatte.

Gehe jetzt zu einer anderen Modalität über. Wenn du als nächstes den visuellen Zugang wählst, stell dir vor, die Pupille deiner Augen könnten einatmen, wenn du einatmest. Schaue auf eine Hand und öffne deine Augen für sie. Achte nicht darauf, wie viele Runzeln sie hat oder ob du deine Nägel maniküren müßtest; sieh sie einfach so, wie sie ist. Nach diesen drei Minuten halte inne und achte auf die Wirkung.

Wachsein heißt, sich auf der Grenze zwischen Selbstkontrolle und Sichgehenlassen zu bewegen.
– Carlos Castaneda

Gehe jetzt zu der letzten Modalität über. In diesem Falle wäre das die auditive. Mein Vorschlag lautet, daß du mit dem Satz beginnst: „In mir gibt es keine Feinde" und dich dann all das sagen läßt, was dir in den Sinn kommt. Du brauchst nicht logisch vorzugehen oder eine Rede halten, und deine Gedanken müssen keinem Zusammenhang folgen. Laß alles, was kommt, einfach herauskommen. Wenn dir nichts mehr einfällt, wiederhole den Satz: „In mir gibt es keine Feinde." Zur gleichen Zeit laß deine Ohren so empfänglich werden, wie es deine Augen waren. Stell dir vor, sie könnten einfach einatmen, was du sagst, ohne es zu bewerten oder einen Sinn darin finden zu wollen. Laß die Worte einfach durch dich hindurchgehen, als wären es Wolken: „In mir gibt es keine Feinde. Da fallen mir tausend winzige Soldaten ein, die am Ufer eines Blutgefäßes knien und ihre Helme umgedreht hineinstellen, um sie stromabwärts treiben zu lassen. In mir gibt es keine Feinde. Ich sehe die Worte auf einer Kinoleuchtschrift. In mir gibt es keine Feinde. Ich denke an eine Mylanta-Reklame. Ich denke an meine Schwester, die mich in den Wäldern Vermonts in einer Jurte besuchen will ..."

Du brauchst nicht zu verstehen, was du da sagst, oder Erklärungen für die Worte zu finden. Sie sind ohne Bedeutung. Sei einfach offen für sie, wie sie sind. (Das geht am besten mit lauter Stimme; wenn das nicht geht, sprich sie innerlich, so langsam wie möglich.) Höre nach drei Minuten damit auf und achte auf die Wirkung, die es auf dich hat.

Die neun Minuten, die du soeben mit dir selbst zugebracht hast, können es dir vielleicht ermöglichen, damit zu beginnen, dir die Erlaubnis zu geben, von anderen Menschen auf einer viel tieferen Ebene verstanden zu werden und deiner eigenen inneren Wahrheit noch viel näher zu kommen.

Öffne dich deinen Gefühlen

Meine Freundin Dale ist im Besitz eines Bildes der Madonna mit dem Kind, das über dem kleinen Gasherd in ihrer Küche neben dem Telefon hängt. Ich ging dorthin, um den Anrufbeantworter bei mir zu Hause abzuhören, und während mein Apparat in Vermont eine Stimme nach der anderen abspulte, blieben meine Augen in Boston an dem Bild hängen. Ich mußte die Rewind-Taste drükken, um die Botschaft zurückzuspulen, weil jedesmal, wenn ich gerade mitschreiben wollte, was jemand sagte, meine Augen aufs neue von ihr gefesselt wurden. Einer nach dem andern schüttete seine Leidensgeschichte aus, und alles, was ich sehen konnte, war die Madonna, die dieses schöne Kind an ihr Herz drückte und unverwandt zum weiten Horizont hin blickte.

Wenn du dich total verletzlich machst, kann nichts dich verletzen.
– Ruth Gendler

Ich wünschte, sie könnte jeden der Menschen, die mich anriefen, lehren, dasselbe mit ihrem Schmerz, ihrer Angst, Wut oder Trauer zu tun. Ich dachte daran, wie Thich Nhat Hanh sagte, daß Gewahrsein unserem Zorn ein Gefährte sein kann. Wir waren in Kalifornien, der Heimat der emotionellen Entladung, und er behauptete, daß das einzige, was beim Kissenschlagen herauskomme, Erschöpfung sei! Er gab uns die Empfehlung, Wut, Angst und Trauer nicht zu verdrängen wie giftigen Abfall, sondern wie ein kleines Kind in den Armen zu halten.

Dort, in Dales kleiner Küche, wurden seine Worte in meinem Geist auf ewig mit diesem Gemälde verwoben. Seit dieser Zeit war ich auch wütend, verzweifelt, traurig und verängstigt, doch jedesmal taucht innerhalb von Minuten dieses Bild in meinem Geist auf, und ich frage mich, wie es wäre, wenn ich diese Angst, diese Wut an ein weites Herz drücken würde und dabei zum Horizont all meiner Lebenserfahrungen, aller Ressourcen, die mir im gegebenen Moment zur Verfügung stehen, schauen würde. Mein Leiden an die Hand zu nehmen, wie ich es mit David getan hatte, als er klein war, meinem Gefühl der Scham etwas vorzusingen und dabei die enorme Weite des Horizontes an Möglichkeiten im Auge zu behalten. Die Madonna hat mich gelehrt, daß ich, wenn ich Angst habe zu lieben, meine Angst lieben muß.

Spirituelle Krieger sind mutig genug, den Geschmack des Leidens zu kosten und ihrer Furcht ins Auge zu sehen ... Das Leiden wird nicht als Versagen oder Strafe angesehen. Es ist eine Läuterung.
– Sogyal Rinpoche

Die meisten Menschen haben Angst davor, zu fühlen, was sie fühlen, weil sie keine Vorstellung davon haben, was sie mit all dem tun sollen. Sie verfügen über Geschichten negativer Erfahrungen mit *Reaktionen auf Gefühle*. Sie haben Angst vor ihrer Angst, sind wütend auf ihre Wut und verzweifelt über ihre Verzweiflung. Tatsächlich ist vieles von dem, was wir Schmerz nennen, in Wirklichkeit Widerstand gegen den Schmerz. Kannst du dir vorstellen, dein Herz so weit offen werden zu lassen, daß Raum entsteht für deinen Schmerz, deine Wut, deine Angst?

Ich arbeitete mit John, der mit AIDS kämpfte. Er sagte, was ihm am schwersten falle, sei es, andere dazu zu bringen, ihm zuzuhören, wenn er über die Probleme spreche, denen sich diejenigen, die diese Krankheit haben, gegenübersehen. Ich erwähnte die Möglichkeit, daß sie vielleicht Angst davor hätten, das Wissen um das Leiden an sich heranzulassen, weil sie nicht wüßten, wie sie darauf reagieren sollten. Ich fragte ihn, wie seine Eltern auf seine Angst reagierten, als er ein Kind war.

Seine Erfahrung war die gleiche wie bei den meisten von uns – sie sagten ihm, es gebe nichts, wovor er Angst haben müsse, und er solle aufhören, sie zu empfinden. Ich sagte ihm, er solle sich einen Moment lang vorstellen, wie es gewesen wäre, ein ängstliches Kind zu sein, dessen Eltern es in den Arm genommen, mit ihm zusammen geatmet und ihm zugehört hätten, während er von seiner Angst erzählte. John schnaubte nur verächtlich. Ich legte ihm dar, daß er zwar erwachsen geworden sei, seine Angst jedoch nicht, so wenig wie sein dringendes Bedürfnis danach, sich für sie zu öffnen.

Wie ein an den Ellbogen abgenutzter Pullover riß Johns Abwehrhaltung auf. All die weggesperrten Alpträume brachen hervor. Anstatt so darauf zu reagieren, wie es seine Eltern getan hatten, fragte ich ihn, ob er auf das höre, was seine Angst sagte, ob er wirklich intensiv zuhöre, um in Erfahrung zu bringen, was sie braucht. Die Stimme, mit der er antwortete, war im Vergleich zu der, mit der er begonnen hatte, völlig verändert – jede Spur von Anspannung und Zynismus war verflogen. Was er sagte, war ganz einfach: „Dawna, meine Angst bedeutet nicht, daß ich ein Versager bin.“ In diesem Moment wußte ich, daß er im Begriff war, sich mit sich selbst zu versöhnen, und die Fähigkeit entwickeln würde, Brücken des Mitgefühls zu schlagen zu den Menschen hin, die willens waren, ihm auf halbem Wege entgegenzukommen.

Der Trick besteht nicht darin, die Schmetterlinge aus deinem Bauch zu entfernen, sondern darin, sie in Formation fliegen zu lassen.

Noch zwei weitere Lektionen habe ich von Thâi mit auf den Weg bekommen, die mich mehr hinsichtlich dessen lehrten, wie man auf Emotionen mit Anmut, Würde und Mitgefühl reagieren kann, als all die Jahre meiner psychotherapeutischen Ausbildung. Die erste von ihnen vermittelt, daß es immer hilfreich ist, sich beim Aufkommen starker Gefühle vom Kopf weg nach unten in den Körper zu begeben. Er verwendet die Metapher eines Baumes im Sturm, um darauf hinzuweisen, daß du, wenn du in die oberen Zweige kletterst, um zu versuchen, größer als das zu sein, wovor du Angst hast, der Sturm dich herumpeitschen wird. Steige herab vom Baum, schmiege dich dabei fest an seinen großen, festen Stamm – und verkrieche dich dann in einer Höhlung unten am Baum. Dort, eingekuschelt in die Wurzel von allem, hast du eine viel bessere Chance, herauszubekommen, was du brauchst, in der Zeit, bis der Sturm vorüber ist. Es wird dir den Blick weiten und dein Verständnis vertiefen und es dir ermöglichen, abzuwägen, welche Ressourcen dir zur Verfügung stehen, um diesen Bedürfnissen gerecht zu werden.

Das zweite Geschenk handelt von der Vergänglichkeit. Wir alle leiden, weil wir wissen, daß wir sterben werden. Wir wissen, daß alles, was uns wertvoll ist, verloren gehen wird. Doch gibt es in dieser düsteren Realität auch das Geschenk der Veränderung, den Reichtum an neuen Formen, die beständig geboren werden. Ist dir jemals aufgefallen, wie schnell ein wunderbares Gefühl vorübergeht? In Wahrheit sind *alle* Gedanken und Gefühle wie Wolken, die an einem weiten, offenen Himmel entlangziehen. Der Himmel umfaßt alles; er besitzt weder Territorium noch Grenzen. Ich kenne keinen, egal, wie hartnäckig oder widerspenstig er sein mag, der imstande wäre, die Erfahrung einer Emotion mehr als dreißig Atemzüge lang aufrechtzuerhalten, wenn er sie einer bewußten Untersuchung unterzöge. Zorn erweist sich als ein Moment der Angst, die sich in einen Moment der Wut auflöst, der sich in einen Moment des Selbstmitleids verändert, der sich wiederum in einen Moment der Hilflosigkeit verwandelt. Dies zu wissen führt dazu, daß du die vorüberziehenden Momente von Freude und Heilung bemerkst und genießt, die unvermeidlich auch über diesen Himmel ziehen werden in den ewig wechselnden Wetterlagen deines Geistes.

In uns ist ein Fluß von Gefühlen, und jeder Tropfen darin ist ein anderes Gefühl, und jedes Gefühl braucht alle anderen, um zu existieren. Um ihn zu beobachten, setzen wir uns einfach an das Ufer des Flusses und identifizieren jedes Gefühl, wie es auftaucht, vorbeifließt und verschwindet.
– Thich Nhat Hanh

In dieser Kultur benutzen wir das Wort „Emotionen“, um sowohl körperliche Empfindungen als auch Gedanken zu bezeichnen. Also fordere ich dich dazu auf, dir einen Moment Zeit zu nehmen, um dir all deiner Gefühle bewußt zu werden. Verfolge die Gezeiten deines Atems zurück in deinen Körper und spüre dort eine Weile lang deinen Empfindungen nach.

Laß deine Gedanken sich wie Silhouetten vom Bildschirm deines Gewahrseins abheben. Wenn du dazu bereit bist, kannst du auf die Gefühle achten, die in deinem Bewußtsein aufsteigen, vielleicht auch jedes von ihnen benennen. Du kannst die Bilder, Geschichten und Erinnerungen wahrnehmen, die von diesen Gefühlen ihren Ausgang nehmen. Vielleicht magst du das Bild von dem Baum oder der Madonna verwenden, um dich ihnen zu öffnen, oder vielleicht betrachtest du sie lieber durch die Linse der Vergänglichkeit all dessen, was existiert.

Die Verleugnung der Wut ist genauso destruktiv wie ihr exzessiver Ausdruck.
– Harold Bloomfield

Du kannst das Bewußtsein deines Atems zu einem trockenen Boden für alles werden lassen, das auftaucht. Sind deine Atemzüge lang oder kurz? Verändern sie sich? Sind sie warm oder kühl? Dauert das Einatmen länger als das Ausatmen, oder umgekehrt? Wie sind die Atempausen? Wie wäre es, das, was du fühlst, mit dem Atem einzuhüllen wie mit weichen Windeln?

Es gibt auch eine Übung, die ich sehr hilfreich finde, um zu lernen, sich zu einem Gefühl in Beziehung zu setzen, anstatt auf es zu reagieren. Ich lernte sie von dem Tiefenpsychologen Ira Progoff, Autor des Buches *At a Journal Workshop*:

Wenn es eine Emotion gibt, die dich scheinbar kontrolliert, oder eine Emotion, von der du weißt, daß du sie nicht wahrhaben willst und sie vermeidest, korrespondiere mit ihr. Einige Menschen tun dies, indem sie einen ganzen Brief z.B. an ihre Wut schreiben und dann auf einem anderen Blatt einen ganzen Brief von ihrer Wut verfassen lassen. Eine Alternativmöglichkeit besteht darin, es in Form eines Dialogs niederzuschreiben. Zum Beispiel:

Ich: Ich verstehe nicht, warum du einfach blitzartig über mich kommst. Ich kann deine Destruktivität nicht ausstehen.

Wut: Destruktiv! Das mußt du gerade sagen! Jeden Wunsch, den ich habe, machst du kaputt.

Fahre mit diesem Dialog so lange fort, wie es dir interessant erscheint; du kannst ihn über Wochen und Monate ausdehnen.

Öffne dich deinem Feind

Jeder Feind, den wir in unserem Innern finden, ist auf einer bestimmten Ebene eine energetische Kontraktion, die letztlich aus Angst besteht. Wir reagieren auf diese Angst mit Mustern des Festhaltens – wir halten unseren Atem an, wir halten uns zusammen, zurück und unten. Diese Muster sind wie energetische Knoten, die an unsere Erinnerungen und Bilder geknüpft sind. Wenn du etwas lange genug fest in der Hand hältst, wird ein Taubheitsgefühl entstehen, und du wirst vergessen, daß du überhaupt etwas hältst. Das Annehmen jedes einzelnen Dämons lockert seinen Griff auf uns und erweitert unsere Fähigkeit, in seiner Gegenwart frei zu sein.

Der einzige wahre Sinn des Lebens liegt darin, es voll und ganz zu erleben.
– Mark Salzman

Beim Aikido gibt es eine Maxime, die besagt: Je mehr du dich anspannst, desto schneller erreicht dich der Schlag; je mehr du dich jedoch entspannst und öffnest, desto mehr Zeit hast du, um die günstigste Reaktion zu wählen. Die folgende Übung wird dir eine Erfahrung davon vermitteln, wie es ist, sein Herz zu öffnen, die Knoten zu lösen. Vielleicht wirst du, wie Milarepa, dich vor deinen Dämonen verneigen.

„Der Feind, mein Freund"

Zentriere dich, achte auf die Empfindungen in deinem Körper wie in den letzten Übungen und richte dann das Licht deines Gewahrseins auf alle körperlichen Beschwerden oder Verspannungen, die du bekämpfst oder ignorierst. Analysiere sie nicht und versuche nicht, sie zu verändern, sondern nimm sie einfach mit freundlichem Interesse zur Kenntnis. Bei jedem Kampfgebiet, das du findest, erlaube es deiner Energie, es aufzulösen und um es herum weich zu werden.

Frieden ist weder die Abwesenheit von Krieg noch das Vorhandensein von Abrüstungsverträgen. Frieden ist eine Umkehr des Herzens.
– *Richard Lamm*, ehemaliger Gouverneur von Colorado

Wenn du soweit bist, geh mit deiner Aufmerksamkeit zu deinen Emotionen; achte auf Gefühle und Gedanken, mit denen du im Kampf liegst. Mit jeder Entdeckung hast du die Möglichkeit, dich dem zu öffnen, was du erlebst – du bekämpfst es nicht, sondern du läßt dich um es herum weich werden, läßt deine Energie weit werden in dem Maße, wie du losläßt.

Wenn du soweit bist, gehe mit deiner Aufmerksamkeit zu den Kämpfen, die du in deinem Leben mit diesem Dämon, diesem Feind, diesem verlorengegangenen Selbst führst. Auch hier gilt: Nimm einfach freundliche Notiz von ihnen, mit Aufmerksamkeit, Neugier und einem Herz, das um all dies herum sanft losläßt.

Du kannst deinen Geist gemächlich über folgende Fragen wandern lassen: Wann wirst du deines Feindes gewahr? Gibt es ein Bild, welches durch sein Auftreten ausgelöst wird? Wie lange dauert es? Wodurch wird es beendet? Was folgt dann? Was verlangt danach, angenommen zu werden?

Bring dich in den gegenwärtigen Moment zurück – so voll bewußt, wach und erfrischt, wie du gerne sein möchtest. Vielleicht möchtest du umhergehen und dabei beobachten, was diese Übung in dir bewirkt hat.

Bis morgen ist es sehr lange hin.
– *Tahitianische Redensart*

Zwischen Resignation und Rebellion, Überdruß und Angst liegt der gegenwärtige Moment, der darauf wartet, daß man sich ihm öffnet. Er ist der einzige Ort, wo Liebe und Lernen möglich sind. Ihn zu verlieren ist menschlich. Ihn zu finden ist göttlich.

Das Lied für die Dämonen:

Es singt in der Veränderung des Denkens

Das Lernen ist ein Wegbegleiter auf einer Reise in ein fremdes Land.
Es ist unerschöpfliche Kraft.
– aus dem *Hitopadeso,* einer Sammlung hinduistischer Schriften

Jahrhundertelang haben die Menschen die Sterne bei ihrem Gang über die Himmel beobachtet und gewußt, daß sie sich kreisförmig bewegen. Jedoch erst dann, als sie dazu fähig wurden, dieses Wissen in ein ideelles Symbol zu übertragen – das Rad –, konnte aufgrund dieser Kenntnis die gesamte Zivilisation eine tiefgreifende Veränderung erfahren.

Die meisten von uns gehen so durchs Leben, als würden wir Stufe um Stufe auf einer Leiter emporsteigen. Wir machen einen Schulabschluß, um zur nächsten Schule gehen zu können. Dann machen wir dort einen Abschluß, um einen Job zu bekommen. Wir arbeiten, um befördert zu werden, so daß wir in eine bessere Gegend ziehen können.

... die Erfolgsleiter hochzusteigen, nur um zu entdecken, daß sie am falschen Gebäude lehnt.
– Joseph Campbell

Es ist bekannt, daß wir für das „Treppchen-Denken", die Art der Problemlösung, die unsere Gesellschaft von uns verlangt, nur 15% unserer Gehirnkapazität benutzen. Ich glaube, daß die selten benutzten restlichen 85% das zum größten Teil unerforschte Gebiet der Phantasie, der Imagination, darstellt. Wenn jemand z.B. eine Symphonie komponiert oder den Klettverschluß erfindet, reden wir davon, daß er/sie über eine beachtliche Begabung verfüge. Wenn jemand von einer Krebserkrankung im Endstadium gesundet oder über eine Geschichte langdauernder Mißbrauchserfahrungen triumphiert, sagen wir, er/sie habe Glück gehabt oder einen guten Arzt. Aber was wäre, wenn sie in Wirklichkeit die restlichen Kapazitäten ihres Gehirns anzapften? Wenn ihr Denken „Rad-Denken" wäre? Wenn wir, anstatt zu denken, daß die einen „es haben" und die anderen nicht, die Möglichkeit erforschen würden, daß wir alle die Reichweite unseres Leistungsvermögens über all das hinaus erweitern könnten, das wir jetzt als „normal" betrachten?

Die Phantasie ist ein integraler Bestandteil unseres Geistes, eine Vitalkraft, ohne die wir existieren, aber nicht wahrhaft leben können. Es wurde uns aber beigebracht, daß sie der Teil ist, den wir am leichtesten opfern können, da sie unwesentlich oder trivial sei oder nur das Eigentum einiger weniger „Begabter". Als ganze Kultur über-lehren und überbetonen wir das Lineare unter Ausschluß unserer restlichen Fähigkeiten. Dies führt zu einer Fragmentierung: Werde schlau aus den Dingen, indem du sie in Einzelteile zerlegst. Es ist entweder so oder so. Man hat entweder recht oder unrecht. Man arbeitet am Montag und vergnügt sich am Sonntag.

Wo der Geist die Hand nicht führt, gibt es keine Kunst.
– Leonardo da Vinci

Eine der Konsequenzen der Betonung des Linearen besteht darin, daß es so aussieht, als seien wir der kreativen Möglichkeiten, mit Konflikt oder Kampf umzugehen, beraubt. Wir haben unsere Fähigkeit des Staunens aushungern lassen und die einzigartigen inneren Möglichkeiten, die in unserer eigenen Phantasie stecken, ernsthaft vernachlässigt.

Das schönste Verstehen in der Welt ist das Verstehen des Geheimnisvollen.
– Albert Einstein

Etwas Grundlegendes in unserer Seele erfährt eine Entstellung, wenn wir den Zugang zu unserer Kreativität verlieren. In der letzten Zeit ist ein wachsendes Bewußtsein von dem Heilungspotential entstanden, das in der bildhaften Vorstellung liegt, wir sind jedoch so sehr daran gewöhnt, zu glauben, daß die Quellen der Weisheit im Außen und die Probleme im Innen zu finden seien, daß wir Zuflucht suchen bei den standardisierten Formeln für Affirmationen, Visualisierungen und Ritualen, die andere geschaffen haben. Ich glaube, daß keine Formel bei jedem wirkt, daß jeder Mensch seinen eigenen kreativen Weg zur Heilung finden muß, seinen eigenen, einzigartigen Pfad zu dem, was am besten wirkt. Doch das bedeutet nicht, daß du dich im Unbekannten abquälen mußt. Du mußt nur wissen, wie du anfangen sollst. Dieser Abschnitt handelt davon, wie man den eigenen, einzigartigen Weg des Wissens erkennt und Zugang zu ihm findet.

Ich arbeitete einmal mit einem Mann, der beim Surfen von einem Hai angegriffen wurde. Ein Arm wurde ihm abgebissen, der andere übel zugerichtet. Er verlor sehr viel Blut, doch brachte er es nichtsdestoweniger fertig, was jeder später für unmöglich erklärte – er schwamm eine halbe Meile durch starke Brandung hindurch, kroch über einen verlassenen Strand und einen felsigen Abhang hoch und schleppte sich noch eine halbe Meile weiter, bis er an eine Straße kam, wo er Hilfe fand. Als ich ihn fragte, wie dies möglich war, sagte er, er habe einfach seinen Wunden keine Beachtung geschenkt. Stattdessen tat er so, als ob es ein anderes Ich gebe – ein Ich in der Zukunft –, das wußte, daß er es schaffen würde; „er" ermutigte und führte den Verletzten. Als ich ihn fragte, ob er in der Vergangenheit jemals mit bildhaften Vorstellungen gearbeitet hätte, verdrehte er die Augen und sagte, er sei nicht der kreative Typ! Trotz dieser negativen Überzeugung hatte sich anläßlich der Hai-Krise eine Tür zu jenem anderen Teil seines Geistes geöffnet, und aus diesem trat ein imaginärer Freund, um ihm zu helfen.

Schon immer ist die bildhafte Phantasie ein integraler Bestandteil des Heilungsprozesses gewesen. Heutzutage sind wir jedoch eher gewillt, an ihre destruktiven Möglichkeiten zu denken statt an ihre heilenden. Die meisten Menschen, mit denen ich arbeitete, haben die Vorstellung, daß die Art und Weise ihres „Denkens" zu ihrer Krankheit oder ihrem Problem beiträgt: „Es ist, weil ich mir so viele Sorgen mache. Ich weiß, es treibt meinen Blutdruck in die Höhe, doch ich stelle mir ständig den durchdringenden Blick meines Chefs vor, und wie er mich anbrüllt wegen all der Fehler, die ich morgen machen werde." Nur wenige jedoch glauben daran, daß sie die gleiche Imaginationskraft dafür benutzen können, ihre Heilung zu fördern.

Wir *können* uns mit Hilfe der Phantasie krank machen, und wir alle haben über diesen Vorgang eine Menge gelernt. Aber die Natur erschafft nur wenige

Türen in nur eine Richtung, so daß das Umgekehrte auch zutreffen muß – wir können lernen, uns gesund zu machen. Aber um dies zu tun, müssen wir uns öffnen, um die Geographie unserer Imagination zu erforschen. Nicht nur müssen wir unsere tiefsten Wahrheiten entdecken, sondern auch neue Modelle, Geschichten und Bilder erfinden, aus denen wir die Art von Erfahrungen bauen werden, nach denen wir uns sehnen. Dem von Viktor Frankl gewiesenen Weg folgend können wir das Terrain unseres Geistes absuchen, bis wir den Sinn entdecken, der uns zum Licht und zur Heilung führt.

Ich bete und ich singe, und manchmal ist mein Singen mein Gebet.
– Bobby McFerrin

Das Folgende stellt einen Führer dar für den Weg durch diese zweite Etappe deiner Pilgerreise – die Läuterung durchs Feuer. Er hat das Erforschen neuer Weisen zum Ziel, wie wir unser Denken zur Unterstützung des Heilungsprozesses benutzen können. Wir werden das tun, was ich „inneres Erforschen (insearching)" nenne, inneres Forschen nach Möglichkeiten, dich in den Rad-Zustand des Geistes zu begeben, so daß du alle Fähigkeiten zur Verfügung hast, die es gibt, um eine Art und Weise der Beziehung zu deinem Kampf zu finden, die dir dient. Du wirst lernen, die verschiedenen Bewußtseinszustände, derer sich dein Geist für kreatives Denken bedient, zu erkennen und zugänglich zu machen und die Abfolge von bildhaften Vorstellungen zu identifizieren, die am wirkungsvollsten für dich ist. Du wirst lernen, mit verschiedenen Arten des Dialogs mit deinem Unbewußten zu experimentieren, um die Informationen zu sammeln, die du brauchst, um deinen Weg zum Ganzsein zu finden.

Die Dinge erhalten ihren Sinn durch die Veränderung.
– Heraklit

Indem du „weiter", globaler denkst, kannst du eine innere Weiträumigkeit herstellen, in der dein Feind existieren kann, innerhalb der gesamten Landschaft von Erfahrungen, Kenntnissen und Weisheit, die du im Laufe des Lebens angesammelt hast, ohne daß er dazu imstande wäre, Macht über dich auszuüben. Wenn du dein Denken in dieser Weise veränderst, wird „Ich bin das Problem" zu „Ich habe das Problem" und dieses zu „Ich mache das Problem". Letztendlich wird es einfach zu einem der vielen Denk- und Verhaltensmuster, die im Kaleidoskop deines Unbewußten Verwendung finden können, um den Dämonen ein Lied zu singen.

Ehe ein Monat vergangen war, war das Schreiben zu meinem sicheren Ort geworden, zu einer Möglichkeit, mit mir selbst in Kontakt zu kommen ... Ohne zu wissen, wann dies geschah, gab es eine Veränderung in meiner Identität. Ich schrieb, also existierte ich.
– Barbara Gordon

6 Der in ständiger Wandlung begriffene Geist:

Die Erforschung des Wesens der Phantasie

Die Vorstellung, es gebe nur eine Kultur, eine Wirklichkeit,
und alles könne säuberlich in ein Kästchen gepackt werden,
das für alle stimmt, ist einfach nicht wahr.
Diese Art des Denkens führt zur Verkrüppelung; es kommt fast
einem Verbrechen am Geist des Menschen gleich. – *Elena Featherstone*

Das Übertreten der Schwelle zu dieser Etappe unserer Reise bedeutet das Eintreten in eine verwirrende dunkle Welt, die seltsam und unvertraut ist. Hier gibt es keine Wegweiser, keine Rechtwinkligkeit. Das alte Denken funktioniert einfach nicht. Die Herausforderung für dich besteht darin, in dieser Welt Vertrauen zu dir selbst zu entwickeln. Und dies erfordert, daß du dir Kenntnisse über das Fahrzeug aneignest, das du benutzen wirst, um dich in ihr zu bewegen, und daß du weißt, wie du in die neuen Denkweisen umschalten kannst, die hier am wirkungsvollsten sind.

Diese Welt hier wird von den fünf Sinnen als Materie angesehen, von den Sündern als Hölle, von den Guten als Himmel und von den Vollkommenen als Gott.
– Vivekananda

Aber wie macht man das? Wie denkst du auf eine Weise, die anders ist als die, die du dein ganzes Erwachsenendasein lang verwendet hast? Was ist, wenn du glaubst, keine Phantasie zu haben? Was, wenn du dich in der Welt des Denkens in Symbolen nicht zu Hause fühlst? Was, wenn du den Mund aufmachst, um den Dämonen ein Lied zu singen, und alles, was herauskommt, nur „Hänschen klein" in der falschen Tonart ist?

Jemandem zu erzählen, sie solle auf neue Art und Weise denken, ist so gut, wie ihr zu sagen, sie solle in den dritten Gang schalten, wenn sie bisher nur Automatik gefahren ist und keine Vorstellung davon hat, wo die Kupplung ist! Selbst unter denen, die für die Bedeutung der visuellen Imagination für die Heilung von Körper, Geist und Seele eintreten, gibt es ein weitverbreitetes Mißverständnis – nämlich, daß *jeder Mensch Bilder auf dieselbe Weise kreiert.* Ständig höre ich Dinge wie diese: „Ich habe versucht, kreativ zu sein, doch ich kann einfach nicht visualisieren" oder: „Zwei Jahre lang habe ich mir diese Affirmationen vorgesagt, aber anscheinend passiert nichts." Es ist, als hätten wir gelernt, zu glauben, daß außer dem Fahrrad kein anderes Fortbewegungsmittel existiere und daß diejenigen unter uns, die einen Sportwagen fahren, aber nirgendwo ankommen, weil sie nämlich versuchen, in die Pedale zu treten, sich einfach nicht genug Mühe geben.

Ich weigere mich, mich länger von der Realität einschüchtern zu lassen. Die Realität – was ist das? Ein kollektives Gefühl – weiter nichts.
– Lily Tomlin

Es scheint unserer Kultur so schwerzufallen, sich auf Unterschiedlichkeiten einzulassen, doch die Wahrheit ist, daß so viele Sprachen der Imagination existieren, wie es Sprachen des rationalen Denkens gibt. Heute morgen hörte ich an der hiesigen Mobil-Tankstelle, wie eine Frau, die am Steuer eines roten Kombis saß, ihren Mann anbrüllte, der den Tank füllte. „Wie kannst du überhaupt nur so denken?!" kreischte sie. Es war unvorstellbar für sie, daß sein Gehirn auf andere Weise funktionieren könnte als ihres. Also traf sie die Entscheidung, diese Weise sei falsch. Vielleicht sogar verrückt. Gewiß nicht wohlgeordnet und systematisch wie die Arbeitsweise ihres Gehirns.

Sie ist nicht die einzige. Die Annahme, daß wir alle unser Gehirn auf die gleiche Art und Weise zum Denken benutzen, hat zu einer Fehleinschätzung unserer wichtigsten Fähigkeiten und zum Zerbrechen von Beziehungen geführt. Angesichts der Tatsache, daß einige von uns leicht lernen und andere nicht, wurde uns erzählt, daß der Grund dafür darin liege, daß einige Menschen intelligent seien und andere nicht, daß einige kreativ seien und andere nicht. Zu viele unter uns sind aus ihrer natürlichen Wahrheit verbannt worden, weil sie nicht lernen durften, in ihrer Sprache zu hören oder zu sprechen. Wenn es uns mißlingt, unser eigenes Leben zu imaginieren, fallen wir der Vorstellungskraft eines anderen zum Opfer.

Was wir in diesem Kapitel aufdecken werden, ist die Tatsache, daß wir *alle* über unterschiedliche Weisen des Lernens verfügen. Jede(r) von uns ist phantasiebegabt, wenn wir erst einmal die jeweils einzigartige Funktionsweise unseres Geistes verstehen und ihr Achtung zollen. Zu wissen, wie man Zugang findet zu dem einzigartigen Muster von bildhaften Vorstellungen, die dein Geist benutzt, heißt, zu wissen, wie man mit Hilfe der Landkarte des Heilens navigiert, die in deinem weitesten, weisesten Bewußtsein auf dich wartet.

Was ich am Holz so interessant finde, ist, daß es eine Maserung besitzt, genau wie Menschen. Das heißt, jedes Stück Holz hat eine Persönlichkeit, und Persönlichkeit könnte man, wie wir aus unseren Beziehungen zu anderen Menschen wissen – indem wir versuchen, mit ihnen zusammen zu arbeiten, mit ihnen zusammen zu leben –, beinahe durch die Art und Weise definieren, durch die Widerstand (gegen das, was ich will) ausgedrückt wird.
– Carla Needleman

Und sie wartet wirklich. Deine Phantasie, Kreativität, Intuition, wie immer du es nennen willst, ist bemerkenswert loyal. Sie liegt da wie ein Frühlingssee, der darauf wartet, daß du in ihn eintauchst, daß du ihn wahrnimmst. In den dreißig Jahren meiner Arbeit mit Menschen habe ich keinen einzigen gefunden, der von seiner Phantasie im Stich gelassen worden wäre, wenn ich auch Tausenden begegnet bin, die ihre Phantasien verwarfen! Du mußt nur wissen, wie du sie finden kannst. Um dir zu zeigen, wie sich dein Geist vom linearen zum kreativen Denken bewegen kann, lade ich dich ein, mit mir zusammen drei Arten des Denkens zu erforschen.

Die Suche nach Gott gleicht dem Suchen nach einem Pfad auf einem schneebedeckten Feld; gibt es keinen Pfad und suchst du einen, dann laufe quer über das Feld, und du hast deinen Pfad.
– Thomas Merton

Die Erforschung der verschiedenen Bewußtseinszustände

Wie die unter euch, die mit der Psychologie vertraut sind, wissen, gibt es drei Bewußtseinszustände: bewußt, unterbewußt und unbewußt. Was uns bisher nicht so recht deutlich war, ist die Tatsache, daß jeder Gedanke durch jeden dieser Zustände hindurchgeht. Indem sich ein einzelner Gedanke durch dein Bewußtsein in dein Unterbewußtsein, dann in dein Unbewußtes bewegt, erfährt dein Denken eine Ausdehnung, und du wirst immer empfänglicher für bildhafte Vorstellungen. Wenn du wach wirst, um dich auf Handeln und Ausdruck zu konzentrieren, zieht es sich wieder auf einen einzigen Punkt zusammen. Ausdehnung, Zusammenziehung, Ausdehnung, Zusammenziehung, wie ein Blasebalg oder wie die Lunge; es weitet sich, wenn dein Geist sich nach innen, deinem Unbewußten zuwendet; es zieht sich zusammen, wenn dein Bewußtsein sich in Richtung Ausdruck konzentriert.

Die Psyche kann in ihrer Gesamtheit niemals vom Intellekt allein begriffen werden.
– C.G. Jung

Die folgende Abbildung stellt eine Landkarte dar, die du vielleicht zu Rate ziehen möchtest, während wir diesem expandierenden Umkreis unseres Geistes nachgehen. Es ist in Form einer Spirale gezeichnet, weil die Spirale das uralte Symbol für die Kraft der Persönlichkeit und die Zielsetzung, für Tod und Wiedergeburt ist.

Die Spirale des Denkens

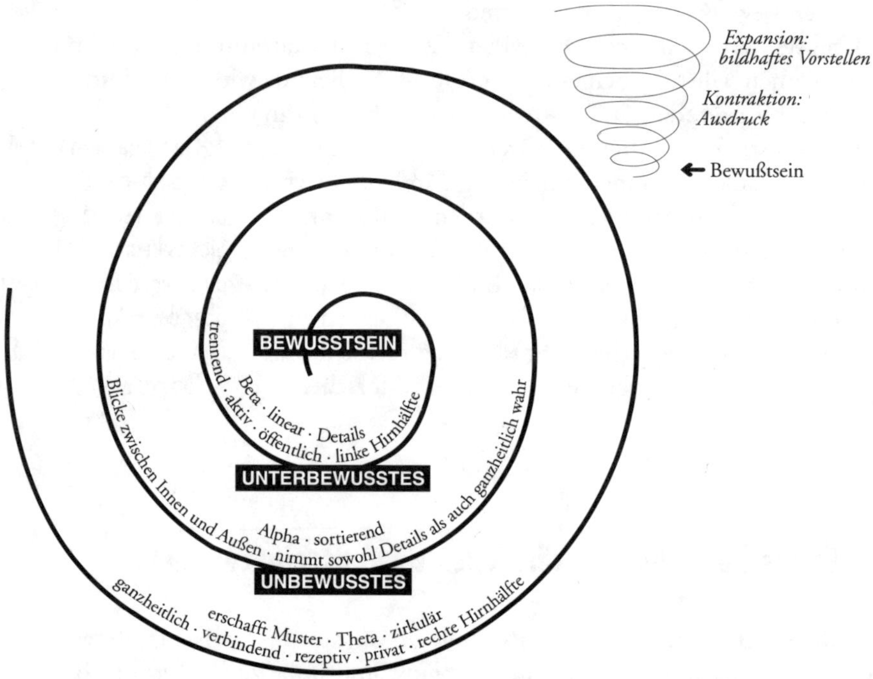

Das Organisieren der Gedanken im Bewußtsein

In der Schule wird uns beigebracht, daß es nur eine Art des Denkens gebe: „Paß auf!" Das ist der bewußte Geist, das Bewußtsein.

In diesem Augenblick möchte ich dich dazu einladen, dich anzustrengen und „aufzupassen". Was tust du, um so zu denken? Auf welche Weise bewegst du dich in diese Denkweise hinein? Achte darauf, wie dieser Bewußtseinszustand sich für dich anfühlt.

Hast du dich aufrecht hingesetzt, deinen Fokus verengt, deinen Körper ruhiggestellt, auf Einzelheiten gehört? Das nennt man lineares Denken oder, wie viele zu sagen pflegen, linkshirniges Denken, logisches, bewußtes, „vernünftiges" Denken. Ich nenne es den „one-way-mind" (Einbahn-Denken), denn wenn wir auf diese Weise denken, sind wir sicher, daß es nur eine Art und Weise gibt, zu denken. Diese Weise zielt direkt auf den Punkt. Wenn das Gehirn diesen Denkmodus benutzt, werden Fakten und Meinungen gesammelt und Probleme gelöst. Dies ist unser Detail-Bewußtsein, in dem wir alles systematisieren, in Fächer und Fragmente aufteilen.

Was man Denken nennt, ist in erster Linie die Jagd nach der richtigen Meinung.
– Carla Needleman

Hier sammeln wir Kurzzeitinformationen an, die wir aber nicht unbedingt „lernen". Ich habe einmal wie wild für eine Geologieprüfung gelernt und bekam eine Eins. Am nächsten Tag fragte mich auf einem Spaziergang durch den Central Park eine Freundin, ob ein bestimmtes Gestein vulkanischen oder metamorphen Ursprungs sei, und ich hatte nicht die leiseste Ahnung. Die Information war zum einen Auge hinein- und zum anderen hinausgegangen.

Diese Denkweise, bei der das Gehirn die meisten Betawellen produziert, ist dein vertrautester und wachster mentaler Zustand und der, der am wenigsten rezeptiv ist. Er mag das Bewährte und Wahre, das Vertraute und Wiedererkennbare. Hier werden Möglichkeiten so schnell wie möglich ausgefiltert. Z.B.: Wenn ich nachts ein Geräusch höre, das mir nicht vertraut ist, nicht so ist, wie ich denke, daß es sein sollte, werde ich hellwach, und mein Bewußtsein macht sich an die Arbeit, das Geräusch von allen anderen Geräuschen im Haus zu sondern, bis ich es identifizieren kann: „Ach ja, der neue Eisschrank macht Eiswürfel." Wärest du nicht in der Lage, in dieser Weise zu denken, deine Welt würde zu einem chaotischen Strudel werden. Weil aber dieser Zustand aufgrund der Wiederholung von Bekanntem gedeiht, spielt er eine wichtige Rolle beim Suchtverhalten, das die progressive Wiederholung eines vertrauten Verhaltens ist.

Aus dem bewußten Verstand heraus können wir uns schnell und präzise ausdrücken, und aus ihm heraus können wir leicht konkurrieren. Mein Vater war mein erster Lehrer für diesen Zustand, indem er mich drängte, zu kämpfen und „die Erfolgsleiter zu erklimmen. Es ist eine Welt des Fressens und Gefressenwerdens. Du mußt kämpfen, um vorwärtszukommen." Dieser Zustand (so wie mein Vater) kann mit Veränderungen nicht gut umgehen. Der bewußte Verstand liebt Stabilität und wird alles tun, was oberflächlich gesehen nötig ist, um sie zu erreichen. Im Rahmen einer Beziehung wendet ein Mensch, der auf diese Weise eine Veränderung herbeiführen möchte, die Küß- und Versöhn-Technik an, während eine entsprechende Organisation etwa eine Schnellösung herbeizuführen sucht.

Die Sucht ist linear, eine fortschreitende degenerative Erkrankung. Kreativität jedoch ist regenerativ und zyklisch, ein Prozeß des Sterbens und des Wiedergeborenwerdens.
– *Linda Leonard*

Es wurde uns beigebracht, daß wir, wenn wir nicht in diesem Zustand sind, weder denken noch lernen. In Wirklichkeit stellt dieser Zustand nur das allererste Stadium dar. Er ist sozusagen der Mund des Geistes, der Informationen aufnimmt und sie durchkaut.

Das Sortieren der Gedanken im Unterbewußtsein

Laß uns jetzt zu einem anderen, erweiterten Bewußtseinszustand übergehen. Um dies zu erreichen, muß du etwas Verwirrung und Ausgespacedsein zulassen. Laß dein Denken leicht unscharf werden, als könntest du dir über irgend etwas nicht recht klarwerden. Achte darauf, was du tun mußt, um dies zu erreichen. Höre auf, der Außenwelt Beachtung zu schenken, und laß deinen Geist wandern. Was tust du, um auf diese Weise zu denken? Wie schaltest du auf diese Denkweise um? Achte darauf, wie dieser Bewußtseinszustand sich für dich anfühlt.

Einige werden feststellen, daß sie auf etwas starren oder sich hin- und herwiegen oder Selbstgespräche führen müssen, um in dieser Weise zu denken. Ja, auch dies *ist* Denken, egal, was Frl. Kreidestaub dir in der 5. Klasse erzählt haben mag. Tatsächlich, wenn du einen Zustand angenehmer Verwirrung bei dir zuläßt, entdeckst du vielleicht, daß sich dein „Verwirrtsein" vollkommen verändert hat und zu „Neugier" geworden ist.

Diesen Bewußtseinszustand kann man auch Alphazustand oder Unterbewußtsein nennen. Er ist eine trance-itionale (transition – Übergang) Weise des Denkens, denn hierbei geht das Gehirn in Trance, um Informationen zu verstoffwechseln und durch Sortier- und Filterungsprozesse Wahlmöglichkeiten zu sondieren. Es ist ein Denken in Dualitäten, ein Zwei-Wege-Modus: „Ich mache entweder dieses oder jenes; entweder stimmt seine Version der Geschichte nicht oder ihre; ich sehe es entweder so oder so." Man kann es mit dem Magen des Geistes vergleichen; alles wird herumgewälzt, und es wird entschieden, was verdaut wird und wie. Um bei dem Beispiel mit dem neuen Kühlschrank zu bleiben: Ich könnte mir das Geräusch eine Weile lang anhören und mir darüber klarwerden, ob ich es mir länger anhören möchte oder ob ich aufstehen und meine Schlafzimmertür zumachen soll. Da sie eine Verbindung zwischen dem Bewußtsein und dem Unbewußten darstellt, kann diese Denkweise die Details einer Angelegenheit sowie deren Gesamtzusammenhang wahrnehmen.

Solange du nicht willens bist, angesichts dessen, was du schon weißt, Verwirrung zu empfinden, wird das, was du weißt, nie größer, besser oder nützlicher werden können.
– Milton H. Erickson

Meine Mutter war meine erste Lehrerin, was das Unterbewußte betraf. Sie wog immer beide Seiten jeder Entscheidung ab und hatte große Angst, einen Fehler zu machen: „Nun, du könntest das rote Kleid anziehen, aber es ist ein wenig grell. Andererseits könntest du das blaue anziehen, aber es ist zu salopp." Da die meisten von uns in der Schule gelernt haben, daß diese Art des Denkens bedeutet, wir wüßten nicht, was wir wissen müßten, entwickeln wir, wie meine Mutter, die Angewohnheit, an dieser Stelle in Kontraktion zu gehen, uns zu verkrampfen und uns schlecht zu fühlen, wenn wir eine Zeitlang so zwischen den Stühlen hängen. Wenn Leute sich unter Druck gesetzt fühlen, bleiben sie gewöhnlich in diesem Zustand stecken und denken, sie müßten unbedingt zu der Gewißheit des bewußten Verstandes zurückkehren.

Tatsächlich ist diese Art des Denkens unerläßlich für das Treffen von Entscheidungen und das Entwickeln bildhafter Vorstellungen, denn es ist die Brücke zwischen unserer Innen- und der Außenwelt. Ohne sie würden wir alles als Ganzes hinunterschlucken, ohne einen Gedanken daran zu verschwenden, ob es richtig für uns ist oder nicht. Das Wissen darum macht es leichter, zu expandieren, wenn wir „verwirrt" sind, und unserem Gehirn die nötige Zeit zu geben, um diese Brücke in Ruhe zu überqueren.

Aus diesem festgefahrenen Zustand kommt man nur heraus, indem man sich zentriert, sich die Zeit nimmt, einen Schritt zurückzutreten und nachzudenken, indem man keine Entscheidungen fällt, bevor die Informationen nicht sortiert und vollständig verdaut worden sind, indem man eine Haltung des Abwartens einnimmt. Uns selbst Zeit zu lassen, einfach dazusein, zu warten und nicht zu wissen ist entscheidend für die Heilung, und es fällt uns oft nicht leicht, bis wir uns daran gewöhnt haben.

Das Schöpferische im Unbewußten

Jetzt ist es an der Zeit, weiterzugehen, sich noch empfänglicher zu machen. Bist du schon einmal nachts auf der Autobahn gefahren und hast plötzlich bemerkt, daß du schon bei Ausfahrt 19 angekommen warst, obwohl du eben erst bei 15 warst? Was ist mit Ausfahrt 16, 17 und 18 passiert? Wer war diese maskierte Person, die deinen Wagen lenkte?

Ein Traum ist ein Geschöpf, das aus dem Wilden Geist in den punktförmigen Affengeist/das bewußte Ich hergereist kommt, um uns aufzuwecken.
– Natalie Goldberg

Laß dich für ein paar Minuten in einen völlig abgehobenen Zustand treiben – verliere dich in deinen Gedanken. Lege das Buch aus der Hand, wenn du diesen Absatz fertig gelesen hast, und laß deinen Geist einfach eine Zeitlang wandern, wohin er möchte, so wie er es tut, wenn du in einer langweiligen Vorlesung bist oder alleine in einem Kino sitzt und auf den Beginn der Vorstellung wartest ...

Was machst du, um auf diese Weise zu denken? Wie bewegst du dich in diese Denkweise hinein? Achte darauf, wie dieser Bewußtseinszustand für dich ist.

Diese Art des Denkens wird oft als unbewußtes, rechtshirniges Trance-Denken bezeichnet. Hierbei produziert das Gehirn vorwiegend Theta- und Deltawellen. Du denkst, wie alles mögliche sein könnte. Es ist zu vergleichen mit den Gedärmen des Geistes, die ständig die Form dessen, was verdaut worden ist, verändern und die Nährstoffe mit jedem Teil des Organismus in Verbindung setzen. In der Schule hast du wahrscheinlich gelernt, dich für diese Art des Denkens zu entschuldigen, weil du „tagträumtest" und nicht darauf achtetest, was der Lehrer sagte. Tatsächlich aber war dein Gehirn in diesem Zustand dabei, all das zu verarbeiten, was du gerade lerntest, indem es innerlich danach suchte, wie die neuen Informationen mit dem zusammenstimmten, was du bereits erfahren hattest, indem es neue Muster bildete, Langzeitinformationen speicherte und neue Möglichkeiten für die Zukunft erträumte.

Im Laufe deines Lebens, von Kindheit an, hast du Wissen erworben, doch du konntest nicht all dieses Wissen im Vordergrund deines Geistes behalten. Im Laufe der menschlichen Entwicklung wurde im Unbewußten Gelerntes in Zeiten der Not zugänglich. Wenn du Trost brauchst, kannst du Trost empfinden.
– Milton H. Erickson

In diesem Zustand denkt das Gehirn auf viele verschiedene Weisen gleichzeitig; es denkt zirkulär und erschafft und befördert Botschaften indirekt mit Hilfe von Träumen, Symbolen und bildhaften Vorstellungen. Weil wir in diesem Denkmodus in so viele Richtungen gleichzeitig denken können, befähigt er uns, uns wach und lebendig den Widersprüchlichkeiten zu stellen, die durch die verschiedensten Herausforderungen an uns herangetragen werden. Er spürt das Muster auf, das eine Angelegenheit in ihrer Ganzheit erkennbar werden läßt, so daß man nicht die Bäume, sondern den Wald sieht. Um auf unser mittlerweile wohlbekanntes Kühlschrankbeispiel zurückzukommen: Das Unbewußte könnte das Kühlschrankgeräusch in die Gesamterfahrung meiner Nacht einverleiben, indem es mir einen Traum von einem Hagelschauer schickt.

Dieser Denkmodus ist dem Verständnis dessen gewidmet, wie alles miteinander zusammenhängt und verbunden ist. Er funktioniert ähnlich wie ein Kaleidoskop, indem er alle möglichen Einzelteile in Beziehung zueinander setzt, um neue Bilder und Symbole zu erschaffen. Für dein Unbewußtes ist Veränderung also eine Veränderung *des* ganzen Systems, nicht nur eine Veränderung *im* System. Wenn die Veränderung von dorther erfolgt, wirst du zum Nichtraucher, anstatt nur die Zigarettenmarke zu wechseln. Du machst eine Therapie, um dich mit dem Prozeß zu befassen, wie du mit deinem Ehepartner in Beziehung bist oder nicht. Deine Firma beschließt, eine Übersicht über den Informationsfluß innerhalb des Unternehmens zu erstellen, anstatt den Computerfachmann zu entlassen. Der Staat unternimmt eine gründliche Überholung seines Finanzsystems, anstatt ein neues Lotteriespiel ins Leben zu rufen.

Metaphorisches Denken und Lebendigkeit hängen aufs engste miteinander zusammen.
– Gregory Bateson

Dieser Denkzustand, der mit dem höchsten Grad von Rezeptivität einhergeht, ist für mich „Grab, Webstuhl und Mutterleib"(the tomb, the womb and the loom), da alle unsere Lebenserfahrungen hier gespeichert sind, mit unseren neuen Erfahrungen zu ständig wechselnden Mustern verwebt werden und unsere Kreativität mit grenzenlosen Träumen von allen Möglichkeiten befruchten.

Da dieser Modus derjenige ist, der einen am meisten dazu in die Lage versetzt, etwas in seiner Ganzheit zu begreifen, das große Bild, die weiteste Landschaft zu sehen, ist er auch der Ort der tiefsten spirituellen Verbindung und Heilung, jener kaum faßbaren inneren Stimme, Einsicht, Intuition. Aus diesem Ort entspringt die Erneuerung, hier finden wir zu der Einheit der Melodie, die die einzelnen Töne umgreift. Um herausfinden zu können, was unser Feind braucht, müssen wir lernen, an diesen Ort zu gehen.

Meine Großmutter, die Hunderten von Babys half, das Licht der Welt zu erblicken, und die bei ebensovielen Menschen am Bett saß, als sie starben und die Welt verließen, war meine Lehrerin für diesen Geisteszustand. Auf indirekte Weise lehrte sie mich mit Hilfe von Geschichten, symbolischen Ritualen und Zeremonien, wie alles miteinander im Zusammenhang steht.

Dieser geweitete Bewußtseinszustand, in dem die Neugier ehrfürchtigem Staunen oder Überraschung weicht, ist häufig der, in den einzutreten wir die meisten Schwierigkeiten haben, und der, in welchem sich viele am scheuesten, ungeschicktesten und verletzlichsten fühlen. Das ist so, weil wir gelernt haben, diese Art zu denken für Zeitverschwendung zu halten. In unserer Kultur gilt es als richtig, sich so viel wie möglich in einem Zustand von Aktion oder Reaktion zu befinden. Keiner bekommt für diese Art zu denken gute Noten oder Beförderungen. Wenn jemand „mit etwas beschäftigt" ist, dürfen wir ihn dabei nicht stören. Doch im Osten, wo das reflektierende Denken geehrt wird, würde keiner einen Menschen stören, der in stiller Kontemplation dasitzt!

Jeder Mensch ist Teil des Ganzen, das wir das Universum nennen; ein Teil, der durch Zeit und Raum begrenzt ist. Er erfährt sich selbst, seine Gedanken und Gefühle als etwas vom Rest Getrenntes, was eine Art optische Bewußtseinstäuschung darstellt. Diese Täuschung, dieser Wahn ist eine Art Gefängnis für uns, welches uns auf unsere persönlichen Wünsche und die Liebe zu wenigen, uns am nächsten stehenden Menschen beschränkt. Unsere Aufgabe muß es sein, uns aus diesem Gefängnis zu befreien.
– *Albert Einstein*

Denke daran, die Natur hat etwa 85% deines Gehirns für dieses erweiterte Denken vorgesehen. Damit man lernt, vollständig zu sein, müssen die Informationen sich durch diesen Geisteszustand hindurchbewegen. Damit Heilung geschehen kann, müssen wir fähig sein, ganzheitlich zu denken, und das kann man am besten im „ausgespaceten" Zustand – durch Nachdenken, Betrachten, Sinnen, Meditieren, Hin- und Herwälzen. Um Veränderungen integrieren zu können, müssen wir den Umfang unseres Geistes erweitern und die Möglichkeiten im Grenzbereich auskundschaften.

Zu diesem nichtlinearen Geisteszustand überzugehen verhilft einem also dazu:

- durch das Unbekannte hindurchzugehen;
- sich von der Verwirrung zur Neugier zu bewegen;
- bildhafte Vorstellungen zu erzeugen;
- Kontakt zu inneren Ressourcen aufzunehmen;
- die innere und die äußere Realität miteinander zu verschmelzen;
- sich auf ein Problem zu „beziehen", anstatt es lösen zu wollen;
- die Geschichte als Ganzes zu verstehen, das „große Bild", die Landschaft zu sehen;
- Kontaktmöglichkeiten in sich selbst und innerhalb der Gemeinschaft zu finden;
- das Immunsystem anzuregen;
- leichter mit Schmerzen umgehen zu können;
- global zu denken;
- krassen emotionalen „Müll" zu transformieren;
- zu verstehen.

Das Weitwerdenlassen des Geistes

Viele Leute sprechen davon, tiefer, tiefer, tiefer in das Unbewußte einzutauchen. Ich sehe diesen Prozeß gerne als ein Weitwerdenlassen des Geistes. Das bedeutet, daß du deiner Peripherie mehr und mehr gewahr wirst. Du erlaubst dir buchstäblich, mehr von dem zu sehen, was sich seitlich von dir befindet, als dich nur auf ein vor dir liegendes Detail zu konzentrieren. Du hörst alle Geräusche um dich herum, du spürst deinen Körper und wo und wie er den Boden berührt usw.

Weisheit ist die Intelligenz des Systems als Ganzen.
– Gregory Bateson

Im Ki-Aikido lernte ich, mir vorzustellen, das, was ich durch die Pupillen meiner Augen hindurch sah, tief in meinen Bauch hineinzuatmen. Das nennt man den „weichen Blick". Das gleiche kann man mit dem auditiven Kanal machen, indem man sich vorstellt, daß man mit jedem Atemzug Töne durch die Ohren einatmet, und mit dem kinästhetischen Kanal, indem man sich vorstellt, das, was man spürt, durch die Poren der Haut einzuatmen. Was du in jedem dieser Fälle ausatmest, ist ein Gefühl der Neugier.

Machen wir ein Experiment. Denke zuerst intensiv an etwas Bestimmtes – die Anspannung in deinem Rücken z.B. oder den armen Onkel Charlie oder die Hypothekenzinsen, die du bezahlen mußt. Konzentriere dich so stark, wie zu kannst.

Vollziehe jetzt den Wechsel. Weite deine Sinne, so daß die Peripherie in dein Bewußtsein rückt. Laß deine Augen weich werden, so daß du alles um dich herum sehen kannst. Laß dein Fühlen weit werden, so daß du deinen ganzen Körper spürst, und höre sowohl auf das Geräusch deines Atems wie auf alle Geräusche in deiner Umgebung. Fünf Atemzüge lang stelle dir vor, daß du einatmest, was deine Sinne wahrnehmen, und Neugier ausatmest.

Achte darauf, welche Wirkung dies auf dein Denken, deine Energie, deinen Blutdruck hat.

Die meisten Menschen sagen, daß sie entspannter werden, daß sie sich etwas „spacy" fühlen und daß die Qualität ihres Lebens sich verändert. Das Problem oder Onkel Charlie gehen nicht weg; aber die Art und Weise, wie du auf den Gedanken daran reagierst, verändert sich. Wenn du auf diese Weise wahrnimmst, stellst du das, worauf du dich konzentrierst, in einen größeren Kontext, was bedeutet, daß es mehr Raum gibt für das Auftauchen von Wahlmöglichkeiten. Tatsächlich tust du genau das – du läßt deinen Geist so weit werden, daß er Raum bekommt, die möglichen Verbindungen wahr-

Die signifikanten Probleme, denen wir uns gegenübersehen, können nicht auf derselben Denkebene gelöst werden, auf der wir uns befanden, als wir sie schufen.
– Albert Einstein

zunehmen. Du gibst deinem Geist buchstäblich Raum dafür, zu lavieren, nachzudenken, Dinge zu erschaffen und zu bewirken. Vielleicht kommen dir die Rückenübungen in den Sinn, zu denen ein Chiropraktiker dir einmal geraten hat; vielleicht stellst du dir Onkel Charlie als fünfjährigen Jungen vor, oder dir wird bewußt, daß das Problem gerade nur diesen oder jenen Raum einnimmt und nicht dein ganzes Leben bestimmt.

Gehen wir in die andere Richtung. Geh in den offenen Raum, laß deine Peripherie weit werden und schwebe dort ein paar Minuten lang. Jetzt laß deine Sinne sich verengen, ziehe deinen Geist und deine Energie zusammen, bis du nur noch eines hörst, siehst und spürst. Achte darauf, wie dies dein Denken, deinen Atem und deinen Blutdruck beeinflußt.

Kein Bewußtseinszustand ist gut oder schlecht, besonders wenn du weißt, wie du dich vom einen zum anderen bewegen kannst und wann du jeden einsetzen sollst. In unmittelbaren Gefahrensituationen kann eine auf den Punkt konzentrierte Kampf- oder Fluchtreaktion sehr nützlich sein. Wenn ein Löwe im Begriff ist, über dich herzufallen, wirst du höchstwahrscheinlich einen Moment lang weit werden – „Oh Gott, was soll ich tun?" – und dann plötzlich in einen wachen Zustand gehen, in jenen adrenalisierten, auf Einzelheiten ausgerichteten Zustand, der dich unmittelbar handeln läßt.

Doch sind dieser Art des Denkens Grenzen gesetzt. Das Wort „reagieren" bedeutet, daß man immer wieder auf dieselbe Weise agiert, was dieser Bewußtseinszustand wirklich am liebsten tut. Der bewußte Geist liebt die Wiederholung. Er denkt auch in Details, Einzelheiten oder Fragmenten. Er liebt genaue Einteilungen, weil sie säuberliches Trennen ermöglichen.

Im Falle dieses Löwenangriffs ist es sehr gut möglich, daß du, wenn du in deinem bewußten Denken bleibst, vor Schreck erstarrst und vergißt, daß du um deine Wade ein Messer geschnallt trägst. Du vergißt vielleicht sogar, daß du eine Wade oder ein Bein hast, weil das Bewußtsein darüber säuberlich in einer anderen Abteilung deines Geistes untergebracht ist. Der Löwe befindet sich in derselben Schublade wie dein klopfendes Herz. Deine Beine, deine Waden und deine Fähigkeit, wegzurennen, sind in einer anderen verstaut.

Ein Volk, das eine Nation erbauen möchte, in der starke demokratische Institutionen als Garanten gegen die Macht des Staates fest etabliert sind, muß zuerst lernen, das Denken und Fühlen seiner Mitglieder von Apathie und Angst zu befreien.
– Aung San Suu Kyi

Wenn du allerdings das tust, was du immer getan hast, bekommst du, was du immer bekommen hast. Nicht jedes Problem, dem wir uns gegenübersehen, ist ein geifernder, brüllender, zähnefletschender Löwe. Tatsächlich sind heutzutage immer weniger Probleme dermaßen bedrohlich. Meistens bestehen sie aus Situationen, die tiefes Nachdenken von uns erfordern, bis wir imstande sind, die Gesamtsituation wahrzunehmen, die Beziehungen, die innerhalb von ihr bestehen, die Art und Weise, wie ein Teil auf den anderen einwirkt, das gesamte System von Aktion und Reaktion. Von diesem Ort aus können wir neue Reaktionsweisen entwickeln.

Vor einigen Jahren arbeitete ich mit einer Frau, die immer wieder in einer Kampf- oder Fluchtreaktion auf ihre Tochter steckenblieb. Oberflächlich gesehen schien Sandy auf fast alles sehr lässig zu reagieren. „Fast“ bezog sich auf ihre erwachsene Tochter, „die mich die Wände hochgehen läßt“. Sandy erzählte mir, daß sie glaubte, ihre Tochter hasse sie regelrecht, und daß sie, immer wenn sie zusammen seien, nur davonlaufen oder sie anbrüllen möchte. Sie beschrieb ihre Beziehung als oppositionelle: „Sie können darauf wetten, daß sie genau das Gegenteil von dem tut, was mir wichtig ist.“

Ich stellte einige auf tiefere Zusammenhänge zielende Fragen, doch Sandy ging über alles hinweg. Wenn ich einen Vorschlag machte, wich sie aus: „Ja, aber ...“ So hörte ich nur eine Weile lang zu und bat sie dann, mir ein Beispiel zu nennen, das vor kurzem vorgekommen sei. Sie legte sich die rechte Hand auf die Augen und sagte: „Eben erst gestern haben wir zusammen Mittag gegessen. Wir gehen dienstags immer zusammen essen. Wir gehen immer in ein bestimmtes griechisches Restaurant, weil ich Vegetarierin bin und dort einen Salat bekommen kann.“ Sandys Stimme wurde angespannt, heftig. Ihre Worte kamen schneller. Sie ließ die Hand sinken, doch ihre Augen starrten direkt vor sie hin und sahen etwas, was ich nicht sehen konnte.

„Sie bestellte einen Hamburger, fast roh. Sie saß direkt vor mir, und als er gebracht wurde, nahm sie ihn langsam in die Hand und biß hinein. Das Blut lief ihr an der Hand und am Handgelenk entlang. Ich schwöre, es fühlte sich so an, als ob sie *mich* essen würde. Ich konnte es einfach nicht ertragen; ich sagte ihr das und rannte aus dem Lokal! Selbst jetzt, wo ich daran denke, habe ich Herzklopfen und einen trockenen Mund.“

Offensichtlich sollte hier einiges gelernt werden, doch Menschen lernen nicht besonders gern, wenn sie sich in einer Kampf- oder Fluchtreaktion befinden. Was Sandy wollte, war, sich mit ihrer Tochter wohl zu fühlen und zu verstehen, warum sie an diesem Punkt so ausrastete. Ich sagte ihr, daß ich ihr dabei helfen könne, sich wohl zu fühlen, und daß sie dann leichter die Ursprünge ihrer Gefühle erforschen könne.

Zuerst brachte ich Sandy bei, ihre periphere Wahrnehmung auszudehnen, und machte dann den folgenden Vorschlag: Bei ihrem nächsten Dienstagsausflug sollte sie mit ihrer Tochter in ein völlig neues Lokal gehen, in eines, wo keiner von beiden jemals gegessen

In menschlichen Angelegenheiten wird es immer Konflikte geben, aufgrund der einfachen Tatsache, daß ich hungrig bin, wenn du Durst hast, ich schlafen will, wenn du aufstehen möchtest, ich nach links gehen möchte, wenn du nach rechts gehen willst. Das Problem ist nicht der Konflikt als solcher, sondern die Art und Weise, wie wir damit umgehen.
– *Riane Eisler*

hatte, eines, welches ein fürs Auge reizvolles Ambiente hatte. Sie sollte sich neben ihre Tochter setzen, nicht gegenüber von ihr, und wenn sie mit dem Essen begännen, sollte Sandy ihre periphere Wahrnehmung ausdehnen, indem sie sowohl auf das achtete, was sie um sich herum sah und hörte, sowie auf die Empfindungen in ihrem gesamten Körper.

Ich war sehr neugierig, zu erfahren, was geschehen war, als sie in der darauffolgenden Woche zu mir kam. Schwungvoll betrat sie meine Praxis, fuhr sich einmal mit den Händen durch ihr silbernes Haar und sagte dann: „Es war irre! Ich habe alles so gemacht, wie Sie es mir gesagt hatten, obwohl ich sicher war, daß es nicht funktionieren würde, doch ich habe für den Vorschlag bezahlt, und deshalb habe ich mich dafür entschieden, den Versuch zu wagen. Diesmal bestellte mein Tochterschätzchen kaum gegrilltes Roastbeef, doch ich atmete fünfmal durch meine Augen, Ohren und Füße ein und aus, und alles, wovon ich Notiz nahm, waren die Bilder an der Wand hinter ihr. Auf dem einen war ein Segelboot abgebildet, und ich erinnerte mich an die Zeit, als wir häufig am Strand von Nantucket waren. Sie war noch keine vier Jahre alt und zog sich immer den Badeanzug aus, weil sie wollte, daß die Wellen ihre Haut kitzeln sollten. Ich erinnerte sie an diese Zeit, und während des ganzen Essens lachten wir und hingen Erinnerungen nach. Wir hatten ewig nicht mehr eine so gute Zeit miteinander verbracht."

Alle Zeit, die nicht der Liebe gewidmet ist, ist verlorene Zeit.
– Torquato Tasso

Ich fragte Sandy, ob ihre Tochter am Ende das Roastbeefsandwich gegessen habe, doch sie machte ein verdutztes Gesicht und sagte, sie habe nicht darauf geachtet. Jetzt war sie jedoch in der Lage, sich zu entspannen, und bereit dazu, herauszufinden, was alles unter diesen ganzen Gefühlen lag, die sie empfunden hatte, bevor ich meinen Vorschlag machte.

Befreiung aus der Sackgasse durch Erweiterung des Bewußtseins

Das nächste Mal, wenn du in bezug auf eine bestimmte Person festgefahren bist oder wenn du über ein Problem nachdenkst, das dich immer wieder gegen eine Wand anrennen läßt, oder wenn du erfolglos versuchst, zu einer Entscheidung zu kommen, oder wenn du dich mitten in einem Streit befindest, der die Struktur eines Laufrades für Goldhamster angenommen hat:

Laß deine periphere Wahrnehmung expandieren. Werde weit. Benutze deinen Atem, um durch deine Ohren, Augen und Haut einzuatmen, und atme fünfmal ein Gefühl der Neugier aus. Achte auf die Wirkung.

Die Sprachen, in denen wir denken

Als ich meine Psychotherapieausbildung machte und Menschen beobachtete, die sich in hypnotischer Trance befanden, fiel mir auf, daß in dem Maße, wie sie von einem Bewußtseinszustand zu einem anderen übergingen, auch die Sprache, die sie benutzten, um ihre bildhaften Vorstellungen zu beschreiben, eine Veränderung erfuhr. Hank z.B. begann eine Sitzung in hellwachem Zustand, als er die Worte schilderte, die in einem Streit, den er mit seiner Frau gehabt hatte, gefallen waren: „Und dann sagte sie, ich sei kalt und gleichgültig. Und dann sagte ich, sie sei dämlich und unfähig, sich richtig auszudrücken. Und dann sagte sie ..."

Es hat den Anschein, daß nicht einmal die verschiedenen Persönlichkeitsanteile ein- und desselben Menschen miteinander kommunizieren, daß es nicht einmal ihnen gelingt, voneinander zu erfahren, was ihre Wünsche und Absichten sind.
– Rebecca West

Als er wieder zur Ruhe kam und zu einem mehr nach innen gerichteten, erweiterten Bewußtseinzustand übergegangen war, um darüber nachzudenken, was er wirklich wollte, wurden seine Worte langsamer, und er begann von Visionen zu sprechen, die er hatte: „Ich ... äh ... sehe nicht genau, wie ich das bewerkstelligen kann; doch ich brauche eine neue Perspektive ... so daß ich ihr meine Zuneigung zeigen kann ... und ..."

Nach einer Weile erzählte ich ihm Geschichten, die ihm suggerierten, in eine Periode des Lernens hineinzuschweben, unbehindert von Beschränkungen jeder Art. Daraufhin ging er in einen erweiterten Zustand über – seine Augen fielen zu, sein Atem ging tief und gleichmäßig, und er ließ sich treiben im Ozean seines Unbewußten. Als ich ihn fragte, welche Ressourcen er habe, die hilfreich sein könnten, kamen seine Worte sehr langsam, traumähnlich und bezogen sich auf seine Gefühle und kinästhetische Metaphorik: „Ich beginne Wellen gleichmäßiger Wärme zu fühlen ... in meinem Bauch ... als ob ich ... alle die Erinnerungen an liebevolle Momente spüren könnte, die wir jemals miteinander geteilt haben ... wie ein Frühling ... es füllt mein Herz ..."

Jahre des Explorierens haben mich zu der Erkenntnis geführt, daß das Denken, indem es sich durch das Bewußte, Unterbewußte und Unbewußte hindurchbewegt, auch seine Form verändert. Ich vergleiche es mit einem Eiswürfel, der zuerst fest ist, dann flüssig wird und schließlich gasförmig verdampft. Wie ein Eiswürfel geht eine Erfahrung, indem sie im Geist verarbeitet wird, von einer von drei grundlegenden symbolischen Formen zu einer anderen über. In Hanks Fall von auditiv (Worte und Töne) zu visuell (Bilder und Farben) zu kinästhetisch (Gefühle, Handlungen und Empfindungen): A – V – K.

Indem ich damit experimentierte, erkannte ich, daß ich Hanks Bewußtseinszustand beeinflussen konnte, indem ich ihm Informationen in der einen oder anderen Form vorlegte. Wenn ich z.B. mit ihm zusammen malte, wurde er ganz ruhig und ging zum zweispurigen Denken über, d.h., er war sowohl mit mir zusammen als auch bei sich selbst. Wenn ich jedoch kinästhetische Aktivitäten ins Spiel brachte, Arbeiten mit Ton oder Trommeln, wurde Hank sprachlos und völlig hingerissen und verlor fast völlig den Kontakt zur Außenwelt. Es gab nur noch den Ton und die Trommel und seine innere Welt. Der Eiswürfel war zu einer kleinen Pfütze geworden und dann verdampft. Als wir dann wieder zu einer Diskussion zurückkehrten, wurde Hank wieder sehr angeregt, logisch und wach, sich der Wirkung, die seine Worte auf mich und meine Antworten auf ihn hatten, sehr bewußt, was das Wiederkehren des Eiswürfelzustandes signalisierte.

Zuerst nahm ich an, daß alle „verdampfen" würden, wenn ich etwas Kinästhetisches mit ihnen machte, und daß sie bei der festen Logik bleiben würden, wenn wir redeten. Mindy jedoch, deren Sitzung zufällig auf die von Hank folgte, wurde hellwach und bewußt, während wir Skulpturen machten (K). Als ich ein Gespräch über ihr Problem begann (A), verflüssigte sich ihr Denken auf magische Weise. Sie wurde langsamer, rezeptiver, begann Geschichten zu erzählen, Metaphern zu benutzen und beide Seiten ihres Problems zu beleuchten – alles Anzeichen dafür, daß sie Zugang zu ihrem Unbewußten bekam. Und als ich sagte, sie solle etwas malen (V), überschritt sie die Schwelle zu dem Trancezustand, der für unbewußtes Denken kennzeichnend ist: Ihre Pupillen weiteten sich, ihre Gesichtsmuskeln wurden glatt; sie saß neben mir und war doch tausend Meilen weit weg in der Welt, die sie malte. Ein völlig anderes Reaktionsmuster (K-A-V) als das, welches bei Hank ausgelöst worden war.

Gedanken hervorzubringen bedeutet, Leben zu zeugen, Lebendigkeit, Gemeinschaft. Wichtig dabei ist, daß die Schöpferkraft unseres Denkens Lebendigkeit in unser Leben bringt und das tote Gestrüpp, die toten Gewohnheiten und die toten Institutionen verbrennt.
– James Hillman

Dreißig Jahre und tausende von Klienten später ist mir klargeworden, daß bei jedem von uns jeder der drei Bewußtseinszustände mit einem der drei Wahrnehmungskanäle in Verbindung steht: dem visuellen, dem auditiven und dem kinästhetischen. Bewußtes Denken wird durch eine Art von Input ausgelöst, unterbewußtes durch eine andere und unbewußtes durch die dritte. Zum Beispiel: Wenn bestimmte Leute die visuellen Symbole in einem Buch anschauen, „spacen" sie „aus" in ihr Unbewußtes, während andere ganz wach werden, wenn sie Gedrucktes sehen. Einige Menschen erleben Konfusion, wenn sie viele gesprochene Worte hören, und gehen in ihr Unterbewußtsein, während bei anderen dabei eine Energetisierung der bewußten Ebene stattfindet.

Denken und Analyse sind nicht imstande, das große Geheimnis zu durchdringen, welches die Welt und unser Dasein umgibt; das Wissen um die großen Wahrheiten jedoch scheint nur auf in Tat und Mühsal.
– Albert Schweitzer

Es scheint so zu sein, daß an einem bestimmten Punkt in unserer neurologischen Entwicklung das Gehirn eines von sechs unterschiedlichen Mustern auswählt, um die Kanäle in eine festgelegte Reihenfolge zu bringen, so daß es Erfahrungen auf wirksame Weise integrieren kann. Diese gewohnheitsmäßigen Abfolgen, die wir alle benutzen, nenne ich persönliche Denkmuster.

BEWUSST	UNTERBEWUSST	UNBEWUSST
V	A	K
V	K	A
A	V	K
A	K	V
K	A	V
K	V	A

Viele der zwischen uns bestehenden Unterschiede, die wir für Charakterzüge halten, stellen in Wirklichkeit ein Ergebnis der verschiedenen operationalen Charakteristiken dieser Muster dar.

Die sechs persönlichen Denkmuster

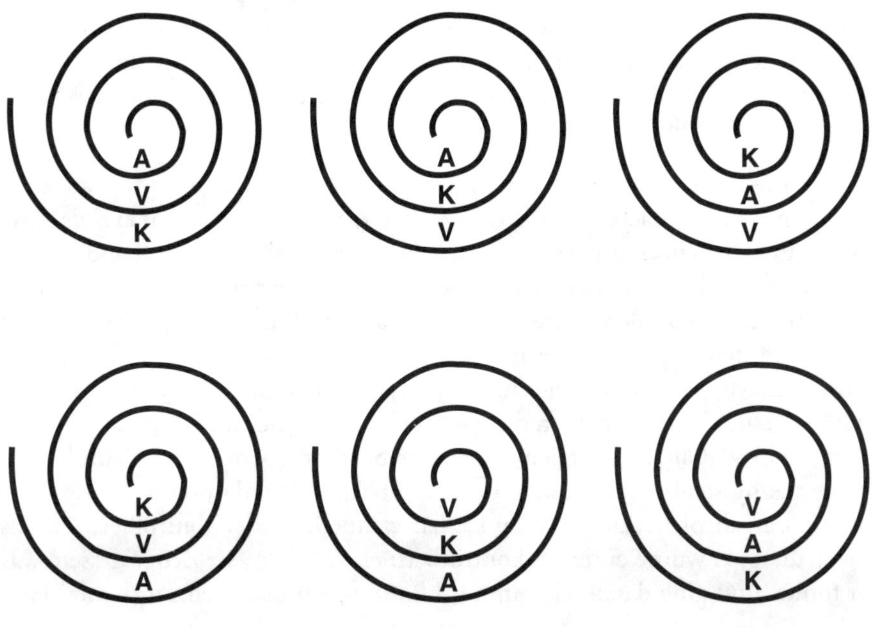

Implikationen für den Heilungsprozeß

Ehekonflikte sind ein Schmelztiegel für die spirituelle Entwicklung.
– *Sam Keen*

Die Implikationen dieser ganz einfachen Entdeckung haben sich für mich als sehr tiefgreifend herausgestellt. Z.B. war Hank sieben Jahre lang in Psychoanalyse (A) gewesen und konnte alle seine Probleme auf sehr logische Weise verstehen. Er fand seine Sitzungen dort sehr anregend und interessant; jedoch halfen sie ihm nicht dabei, sein Leben zu ändern oder seine Gefühle zu verstehen (K). Immer noch bekam er Wutausbrüche, die nicht der Kontrolle seines logischen, auditiven Verstandes unterlagen. Da Hanks Analytiker ihn nur in seinem bewußten Modus mitbekommen hatte, nahm er an, daß die Berichte von Hanks Frau über erbitterte Kämpfe zwischen ihnen einen Racheakt ihrer übersteigerten Phantasie darstellten.

Nach Beendigung seiner Analyse hörte Hank einen Vortrag über die Macht von Affirmationen, und ein Jahr lang murmelte er beim Rasieren seinem Spiegelbild zu: „Ich bin ein liebevoller und freundlicher Mensch. Ich verfüge über mühelose Selbstbeherrschung." Nichtsdestotrotz verfiel er immer wieder in Streitereien mit seiner Frau (A), begann blitzschnell ablaufende Filme in seinem Unterbewußtsein zu sehen (V) und wurde dann blind seiner unbewußten kinästhetischen Wut (K) gegenüber, warf mit Gegenständen um sich und wurde körperlich aggressiv. Stunden später entschuldigte er sich wortreich und erklärte, daß „etwas über ihn gekommen sei", und verließ dann den Raum, um noch mehr Affirmationen aufzusagen. Das offensichtliche Problem bestand darin, daß es nicht Hanks bewußter auditiver Verstand war, der Hilfe brauchte, sondern seine Gefühle – an die er mit dem gesprochenen Wort nicht herankommen konnte. Er brauchte eine visuelle Brücke zwischen seinen Worten und seinen Gefühlen. So ließ ich ihn zeichnen, was er fühlte.

Die Bilder, die Hank während unserer Sitzungen von dem malte, „was über ihn kam", waren mächtig und ausdrucksstark. Seine Hand zeichnete, als hätte sie ein Eigenleben, eine geballte Faust. Er betrachtete sie eingehend und begann Bilder von seinem Vater zu sehen, wie er seine Mutter zusammenschlug, und er erinnerte sich an den Schrecken, den er als Kind in seinem Körper gespürt hatte und den er jetzt als erwachsener Mann noch spürte. Daraufhin war er imstande, von diesen Erinnerungen zu sprechen und dem, was sie in ihm auslösten. Bald nahm er einen dicken Block Papier und Stifte mit nach Hause, und wenn verbale Streitereien seine jetzt bewußt gewordenen Gefühle und Nöte auszulösen begannen, nahm er den Block zur Hand und fing an, das, was sich in ihm abspielte, zu malen und aufzuzeichnen. Weder kontrollierte er, was geschah, noch wurde er davon kontrolliert; er war vielmehr Zeuge dessen, was er fühlte, und ging darauf ein, anstatt blindlings zu reagieren. Aber was Hank tun mußte, um mit seiner Wut umgehen zu können, funktioniert nicht bei Menschen, die andere Muster haben – und das ist der Grund, warum vorgegebene Therapieformen bei einigen funktionieren und bei anderen nicht. Wenn sie zufällig mit deinem Muster übereinstimmt, funktioniert sie vielleicht. Wenn nicht, dann nicht.

Da wir alle annehmen, daß alle anderen auf dieselbe Weise denken wie wir, basieren alle Formen von Therapie und Heilung auf dem Weltmodell desjenigen, der die jeweilige Form ins Leben gerufen hat. Z.B. verwendet Fritz Perls, der Begründer der Gestalttherapie, auditive Informationen auf der bewußten Ebene (A), kinästhetische auf der unterbewußten Ebene (K) und visuelle Informationen auf der unbewußten Ebene (V). Seine primäre Methode (A-K-V) bestand darin, den Betreffenden sich auf einen Stuhl setzen und über seine Gefühle sprechen zu lassen, die er einer imaginären Person gegenüber hatte, die auf einem anderen Stuhl saß. Manchmal forderte er die Betreffenden auf, auf Kissen zu schlagen oder zu schreien, um eine Kongruenz zwischen Worten und Gefühlen herzustellen. Eine visuelle „Realität" kam nicht vor, nur unsichtbare, imaginierte Personen, die auf Stühlen saßen oder auf Kissen lagen. Wenn jemand nicht imstande war, seine Gefühle herauszuschreien oder sie mit Hilfe eines Tennisschlägers an einem Kissen zu entladen, nahm Perls an, der oder die Betreffende würde verdrängen oder sei im Widerstand.

Die Krise ist in unserem Bewußtsein, nicht in der Welt.
– Krishnamurti

Eine berühmte Tanztherapeutin, bei der ich Unterricht nahm, fing nicht vor der zweiten Hälfte der Sitzung zu sprechen an. Sie ließ jeden einzelnen durch ihr Studio laufen und mit dem Körper beschreiben, was gerade in ihm ablief (K). Dann wurde darüber gesprochen, was jeder dabei erlebt hatte (A), und die Sitzung endete damit, daß man in den Spiegel schaute und das Gelernte konstatierte oder auf großen Papierbögen Zeichnungen davon anfertigte (V). Ihre bevorzugte Methode bestand also darin, dem Muster K-A-V zu folgen. Von jedem, der erst einmal gezeigt bekommen wollte, was man tun solle, oder vorher sprechen wollte – z.B. ich mit dem Muster V-A-K –, wurde angenommen, daß er dem eigentlichen Problem ausweichen wolle.

Nach diesen Stunden ging ich üblicherweise zu der Praxis meines Arztes. Er lächelte, besah mich schweigend, schrieb alles auf, was ich ihm erzählte (V), und führte dann eine körperliche Untersuchung durch (K). Danach erzählte er mir die Ergebnisse, doch seine Darlegungen waren eher zirkulär, eher wie nachdenkliche Betrachtungen oder Fragen (A). Sein V-K-A-Muster führte dazu, daß er sich durcheinandergebracht und frustriert fühlte,

Und das ist die einzige Wahrheit – zu leben heißt, sich verloren zu fühlen. Wer dies akzeptiert, hat bereits begonnen, festen Boden zu gewinnen.
– José Ortega y Gasset

wenn ich *vor* der körperlichen Untersuchung nach verbalen Erklärungen verlangte.

Weil die meisten in Heilberufen Tätigen über kein Wissen über Denkmuster verfügen, ziehen sie selten die Möglichkeit in Erwägung, daß, obwohl eine Methode bei ihnen perfekt wirkt, diese für einen Menschen mit einem anderen Muster völlig unangebracht sein könnte. Mindy z.B. kämpfte darum, von ihrem Brustkrebs zu genesen. Sie kam zu mir, weil ihr Onkologe ihr geraten hatte, sich bildhaft vorzustellen, wie die Krebszellen durch die chemotherapeutische Behandlung überwältigt werden. Ihr Problem war, daß sie „nicht visualisieren konnte". Sie war der Überzeugung, „kein phantasiebegabter Mensch" zu sein, doch sie wollte mit aller Macht gesund werden und glaubte, daß das Visualisieren ihr helfen könnte. Ahnst du, warum das Visualisieren ihr so viele Schwierigkeiten machte?

Mindys Muster war das Muster K-A-V. Der Versuch ihres bewußten Verstandes, den unbewußten Teil wahrzunehmen, glich in etwa dem Versuch, sich mit ein- und derselben Hand am Handrücken zu kratzen oder den eigenen Kopf zu finden, indem man nach ihm Ausschau hält. Bei dem Versuch, Bilder in ihrer Vorstellung zu machen, wurde ihr Kopf völlig leer, und sie ging in einen unbewußten Trancezustand. „Das gleiche passiert, wenn ich ein Buch lese", erklärte sie mir, flatterte mit den Augenlidern und blickte nach unten. Wie es bei den meisten Menschen der Fall ist, deren Geist so arbeitet wie ihrer, fiel ihr längerer Augenkontakt extrem schwer, machte sie gefühlsmäßig orientierungslos und verletzlich. „Ich habe gerade den ersten Abschnitt gelesen, und dann erinnert er mich an etwas, das ich erlebt habe. Das nächste, das ich weiß, ist, daß ich fest eingeschlafen oder sonstwohin gedriftet bin."

Mindy befand sich in einem tödlichen Double-Bind: Man hatte ihr gesagt, ihre Vorstellungskraft könne ihr das Leben retten, sie aber glaubte, keine zu besitzen. Im Laufe unseres Gespräches fragte ich sie, was geschehen würde, wenn ihre Krebserkrankung wieder aufträte. Sie erzählte mir eine lange und verzweifelte Geschichte über die Folgen, die dies für ihren Mann und ihre Familie haben würde. Als sie damit zu Ende war, zeigte ich ihr auf, daß sie doch ganz schön kreativ sei, da sie diese ganze Geschichte schließlich imaginiert habe. Mindy lachte und gab zu, daß sie sich selbst grausige Geschichten über die verschiedenen Gefühle, die sie erlebte, erzählte. „Das habe ich nie für Imagination gehalten. Muß man denn dabei keine Bilder *sehen*?"

Ich habe die Angewohnheit, alles, sogar das Denken, mit der Energie meines physischen Körpers anzugehen. ... Die Gedanken, die ich aussende, sind von Muskelkraft gespeist. Das Beobachten dagegen erfordert eine andere Art von Wachheit, einen entspannteren Tonus als den Muskeltonus.
– *Carla Needleman*

Ich erklärte, daß „Imagination" in Wirklichkeit aus „Gefühlen" oder Geschichten, Liedern oder Rhythmen, Vorstellungen, was zu tun sei, oder Gerüchen, einer inneren Stimme oder Bildern oder irgendeiner Kombination aus alledem bestehen könne. In ihrem Fall war es anscheinend so, daß ihr visueller Kanal Bilder erzeugte, sie jedoch kein Bewußtsein von diesen hatte, bis sie in ihrem Unterbewußtsein in Form von Geschichten auftauchten, die sie hören konnte.

Da Mindy, wie die meisten von uns, die Gewohnheit hatte, den größten Teil ihrer Aufmerksamkeit auf die Außenwelt zu richten, machten wir das Experiment, mit dem Kanal zu beginnen, der für sie der bewußteste und angenehmste war – dem kinästhetischen –, und von dort aus rückwärts zu arbeiten. Es machte ihr keine Schwierigkeiten, mit Hilfe von Ton eine genaue Abbildung ihrer Brust zu modellieren, die behandelt wurde und positiv darauf reagierte. Dann spürte sie in ihrem Körper, was sie modelliert hatte, und sang „Sei beruhigt, sei beruhigt" als Begleitung für diese Gefühle und tanzte dabei langsam durch den Raum. In dem Maße, wie ihre Stimme sanfter und sanfter wurde, wurden ihre Bewegungen ruhiger, und sie glitt in einen angenehmen meditativen Zustand, der 15 Minuten lang anhielt. Als sie daraus erwachte, berichtete sie: „Ich kann mich nicht an visuelle Bilder erinnern, aber ich spüre die feste Überzeugung, daß meine Imagination erfolgreich sein wird. Ich kann nicht erklären, wie oder warum; ich weiß es einfach in den Zellen meines Körpers."

Aufgrund der Art und Weise, wie Mindys Denken funktionierte, war für sie die Verwendung von heilenden Imaginationen am wirkungsvollsten, wenn sie die Abfolge kinästhetisch (Skulptur und Bewegung), auditiv (Singen) und dann unbewußt visuell einhielt. Dies ist eine völlig andere Abfolge als die, die ihr Onkologe benutzte. Sein Gehirn funktionierte nach genau dem entgegengesetzten Muster (V-A-K), so daß seine Methode darin bestand, zuerst zu visualisieren, dann zu reden oder zu singen und ganz zum Schluß, vielleicht, ins Tun oder in die Bewegung zu gehen.

Genauso hätte das, was für Fritz Perls (reden – fühlen – sehen: A-K-V) funktionierte, für Sigmund Freud nicht funktioniert (dessen Gehirn wie das von Hank höchstwahrscheinlich dem Muster reden – sehen – fühlen: A-V-K folgte), selbst wenn sie beide im Jahre 1973 in Kalifornien gelebt hätten!

Einige Menschen müssen, um Zugang zu bekommen, erst einmal schreiben oder malen und dann umhergehen oder etwas mit den Händen oder mit dem Körper tun. Nur dann können sie darüber sprechen oder sich irgendwie musikalisch ausdrücken (sehen – fühlen – Ton: V-K-A).

Schließlich haben wir noch die Menschen, deren Geist die gegenüber Hank und Freud entgegengesetzte Abfolge benutzt. Sie brauchen zu Beginn etwas Konkretes, mit den Händen oder mit dem Körper (K), und gehen dann zum Visuellen (V) über, indem sie schreiben, malen oder mit offenen Augen dasitzen und visualisieren. Von dort aus geht ihr Unbewußtes zum Auditiven (A) über; es musiziert oder dichtet, bringt Töne oder auch Worte hervor (K-V-A).

Jedes dieser Muster hat unterschiedliche Bedürfnisse und verfügt über vielfache Wege, um Zugang zu Intuition, visueller Imagination und spiritueller Führung zu bekommen. Wenn wir diese grundlegende Wahrheit nicht verstehen, verrennen wir uns immer wieder in der gleichen Annahme – daß es nämlich den einen richtigen Weg gäbe und daß wir, falls er bei uns nicht funktioniert, uns nur mehr Mühe geben müßten. Funktioniert er immer noch nicht, sind wir im Widerstand, oder es mangelt uns an Aufrichtigkeit, Befähigung oder Sensibilität.

Gott hat alles aus dem Nichts erschaffen, doch das Nichts scheint hindurch.
– Paul Valéry

Noch einmal: Der richtige Weg ist richtig nur für den Menschen, der die entsprechende Methode entwickelt hat, und für jeden, dessen Geist sich derselben Muster bedient. Betrachten wir einen berühmten Meditationslehrer, dessen Geist dem Muster K-V-A folgt; seine Meditationsmethode folgt diesem Muster. Er lehrt die Menschen, zu sitzen oder zu gehen und dabei ihren Atem zu beobachten (K) und mit geschlossenen Augen oder defokussiertem Blick vier Bilder zu visualisieren, die er ihnen vorgibt (V), wobei er zu jedem Bild einfache Worte spricht (A).

Ein anderer sehr bekannter Meditationslehrer hat einen Geist, der zuerst visualisiert, dann zu Worten übergeht und schließlich zu Gefühlen und Aktivitäten (V-A-K). Sein Ansatz schreibt vor, daß die Leute lange sitzen und „beobachten", wie ihre Gedanken entstehen, daß sie dann die Gedanken benennen oder ihr Gehör auf innere Geschichten richten und schließlich die körperliche Energie spüren, die hinter den Gedanken steckt.

Die erste Hälfte deines Lebens hast du damit zugebracht, jemand zu werden. Nun kannst du daran arbeiten, niemand zu werden, was in Wirklichkeit heißt, jemand zu werden. Denn wenn du niemand wirst, gibt es keine Anspannung, kein Tun-als-ob, keinen Versuch, irgend jemand oder irgend etwas zu sein. Der Naturzustand des Geistes kann ungehindert hindurchscheinen – und der Naturzustand des Geistes ist reine Liebe.
– Ram Dass

Jeder kann von diesen beiden ausgezeichneten Lehrern sehr viel über Meditation lernen. Doch für einige kann es effektiver sein, im Gehen zu meditieren, und es bedeutet nicht, daß sie spirituell zurückgeblieben seien, wenn sie nicht eine Stunde lang stillsitzen können. Andere können durch das Verstehen der Funktionsweise ihres Geistes leichter Spannungen loslassen und zur Ruhe finden, indem sie ihre Gedanken verbal benennen, während visuelles Imaginieren ihr Bewußtsein eher stimulieren würde und sein Ruhigwerden tatsächlich erschweren würde. Wieder anderen ist mit dem Sitzen besser gedient als mit dem Gehen.

Wie diese Beispiele zeigen, kann dich jedes Fahrzeug nach Topeka bringen, doch wenn du versuchst, dorthin zu gelangen, indem du auf deinen Rollerskates in die Pedale trittst, leistest du weder deinen Rollerskates noch deiner Reise einen guten Dienst! Wenn du also versuchst, mit einer spirituellen oder Heilmethode zu arbeiten, und auf Schwierigkeiten stößt, nimm nicht an, du seiest im Widerstand oder spirituell minderbemittelt, sondern halte deinen einzigartigen Weg des Wissens für den richtigen. Finde eine Möglichkeit, die Methode an dich anzupassen, anstatt umgekehrt.

Die Schatzsuche: Folge den Schlüsselsignalen, um dein Muster zu identifizieren

Und wie findest du *dein* Muster heraus? Du kannst in deinem Alltagsleben Schlüsselsignale finden in dem, was du gern oder ungern tust, was wichtig oder frustrierend ist, was ein lebenslanger Kampf gewesen ist. Hast du als Kind den Turnunterricht gehaßt? Mußt du die Dinge im großen Überblick sehen? Fällt es dir schwer, während einer Vorlesung wach zu bleiben? Kannst du gleichzeitig gehen und sprechen? Was dich konfus macht, was dich abheben läßt oder dir Lebendigkeit verleiht, was dir die Konzentration erschwert, all dies sind Orientierungszeichen dafür, wie dein Geist Daten verarbeitet.

Ich liebe diese Informationen, denn sie geben uns Zugang zu unserer Kraft. Du wirst eine Vorstellung davon bekommen, wie leicht es sein kann, Verantwortung dafür zu übernehmen, wann du wegträumst und wann nicht; dieser Vorgang ist so einfach wie aufzustehen und umherzugehen oder die Augen zu schließen und sich vor- und zurückzuwiegen. Alle Geister des Selbstzweifels und der Entmutigung können durch ein neues Gewahrsein und Selbstwertgefühl ersetzt werden.

Hier ein Beispiel: Patricia kam während einer Pause in einem unserer Workshops zu mir. Ihre Augen schossen Pfeile durch den Raum, und dann errötete sie, als sie sagte: „Ich geniere mich, das zu fragen, Dawna, aber vielleicht kannst du mir eine Erklärung geben für etwas, das geschieht, wenn ich meditiere. Es ist ziemlich wichtig, weil ich hohen Blutdruck habe und lernen muß, mich zu beruhigen." Ihre Worte kamen stockend, und ich nickte, um sie zu ermutigen, fortzufahren.

„Ich schließe die Augen, und dann fangen meine Hände, bevor ich mir dessen bewußt werde, an, hochzugehen und sich auf sehr merkwürdige Weise zu bewegen. Mein Meditationslehrer sagte mir, ich solle sie auf eine bestimmte Weise falten – oh, ich habe vergessen, wie er es nannte. Aber egal, es nützt nichts. Sobald ich mich entspanne und meinen Geist zur Ruhe kommen lasse, gehen meine Hände in die Höhe wie ... mmh, wie Vögel, die ein Eigenleben haben. Hältst du mich für verrückt? Glaubst du, ich bin verrückt?"

> **Ich werde die Leere meiner Hände mit mir nehmen. Das, was man nicht besitzt, findet man überall.**
> **– *W.S. Merwin***

Ich versicherte Patricia, daß sie nicht verrückt sei, und bat sie, sich hinzusetzen und zu meditieren, so daß Andy und ich beobachten konnten, was geschah. Tatsächlich gingen innerhalb von drei bis vier Minuten ihre Hände hoch. Ein Mann, der in der Nähe saß – er war Yogalehrer –, beugte sich in unsere Richtung und wollte uns im Flüsterton eine technische Erklärung geben. Ich bat ihn, zu schweigen, während ich zusätzlich versuchte, meinen eigenen rationalen Verstand zum Schweigen zu bringen, der mir intellektuelle Erklärungen zuflüsterte, die aus meinem früheren Studium der Hypnotherapie stammten.

Statt dessen las ich einfach ihre Hände. Andy saß ihr gegenüber. Als sie die Augen öffnete, um in einen bewußten Zustand zurückzukehren, forderte ich sie auf, ihn so anzuschauen, als betrachte sie durch ein Fenster hindurch einen sehr weisen Menschen – einen Guru, der Antworten auf die Fragen weiß, die sie am meisten bedrückten. Sie begann vor- und zurückzuschaukeln, während Andys Hände ihren Bewegungen folgten.

Tränen begannen ihr leise die Wangen herabzufließen, und als sie fertig war, schlug sie ihre Arme um sich selbst und nickte. Ich bat sie, uns mitzuteilen, was sie gesehen habe. Ohne Zögern antwortete sie: „Ich muß wieder Zugang dazu bekommen, was Anmut und Harmonie bedeuten. Ich mag nicht erklären, was das heißen soll, aber ich weiß es. Und wie ich es weiß. Ich staune darüber, daß meine Hände, die ich für Zeichen meines Verrücktseins hielt, in Wirklichkeit die ganze Zeit versucht haben, mir die heilige Botschaft zu vermitteln, nach der ich suchte."

Die Erkenntnis, daß Patricias Geist die Abfolge sehen – tun – sprechen (V-K-A) benutzte, half mir dabei, sie darin zu unterstützen, zu ihrem eigenen inneren Wissen vorzudringen. Fehlendes Verständnis für die Funktionsweise ihres Geistes hatte dazu geführt, daß sie und andere annahmen, daß die Bewegungen ihrer Hände ein Anzeichen dafür seien, daß etwas falsch läuft, oder einfach ein Phänomen, das man unbeachtet lassen sollte. Menschen mit diesem Denkmuster haben jedoch oft kinästhetische Bilder, die in Form von Bewegungen oder instinktiven Gefühlen auftreten. Indem sie diese Bewegungen in widergespiegelter Form beobachten konnte, konnte sie sich bewußten Zugang zu der darin liegenden intuitiven Botschaft verschaffen.

Solange man versucht, etwas anderes zu sein, als man tatsächlich ist, erschöpft sich der Geist.
– Krishnamurti

Es lohnt sich, zu beachten, daß das Unbewußte eines jeden äußerst empfänglich ist, was bedeutet, daß wir dort über die geringsten Schutzfilter verfügen. Daher kommt es, daß wir in diesem Kanal uns oft natürlicherweise verletzlich fühlen und auch am verwundbarsten sind.

Ich habe eine Zeitlang in einem Gefängnis gearbeitet. Viele der Insassen benutzten den visuellen Kanal unbewußt. (Ich vermute, daß dieses Muster unter unserem das Visuelle detailliert ansprechenden und beanspruchenden Erziehungssystem am meisten zu leiden hat.) Sie waren „blickscheu", hatten von Natur aus das Bedürfnis, längeren Augenkontakt zu vermeiden – nicht weil sie einen verschlagenen Charakter gehabt hätten, sondern weil ihr Unbewußtes mit einem Blick aufnahm, was andere nur empfangen konnten, wenn sie lange Zeit genau hinschauten.

Es fiel mir auf, daß für diese speziellen Gefangenen eine Menge von Feindseligkeiten ihren Anfang darin nahm, daß sich Leute „in ihrem Gesicht" befanden, ihr Bedürfnis nach visuellem Freiraum verletzten und ihr Gehirn dazu veranlaßten – wie sich einer von ihnen ausdrückte –, „zu spinnen, überzuschnappen, einen Kurzschluß zu haben".

In einer ähnlichen Lage sind Menschen, deren Unbewußtes sich des auditiven Kanals bedient, die sehr empfindlich auf Stimmtöne reagieren und sich jahrelang an sarkastische und gehässige Bemerkungen erinnern. Wenn sie mit jemand zusammen sind oder sich in einer Situation befinden, in der sie von Worten überflutet werden, scheint ihr Gehirn mit Überlastungssymptomatik zu reagieren. Menschen, deren Unbewußtes den kinästhetischen Kanal benutzt, können eine Gänsehaut bekommen, wenn man sie auf unbedachte Weise berührt. Sie können sich jahrelang an einen groben oder bohrenden körperlichen Kontakt erinnern und sind oft imstande, zu spüren, was die Leute um sie herum fühlen, ohne sich dessen bewußt zu sein.

Wir müssen uns des engelhaften Aspekts des Wortes erinnern, indem wir Worte als eigenständige Seelenboten zwischen den Menschen erkennen. ... Worte, wie Engel, sind Kräfte, die eine unsichtbare Macht über uns ausüben.
– James Hillman

Einer der bedeutsamsten und wichtigsten Aspekte des Verständnisses dafür, wie dein Geist Informationen verarbeitet, taucht auf mit der Erkenntnis, daß der Bewußtseinszustand, der am schwersten zugänglich ist, *dein Unbewußtes, die Quelle deiner persönlichen Kreativität* ist. Was du vielleicht als den „privatesten" Kanal empfindest, den frustrierendsten, den am wenigstens „brillanten" und konkurrenzunfähigsten, ist in Wirklichkeit der Speicher für alles, was du jemals erlebt hast. Er ist das Kraftwerk für deine Weisheit und deine innere Führung und letztendlich der Steuermann auf deinem Lebensweg.

So ist erklärlich, daß Menschen, deren Unbewußtes den auditiven Kanal verwendet, vielleicht Probleme damit haben, vor Menschenansammlungen zu sprechen oder sich an den Namen einer Person zu erinnern, der sie auf dem Parkplatz begegnet sind, doch sie können ihre Fähigkeit genießen, in die Tiefe zu lauschen und vielfältige Harmonien zu hören, und sind vielleicht imstande, in einer großen Versammlung die bisher unausgesprochene wesentliche Wahrheit auszusprechen. Menschen wie Hank, deren Unbewußtes den kinästhetischen Kanal benutzt, mögen frustriert sein angesichts der Unfälle, in die sie verwickelt werden, oder der Sportgeräte, die sie kaputtmachen, oder des gehemmten Gefühls, das sie beschleicht, wenn sie beiläufig berührt werden. Andererseits sind ihre Gefühle tief und echt; ihre Berührung kann äußerst sensitiv sein, und was sie auf dieser Ebene erleben, kann heilig für sie sein. Menschen wie Mindy, deren Unbewußtes sich des visuellen Kanals bedient, verlieren vielleicht den Mut, wenn sie sehen, wie lange sie dazu brauchen, ein Buch zu lesen oder einen Brief; doch ihre globale Sichtweise, ihre Fähigkeit, das ganz große Bild zu sehen, kann uns andere so gewiß inspirieren und faszinieren, wie es die ersten Fotos von der Erde taten, die von einem Raumschiff aus aufgenommen wurden.

Es ist schwer, sich diesem offenen Raum zu stellen. (It's hard to face that open space.)
– Neil Young

Die Erforschung der Pfade deines Geistes

Ich habe dir eine Menge über andere Menschen und die unterschiedlichsten Funktionsweisen ihres Geistes mitgeteilt. Jetzt wollen wir diese natürlichen Choreographien deiner verschiedenen Bewußtseinszustände von innen heraus erforschen. Es geht nicht darum, krampfhaft dein Muster ergründen zu wollen; sei einfach nur neugierig und achte auf alles, was dir dabei helfen könnte, dein Denken zu entwickeln, zu definieren und zu organisieren, Möglichkeiten zu sichten und Bilder zu erzeugen.

Um herauszufinden, was bei dir verschiedene Bewußtseinszustände auslöst, fang an, auf Zusammenhänge zu achten. Z.B., wenn du einen gemächlichen Spaziergang machst, ohne Absicht, irgendwo anzukommen, oder wenn du dir die Füße massierst – wie reagiert dein Geist? Weitet er sich, oder zieht er sich zusammen? Wie wirkt sich kinästhetischer Input auf deinen Bewußtseinszustand aus?

Jetzt möchte ich dich dazu einladen, Musik aufzulegen, die dir unvertraut ist – irgend etwas, von dem du annimmst, daß es dir gefällt, aber was neu für dich ist. Bemerkst du, wie das Zuhören deinen Bewußtseinszustand beeinflußt? Was geschieht, wenn du Radio hörst oder an einer Vorlesung teilnimmst? Wie wirkt sich dieser auditive Input auf dich aus?

Als letztes noch den visuellen Input. Wenn du liest oder einen Film ansiehst oder in einem Museum oder einem Laden umherwanderst, ohne nach etwas Bestimmtem zu suchen – wenn du dich nur mal so umsiehst –, was geschieht mit der Peripherie deines Geistes? Weitet sie sich, oder zieht sie sich zusammen?

Zum Beispiel ist mein Muster V-A-K, so daß visueller Input wie Lesen oder das Angucken von Schaufenstern mich in einen angenehm wachen und konzentrierten Zustand bringt. Dies grenzt meinen Geist auf einen einzigen Gegenstand ein, was eine Erleichterung sein kann. Mein Mann Andy (K-A-V) jedoch schläft schon bei der Titelseite ein. Wenn das Buch auf sein Gesicht fällt und er aufwacht, hat er meist eine Idee, wie er etwas anpacken muß oder einen Einblick in ein Problem, mit dem er kämpfte – was nichts mit dem Buch zu tun hat, aber sehr viel damit, daß er eine Zeitlang ziellos in seinem Unbewußten umhergewandert ist, wo Ideen ihren Ursprung haben.

In Andys und meinem gemeinsamen mittleren Kanal führt auditiver Input zu einer Beruhigung und Entspannung. Musik zu hören hilft mir, mich zum Gewahrwerden dessen zurücktreiben zu lassen, was ich fühle oder wie ich mich gerne bewegen würde oder was ich gerne tun würde. Andy findet, daß das Musikhören ihm dabei hilft, mit dem „tun" aufzuhören und einfach zu „sein" und dabei in Visionen und Autokinofilme hinein- und wieder hinauszudriften, die sich auflösen wie Träume.

Kinästhetischer Input hat auf mich genau die entgegengesetzte Wirkung wie auf Andy. Wenn er eine Massage bekommt, was ihm sehr gefällt, wird er auf angenehme Weise wach und kann sehr genau und logisch durchdacht angeben, welcher Muskel wo losläßt. Ein Spaziergang oder ein Zehnmeilenausflug mit dem Fahrrad (was für Andy auch nur ein Spaziergang ist) erfrischt ihn und hilft ihm dabei, seine Gedanken zu ordnen. Ich dagegen reise durch die ganze Milchstraße, wenn ich eine Massage bekomme. Und mein Geist bringt eine Idee nach der anderen hervor, ohne dabei einer bestimmten Ordnung zu folgen, wenn ich ein paar Schritte gehe (z.B. auf dem Zufahrtsweg zu unserem Haus). Diese Ideen erscheinen in Form von auditiven Worten oder schnellem visuellem Aufblitzen, aber es ist das Gehen oder die Massage oder das Tanzen, was sie in Gang setzt. Da wir gerade beim Thema Tanzen sind ... wenn ich tanze, besonders wenn ich allein bin, wird dies zu einem heiligen Erlebnis. Gefühlsfragmente, unerinnerte Aspekte meiner selbst, Unverbundenes aller Art in meinem Herzen oder meiner Seele, all dies beginnt, Kontakt untereinander aufzunehmen, sich miteinander zu verbinden, zu verschmelzen. Mein Gehirn schaltet automatisch auf Poesie, während mir nach einem Spaziergang Prosa leichter fällt.

Ich konnte erst beten, nachdem ich lieben gelernt hatte.
– Harriet Ward Beecher

Die folgende Tabelle bietet eine Zusammenfassung der unterschiedlichen Charakteristiken von Menschen, deren verschiedene Bewußtseinszustände durch unterschiedlichen wahrnehmungsmäßigen Input ausgelöst werden.

Jetzt ist es an der Zeit, zu sagen, daß Tabellen einigen Menschen beim Lernen behilflich sind; andere werden dadurch jedoch nur konfus gemacht, weil sie in allem, was sie lesen, sich selbst sehen. Wenn sie dich konfus machen, kann dies ein Anzeichen dafür sein, daß dein Unbewußtes angesprochen wird. Oder vielleicht ziehst du Diagramme vor, die sich mit wenigen Worten begnügen und statt dessen visuelle Symbole verwenden. Dies könnte ein

Anzeichen dafür sein, daß durch visuellen Input dein Unterbewußtes angesprochen wird. Wenn dir das folgende Diagramm gefällt, wenn es dir Klarheit bringt, dann wird vielleicht, wie bei mir, durch visuellen Input dein Bewußtsein angesprochen. Wenn du immer noch nicht sicher bist, wie dein Geist funktioniert, kannst du die Liste im Anhang zu Rate ziehen, um dein Muster herauszufinden. Du kannst auch detailliertere Informationen über persönliche Denkmuster in meinen beiden früher erschienenen Büchern finden: *Die Entdeckung des Möglichen. Wie unterschiedlich wir denken, lernen und kommunizieren* und: *Wie Kinder lernen.*

Ein vernünftiger Mensch paßt sich der Welt an, ein unvernünftiger versucht beharrlich, die Welt der eigenen Person anzupassen. Darum hängt aller Fortschritt von den Unvernünftigen ab.
– George Bernard Shaw

Auslöser für die verschiedenen Bewußtseinszustände

Wenn kinästhetische Aktivität Auslöser ist für:	Wenn auditive Aktivität Auslöser ist für:	Wenn visuelle Aktivität Auslöser ist für:
BEWUSSTSEIN ***Wachheit*** • lernt am besten durch Tun • unmittelbarer Zugang zu Körperempfindungen • macht alles auf folgerichtige Art und Weise • Bewegungen sind kraftvoll, direkt • unruhig, ständig in Bewegung • Berührung wirkt energetisierend, macht wach • Berührungen geschehen beiläufig, natürlich • organisiert in Stapeln	**BEWUSSTSEIN** ***Wachheit*** • lernt am leichtesten durch Diskussion • unmittelbarer Zugriff auf Namen, auf Dinge, die gesagt wurden • spricht auf logische Art und Weise, ohne Zögern • beschreibt abstrakte Ideen in komplexer Sprache • ständiges, intensives Reden • Reden energetisiert, macht wach • verbaler Kontakt geschieht beiläufig, auf natürliche Weise • organisiert durch Sprechen darüber, was zu tun ist	**BEWUSSTSEIN** ***Wachheit*** • lernt am leichtesten durch Lesen, Zusehen • unmittelbarer Zugriff auf die Art und Weise, wie etwas aussieht • schreibt Dinge auf logische Art und Weise • zeigt und illustriert Ideen • konstanter und intensiver Blickkontakt • Schreiben energetisiert, macht wach • Blickkontakt geschieht beiläufig, auf natürliche Weise • organisiert in Form von Listen
UNTERBEWUSSTSEIN ***Konfusion*** • Bewegung hilft beim Sortieren der Gedanken • häufig Empfindung von angestauter Energie • fühlt sich oft in zwei verschiedene Richtungen gezogen • Worte werden von Gesten begleitet • spüren, was sie sehen oder hören • Berührung/Bewegung ist die Brücke zwischen der Innen- und der Außenwelt	**UNTERBEWUSSTSEIN** ***Konfusion*** • Reden hilft beim Sortieren der Gedanken • hört beide Seiten einer Geschichte • Metaphern liegen gleich unter der Oberfläche • kann die innere Stimme hören, während er/sie auf Worte im Außen hört • zögert vielleicht etwas, um die richtigen Worte zu finden • kann in einem Gespräch sowohl das Ganze als auch die Details hören • Worte sind die Brücke zwischen Innen- und Außenwelt	**UNTERBEWUSSTSEIN** ***Konfusion*** • Schreiben/Malen/Zeichnen hilft beim Sortieren der Gedanken • sieht die Dinge von zwei Seiten • Visionen sind direkt unter der Oberfläche • können Visionen mit offenen oder geschlossenen Augen haben • muß zur Seite sehen, um Worte zu finden • kann sowohl das Ganze wie auch die Details sehen • das Sehen ist die Brücke zwischen der Innen- und der Außenwelt
UNBEWUSSTES ***Trancezustand*** • fühlt die Dinge in ihrer Gesamtheit • macht nicht gerne dasselbe immer wieder auf die gleiche Weise • braucht verbale oder visuelle Anleitung, um zu lernen, neue Dinge zu tun • muß die Augen schließen, um Zugang zu Körperempfindungen zu bekommen • Gefühle können als überwältigend erlebt werden • sehr sensitiv, berührungsscheu • Berührung versetzt in Trance • Bewegung erzeugt bildhafte Vorstellungen • agiert auf nichtlineare, kreative Art und Weise	**UNBEWUSSTES** ***Trancezustand*** • hört die Dinge in ihrer Gesamtheit • spricht nicht gern auf detaillierte Weise vor vielen Menschen • vergißt leicht Namen, Anfangsbuchstaben, Worte; braucht oft lange, um sie sich zugänglich zu machen • kann es nicht leiden, wenn andere Worte für ihn/sie ergänzen • Worte können als überwältigend empfunden werden • kann innerlich Harmonien hören • empfindlich in bezug auf den Stimmton • auditiver Input führt zu Trance • Töne bringen Ideen hervor • hört Dinge auf kreative Weise	**UNBEWUSSTES** ***Trancezustand*** • sieht die Dinge als Ganzes • schreibt nicht gerne wiederholt etwas auf dieselbe Art und Weise • schüchtern und überempfindlich gegenüber längerem Blickkontakt • visuelle Stimulation kann als überwältigend erlebt werden • visueller Input führt zu Trance • das Sehen bringt Ideen hervor • sieht die Dinge auf kreative Weise

Während du dieses Buch weiterliest und weiter durch deine täglichen Erfahrungen hindurchgehst, möchte ich dich einladen, deine Untersuchungen fortzusetzen. Was hilft dir beim Erzeugen von Bildern? Was hilft dir beim Sichten verschiedener Möglichkeiten? Was hilft dir dabei, deinem Denken Ausdruck zu geben und es zu verfeinern? Vielleicht beginnst du zu bemerken, daß du, wenn jemand länger als ein paar Minuten mit dir spricht, in dein Unbewußtes gehst. Jetzt heißt dies aber nicht mehr, daß du einfach unhöflich oder unaufmerksam wärest, sondern daß dein Unbewußtes durch auditiven Input angesprochen wird. Ähnlich verhält es sich, wenn du entdeckst, daß du jedesmal, wenn du von jemandem aus deinem Bekanntenkreis beiläufig berührt wirst, aus der Haut fahren könntest; denke daran, daß dies nicht länger ein Zeichen dafür ist, daß du verkrampft oder unsensibel wärest. Du kannst vielmehr vermuten, daß dein Unbewußtes durch kinästhetischen Input angesprochen wird. Und wenn du herausfindest, daß beim Lesen deine Blicke blitzschnell in alle Richtungen gehen, dann kannst du die Vorstellung getrost vergessen, daß du nur über eine kurze Aufmerksamkeitsspanne verfügen würdest. Du kannst vielmehr vermuten, daß dein Unbewußtes den visuellen Kanal dazu benutzt, um Tagträumen nachzuhängen und Visionen zu erschaffen, die Weite genug besitzen, sich darin zu verlieren!

Ein Journalist kann keine „Betreten verboten"-Schilder, die sich gegen seine Neugier richten, akzeptieren. Wir sind Strandläufer auf den Stränden der Erfahrung und des Wissens anderer Menschen. Wir durchstreifen die Welt und lesen interessante Stücke Treibholz und Trümmer und manchmal auch Schätze auf.
– *Bill Moyers*

Vielleicht machst du die Entdeckung, daß du deinen Geist überhaupt nicht zu verändern brauchst. Achte einfach darauf, wie er sich bereits verändert, besonders indem du dich nach innen wendest, um deine eigene Weisheit zu entdecken.

7 Zwischen den Antworten leben:

Sich nach innen wenden, um zu lernen

Es gibt keine andere Wirklichkeit als die, die in unserem Inneren liegt, das ist der Grund, warum so viele Menschen ein derart unwirkliches Leben leben. Sie nehmen die Bilder, die sich außerhalb ihrer selbst befinden, für die Realität und lassen nicht zu, daß die innere Welt sich geltend machen kann. – *Hermann Hesse*

Deine Intuition ist eine Pipeline zu deinem Herzen und deinen inneren Ressourcen – den Gefühlen, Erinnerungen, Fähigkeiten und der Weisheit, die dein tiefstes Selbst durchströmen. Sie kann eine Hirtin für dich sein, dich leiten, so, als wärest du eine Bergziege, die durch einen dunklen Wald hindurchfinden muß. Sie kann dich durch die problematischen Gefühle hindurchführen, die dir auf einer Reise zu dir selbst begegnen werden. Sie kann dich inspirieren, dir Bestätigung geben und dir dabei helfen, Sucht- und Mißbrauchserfahrungen gegen einen Federhalter, einen Pinsel und die Tastatur einer Schreibmaschine oder eines Klaviers einzutauschen. Sie kann dich zu einem Ort in dir selbst führen, der tiefer ist als die Angst. Was meiner Meinung nach jedoch am allerwichtigsten ist, sie kann dir helfen, vollkommenes Vertrauen zu dir selbst zu entwickeln.

Der Sitz der Seele befindet sich dort, wo die äußere und die innere Welt sich begegnen.
– Novalis

Zugang zu deiner Intuition zu erhalten bedeutet, daß du dich im Reich der Phantasie mit größerer Leichtigkeit bewegst. Wie Alices Wunderland ist dieses Gebiet lebenspendend, energetisierend, voller Überraschungen und Möglichkeiten, es ist spontan und alles andere als langweilig. Es ist jenseits des Jenseitigen – ein wildes Territorium, wo nichts in geraden Linien wächst. Es ist ein Feld der Integration, wo Raum genug ist, damit Dinge, die scheinbar in direktem Widerspruch zueinander stehen, harmonisch miteinander koexistieren können. Es ist der Ort, der zwischen den Fragen liegt. Es ist der Ort, wo du deine Fragen leben kannst.

Aber dort umherzureisen gleicht fast dem Aufenthalt in einem fremden Land. Alles ist seltsam, unbekannt und unvorhersehbar. Nichts ist gewöhnlich oder kontrollierbar. Im vorhergehenden Kapitel gab es eine Landkarte, die dich zu diesem Geisteszustand hinführen kann. Du weißt jetzt Bescheid über die verschiedenen Kontinente deines Bewußtseins und die jeweils einzigartigen Sprachen, die dort gesprochen werden. Doch jetzt, wo du einmal in das Kaninchenloch hineingefallen bist – was machst du dort? Wie findest zu Zugang zu deiner Intuition, um Heilung zu finden? Wie gelingt dir der Übergang zum symbolischen Denken?

Jesus war durch und durch gut; er handelte aus innerem Antrieb, nicht nach Regeln.
– William Blake

Wenn du dort auch nichts unter Kontrolle behalten kannst, so kannst du doch Verantwortung für die Art und Weise übernehmen, wie du dort hindurchreist. Und das ist Gegenstand dieses Kapitels. Auf den folgenden Seiten wirst du Wege finden, die dich nach innen zu deiner eigenen Intuition führen. Du wirst erforschen, wie du Fragen an sie richten, Führung erhalten und dafür eintreten kannst, ihre Unterstützung zu erhalten, um eine Beziehung des Ganzseins mit deinem Feind herzustellen.

Dieses Kapitel wird interaktiv sein. Durch diesen Teil der Reise fährt dich kein Chauffeur. Es gibt kein Sich-Zurücklehnen und Alles-mit-sich-geschehen-

Lassen. Nicht jetzt. Die Heilung erfordert aktive Teilnahme, und du selbst bist gefordert, deinen Weg durch deine eigenen Erfahrungen hindurch forschend zu durchdringen.

Manchmal gehe ich in Selbstmitleid einher, doch währenddessen trägt ein großer Wind mich über den Himmel dahin.
– Ojibway

Eine Wanderung durch das Wunderland: die Wendung nach innen

Milton Erickson sagte, daß kraftvolles Denken sich dadurch auszeichne, daß es imstande sei, Dinge, die es in einer Situation gelernt hat, auf andere Situationen zu übertragen. Dies ermöglicht einen freifließenden Austausch zwischen deinen Erfahrungen, so daß Dinge, die man auf dem Tennisplatz oder im Kreißsaal gelernt hat, ständig verfügbar sind und sich leicht auf Sitzungssaal oder Küche übertragen lassen. Diese Kraft des Denkens befähigt dich, das unbeschwerte Gefühl, das du hast, wenn du mit deinem Kind auf dem Boden herumtollst, auf schwierige Situationen am Arbeitsplatz zu übertragen.

Bevor du nun also irgendwelche neuen Informationen von außen über das Zugänglichmachen von Intuition und Lernen durch Imagination aufnimmst, möchte ich dich einladen, erst einmal dem Beachtung zu schenken, was du bereits weißt – *und die Kraft deines Denkens darauf zu verwenden, es auf deinen eigenen Heilungsprozeß zu übertragen.*

Das Wort „Intuition“ kommt aus derselben Wurzel wie das Wort „Kontemplation“. Es bedeutet Verstehen ohne Verwendung verstandesmäßiger Prozesse. Seit deiner Geburt bist du auf die eine oder andere Weise deiner Intuition gefolgt. Du hast dich vielleicht von ihr abgespalten, du hast sie vielleicht ignoriert, sie verraten oder sie für wertlos erklärt, doch es gibt einen kleinen Fußpfad in deinem Geist, der dich immer wieder zu ihr zurückgeführt hat. Laß uns diesen Weg zurückverfolgen und das Gestrüpp aus dem Weg räumen:

Zuerst bleibe ich stehen und versuche meinen Geist zu beruhigen. Zu diesem Zweck beginne ich gewöhnlich damit, intensiv den Geräuschen in meiner Umgebung zu lauschen. Das hält mich davon ab, über eine Erinnerung aus der Vergangenheit nachzudenken oder darüber, was ich diesen Nachmittag tun werde.
– Stephen Nachmanovitch

Bitte denke an eine Zeit, als du nach innen gingst und auf deine Intuition geachtet hast. Laß es so real wie möglich werden.

Was fällt dir auf, wenn du an diese Zeit denkst? Wie bist du nach innen gegangen? Was hast du gemacht? Was hast du gehört oder gesehen, das dir dabei half, dies zu tun?

Wie hast du deine Intuition erkannt? War sie kinästhetisch, visuell oder auditiv? Oder eine Kombination mehrerer Bestandteile? Wie waren die Bilder genau beschaffen, die du empfangen hast? Waren es Lieder, Klänge in deinem Körper, bewegte Bilder, schwarzweiße Standfotos, ein Gefühl der Bewegung, Empfindungen in einem Teil deines Körpers usw.? Achte so detailliert wie möglich darauf, was diese Art des Denkens für dich zur „Intuition" werden ließ.

Jetzt lasse eine andere Zeit vor dir auftauchen, zu der du deine Intuition ganz klar ignoriert hast oder auf eine Weise dachtest, die du als dem Intuitiven entgegengesetzt beschreiben würdest. Achte wie vorher auf die genaue Beschaffenheit deines Denkens in dieser Situation. Du kannst zwischen dem Nicht-Intuitiven und der Intuition ein paarmal hin- und hergehen, bis du die charakteristischen Kennzeichen deines intuitiven Denkens klar erkennen kannst und weißt, was du tun mußt, um dich darauf „einzustimmen".

Jeder, der Einblick in sein Handeln gewonnen hat und damit Zugang zum Unbewußten gefunden hat, übt unwillkürlich einen Einfluß auf seine Umgebung aus.
– C.G. Jung

Vielleicht möchtest du das, was du eben gelernt hast, notieren, auf Band sprechen, jemandem erzählen oder einfach damit spazieren gehen, als eine Möglichkeit, das, was in der Vergangenheit bei dir funktioniert hat, um Zugang zu deiner Intuition zu finden, auf deinen gegenwärtigen Heilungsprozeß zu übertragen, an dem du gerade arbeitest.

☆ ☆ ☆

Ich arbeitete einmal mit einem Mann, der in verschiedenen Staaten mit viel Erfolg als Beratungsexperte für die Entsorgung von Giftabfällen arbeitete. Als ich ihn fragte, woher er wisse, was er den betreffenden Leuten sagen solle, sagte er ganz munter: „Nun, ich weiß es wohl intuitiv. Ich habe sehr viel Erfolg, und irgendwie fällt mir das, was ich zu sagen habe, in dem Moment ein, wo ich es brauche. Ich habe gelernt, einfach dem Gefühl in meinem Bauch zu vertrauen."

Sein Expertentum endete jedoch direkt an seiner Haustür. Er erzählte mir, wie er von einer gescheiterten Beziehung zur nächsten gegangen sei, immer mit Partnerinnen, „die alles bei mir abladen und mein ganzes Leben mit ihrem Scheiß vergiften." Beim Zuhören blieb mir der Mund offen stehen, während ich darauf wartete, daß er die Verbindung herstellte zwischen der Anwendung seiner intuitiven Fähigkeiten in seinem Beruf und seinen Bedürfnissen zu Hause; doch diese befanden sich in verschiedenen Abteilungen, isoliert voneinander, als wären sie durch eine Bleiwand getrennt.

Schließlich fragte ich ihn, ob ihm klar sei, daß er das, was er anwandte, um anderen beizubringen, ihren Giftmüll loszuwerden, ebensogut dazu verwenden könne, um das „Zeug" loszuwerden, das ihm Geist und Herz vergiftete. Einen langen Moment lang schaute er mich an und begann dann zu lachen. „Daran habe ich noch gar nicht gedacht. Die Parallele ist mir nie aufgefallen. Unglaublich! Wie dumm! Wie taub!"

Ich versicherte ihm, daß er weder dumm noch taub sei – einfach nur, wie jeder andere Mensch auch, in dem Abgrund zwischen Ressourcen und Bedürfnissen gefangen – und stellte ihm eine Menge Fragen der Art, wie du sie eben beantwortet hast. Ich fragte ihn nach den verschiedenen Arten des Denkens, die er bei seiner Arbeit und in seinen Beziehungen benutzte.

Wie oft in deinem ganzen Leben bist du überhaupt schon mit dir selbst in Kontakt getreten?
– Chögyam Trungpa Rinpoche

Sein Zugang zu seiner Intuition war folgendermaßen: Er mußte das, was er seine Kunden fragen hörte, laut wiederholen (A) – dann irgendwohin starren und zusehen, wie sein Kopf sich mit farbigen, bewegten Bildern füllte (V) – zum Schluß in diese Bilder hineingehen und sie von dieser Perspektive aus seinem jeweiligen Kunden beschreiben und dabei das tun, was er ihm vorschlug (K). Wenn er jedoch mit einer Frau zusammen war, bestand sein Zugang zur „Nicht-Intuition" im Schweigen, während er versuchte, schwarzweiße, unbewegliche Bilder von dem, was sie sagte, hinter seinen Augen zu kreieren (V). Diese Vorgehensweise führte dazu, daß er ständig den Atem anhielt und das Gefühl bekam, kleiner zu werden und kontrolliert (K) zu werden.

Es fiel ihm nicht schwer, diese Segmentierung aufzulösen. Er stellte sich vor, mit einer Partnerin zusammen zu sein, ihren Worten zuzuhören *und diese dann laut zu wiederholen*, wobei er ins Leere starrte, bis sich dort ein farbiges, bewegtes Bild zeigte, in das er hineintreten konnte und *aus dem heraus* er dann sprechen konnte. Zuerst fiel es ihm schwer, zu glauben, daß diese Möglichkeit, die Art seines Denkens zu verändern, existierte, doch als er sie ein paarmal geübt hatte, überwand sein Erstaunen darüber, wie anders er sich fühlte, jeden Zweifel.

Einer Frau, die das Muster A-V-K benutzte, wurden Artikel über die bei ihr aufgetretene Krebsform vorgelegt (V), und dann sagte ihr ihr Arzt (A), daß das einzige, was sie unternehmen könne, eine sehr eingreifende Chemotherapie sei. Sie konnte sich nicht entscheiden. Als sie andere Situationen erforschte, in denen sie mit Erfolg ihre Intuition befragt hatte, entdeckte sie, daß sie mit jemandem über das Problem gesprochen hatte (A), bis sie wußte, was sie diesbezüglich empfand (K), woraufhin im Gefolge dieses Gefühls ein „Film" in ihrem Geist ablief (V).

Andererseits waren die Situationen, in denen sie nach einer Entscheidung Groll oder Reue empfand, dadurch gekennzeichnet, daß jemand ihr mit Worten ein Bild gemalt oder ihr eine Vision der Perspektive vermittelt hatte (V), die sie einnehmen sollte, und dann mit ihr darüber gesprochen hatte (A), was sie tun sollte (K).

Mit diesem Wissen gewappnet ging sie zu ihrer Selbsthilfegruppe und sprach eine halbe Stunde lang über die Gefühle, die sie der Behandlung gegenüber hatte. Als sie damit fertig war, schwiegen die anderen zuerst. Dann gaben sie ihr Feedback über ihren Stimmton und darüber, wie sich ihre Energie anfühlte.

Sie sagte ihnen, daß, wenn sie an eine Behandlung durch Operation und Bestrahlung dachte, ihre Brust sich weite und sie viele Möglichkeiten sehe, die Angelegenheit zu einem guten Ende zu bringen. Was ihr ganz deutlich wurde, war, daß sie, für welche Behandlung auch immer sie sich entscheiden würde, diese gänzlich unterstützen mußte und daß Operation und Bestrahlung das einzige war, was sie mit vollem Herzen bejahen konnte.

Es gibt nur eine Heldentat: nicht fortgelaufen zu sein.
– Dag Hammarskjöld

Ein neuer Weg zur Intuition: 5-4-3-2-1

Da du jetzt selbst Erfahrungen gemacht hast, die dir als Kompaß dienen können, möchte ich ein paar weitere Möglichkeiten mit dir teilen. Die folgende Übung ist ein fast sekundenschneller Weg zum Kontakt mit deiner Intuition. Sie ist wunderbar einfach und führt sowohl zu erhöhter Achtsamkeit als auch zu einem erweiterten Bewußtseinszustand in bezug auf jede Form von Mustern. Urheberin dieser Übung ist, wie ich gehört habe, Betty Erickson, die Frau von Milton Erickson.

Zuerst wählst du den Wahrnehmungskanal, dessen du dir im Moment am meisten bewußt bist, und benennst fünf Dinge, die du durch ihn wahrnimmst, z.B.: „Ich sehe die weißen Buchstaben über den Bildschirm huschen. Ich sehe die Sterne durch mein Fenster.“ oder: „Ich höre, wie die Tür beim Aufgehen ein quietschendes Geräusch macht. Ich höre das Schnurren der Katze, die auf meinem Schoß liegt.“ oder: „Ich spüre meine Füße auf dem Teppich. Ich spüre ein Gurgeln im Bauch.“ Mach es so einfach wie möglich. Keine Vergleiche, keine Urteile, keine Interpretationen.

Der einzige Weg hinaus ist der Weg hindurch.
– Goethe

Gehe zu einem anderen Kanal über und benenne fünf Dinge. Dann zum letzten Kanal und benenne fünf Dinge. Du brauchst die Kanäle nicht unbedingt im Rahmen deines Wahrnehmungsmusters wählen, wenn es dir nicht bekannt ist. Es funktioniert unabhängig von der Reihenfolge, in der du vorgehst.

Als nächstes mache das gleiche, aber mit vier Dingen für jeden Kanal. Dann mit drei Dingen, dann mit zweien, dann zum Schluß mit einem. Auf sehr angenehme Weise wirst du dich in deinem intuitiven Kokon wiederfinden.

Leitlinien für den Zugang zur Intuition

Die folgenden Tabellen sind das Ergebnis zahlloser „mindtrackings", die ich mit Leuten durchgeführt habe, die Imagination zur Heilung verwendeten. Während sie zur intuitiven Selbsterforschung nach innen gingen, stellte ich ihnen Fragen, die ihr Bewußtsein von der natürlichen Choreographie ihres Denkens erhöhen sollten.

Du mußt dein Wahrnehmungsmuster nicht unbedingt kennen, um mit diesen Tabellen arbeiten zu können. Es genügt erst einmal, den Kanal zu erkennen, den dein Unbewußtes benutzt. Gut. Schlage die betreffende Seite auf und spiele mit dem, was du dort findest. Experimentiere dann mit den anderen Seiten – achte darauf, wie dein Geisteszustand durch die verschiedenen Kanäle beeinflußt wird.

Lernen ist das Wesen der Demut; von allem und von jedem zu lernen. Es gibt keine Hierarchie, was das Lernen betrifft.
– *Krishnamurti*

Obwohl diese Tabellen mit dem Bewußtsein beginnen und von dort aus expandieren, hängt die Veränderung deines Bewußtseinszustandes davon ab, wo du stehst, wenn du beginnst. Nehmen wir z.B. an, daß dein Geist den visuellen Kanal bewußt, den auditiven unterbewußt und den kinästhetischen unbewußt benutzt (V-A-K). Nehmen wir an, du hast den Nachmittag mit Gesprächen am Telefon verbracht. Es könnte für dich am effektivsten sein, direkt zum kinästhetischen Kanal überzugehen, indem du zuerst langsam und ziellos umhergehst, um deine Frage zu finden und sie zu stellen. Dann lege dich eine geraume Zeit in die Badewanne und setze dich zum Schluß still hin, so daß du deinen Empfindungen in ihrer Gesamtheit nachgehen und so deiner Intuition die Chance geben kannst, dir zu antworten. Denke daran: Die Bewegung deines Geistes verläuft zyklisch. Dein Bewußtsein bewegt sich spiralförmig. Wo du anfängst, hängt also davon ab, wo du dich gerade befindest und wo du hin mußt. Benutze diese Vorschläge bitte nicht wie Anleitungen für das Malen von Bildern nach Zahlen. Nicht jeder, der das gleiche Muster hat, interessiert sich auch für dieselben Dinge. Aufgrund von Erziehungfehlern und Verletzungen benutzen die meisten von uns Kurzschlüsse und Abkürzungen, Umleitungen und Lieblingsumwege, wenn sie zum Symboldenken übergehen. Denke an die geistige Einstellung Thomas Alva Edisons, der auf die Frage, wie viele Mißerfolge er bei der Erfindung der Glühbirne gehabt habe, antwortete: „Keinen. Ich habe 99 Möglichkeiten entdeckt, wie man eine Glühbirne nicht herstellt, und eine, wie man sie herstellt." Spiele herum, bis zu merkst, wo es langgeht, bis du das Muster siehst, bis zu die Logik erkennst. Und vor allem: Ersetze Kritik durch Neugier. Vermeide durch Analyse erzeugte Lähmung (Paralyse), durch Etikettieren bedingte Unfähigkeit. Wandere einfach staunend umher und freue dich daran.

Der Weg nach innen

	auditiv	visuell	kinästhetisch
Bewußter Verstand *allgemeine Richtlinien:* Sei neugierig, verlangsame dein Denken, richte die Aufmerksamkeit.	Erzähle jemandem oder sprich auf Band über die Frage, die dir wichtig ist, so daß du dich dabei selbst hören kannst. Vermeide den Versuch, sie zu beantworten. Höre auf zu sprechen. Lausche den Geräuschen um dich herum oder höre Musik, die dir gefällt, bis dein Denken langsamer wird. Stelle dir die Frage innerlich selbst, in einem Tonfall, der Interesse und Neugier ausdrückt.	Kritzele oder male irgend etwas oder schreibe die Frage auf, die dir am Herzen liegt. Richte deinen Blick ins Leere, schau auf eine leere Seite oder fixiere deinen Blick auf etwas im Außen, das dich interessiert, um dein Denken zu verlangsamen. Mach die Augen zu und achte auf visuelle Bilder, die mit deiner Frage zu tun haben.	Tue etwas, das kein Nachdenken erfordert, und gehe oder bewege dich dabei auf eine Weise, die dir hilft, deiner Frage auf den Grund zu gehen. Gib dir viel Raum, entfernt von anderen Menschen, und achte auf deinen Rhythmus. Werde ruhig, während du auf die Empfindungen in deinem Körper und auf deinen Atem achtest.
Unterbewußtsein *allgemeine Richtlinien:* Intensiviere die nach innen gerichtete Aufmerksamkeit.	Höre auf alles um dich herum, während du dir innerlich die Frage in einem neugierigen Tonfall stellst. Laß dir soviel Zeit, wie du brauchst. Höre auf die Zwischenräume zwischen den Gedanken. Erinnere dich an eine Zeit, wo du Vertrauen zu dir selbst hattest.	Lasse deine Augen überall hingehen, wohin sie wollen. Laß deine Augenbewegungen langsamer werden, bis du auf ein Ding starrst. Schließe die Augen und laß dich leer werden. Sieh deine Frage vor deinem inneren Auge. Erinnere dich an eine Zeit, zu der du Vertrauen zu dir selbst hattest. Achte auf deinen Atem, während du dich bewegst, schreitest, gehst.	Achte auf deine Körperempfindungen und deine Energie, ohne eine Bedeutung damit zu verbinden. Gehe in die Stille und nimm genau wahr, wie deine Frage sich anfühlt. Erinnere dich an eine Zeit, als du Vertrauen in dich selbst hattest.
Unbewußtes *allgemeine Richtlinien:* Werde selbst zu deiner Frage, erforsche die Verbindungen.	Lausche ganz tief, mit einem Gefühl des Staunens, der Stille. Singe/chante die Frage wiederholt oder stelle sie, während du vor einem Spiegel oder in freier Natur stehst, in einem Tonfall des Staunens. Lausche deinem Atem und allem, was in deinem Geist auftaucht, einschließlich der Stille.	Laß deine Augen eine Lieblingsaussicht, ein Lieblingsbild oder einen Lieblingsgegenstand betrachten. Schließe die Augen und sieh, als befändest du dich im Innern der Frage. Laß deinen inneren Blick so weit werden wie möglich, so daß du den großen Zusammenhang sehen kannst.	Höre auf mit allem Tun und bewege dich langsam, rhythmisch, oder gib dir selbst eine Fußmassage usw. Achte längere Zeit auf deinen Atemrhythmus, spüre dabei deinen ganzen Körper. Begib dich in die Frage hinein und spüre ihre Energie.

Wieder in Fluß kommen: einige Grundprinzipien für die Innen-Suche

Eine bei diesem Prozeß sehr nützliche Richtlinie ist, zu verstehen, *daß es sehr selten vorkommt, daß der menschliche Geist in allen drei Wahrnehmungskanälen gleichzeitig feststeckt.* Wenn also der eine leer, taub oder verkalkt ist, geh zu einem anderen über. Ist auch dieser blockiert, schalte auf den dritten um. Z.B., wenn du nicht die rechten Worte findest, laß ein Bild in deinem Geist entstehen von einem Ort, der für das steht, was du sagen möchtest – oder schreibe es zuerst auf. Wenn du eine neue Perspektive brauchst, geh in deinen Körper hinein und spüre, was du dort möchtest. Wenn du bei dem Versuch, die Richtung zu erkennen, in die du gehen willst, nicht weiterkommst, geh spazieren, um deinen kinästhetischen Kanal anzuregen, was vielleicht dein Sehen befeuern wird.

Geh den Weg des Nichtwissens. Er ist die Visitenkarte des Unbewußten. Laß alles Vorwissen fahren und sage: „Ich weiß nicht, und ich bin daran interessiert, es herauszufinden."
– Milton H. Erickson

Es ist auch wichtig, in Erinnerung zu behalten, *daß es nicht möglich ist, im vorderen und hinteren Kanal gleichzeitig zu sein.* Wie beim Dominospiel muß eine direkte Verbindung bestehen. Für eine Person, die etwas hören (A), sehen (V) und spüren (K) muß, um zu wissen, was sie empfindet, und um darüber sprechen zu können, muß also eine Art visueller Brücke existieren, die diese Verbindung herstellt – z.B. Schreiben, Fotografieren, Zeichnen usw. Eine Person, die das Muster Sehen – Hören – Fühlen (V-A-K) benutzt, muß dagegen die Augen schließen, um sich gegen visuellen Input abzuschirmen, und braucht auditiven Input, um zu wissen, was sie empfindet. Dabei ist es hilfreich, Fragen zu stellen oder Musik zu hören oder sich zur Musik zu bewegen oder die Empfindungen zu verbalisieren, die an verschiedenen Stellen des Körpers zu spüren sind. Ebenso muß ein Mensch, dessen Gehirn sich des Musters Fühlen – Sehen – Hören (K-A-V) bedient und der seine tiefsten Träume und Visionen in die Welt bringen möchte, mit jemandem darüber sprechen oder sie in Lieder und Töne übersetzen.

Wenn du sagst: „Oh, mein Gott!" (oder das Entsprechende in deinem Sprachgebrauch), *denke daran, eine Antwort abzuwarten!* Oft ist dies ein Punkt, an dem man sich verkrampft und es dadurch unmöglich macht, intuitive Führung zu erhalten. Benutze diesen Lieblingsausspruch also lieber als eine Erinnerung daran, tief zu atmen und weit zu werden und dadurch der inneren Führung Zeit und Raum zu geben, damit sie an die Oberfläche kommen kann.

Eine weitere Gelegenheit zum Weitwerden kommt, wenn du etwas vergißt. Dies gilt besonders für Menschen, deren Unbewußtes den anderen Kanal benutzt, oder für diejenigen, deren Geist im Laufe des Älterwerdens dazu neigt, die Zwischenräume zwischen den Dingen zu vergrößern. *Jedesmal, wenn du etwas vergißt, laß dich weit werden.* Dies kann dir nicht nur dabei helfen, dich zu erinnern, sondern es führt auch dazu, daß du einen köstlichen Moment des Friedens erfährst, wenn dein Geist leer wird, schweigt, still wird. Mir ist aufgefallen, daß selbst dann, wenn ich regelmäßig meditiere, mein Geist nie so leer ist wie dann, wenn ich vergesse, was ich gerade sagen wollte! Ein Problem taucht dann auf, wenn wir auf die Leere mit Verkrampfung reagieren, was ein sehr unangenehmes Gefühl hervorruft. Die Wahl liegt bei dir. Du bist ein Mensch, also wirst du ab und zu etwas vergessen. Warum solltest du bei dieser Gelegenheit nicht einen kleinen Moment des Friedens erleben?

Vom unbewußten Kanal aus zu konkurrieren oder Leistung zu erbringen kann Krone und Kreuz gleichzeitig sein. Dieser Bewußtseinszustand ist in hohem Maße kreativ und auf Gemeinschaftsarbeit hin angelegt, aber auch sehr persönlich. Oft treiben die Leute sich an, um Erster zu sein, ganz oben, der Beste, alles Vorstellungen, die diesem Geisteszustand fremd sind. Sportler z.B., deren Unbewußtes den kinästhetischen Kanal benutzt, sind in hohem Maße kreativ und können in ihrem Sport Gefühle der Ekstase erleben; doch wenn sie versuchen, in aggressiven Wettkampf zu treten, machen sie vielleicht ihre Ausrüstung oder ihren Körper kaputt. Ein junger Mann aus meinem Bekanntenkreis, der Football spielte, weil sein Vater dies wollte, lag während einer Saison vierzehnmal mit Verletzungen im Krankenhaus! Und eine Frau, mit der ich arbeitete, deren Unbewußtes den auditiven Kanal benutzte, bekam Knoten an ihren Stimmbändern, als sie sich dazu zwang, einem Debattierklub beizutreten.

Künstler zu sein bedeutet, nicht zu zählen oder zu rechnen, sondern zu reifen wie ein Baum, der seine Säfte nicht hochpreßt, der in den Frühlingsstürmen zuversichtlich steht, ohne Furcht davor, der Sommer werde nicht kommen. Er kommt. Er kommt immer.
– Rainer Maria Rilke

Oft geben wir alles weg und behalten nichts zu unserer eigenen Freude zurück. Ich habe mit allzu vielen Künstlern, Musikern, Tänzern und Kunsthandwerkern gearbeitet, die aus ihrem Unbewußten heraus mitteilen und nichts für sich zurückbehalten. Ein Pianist, dessen Unbewußtes den kinästhetischen Kanal benutzte, hörte auf, zu seinem eigenen Vergnügen zu spielen, als er anfing, Konzerte zu geben. Innerhalb von zwei Jahren entsprach seine Musik dem Massengeschmack. Nach drei Jahren hatte er lähmende Arthritis und mußte alle seine Konzerte absagen.

Ähnlich ging es einem Künstler, dessen Unbewußtes den visuellen Kanal benutzte; er hatte viel Erfolg und stellte in bekannten Galerien aus. Seine Malerei war vom Schöpferischen zum Publikumswirksamen übergegangen, und er malte, was sich gut verkaufen ließ. Innerhalb sehr kurzer Zeit bekam er Augenentzündungen, Augeninfektionen und schließlich grauen Star, was bei einem so jungen Menschen ungewöhnlich ist.

Die Richtlinie hierbei lautet: Wenn du die Wahl triffst, von deinem unbewußten Kanal aus dich mitzuteilen oder mit dem Rest der Welt zu konkurrieren, reserviere etwas Zeit und Energie für deine eigene, rein persönliche Freude und Offenbarung. Fahre Ski um der Gänsehaut, nicht nur um des Ruhmes willen. Singe eine Stunde lang täglich für dich selbst als dein einziges Publikum. Schreibe Gedichte, die keinem anderen je vor die Augen kommen werden.

Dein Unbewußtes hat seine eigene Logik. Zwei widersprüchliche Realitäten, die sich für dein Bewußtsein und dein Unterbewußtes im Gegensatz zueinander zu befinden scheinen und dich zu zerreißen drohen, können absolut harmonisch nebeneinander existieren, wenn du dich in diesem Bewußtseinszustand befindest. Dies wird durch Experimente veranschaulicht, die Ernest Hilgard in den fünfziger Jahren mit Patienten durchführte, die unter starken chronischen Schmerzen litten. Wenn sie in Trance waren und von ihrem Unbewußten aus funktionierten, berichteten sie, daß der Schmerz in einem Teil oder auf einer Ebene in ihnen existierte, doch sie bemerkten ihn nicht in dem sich angenehm anfühlenden anderen Teil, in dem sie sich während der Trance befanden. Wohlgefühl und Schmerzen standen also in diesem Bewußtseinszustand nicht mehr im Gegensatz zueinander.

Die Menschen, denen ich begegnet bin, erlebten Religion als ein *Großes Vielleicht* und nicht als dogmatische Gewißheit, und es war ihr Glaube inmitten der Ungewißheit, der sie aufrechterhielt – und der mich lehrte.
– Bill Moyers

Diese beziehungsmäßige Logik des Unbewußten wird hier bedeutungsvoll für uns, denn *wenn du in einem inneren Entweder/Oder-Widerspruch gefangen bist*, bist du höchstwahrscheinlich zerrissen in einem Kampf zwischen dem Oberbefehlshaber der Alliierten und dem finsteren Feind im Innern. *Weite dich!* Geh nach innen. Werde weit, dehne dich dorthin aus, wo Raum genug ist, um die Beziehung zwischen beiden zu erkennen, und wo es eine dritte Position in der Mitte gibt, die genug Raum bietet, damit es Frieden geben kann. Dich deiner Phantasie zuzuwenden ist eine Weise, in deinem Geist Raum zu schaffen für die Erforschung von Möglichkeiten. Wir wissen jetzt, wie wir nach innen gehen und von der Verwirrung zum Staunen gelangen können, und haben damit den Ort der Offenbarung betreten – den Ort, wo wir entdecken können, was in Fesseln liegt, wessen es bedarf und welche Lehren wir ziehen aus diesen Fesseln, die uns binden und uns unfrei machen.

Dies ist das paradoxe Geheimnis der Transformation, denn die Verwandlung von Blei in Gold geschieht tatsächlich im und durch den Schatten.
– C.G. Jung

Jetzt können wir einen Schritt weitergehen, um unsere Kämpfe als einen Weg zum Ganzwerden zu benutzen – zum Verstehen der Imagination, der Sprache der Intuition.

8 Sich führen lassen aus der Quelle:

Das heilende Zwiegespräch mit deiner Intuition

Das Bild ist eine Hebamme, die es ermöglicht, daß das innere Erleben seine Geburt in bewußten Ausdruck hinein erfahren kann. – *Matthew Fox*

Wo immer ich hingehe, entdecke ich, daß vor mir bereits ein Dichter dort gewesen ist.
– Sigmund Freud

Chaos ist Kreativität auf der Suche nach einer Form. Ein Bild ist diese Form. Es ist das, was der Intuition Gestalt gibt – die Sprache, die in dem unermeßlich weiten Land der Wunder und des Staunens, das wir gerade erforschen, gesprochen wird. Das richtige Symbol oder Bild oder die richtige Metapher wird zum geheimen Paßwort, mit dessen Hilfe du die Schluchten zwischen Körper, Geist und Seele überbrücken kannst. Es kann die Torte öffnen zwischen Verletzung und Heilung und die Türen zwischen Kopf und Herz.

Es gibt so viele verschiedene Möglichkeiten, die Imagination zu benutzen, wie es Möglichkeiten gibt, *von* ihr benutzt zu werden. Dieses Kapitel bietet einige introspektive Hilfsmittel für die Arbeit mit der Imagination in all ihren Formen an. Sie werden dir dabei helfen, die Reaktionen zu verstehen und zu erkennen, die aus deiner Intuition kommen, und deiner Intuition Vorschläge zur Heilung anbieten.

Wie dir wohl schon in den vorhergegangenen Kapiteln klargeworden ist, beschränkt sich die Imagination nicht auf die inneren Bilder, genausowenig wie das Englische die einzige existierende Sprache ist. Ein Sehnsuchtsgefühl in deiner Brust ist ein Bild. Ein Gedicht, das im Chaos deines Lebens eine Bedeutung offenbart, ist ein Bild.

Die Begriffe „Bild", „Symbol" und „Metapher" sind, wie ich sie benutze, untereinander austauschbar. Wollten wir linear vorgehen, wäre das nicht präzise genug. Doch dies ist das Land, wo alles mehrere Bedeutungen hat.

Zum Beispiel: Was sagt dir das Bild einer Welle? Wenn ich hundert Leuten diese Frage stelle, bekomme ich jede Menge unterschiedliche Antworten. Einige reden vom Surfen, andere sprechen davon, wie sie eine Handbewegung in der Luft machen, um jemand zu grüßen (wave – Welle – winken; A.d.Ü.); wieder andere reden von einer Dauerwelle. Doch wenn ich dir erzählen würde, daß eine Welle von Traurigkeit über mich kam, wüßtest du in deinem tiefsten Innern, was ich erlebt habe, und du würdest wahrscheinlich blitzartig zu einer Zeit zurückgehen, als eine Welle der Traurigkeit über dich kam. Das ist die Macht von Bildern, Symbolen oder Metaphern, daß sie mehrfache Bedeutung besitzen und gleichzeitig Verbindungen herstellen und Beziehungen erschaffen.

Im Griechischen bedeutet Metapher die Transformation von Energie. Wie wir später in diesem Kapitel sehen werden, kann Imagination als Hilfsmittel verwendet werden, um die Bedeutung einer jeden gegebenen Situation zu transformieren, so daß sie nicht länger die Macht hat, Veränderungen zu blockieren.

Deine Bilder beeinflussen dich jeden Moment. Tatsächlich verändert sich sogar dein Körper mit den Geschichten, die du dir selbst erzählst. Für dein Unbewußtes kann ein Bild eine so mächtige Wirkung haben wir ein „reales" Ereignis. Nehmen wir an, du gehst an einem heißen Sommernachmittag in

Arizona spazieren. Du durchwanderst eine dürre, unfruchtbare Wüstenstrecke. Du machst Pläne für nächsten Donnerstag – da hörst du plötzlich ein Geräusch – ein Zischen. Sofort interpretierst du dieses zufällige äußere Ereignis so, daß du dir eine Geschichte erzählst von einer Klapperschlange, die sich direkt vor dir auf dem felsigen Pfad befindet. Was geschieht mit deinem biologischen Zustand? Dein Atem geht sofort schneller. Dein Herzschlag wird schneller, und dein Blutdruck erhöht sich. Gleichzeitig nimmt deine Speichelproduktion merklich ab. Du gehst einen Schritt weiter, und ein Präriehund kommt direkt vor deinem Stiefel raschelnd aus dem Beifußgestrüpp hervor. Dir entfährt ein Seufzer der Erleichterung, und du gehst weiter, relativ nichtsahnend bezüglich der machtvollen Wirkung, die deine Vorstellungskraft eben auf deine biologische Verfaßtheit ausübte.

Das Bewußtsein ist ständig dabei, sich einzumischen, helfen zu wollen, zu korrigieren und zu verneinen; es läßt das einfache Wachstum der seelischen Vorgänge niemals in Ruhe. Eigentlich wäre alles ganz einfach, wenn nur das Einfache nicht das Schwierigste wäre, was es gibt.
– C.G. Jung

Die folgende Übung, die ich von Ilana Rubenfeld lernte, einer Pionierin auf dem Gebiet der psychophysischen Erziehung, demonstriert die machtvolle Wirkung, die die Vorstellungskraft auf deinen Körper auszuüben fähig ist:

Stelle dich aufrecht hin, bewege deinen Kopf so weit nach rechts, wie es bequem geht, und achte darauf, wo du genau hinschaust, wenn die Bewegung nicht weitergeht.

Dann kehre zur Mitte zurück und dehne deinen rechten Arm über deinen Kopf, die Handinnenseite nach oben, das Handgelenk rechtwinklig abgebogen. Strecke dich so, daß du die Dehnung deine gesamte rechte Körperseite entlang spürst. Laß den Arm wieder heruntergehen. Dehne dein rechtes Bein, den Fuß rechtwinklig zum Bein, die Zehen rechtwinklig zum Fuß.

Kehre zur Mitte zurück und lasse, wieder ohne Anstrengung, deinen Kopf nach rechts gehen; achte darauf, wie weit es diesmal geht. Es ist sehr wahrscheinlich, daß es aufgrund der Muskeldehnung diesmal weiter geht als beim ersten Mal.

Jetzt drehe deinen Kopf zur Linken und beobachte, was du sehen kannst, wenn du so weit gehst, wie es bequem möglich ist. Kehre zur Mitte zurück.

Stelle dir diesmal lebhaft vor (so, daß du es spüren kannst), ohne dich dabei zu bewegen, wie du die Dehnbewegungen mit deinem rechten Arm und Bein machst. Achte darauf, wie weit du jetzt ohne Anstrengung deinen Kopf nach links drehen kannst.

Die meisten Leute berichten, daß sich ihr Kopf auch nach dieser mentalen Vorstellung weiter drehen ließ, obwohl kein „wirkliches" Dehnen stattgefunden hatte.

Imaginationen dieser Art werden von den verschiedensten Leuten benutzt – von Berufssportlern über öffentlich Vortragende bis hin zu Menschen, die sich von einer Operation erholen. Ich zeigte sie einem Mann, der eine Knieoperation durchführen lassen mußte, nachdem er sich das Knie mit einer Kettensäge verletzt hatte. Sein Arzt sagte, daß er vor Ablauf eines Jahres nicht imstande sein würde, zu gehen. Er führte Rehabilitationsbewegungen mit seinem linken Bein aus und stellte sich dann tatsächlich dieselben Bewegungen auf seiner rechten Seite vor. Innerhalb von sechs Wochen ging er an Krücken, nach drei Monaten am Stock, und nach fünf Monaten konnte er ohne jede Hilfe wieder gehen.

Das Bild ist ein wichtiges Hilfsmittel bei der Verhütung von Krankheiten, die bekanntermaßen direkt oder indirekt durch Streß hervorgerufen oder verschlimmert werden. Heute steht fest, daß praktisch jede erforschte Krankheit mehr oder weniger mit Streß in Zusammenhang steht, einschließlich kardiovaskulärer Erkrankungen, Arthritis, Diabetes, Autoimmunstörungen, ganz besonders Krebs und weiter ad infinitum.
– Jeanne Achterberg

Soweit ich feststellen konnte, wird in keinem einzigen medizinischen Ausbildungsbuch die Macht der Imagination des einzelnen Menschen erwähnt, seinen Blutdruck zu erhöhen oder zu senken, die Speichelproduktion zu verändern oder den Körper sonstwie zu beeinflussen. Es ist die Absicht dieses Kapitels, deine Kenntnis der Möglichkeiten zu erweitern, die dir zur Verfügung stehen, diesem inneren Geist-Quell sowohl Führung zu geben als auch Führung durch ihn zu erhalten. Von dort aus wirst du zu einer ganz neuen Beziehung mit deinem Kampf finden.

Stell dir vor!

Jeder hat Bilder, auch du. Da die meisten Menschen aus diesem Gebiet vertrieben wurden, ist die Imagination hinter bleiverkleideten Mauern verbarrikadiert worden, die von oben bis unten mit dem Wort „irrelevant" bekritzelt sind. Diese Segmentierung wird durch Zynismus und Mangel an Vertrauen verstärkt. Ich glaube nicht, daß wir sie jemals ganz loswerden können, doch wenn wir die Mauern mit Hilfe von Vertrauen und Neugier etwas aufweichen, können die Abgrenzungen durchlässiger werden. Weisheit ist eine durchlässige Membran zwischen diesen Abgrenzungen, die uns befähigt, damit aufzuhören, unser Leben in voneinander isolierte Fragmente aufzuteilen. Sie befähigt uns, Beziehungen zwischen disparaten Elementen herzustellen, die Informationen untereinander austauschen können – zwischen Arbeit und Spiel, zwischen Heiligem und Weltlichem, zwischen unserem Körper und unserem Geist, zwischen unseren Problemen und unseren Ressourcen, zwischen unseren

Werten und der Art und Weise, wie wir sie in unserem Leben mit den Menschen, die wir lieben, umsetzen. Das Heilen ist eine kontinuierliche Bewegung weg von der Fragmentierung, hin zu Ganzheit und Verbundenheit.

Um der Fragmentierung ein Ende zu machen, brauchen wir kein Spezialwissen; wir brauchen weniger vermeintliches Wissen darüber, wie das Leben sein müßte, und mehr Offenheit für das Wunder, das es ist.
– Jack Kornfield

Sowohl unser heutiges Wissen als auch uralte Weisheit stützen die Beobachtung, daß es die Aufmerksamkeit ist, die dem Handeln Richtung gibt. Dies bedeutet, daß, je mehr Aufmerksamkeit du deiner Phantasie und Intuition zukommen läßt, sei es in Träumen oder in Tagträumen, desto leichter du zu ihnen Zugang erhalten wirst. Es ist so, als würde dein Gehirn sagen: „Ich dachte, du seiest von Kindheit an an diesen Fähigkeiten nicht besonders interessiert, doch da sich das jetzt anscheinend geändert hat, laß uns die Schaltkreise wiederherstellen." Auch hier: Gewahrsein heilt!

Als fortgeschrittene Studentin arbeitete ich nachts in einer Versuchsanstalt, die die Traumtätigkeit untersuchte, und überwachte dort die Meßinstrumente. Unsere Hauptversuchspersonen waren Medizinstudenten. Ich beobachtete, wie die kleinen Instrumentenzeiger jede Nacht hin- und hergingen und das Auftreten eines Traumes nach dem anderen anzeigten. Jeden Morgen hörte ich zu, wie die Studenten beteuerten, daß sie die ganze Nacht nicht geträumt hätten. Einer dieser jungen Männer, der sich am ausdrücklichsten dagegen verwehrte, arbeitete in einer psychiatrischen Anstalt. Er schwor beim Barte Sigmund Freunds, daß er nicht träume. Ein halbes Jahr später sollte er eine Jungsche Psychoanalyse beginnen, während derer in jeder Sitzung mit seinen Träumen gearbeitet wurde. Und siehe da, innerhalb von zwei Wochen erinnerte sich der Medizinstudent an vier bis fünf Träume pro Nacht.

Erstens ist es gar nicht möglich, daß du keine schöpferische Begabung hast. Zweitens besteht der einzige Weg, diese leben und wachsen zu lassen, darin, sie anzuwenden. Drittens kannst du dir nicht sicher sein, ob es sich nicht sogar um eine große Begabung handelt.
– Brenda Ueland

Ich möchte dir ein paar Hilfsmittel an die Hand geben, die es dir erleichtern werden, deine Wahrnehmung deiner Phantasietätigkeit von innen heraus zu verbessern. Wir beginnen damit, daß wir ein Bild identifizieren und seine wahrnehmungsmäßigen Qualitäten untersuchen.

Komm, laß uns spielen. Ich werde dir ein supertolles Geschenk machen. Jetzt sofort. Ich werde gleich aus den Seiten dieses Buches heraustreten und einen kleinen Moment lang zu dir kommen, um es dir zu überreichen, wo immer du auch sein magst. Komm ein bißchen näher.

Dieses Geschenk ist unerhört. Du kannst es dir unmöglich verdienen. Oder nicht verdienen. Es ist die Art Geschenk, die dir jemand gibt, der dich sehr gut kennt und dir einfach so, ohne besonderen Grund, etwas schenken möchte. Ich sage dir nicht mehr darüber, als daß es etwas ist, was dir eine große Hilfe sein wird, ab sofort. Lege also bitte, wenn du den folgenden Abschnitt gelesen hast, das Buch beiseite, mache dich rezeptiv und strecke die Hände aus. Okay?

Da ist es.

Du kannst es eine Weile lang in der Hand halten, wenn du möchtest. Gefällt dir die Verpackung? Hörst du, was für ein Geräusch entsteht, wenn du es schüttelst? Möchtest du raten, was drin ist? Mach es auf, an welcher Stelle du möchtest. Reiß es auf oder packe es ganz sorgfältig aus. Es gehört dir, und du kannst damit machen, was du willst.

Die Bibel lehrt, daß die Schöpfung ständig weitergeht. Jedesmal, wenn eine Blume erblüht oder wenn ein Kind geboren, eine Bewegung gegründet oder eine Freundschaft geschlossen wird, ist Gott im Begriff, zu erschaffen, gemeinsam erschaffend mit uns und dem Rest der Schöpfung.
– Matthew Fox

Gut. Jetzt ... Was denkst du darüber? Gefällt es dir? Wirst du je etwas damit anfangen? Sage mir, was.

Geh ein bißchen mit ihm umher und beschreibe es dir selbst, während du es in der Hand hältst. Vielleicht möchtest du dich hinsetzen und eine Beschreibung dieses Geschenkes aufschreiben oder in ein Tonbandgerät sprechen. Wenn du einen sehr guten Freund (oder Freundin) hast, zeige ihm/ihr das Geschenk und erzähle ihm/ihr davon. Wenn er/sie es nicht gleich zu Anfang sehen kann, mach dir keine Sorgen. Du beschreibst es einfach so lebendig, wie du kannst.

Das mindeste, was dieses Geschenk für dich tun kann, ist, daß es dir enthüllt, daß du über die Fähigkeit zur Imagination verfügst, so verstaubt und rostig sie auch geworden sein mag. Wenn es dir jedoch nicht möglich gewesen sein sollte, das Geschenk zu finden, das ich dir dagelassen habe, heißt das nicht, daß du eine Imaginektomie erlitten hättest. Es weist nur darauf hin, daß die Abgrenzungsmauern so dick sind, daß sie von deiner Seite etwas mehr Vertrauen und Geduld erfordern. Dazu wird es noch viele weitere Gelegenheiten geben.

Laß uns dazu übergehen, die qualitativen Kennzeichen deiner Imagination zu erforschen. Als Bezugspunkt brauchst du dazu die folgende Tabelle und die genaue Vorstellung, die du von deinem Geschenk hast. (Wenn du immer noch nicht herausgefunden hast, wo ich es hingetan habe, dann verwende das Bild, das dir in den Sinn kam, als du die Geschichte von Milarepa und den Dämonen zu Beginn dieses Buches lasest.)

Wo ein Weg oder ein Pfad existiert, sind es die Fußstapfen eines andern. Jeder von uns muß seinen eigenen Weg finden.
– Joseph Campbell

Beginne mit dem Kanal, der am deutlichsten ist. Achte auf so viele Einzelqualitäten dieses speziellen Aspektes des Bildes wie möglich. Mein eigenes Geschenk z.B. ist eine riesengroße Recycling-Box aus Plastik. Zuerst bin ich mir am meisten ihrer visuellen Aspekte bewußt. Also gehe ich zuerst zu dem betreffenden Abschnitt und gehe die Qualitäten durch und danach wieder zu meiner Box zurück. Sie ist ganz deutlich farbig und durchscheinend, ohne Oberflächenmaserung. Es ist wie ein Foto; auf der Box sind Buchstaben. Ich sehe sie hinter meiner Stirn; die kleinen schwarzen Buchstaben sind auf dem Bildschirm verstreut usw.

Wenn eine bestimmte Qualität dir nicht klar sein sollte – z.B. der Ort, von dem aus deine auditive Vorstellung herkommt –, ist das in Ordnung. Übergehe diesen Punkt einfach und mach weiter. Es gibt keine Möglichkeit, etwas falsch zu machen.

Wenn du einen Kanal erforscht hast, gehe in Form einer Überlappung zu einem anderen über. Wenn ich z.B. zum auditiven Kanal übergehe und die Tabelle durchsehe, um Hinweise zu meiner Vorstellung zu finden, ist da zuerst nur Stille; doch dann bemerke ich eine Stimme in meinem Kopf, die mir die Box beschreibt. Sie gleicht meiner eigenen Stimme, sie kommt aus der linken Seite meines Kopfes, von innen, über meinem Ohr usw. Geh zum Schluß über zur dritten Tabelle und zum dritten Kanal. Dann achte auf die Qualitäten, die entstehen, wenn du mehrere Kanäle miteinander kombinierst.

Diese psychologische Überprüfung sollte nur wenige Minuten Uhrzeit in Anspruch nehmen. Je neugieriger du bist, desto reichhaltiger werden die Ergebnisse ausfallen. Bleibe einfach so offen und leidenschaftlich, als würdest du den Geist eines/r neuen Geliebten erforschen.

Die Erweiterung deiner Fähigkeiten

Der Geist eines jeden Menschen verfügt anscheinend über eine gewisse Bandbreite von Vorstellungsqualitäten. Z.B. ist mein Geist nicht imstande, ein dreidimensionales Bild herzustellen, egal, wie lange ich übe. Ich betrachte dies nicht als Einschränkung. Es ist tatsächlich außerordentlich nützlich. Das Wissen um die Bandbreite meiner eigenen Vorstellungswelt hilft mir dabei, mir darüber klarzuwerden, wann ich Bilder einer anderen Person „übernehme". Wenn ich mit jemandem arbeite und dabei in dem Maße, wie ich mein Bewußtsein erweitere, bemerke, daß ich dreidimensionale Bilder sehe, die jenseits meiner normalen Bandbreite liegen, nehme ich an, daß die Bilder von dieser anderen Person stammen. Ich überprüfe diese Annahme mit Hilfe von Fragen, um festzustellen, ob er oder sie dreidimensionale Bilder macht: Ist die Antwort ja, habe ich ein gutes Gefühl dabei, weiterzufragen.

Wer immer es war, der sagte, wir hätten nur zwei Seelen, die in unserer Brust kämpfen, unterschätzte die Anzahl um ein Beträchtliches.
– Goethe

Ich bin nicht der Ansicht, daß es sich dabei um „außersinnliche Fähigkeiten" handelt. Ich habe dies Hunderten von Leuten beigebracht und spreche lieber von „erweiterten Fähigkeiten", wie der russische Fachausdruck lautet.

Das Erhöhen des Gewahrseins für die speziellen Qualitäten der imaginativen Vorstellungen

(*mit Dank an Peggy Tilestone*)

	Visuell	**Auditiv**	**Kinästhetisch**
Eigenschaften	Sind sie in Farbe, schwarz-weiß, farbig abgestuft, pastell, opak, durchsichtig, klar, unscharf, karikaturenhaft, mit einer Maserung versehen? Kannst du Wörter, Buchstaben sehen?	Wie ist der Tonfall? Höhe? Männlich oder weiblich? Klingt sie wie deine eigene Stimme oder wie die Stimme eines Menschen, den du kennst?	Oberflächenbeschaffenheit? Gewicht? Druck? Tempo? Intensität? (vage oder deutlich)? Feuchte? Spürst du eine Bewegung, obwohl du stillsitzt?
Standort	Wo befindet sich das Bild? Ist es beweglich? Ist es in der Nähe oder weit entfernt? Im Vordergrund oder im Hintergrund deines Geistes?	Wo kommt es her? Aus welcher Entfernung? Bleibt es an einer Stelle, oder bewegt es sich umher?	Handelt es sich um Empfindungen im ganzen Körper? Sind sie auf bestimmte Organe beschränkt? Gibt es irgendwelche Bereiche, wo du nie etwas spürst? Gibt es Bereiche, wo du normalerweise etwas spürst?
Größe	Wie groß ist es? Umhüllt es dich ganz?	Ist es leise oder laut, oder variiert es?	Wie groß ist es? Was ist sein größter Umfang? Sein kleinster?
Geschwindigkeit	Bewegt sich das Bild, oder steht es still? In welchem Geschwindigkeitsbereich bewegt es sich? Kannst du die Geschwindigkeit erhöhen oder verringern?	Wie ist das Tempo? In welchem Bereich bewegt es sich? Wie ist der Rhythmus?	Schnell, langsam oder variierend?
Grenzen	Hat es eine Grenze oder einen Rahmen? Wenn ja, wie sieht diese/r aus? Hat es Ecken?	Gibt es stille Momente? Wie sind sie? Gibt es Worte, Töne, Tonlagen oder alles zusammen?	Hat es eine Form und äußere Grenzen? Fixierte oder flexible? Dicke oder dünne? Durchlässige oder undurchlässige?
Dimensionen	Ist es zweidimensional, dreidimensional oder hologrammartig?	Ist Musik zu hören? Melodien? Text? Harmonien? Gibt es mehrere Stimmen? Sprechen sie miteinander?	Ist es drei- oder eindimensional? Hologrammartig? Gibt es mehrere gleichzeitig?
Art der Verbindung (des Assoziiertseins)	Bist du in dem Bild drin (assoziiert), oder beobachtest du ein anderes Ich im Bild (dissoziiert)? Falls dissoziiert: aus welchem Blickwinkel? Geschieht es mir dir? Kannst du es verursachen?	Welche Pronomina verwenden die Stimmen, z.B. „Du solltest" (nicht assoziiert) oder „Ich sollte" (assoziiert)? Erzählt die Stimme, was geschieht, oder spricht sie so, als sei sie in dem Bild, oder beides? Geschieht es mit dir? Kannst du es verursachen?	Ist es in dir? Außerhalb von dir? Geschieht es mit dir? Kannst du es verursachen?
Flexibilität	Wieviel Wahlfreiheit hast du, diese Bilder zu verändern und zu variieren?	Wieviel Wahlfreiheit hast du, diese Bilder zu verändern und zu variieren?	Wieviel Wahlfreiheit hast du, diese Bilder zu verändern und zu variieren?

Wie es so oft geschieht: Je mehr du über dich selbst und die Funktionsweise deines Geistes weißt, desto sicherer wirst du dir der Grenzen sein, die dich von anderen trennen, und desto mehr Sicherheit wirst du paradoxerweise darin haben, bis in die Tiefe zu erkennen, was in anderen Menschen vor sich geht.

Laß uns nun ein anderes Bild als Grundlage nehmen und achte darauf, was du tun kannst, um seine Bedeutung zu erhöhen:

Wenn du einen imaginären Arm ausstreckst, wirst du bemerken, daß sich vor dir ein ganzes Buchregal befindet, mit Büchern jeder Größe, Form und Einbandgestaltung. Eines davon wird dir zeigen, daß es „das Buch" ist, genau das Buch, das ich für dich und nur für dich geschrieben habe. Laß es einfach in deine Hand fallen.

Gefällt dir der Umschlag? Blättere es in deinem eigenen Rhythmus durch. Achte besonders auf den ersten Abschnitt auf S. 33. Er wird dir etwas sagen, was du gerade jetzt unbedingt wissen mußt.

Dies ist ein Buch voller Weisheit, doch die letzte Zeile enthüllt einen besonders wichtigen Rat für den Umgang mit deinem Feind. Mach dir keine Gedanken, du könntest dir den Rest des Buches verderben, weil du dann weißt, wie es endet. Du kannst diese letzte Zeile lesen, ohne dir irgend etwas zu verderben!

Wenn du fertig bist, kannst du das Buch zuklappen und es in deine Tasche stecken oder zurück ins Regal stellen. Wenn du das, was du entdeckt hast, aufschreiben oder jemandem erzählen oder auf Band sprechen willst, dann tu es.

Ich hoffe, dir gefällt dein Geschenk. Mir ist aufgefallen, daß sogar Menschen, die nicht gerne lesen, oder Kinder, die nicht lesen können, an den Büchern auf diesem Regal immer große Freude haben. Einige Kinder haben mich dazu überredet, ihnen dabei zu helfen, die Bücher, die sie gefunden haben, auf „echtes" Papier zu schreiben, sie diktieren mir dann die Worte und lesen sie immer wieder. Ich tue das, weil ich finde, daß die meisten Kinderbücher viel weniger interessant sind als diese, und ich denke, daß man sie auf dem Phantasieregal viel ordentlicher unterbringen kann und sie viel weniger Platz einnehmen.

Letzte Nacht träumte ich, ich sei ein Schmetterling. Heute frage ich mich, ob ich nicht ein Schmetterling bin, der träumt, ein Mensch zu sein.
– Chuang Tzu

Laß uns jetzt sehen, wie du dein neues Bild erweitern kannst. Spiele mit jedem Vorschlag ein wenig herum und achte auf die Wirkung, die er auf dein Bild von diesem Buch hat:

Atem: Mache eine paar flache Atemzüge und dann ein paar tiefe. Wie wirkt sich das jeweils auf das Bild aus?
Berührung: Such dir eine Stelle an deinem Körper, die gerne berührt werden würde, berühre sie, und achte dabei darauf, wie sich das auf dein Bild auswirkt.

Rhythmus: Experimentiere mit verschiedenen Rhythmen, indem du auf den Boden oder auf deinen Brustkorb trommelst; achte auf die Wirkung.
Bewegung: Probiere einige unterschiedliche Bewegungsarten aus, Schwingen, Gehen, Tanzen, und achte jedesmal auf die Wirkung.
Geschmack und Geruch: Wir wirkt sich beides auf dein Bild aus?
Summen: Probiere es zuerst laut, dann in deiner Vorstellung. Welche Wirkung hat das?
Singen: Probiere es mit Text.
Sprechen: Sprich mit dir selbst, zuerst in deiner Vorstellung, dann laut und deutlich. Erzähle, was du erlebst, einschließlich einer Beschreibung deines Bildes. Achte auf die Wirkung.
Zuhören: Öffne dich für die Geräusche in deiner Umgebung, höre Musik.
Schauen: Fasse mit offenen Augen etwas in den Blick, das in deiner Nähe liegt. Achte auf die Wirkung, die das auf dein ursprüngliches Buch-Bild hat.

Das Empfangen und Erkennen intuitiver Reaktionen

Als improvisierender Musiker bin ich nicht im Musikbusiness. Ich bin nicht im Kreativitätsbusiness. Mein Geschäft ist die Hingabe.
– Stephen Nachmanovitch

Nun ein guter Rat von seiten deines wohlwollenden Fürsprechers in Sachen Intuitionsmißhandlung. Denke daran, daß, wenn du deinem Unbewußten eine Frage stellst, es nicht unbedingt in Form von Worten antwortet. Es kommt eher selten vor, daß du fragst: „Was ist denn los?“ und eine Stimme antwortet: „Das will ich dir erklären.“ (Es sei denn, deine Intuition habe eine psychoanalytische Ausbildung erfahren. Doch auch dann sei lieber vorsichtig. Vielleicht bist du ein Channel für Sigmund Freud, der mehr als genug Sendezeit zur Verfügung hatte!) Wahrscheinlicher ist, daß du versonnen aus dem Fenster blickst und dann plötzlich wieder da bist. Du bemerkst, daß du an einen Film mit Robert de Niro denkst. Du stöberst in deinem Gedächtnis und erinnerst dich an den Titel: „Raging Bull“. Anstatt das jetzt einfach wegzuschieben, sei neugierig. Vielleicht gibt es ein unbefriedigtes Bedürfnis in dir, ganz laut „Bullshit!“ zu schreien.

Vielleicht kommt einfach eine Leere über dich. Dann, Minuten später, kommt dir ein Lied in den Sinn. Oder du bemerkst einfach, daß du einen Impuls verspürst, etwas anderes zu machen oder etwas Neues auszuprobieren, wie Gehen oder Schwimmen oder Banjospielen. Vielleicht spürst du den Drang, einer kleinen Theatergruppe beizutreten oder ein Drehbuch für einen Film zu schreiben. Je nach dem Muster, das dein Gehirn benutzt, um Informationen zu verarbeiten, gibt dir deine Intuition visuelle Bilder, Ideen, etwas zu machen, Lieder oder Gefühle. Oder du tust plötzlich etwas auf ganz andere Weise als je zuvor.

Diese „spontan aus dem Nirgendwo auftauchenden Ideen" – diese Ahnungen – sind in Wirklichkeit Dinge, die wie Blasen aus dem Unbewußten aufsteigen. Es ist nicht so, daß die meisten von uns nicht über einen intuitiven, kreativen Geist verfügen würden. Wir sind einfach nur dahingehend erzogen worden, den Botschaften, die ihm entstammen, keine Beachtung zu schenken und sie als „bedeutungslos" oder als aus „Geistesabwesenheit" resultierend zu betrachten. Denke daran, dein bewußter Geist denkt in geradlinigen, wie mit dem Lineal gezogenen Vorstellungen; dein Unterbewußtsein macht Zickzackbewegungen, und dein Unbewußtes wandert überall herum und gedeiht im Chaos.

Betsy, eine junge Frau, mit der ich arbeitete und deren Denken sich des Musters K-A-V bedient, beschreibt die Veränderungen, die sie erfährt, wenn sie mit Hilfe des Schreibens nach innen geht, folgendermaßen: „Wenn ich schreibe, spüre ich normalerweise einfach meine Finger auf den Tasten und sehe zu, wie sie sich bewegen. Ab und zu schaue ich auf die Worte, die auf meinem Computerbildschirm erscheinen. Sie scheinen in Form von separaten, dichtgedrängten Paketen aufzutauchen. Doch um intuitive Führung zu erhalten, habe ich gelernt, eine etwas andere Vorgehensweise zu verwenden. Ich achte auf meinen Atem und zentriere mich. Ich blicke nicht auf meine Finger auf den Tasten; statt dessen verliere ich mich offenen Auges in den Bildern, die ich in meinem Geist sehe, und ich beginne eine innere Stimme zu hören. Wenn ich dann später auf den Bildschirm schaue, ist da ein ganzer Strom, eine nahtlose Geschichte. Es ist ein völlig anderer Vorgang. Den ersten verwende ich für die Kommunikation mit anderen, den zweiten dafür, um mit mir selbst zu kommunizieren."

Gute Ideen müssen von selber in dir emporquellen. Warte auf sie. Sie entstammen kindlichem, träumerischem Nichtstun.
– Brenda Ueland

Sheldon, dessen Geist das Muster K-A-V benutzt, kam auf Veranlassung seiner Frau zu einem Workshop. Er war skeptisch in bezug darauf, ob seine Intuition ihm jemals irgendwelche Führung zuteil werden ließ: „Ganz selten einmal kommt mir plötzlich eine Idee, doch ich kann mich ebensowenig auf sie verlassen wie auf eine Beraterkolumne in der Zeitung." Ich bat ihn, eine Zeitlang seine Körperempfindungen zu beobachten und sich dann auf rhythmische Weise eine Frage zu stellen, bezüglich derer er wirklich nach Führung suchte – nicht unbedingt nach einer Antwort, aber nach Führung. Er rückte seine Schultern zurecht, kreuzte seine Beine in Höhe der Fußknöchel, schaute etwas einfältig durch den Raum und machte dann die Augen zu. Ich sagte ihm, er solle in das hineinspüren, was er fühlte, so tief er könne, und dabei wiederholt die Frage stellen. „Dann surfe einfach eine Zeitlang auf deinem Atem und paß auf, ob irgendwelche Lieder oder Geschichten auftauchen." Innerhalb von Minuten öffnete er seine hellen, blauen Augen weit. „Wie hast du das gemacht?" fragte er.

„Wie soll ich was gemacht haben?" Ich hatte nicht die geringste Vorstellung, wovon er redete.

„Wie hast du das gemacht, daß mir dieses Lied einfach so in den Kopf kommt?" Er lachte beinahe, doch seine Finger umklammerten den Rand eines blauen Kissens.

Ab und zu trifft es einen wie ein Schlag – man muß die Welt nicht so erleben, wie es einem beigebracht wurde.
– Alan Kingsley

Ich lachte auch und erzählte ihm völlig ehrlich, daß ich nichts mit irgend etwas von dem zu tun hatte, was ihm in den Kopf kam. „Hör zu, Sheldon. Es ist erst zehn Jahre oder so her, daß ich bereit war, mit einzugestehen, daß ich irgend etwas damit zu tun habe, was *mir* in den Kopf kommt. Was war das übrigens für ein Lied?"

Er räusperte sich und trank einen Schluck Wasser, bevor er antwortete. „Es ist ein Lied, das wir, als ich Kind war, in der Sonntagsschule sangen. Die erste Zeile lautet: ‚Weisheit ist in jedem von uns.' An den Rest kann ich mich nicht erinnern."

Von der gegenüberliegenden Ecke des Raumes aus begannen Mike und Sally spontan zu singen: „Weisheit ist in jedem von uns. Finde dein Herz. Öffne weit die Augen. Wir alle können alles wissen, ohne jemals zu wissen, warum."

Es gab einen Sturm von Beifall und Gelächter. Als er abebbte, schüttelte Sheldon den Kopf und sagte: „Das ist ja allerhand. Ich habe zwanzig Jahre lang nicht mehr an dieses Lied gedacht. Die Frage, die ich gestellt hatte, war: Woher werde ich wissen, was ich brauche? Tatsächlich kommen mir dauernd irgendwelche Lieder in den Sinn. Ich beachte sie aber normalerweise einfach nicht. Tut ihr das?"

Was wir in uns nähren, wird wachsen; das ist das ewige Gesetz der Natur.
– anonym

Statt zu antworten, sang die ganze Gruppe eine weitere Strophe von „Weisheit ist in jedem von uns".

Du kannst deine Entdeckungen bezüglich eines einzigartigen Bilder-Systems dazu benutzen, um die Reichweite dessen, was du bisher „Ahnungen" oder Intuition genannt hast, zu erweitern. Hoffentlich wird es dir dabei helfen, Respekt für die Vieldimensionalität deines Geistes zu empfinden.

Im folgenden findest du die gesammelte kollektive Weisheit von Menschen, die alle möglichen Muster benutzen, um das Auftauchen intuitiver Antworten zu erkennen. Das Unbewußte erzeugt Bilder und Vorstellungen; jedoch, wie es auch mit Träumen geschieht, verlieren die meisten Menschen sie sofort aus dem Bewußtsein. Das bedeutet jedoch nicht, daß die Vorstellung „weg“ ist. Sie kann viel leichter im Unterbewußtsein aufgespürt werden und dann ans Bewußtsein weitergeleitet werden, wo sie „verstanden“ werden kann.

Das Empfangen intuitiver Bilder, das Erkennen intuitiver Botschaften

Unterbewußter Kanal –	**empfängt Bilder durch:**
auditiv	das Hören von Liedern, Musik, Geschichten
visuell	das Sehen einer Vision, einer neuen Perspektive
kinästhetisch	das Spüren einer Energieveränderung, einer Vorstellung dessen, was zu tun ist, eines Wunsches, zu handeln
Bewußter Kanal –	**erkennt die Botschaft, indem man:**
auditiv	mit jemandem darüber spricht
visuell	sie mit der nichtdominanten Hand aufschreibt oder malt oder sie in Form einer visuellen Metapher beschreibt
kinästhetisch	das Experiment macht, zur Tat überzugehen, und auf die Wirkung achtet; indem man sich auf etwas zubewegt

Wie die verschiedenen Wahrnehmungsmuster intuitive Bilder empfangen und verstehen

V-A-K Spüre, wie du nach der Antwort suchst; achte auf Lieder, kurze Sätze oder Geschichten, die dir in den Sinn kommen. Schreibe sie auf oder zeichne/male sie, um die Botschaft deutlich werden zu lassen.

A-V-K Spüre nach, wie du nach der Antwort suchst; achte auf das Auftauchen einer Vision oder einer neuen Perspektive von etwas, das du tun könntest. Sprich mit jemandem darüber, um zu einem Verständnis darüber zu kommen, wie du die Botschaft einordnen kannst.

V-K-A Achte auf körperliche Empfindungen, die auftauchen, nachdem du die Frage gestellt hast, oder auf das Auftauchen des Wunsches, etwas zu unternehmen oder dich in eine bestimmte Richtung zu bewegen. Nimm einen Stift in deine nichtdominante Hand und bring diese Empfindungen schriftlich oder in Form einer Zeichnung zu Papier, um dir über die empfangene Botschaft klarzuwerden.

K-V-A	Achte auf Visionen, Geistesblitze oder neue Perspektiven, die dir kommen, nachdem du die Frage gestellt hast. Gehe oder bewege dich mit ihnen; das wird dir dabei helfen, sie in die Tat umzusetzen.
A-K-V	Werde dir der Empfindungen oder der Impulse, etwas zu unternehmen, bewußt, die auftauchen, nachdem du die Frage gestellt hast. Suche dir jemanden, mit dem/der du darüber sprechen kannst, um die Botschaft einzuordnen.
K-A-V	Werde dir der Lieder oder Geschichten bewußt, die dir in den Sinn kommen. Gehe oder bewege dich mit ihnen; das wird dir dabei helfen, sie in die Tat umzusetzen.

Ausnahmen sind die Regel! Menschen, die einen großen Teil ihrer Zeit im peripheren Bereich ihres Denkens zubringen – indem sie meditieren, künstlerisch tätig sind, in die Einsamkeit gehen oder mit Hypnose arbeiten –, sind wahrscheinlich viel besser imstande, das Bild sofort wahrzunehmen, wenn es aus dem unbewußten Zustand auftaucht.

Umgekehrt kann es sein, daß Menschen, die einen großen Teil ihrer Zeit „im Kopf" zubringen, „die Erfolgsleiter erklimmen" und in einem linearen Bewußtseinszustand funktionieren, das Bild erst dann wahrnehmen, wenn es ihr Bewußtsein erreicht hat. Wenn dieses visuell ausgerichtet ist, haben sie vielleicht eine blitzartige, klare Vision oder finden, daß eine Idee auftaucht, während sie Männchen malen; ist es kinästhetisch, erkennen sie das Bild vielleicht, wenn sie in einem entspannten Zustand sind und die Idee bekommen, etwas tun zu wollen, oder ein Gefühl „aus dem Bauch heraus" haben; ist es auditiv, sprechen sie die Idee vielleicht aus, während sie sich mit jemandem unterhalten oder vor sich hinsummen.

Unser Irrtum besteht nicht darin, daß wir einen nach außen gerichteten, auf Konfrontation ausgerichteten Geist haben, sondern darin, daß wir ihn überbetonen.
– Carla Needleman

Zusammenarbeit statt Kontrolle: der Beginn eines heilenden Zwiegesprächs

Wahrscheinlich hätte ich dir das gleich von Anfang an sagen sollen. Ich habe eine Menge fester Vorstellungen, was die Arbeit mit bildhaften Vorstellungen betrifft. Hier sind sie.

Es gibt viele Möglichkeiten, mit der Kraft der Vorstellung zu arbeiten. Ich habe die feste Vorstellung, daß es wichtig ist, ungerichtet vorzugehen. Ich glaube nicht daran, daß es sinnvoll ist, wenn das Bewußtsein das Unbewußte herumkommandiert. In den Weisheitstraditionen, die ich studiert habe, stellt man Nachforschungen an oder macht Vorschläge, aber man gibt dem nichtlinearen Geist keine linearen Anweisungen. Milarepa befahl den Dämonen, denen er sich gegenübersah, nicht, zu verschwinden. Aikido-Kämpfer zwingen ihre Gegner nicht in eine bestimmte Richtung. Milton Erickson zwang die Leute nicht in eine Heiltrance hinein. Sie alle benutzten ihren Einfluß auf individuelle und kreative Weise, und das ist die Art und Weise, wie das Unbewußte von Natur aus funktioniert.

Der Offenbarungskraft unseres Unbewußten gegenüber hege ich ein starkes Gefühl treuer Verbundenheit und Ehrfurcht. Ich möchte dich lehren, deinen Geist nicht von außen zu lenken, sondern mit ihm zu tanzen, von innen nach außen mit ihm zu arbeiten: auf symbolhafte und indirekte Weise, mit Hilfe von Phantasien, Geschichten, Zeremonien und Kunsthandwerk, wie es Kulturen auf der ganzen Welt getan haben und tun. Dies ist eine organische Art und Weise, die Ebene des tiefsten Verstehens zu erreichen, die möglich macht, Grenzmauern niederzureißen und heilende Beziehungen in dir selbst zu erschaffen. Sie respektiert die individuelle Einzigartigkeit deines eigenen Symbolsystems und ermöglicht es dir, von deiner tiefsten Weisheit geführt und aktiviert zu werden. Sie führt dich zur Integrität, zu einem Ausgerichtetsein an und in dir selbst.

Was in menschlichen Beziehungen hohe Wertschätzung genießt, ist die richtige Einschätzung des angeborenen Wesens des anderen, und diesem dabei zu helfen, es zu verwirklichen. Wenn man ein gerade gewachsenes Stück Holz sieht, wird man kein Rad daraus machen wollen, auch macht man keinen Dachbalken aus einem krumm gewachsenen Holz; man ist nicht bestrebt, sein natürliches So-Sein zu verfälschen, sondern vielmehr, darauf zu achten, daß es seinen richtigen Platz findet.
– von Carla Needleman zitierte chinesische Weisheit aus dem 3. Jahrhundert

Dies bedeutet nicht, daß du einfach dasitzen und deine Phantasie mit dir machen lassen sollst, was sie will. Statt dessen lernst du – da dies das Land der Beziehungen ist –, Zwiegespräche zu führen, hin- und herzugehen, innere Gespräche zu führen, anstatt einfach nur Erlasse kundzutun. Ein heilender Dialog handelt vom Austausch: Du bittest dein Unbewußtes um Input, erhältst diesen und teilst dann die Informationen deinem Bewußtsein mit, wobei du deine eigenen Wünsche und Vorstellungen geltend machst.

Unglücklicherweise ist vieles von dem, was sich „gelenkte Phantasie“ und „kreatives Visualisieren“ nennt, im besten Falle altmodisch und schwerfällig, im schlimmsten ineffektiv, ja, beleidigend. (Eine Menge innerer Stimmen rottet sich in meinem Kopf zusammen und schreit mich an, ich solle diesen letzten Satz umschreiben. Sie wollen, daß ich nett und höflich bin und Kontroversen vermeide. Sie halten mir die Tausende von Büchern vor Augen, die geschrieben wurden, die Hunderte von Vortragenden und Heilern, die mit dem Lehren gelenkter Affirmationen und Visualisationen ein Vermögen gemacht haben. Wie Milarepa verneige ich mich vor ihnen und verspreche ihnen ein Lied, sobald wir mit diesem Buchabschnitt fertig sind.)

Ich bin nicht der Ansicht, daß alles, was über Bewußtseinslenkung, -führung und -kontrolle gelehrt wird, falsch sei. Ich bin nur der Ansicht, daß es unvollständig ist und hauptsächlich dem Bewußtsein entspringt – wo ja eben das Problem liegt: Das lineare Denken führt sich in nichtlinearem Terrain auf wie ein Despot.

Ein Beispiel: Vor ein paar Jahren saß ich in einem Vortrag, der von einem sehr charismatischen, berühmten Arzt gehalten wurde. Sein Vortrag war brillant und inspirierend. Dann aber ließ er zu meiner Bestürzung die Beleuchtung herunterdrehen und schickte sich an, eine gelenkte Phantasiereise vorzulesen. Sie war verfaßt worden und wurde gesprochen von seinem bewußten Verstand und richtete sich an das Unbewußte der Tausende von Menschen, die wir uns im Saal befanden. Bis zu diesem Moment wäre ich ihm bis sonstwohin gefolgt; doch jetzt wand ich mich zwanzig Minuten lang auf meinem Metallstuhl und hielt mich an beiden Seiten fest. Seine Worte und Sätze besaßen eine bewußte Bedeutung, doch viele von ihnen bedeuteten für das Unbewußte etwas völlig anderes: „Du kannst ... TIEF HINEINGEHEN ... in eine tiefe Entspannung, MEINEN WORTEN lauschen ... mach dir keine Gedanken, irgend etwas KONTROLLIEREN zu müssen ... DU kannst MICH sprechen lassen, während du TIEF EINDRINGST ... (DEEP IN ... MY WORDS ... CONTROLLING ... YOU ... ME ... ENTERING DEEPLY ...)"

Alle theoretischen Aussagen sind in Wirklichkeit autobiographisch.
– Bruce Chatwin

Ohne sich darüber im klaren zu sein, denn er befand sich in seinem bewußten Verstand, gab der gute Arzt dem Unbewußten eines jeden der im Saal Anwesenden das, was man eine eingebettete Botschaft nennt. Ich habe jahrelang mit Menschen gearbeitet, die durch sexuellen Mißbrauch traumatisiert worden sind. Wenn du die großgeschriebenen Buchstaben liest, wirst du verstehen, warum ich mich kaum davon abhalten konnte, den Doktor mit seinem Stethoskop zu erdrosseln. Wir, denen von außen her Gewalt angetan wurde, wir wollen nicht, daß auf ähnliche Weise in unseren Geist eingedrungen wird. Ich bin sicher, daß dies nicht seine Absicht war, und ich glaube, er hätte dies nicht getan, wenn er sich selbst in einem erweiterten Bewußtseinszustand befunden hätte.

Natürlich hätte es eine Menge Vertrauen von seiner Seite erfordert, um nicht im voraus zu planen, was er uns allen in diesen zwanzig Minuten sagen würde; inmitten des Unbekannten Vertrauen in sich selbst zu haben ist aber freilich genau das, worum es bei der Arbeit mit dem Unbewußten geht.

Zu wissen, wie man sich durch die natürlichen Botschaften, die aus den eigenen Quellen stammen, leiten läßt und ihnen Ausdruck verleiht sowie wirkungsvolle Methoden erforscht, wie man sie beeinflußt, wird dich in die Lage versetzen, jede Form der gelenkten Imagination viel effektiver durchzuführen. Ich arbeitete einmal mit einer Frau, die aufgrund eines Tumors, der sich in ihrem Gehirn ausgebreitet hatte, schon fast erblindet war. Fast ein Jahr lang hatte sie regelmäßig eine Tonbandcassette mit Anleitungen zur Heilungsvisualisation angehört, die jemand gemacht hatte, dem sie nie begegnet war. Ich bat sie, ihrem eigenen Schmerz so genau zuzuhören, wie sie dem Band zugehört hatte, und genügend Raum in ihrem Leben zu schaffen, um tief in ihren Tumor hineinzublicken und auf die Botschaften zu achten, die er ihr bezüglich ihrer Heilung zu geben hatte. Dann stellte sie selbst ein Tonband her, mit ihrer Lieblingsmusik und mit Botschaften, die sie direkt aus der Wucherung in ihrem Gehirn dechiffriert hatte. Sie betitelte es: „Mehr Raum für mich in meinem Leben!"

Wunder sind ganz banale Vorfälle, die ein erwachter Blick als etwas Phantastisches erkennen kann.
– Natalie Goldberg

Noch ein paar Richtlinien:

Negative Vorstellungen funktionieren anscheinend nicht. Denke an ein Schild, auf dem steht: „Berühren Sie die nasse Farbe nicht." Jeder, der es liest, geht mit gelben Fingerspitzen weiter. Soweit wir wissen, macht das Unbewußte keine negativen Bilder. Wenn du ihm eine Botschaft sendest, die lautet: „Iß keine Schokoladentorte; ich werde fett wie ein Schwein", wird dein Unbewußtes ein Bild von einem herrlich fetten, fröhlichen Schwein machen, das ein Stück Schokotorte frißt. Dieses Bild wird so stark und wirkungsvoll sein wie das Bild von der Klapperschlange in der Wüste (oder war es: im Nachtisch? – desert – Wüste, dessert – Nachtisch). Wie dem auch sei, das Wasser wird dir im Munde zusammenlaufen, und du wirst nach dem Tortenstück greifen, während dein bewußtes Denken den negativen Teil übernehmen wird, nämlich den Versuch zu machen, das Bild zu löschen. Es ist viel effektiver, sich einfach das Bild eines geschmeidigen, biegsamen Ichs vorzustellen, das nachts auf einer Blumenwiese tanzt, oder die verbale Botschaft abzugeben: „Was ist es, genau jetzt, was ich viel lieber will als eine olle Schokotorte?" Oder dir einfach die Füße zu massieren oder ... Du merkst schon, worauf es hinausläuft: positive Bilder dessen, worauf du dich hinbewegen möchtest.

Je mehr Sinneseindrücke deine Vorstellungen umfassen, desto besser. Z.B. gehört zu meinen Bildern, die mit der Fertigstellung dieses Buches zu tun haben, die Vorstellung, wie ich mich vor Milton Erickson, Sensei Kuboyama, Thich Nhat Hanh, Andy und dir – der Leserin/dem Leser – verneige und das Buch als Geschenk darbringe. Ich höre auch die Gespräche, spüre das Aufwallen einer spannenden Erregung in meinem Körper, rieche die zitronige Luft, schmecke die Aufregung auf meiner Zunge usw.

Bildhafte Vorstellungen sind am wirkungsvollsten, wenn sie mit Gewahrsein und Mitgefühl verbunden sind. Zum Beispiel besteht die wirkungsvollste Weise, deinen Geist zu gebrauchen, darin, dein Gewahrsein in deinen Körper zu dirigieren, während du deine Vorstellungen irgendwie lenkst, um dein Herz jedwedem Schmerz, jedweder Frustration und Traurigkeit zu öffnen. Oder sei achtsam in bezug auf die Medikamente, die du einnimmst, während du jeder Tablette mit Hilfe deiner Vorstellungskraft die Kraft verleihst, zu bewirken, was sie bewirken soll, und Mitgefühl empfindest für deine Furcht, sie könne deiner Anleitung vielleicht nicht Folge leisten.

Sei offen für das Unerwartete. Nimm an, was immer kommt, ohne es zu analysieren oder zu beurteilen. Nimm deine ersten Impulse ernst. Bei der Arbeit mit Bildern und Vorstellungen geht es nicht um richtig oder falsch, gut oder böse, besser oder schlechter, schön oder häßlich. Es geht darum, die Wahrheit herauszufinden.

Aus einem Sandkorn

Jede Verletzung birgt potentiell das Geschenk der Heilung. Es folgt eine persönliche Beschreibung dessen, wie sich um eine Wunde herum das Geschenk des Heilwerdens bilden kann. Sie faßt alle meinen speziellen Ansätze und Überzeugungen bezüglich der Anwendung multisensorischer Vorstellungen in einem kleinen Juwel zusammen.

Wahre Liebe und echtes Gebet lernt man zu der Stunde, da zu lieben unmöglich scheint und das Herz versteinert ist.
– *Thomas Merton*

In meinem Arbeitszimmer steht ein Regal, wo meine Augen sich Inspiration holen, wenn der leere Computerbildschirm ein Loch in mein Hirn brennt. Jeder Gegenstand, jedes Buch, das darin steht, ist ein Symbol für einen Wendepunkt in meinem Leben. Der kleine Weidenbaum, der mir half, *Die Entdeckung des Möglichen* fertigzustellen, steht neben dem Bild meiner Großmutter. Zu ihrer Linken liegt die Schale einer Austermuschel, die mein Vater mir vor vielen Jahren schenkte.

Bevor ich zur Welt kam, war er Geschäftsreisender und fuhr mit einem Ford Modell T oder vielleicht auch F über die Landstraßen der Staaten New York und Connecticut. Er verkaufte Edelsteine an Juweliere – Jade und Koralle, Lapislazuli und Tansanit. Und er verkaufte Perlen.

Als ich dreizehn war, schenkte er mir diese spezielle Muschelhälfte, in die eine eben sich bildende Perle eingebettet war. Er erklärte mir, daß diese Kostbarkeit als Sandkorn ihren Anfang nimmt, als etwas Irritierendes, Unangenehmes, von dem die Auster sich nicht befreien kann, und schilderte mir, wie sie daraufhin beginnt, sich das Sandkorn einzuverleiben, indem sie eine Perlmuttschicht darüber und um es herum legt, es ganz mit dem schimmernden Material umgibt, bis es vollendet und etwas Eigenständiges ist. Er legte meine Hand auf das Geschenk und erzählte mir, daß eine Perle ihren Glanz erst dann erhalte, wenn sie mir warmer Haut in Berührung komme.

Diese Muschelschale hegte und pflegte ich; ich ließ meine Finger tausendmal über die schimmernde Oberfläche gleiten, so daß die Perle, wenn sie sich auch nie vollständig ausbilden konnte, dennoch Glanz erhielt. Dafür schenkte sie mir Trost während der turbulenten Pickelzeit der Pubertät.

Fünfzehn Jahre später, als ich in einem meiner Lymphgefäße einen Knoten ertastete, fühlte er sich auf überraschende Weise wie diese Perle an. Nachdem die Diagnose Krebs gefallen war und ich mich noch in dem Stadium „Alles ausprobieren“ befand, ging ich zu Heilern, die mir sagten, daß ich den Knoten durch mein Denken erschaffen hätte. Dies sollte mir zu dem Glauben verhelfen, ich hätte die Macht, ihn mit Hilfe von Heilungsvisualisationen verschwinden zu lassen.

Ich glaubte zwar in der Tat, die Macht zu besitzen, mir selbst Leid zuzufügen, doch ehrlich gesagt konnte ich den notwendigen Sprung nicht vollziehen, zu glauben, ich besäße die Macht, mich zu heilen. Nichtsdestoweniger visualisierte ich dreimal pro Tag. Da mein Geist zum Denken das Muster V-A-K benutzt, sah ich in meinem Bewußtsein, wie die feindlichen Zellen durch die verschiedenen Behandlungsmethoden zerstört wurden. Leider war es aber so, wie ich in der Folge entdeckte, daß mein Bewußtsein wenig oder gar keine Wirkung auf mein Immunsystem hatte. Alles ging „zum einen Auge herein und zum anderen wieder hinaus“.

Ein Bild ist ein Vehikel für mentale Prozesse, das tief in die Zellstruktur hineinreicht und die Intelligenz der Zelle verändert.
– Jeanne Achterberg

Auf eigene Faust beschloß ich, meinen Visualisationen Geschichten hinzuzufügen, so daß ich mehr Anteile meines Geistes mit einbringen konnte. Auch ging ich zu visuellen Symbolvorstellungen von bösen Krabben über, die von Powerstrahlenkanonen bombardiert wurden. Das kam mir wenigstens etwas interessanter vor. Dann, eines Nachts, als ich in der kleinen Zweizimmerwohnung in der Poverty Lane, wo David und ich wohnten, ein paar Gegenstände abstaubte, nahm ich die Muschelhälfte in die Hand und begann, ihre eingebettete Perle so zu berühren, wie ich es als Heranwachsende getan hatte, als ich ihr etwas von meinem Glanz gab. Dieser kinästhetische Input diente meinem Geist als Auslöser dafür, die Flügel zu entfalten. Auf flog er in die Freiheit. Ganze Geschichten entstanden auf natürliche Weise in meinem Kopf, die davon handelten, wie die Perle endlich aus ihrem Zustand der Gefangenschaft befreit und zu einem Halsschmuck wurde, der heilende Wirkung besaß.

Dieses Erleben dreidimensionaler Vorstellungen auf unterschiedlichen Wahrnehmungsebenen schien mein Immunsystem auf merkliche Weise zu beeinflussen, was dem bloßen „Visualisieren“ nicht gelungen war. Ich überlasse die Beweisführung anderen, die durch ihr Interesse und ihre Ausbildung in diese Richtung geführt werden. Meine Zellen jedoch haben Gewißheit. Die unter ihnen, die aus der Bahn geraten waren, sind jetzt schon lange Zeit wieder in Ordnung. Und mein Immunsystem hat anscheinend vom tiefsten Grunde des Ozeans meines Geistes gelernt, wie es mit einer Vielzahl von Irritationen umzugehen hat.

Geführt durch ein Lied

Jack Kornfield, spiritueller Lehrer und Autor, berichtet von einem Stamm in Afrika, der zur gelenkten Imagination Lieder verwendet. Wenn eine Frau daran denkt, schwanger zu werden, wartet sie, bis ihr ein Lied kommt. Sie bringt es ihrem Lebensgefährten bei, und sie singen es bei der Empfängnis. Sie lehrt es die Hebamme, und es wird während der Schwangerschaft und während der Geburt gesunden. Der gesamte Stamm lernt das Lied und singt es bei jedem Übergangsritus, den das Kind von der Pubertät bis zur Verheiratung durchläuft. Wenn der Betreffende stirbt, singt die Gemeinschaft das Lied zum letzten Mal.

Phantasie ist wichtiger als Wissen. Sie ist die Vorschau auf kommende Attraktionen im Leben.
– *Albert Einstein*

Welches Lied, welcher Gesang sollte dich von deiner Geburt bis zu deinem Tod begleiten? Es kann auch ein Lied ohne Worte sein. Experimentiere und finde heraus, was es dir leichter machen könnte, darauf zu kommen: spazieren gehen, Männchen malen, auf dein Knie trommeln usw.

9 Von den Wunden lernen:

Der Gebrauch der Dissoziation

Wären wir in der Lage, die geheime Geschichte unserer Feinde zu lesen, so würden wir im Leben eines jeden genügend Unglück und Leid finden, daß alle Feindseligkeit entwaffnet wäre. – *Longfellow*

Ein Wendepunkt zwingt dich dazu, festzustellen, woher du kommst, wohin du gehst, wie du von damals nach jetzt gelangt bist und wie du von hier nach dort gelangen möchtest. Die Antworten scheinen kleiner zu werden und weiter auseinanderzuliegen und die Fragen größer und näher beieinander. Jetzt sind wir bereit, zwei Möglichkeiten zu entdecken, wie du deine Vorstellungskraft dazu verwenden kannst, zwischen diesen Antworten und im Innern dieser Fragen zu existieren.

Was diesen Teil der Reise angeht, werden wir einen Fluß, dein Unterbewußtsein, befahren, um an ein dunkles, tiefes Wasser zu gelangen, das alle deine Erinnerungen widerspiegelt – dein Unbewußtes. Wenn deine Heilung erfordert, daß du eine neue Weise findest, mit den Erinnerungen und Ereignissen umzugehen, die dich verfolgen, wie wirst du dazu in der Lage sein, ohne den Schmerz wiederzuerleben, den diese Ereignisse dir bereitet haben? Wird die Erinnerung daran (remembering) nicht deinen Frieden und deine Gesundheit bedrohen (dismember)? Warum sollte man nicht die schlafenden Hunde in Ruhe lassen und die Vergangenheit Vergangenheit sein lassen? Gibt es wirklich eine Möglichkeit, von dem, was uns angetan wurde, zu lernen, ohne immer wieder den Schorf von der Wunde zu kratzen?

Das Bild ist der Welt ältestes und großartigstes Mittel der Heilung.
– Jeanne Achterberg

Dieses Kapitel wird dir dabei helfen, ein Floß zu bauen, um diese wilden Wasser zu durchqueren. Es bietet eine erste von zwei Vorgehensweisen, mit deren Hilfe du neue Möglichkeiten finden kannst, dich mit dem Feind und den Trümmern deines Lebens auseinanderzusetzen, Möglichkeiten, die nicht zu neuem Schmerz, sondern zum Lernen führen.

Die Dissoziation im Dienste der Assoziation

Die Methode der Transformation, die wir verwenden, nimmt sich einen schlechten Witz vor und macht ihn zu einem guten. Weiter oben erwähnte ich, daß eine der Schwierigkeiten, denen sich viele von uns gegenübersehen, darin besteht, daß sie sich von ihrer Fähigkeit, sich lebendig zu fühlen, getrennt oder dissoziiert fühlen. Natürlich gibt keiner von uns freiwillig die Verbindung zum Lebendigsein auf. In dem Maße, wie wir uns von irgend jemandem außerhalb von uns abschotten, schotten wir uns von uns selbst ab. Wir verhalten uns wie Kinder, die sich auf den Tauschhandel einlassen, einen ganzen Batzen ihrer Offenheit aufzugeben, um mit einem Minimum an Schmerzen davonzukommen. In dem Maße, wie wir älter werden, wird dieser Tauschhandel zu einer Mauer, die verhindert, daß irgend jemand eindringen kann, um uns zu verletzen; doch letztlich sind wir selbst diejenigen, die wir damit draußen halten. Diese Mauern führen zu unserem eigenen Scheitern – wir stehen draußen und schauen herein.

Einige Wunden werden tiefer im Laufe der Heilung. Wenn eine Frau vergewaltigt wurde, kann es sein, daß sie das, was ihr angetan wurde, immer wieder aufs neue erlebt, wenn sich ihr Körper in der Horizontalen befindet, oder an jeder dunklen Ecke, um die sie geht. Viele von uns dissoziieren sich von ihrem Körper, um ihre Seele zu schützen. Wir verbarrikadieren unsere Seelen hinter Mauern und beobachten alles durch eine weit entfernte Kamera. Meine Seele wurde nie vergewaltigt, doch sie war auch aus dem Rest allen Lebens verstoßen.

Wendepunkte rütteln heftig an unseren Mauern. Körperliche Krankheiten stellen die Mauern zwischen dir und deinem Körper in Frage, Sucht die zwischen dir und deiner Spiritualität, Mißbrauch die zwischen dir und deinen Gefühlen und Beziehungsprobleme die zwischen dir und deinem Herzen. Damit wir gesund werden können, müssen die Mauern durch durchlässige Grenzen ersetzt werden, die uns schützen, ohne uns zu zwingen, uns vom Leben zurückzuziehen.

Wenn du dem Schmerz direkt ins Auge siehst, wird er dir eine Salbe geben, die das Eitern der Wunde verhindert.
– *Ruth Gendler*

Meiner Erfahrung nach neigen viele Menschen, die Kindheitstraumata überlebt haben, dazu, assoziierte Bilder von schmerzhaften und dissoziierte Bilder von freudvollen Erlebnissen zu machen, wenn sie erwachsen sind. Erlebe einen Moment lang den Unterschied:

Stell dir vor, ganz vorne in einer Achterbahn zu sitzen. Assoziiere dich mit diesem Bild; gehe in es hinein; werde subjektiv; sei selbst in der Szene; sei ganz davon umhüllt. Jetzt dissoziiere dich, indem du einen Aspekt deiner selbst aussteigen läßt und dein anderes Ich auf dem vordersten Sitz aus der Zeugenposition beobachten läßt.

Wobei hast du mehr empfunden? Wahrscheinlich, wie die meisten Leute, als du mit dem Achterbahnwagen durch einen Sicherheitsgurt und deinen Hosenboden fest verbunden warst.

Verbundensein – Assoziiertsein – läßt also dein Empfinden eines Erlebnisses stärker werden – du fühlst mehr; das Nichtverbundensein vermindert das Empfinden eines Erlebnisses – du fühlst weniger. Das Gehirn ist fähig, von jeder dieser beiden Perspektiven aus so ziemlich alles zu denken. Das ist eine Ressource. Leider wissen viele nicht, wie sie dieses Werkzeug benutzen sollen. Wenn sie sich an schmerzliche Situationen erinnern, ist es so, als würden sie sie immer noch erleben. Sie befinden sich selber oben auf der Filmleinwand. Sie sind in dem Erlebnis drin. Sie treten in den Raum, wo ihre Mutter sie immer noch anbrüllt, der Junge aus dem anderen Häuserblock schlägt sie noch immer zusammen, das Auto überfährt ihren Hund, und sie sehen alles mit an, hilflos wie damals, als es geschah. Dies ist der Mechanismus, der die Vorstellung erschafft: „Ich bin das Problem." Doch wenn etwas Angenehmes geschieht, steigt der Betreffende automatisch von der Leinwand herab, setzt sich in den plüschigen Zuschauersitz und beobachtet alles ganz objektiv, so als geschähe es einer anderen Person, ohne irgend etwas zu empfinden!

Wenn das einzige Werkzeug, das du hast, ein Hammer ist, neigst du dazu, alles so zu behandeln, als wäre es ein Nagel.
– Abraham Maslow

Glücklicherweise ist es möglich, eine Socke umzustülpen. Das Gehirn ist sehr gut imstande, zu lernen, von einem assoziierten Bild zu einem dissoziierten überzugehen. Oder umgekehrt. Auf diese Weise können wir wieder lernen, uns mit Angenehmem zu assoziieren und von Schmerzhaftem zu dissoziieren. Wenn das schmerzhafte Erlebnis in einiger Entfernung geschieht, nicht mir, sondern ihm oder ihr, läßt dies das Lernen viel weniger schwer werden. Es ermöglicht dir, in ein Zwiegespräch mit ihm zu treten, die Art und Weise, wie du mit ihm umgegangen bist, neu anzuschauen und zu verändern.

Eine Frau, mit der ich arbeitete und die das Muster K-A-V benutzte, fühlte sich überwältigt von all den Bildern vergangenen Leidens, die ihr Denken mit der Angst, zu sterben, zu ersticken und unter Brustschmerzen zu leiden, besetzten. Als sie diese Bilder genau untersuchte, fand sie heraus, daß sie alten unbewußten Filmen entstammten, in denen sie die Hauptrolle einnahm, die sie aber selbst nicht sehen konnte. Was sie hörte, war ein fortwährender innerer Wortstrom, der ihr sagte, daß sie immer unrecht habe und daß ihr Schmerz keinen interessiere.

Nachdem sie erst einmal die Bilder gefunden hatte, mit denen ihr Denken diese Verbindung eingegangen war, war sie imstande, aus ihnen herauszutreten und einen Theatersaal zu erschaffen, der mit mehreren Projektionsflächen und einem großen Konzertflügel ausgestattet war. Wenn sie an diesem herrlichen Instrument saß, konnte sie jeden Film, in dem sie als jüngeres Ich vorkam, an sich vorüberziehen lassen und sich ansehen und, als erwachsenes Ich, auf dem Flügel alles das spielen, was sie als Reaktion auf die Situation und auf sich als Kind in ihrem Körper empfand.

Ein weitverbreitetes Mißverständnis lautet, daß dissoziiert zu sein etwas Schlechtes sei. In Wahrheit ist es eine Fähigkeit – ein Talent –, wenn es im richtigen Kontakt benutzt wird. Wenn ich z.B. zum Zahnarzt muß, bin ich absolut begeistert davon, daß ich die Fähigkeit habe, mich von meinem Erleben zu lösen, indem ich über alles hinwegschwebe und mich an die Leuchtstoffröhre hänge, während Dr. Mooney eine Wurzelbehandlung durchführt. Wer braucht schon Novocain?

Einige der erfolgreichsten Menschen der Welt gehen in einen Zustand der Dissoziation, um Probleme zu lösen: Sie treten aus der betreffenden Situation heraus und werden „objektiv“, d.h., sie beobachten ein anderes Ich dabei, wie es das Problem löst. Suzuki Sensei, ein sehr dynamischer 75 Jahre alter Aikidokämpfer aus Maui/Hawaii, nennt dies Kontemplation. Er geht dabei so vor: Er nimmt das Problem und hängt es vor sich auf, wo ein anderes Ich an ihm arbeitet. Er selbst sitzt einfach da, atmet ein und aus und läßt es einfach dort hängen. „Schließlich kommt mir die Lösung. Warum sollte ich mich damit herumquälen? Besser ist es, zu kontemplieren.“

Beim Tagebuchschreiben kann ich mich über beide Seiten der Realität auf dem laufenden halten.
– Anaïs Nin

Eine mögliche Verwendung der Dissoziation besteht darin, sich Raum zu schaffen. Die Fähigkeit, in jeder Beziehung, einschließlich der Beziehung zu seinem Feind, eine Distanz herstellen zu können, wenn du dies brauchst, kann dir helfen, dich mit deinen eigenen Wertvorstellungen und Kraftquellen wiederzuverbinden; auf diese Weise wird es dir leichter möglich sein, dem anderen wirklich nahe zu kommen.

Vom Regen in die Traufe

Ich möchte dir eine Geschichte mitteilen, als Beispiel dafür, wie man dissoziative Imagination einsetzen kann, um einen gesunden Weg zu finden, über eine ungesunde Situation nachzudenken. Innerhalb von Minuten, nachdem ich Mark (V-K-A) zum erstenmal sah, hatte ich das Gefühl, ihn schon immer gekannt zu haben. Nachdem jedoch Stunden vergangen waren, hatte ich das Gefühl, es mit einem völlig Unbekannten zu tun zu haben. Er war Ende Dreißig, mit gewelltem, vor der Zeit ergrautem Haar und gleichmäßigen, vollkommenen Gesichtszügen. Er war „gesucht lässig“ gekleidet. Wenn er sprach, waren nur seine Hände lebendig, die die Worte aus seinem Mund zu ziehen schienen. Aus irgendeinem Grund ließ er mich an einen Canyon, einen Abgrund denken.

„Ich denke, es wird von mir erwartet, daß ich mit der ganzen Wahrheit herausrücke. Also gut. Ich komme aus einer Alkoholikerfamilie und bin selber Alkoholiker. Seit sieben Jahren bin ich trocken. Als Kind mußte ich mich um meine Mutter kümmern. Beide Eltern haben keine große Freude an mir, so, wie ich bin. Für meinen Vater war ich von Anfang an eine Enttäuschung. Er war ein berühmter Schriftsteller und Politiker, und ich war nicht eben be-

Es gibt Menschen, die am Leben teilnehmen, ohne es zu beobachten, und Menschen, die das Leben beobachten, ohne daran teilzunehmen.
– Jim Rohn

rühmt in der Schule. Meine Mutter war, nun ... ich denke, man sagt: kontrollierend. Aber auch sie kümmerte sich nicht besonders um mich. Ich bin hauptsächlich von Haushälterinnen großgezogen worden. Vor kurzem erinnerte ich mich daran, daß eine von ihnen ... mmmh ... mich sexuell mißbrauchte; aber daran möchte ich nicht arbeiten. Ich möchte nichts mehr davon wissen."

Sein Gesicht war zu wie eine Faust. „Ich glaube, ich wirke recht anziehend auf Frauen. Meine erste Frau war Alkoholikerin, und wir leben seit vier Jahren in Scheidung. Ich möchte gerne eine neue Beziehung, aber ich halte mich selbst von jeder echten Intimität zurück. Es gibt in mir keinen Platz für irgendeinen anderen Menschen. Ich verkrümele mich immer, wenn was Gutes auf mich wartet, und erscheine immer dann, wenn die Scheiße bis zur Decke reicht."

Ich nickte, als er sprach, doch Mark schien es nicht zu bemerken; er starrte irgendwohin, wo ich nichts sehen konnte. „Es fällt mir nicht schwer, Frauen nahezukommen. Stimmt gar nicht. Es fällt mir nicht schwer, sie an mich heranzulassen. Es ist so, als wären sie augenblicklich da, in meinem Zentrum. Es ist so, als würden sie zu einer Insel in meinem grenzenlosen Ozean. Sie schlüpfen hinein, und mir bleibt keine Wahl, Bumm! Wir werden intim. Doch dann gehe ich nach außen und fange an, mir die ganze Sache von dort aus anzuschauen. Ich fange an, außerhalb meiner selbst zu leben, als wäre zwischen mir und mir ein Vakuum. Ich habe kein Gefühl für den Abstand zwischen Nähe und Entfernung. Alles wird zu einem Entweder/Oder."

Marks Hände beschrieben Spiralen in der Luft, während er sprach. Seine Stimme wurde ausdruckslos, seine Pupillen weiteten sich, und sein Körper begann vor- und zurückzuschaukeln. „Ich weiß nicht, wo es eine Mitte gibt. Sie, jede Frau, ist unmittelbar in mir drin. Ich gebe ihr nie die Erlaubnis dazu. Ich kann es nicht. Ich bin irgendwo anders und schaue zu. All das geschieht automatisch. Sie betritt meinen Raum, ohne zu fragen, und dann weiß ich, daß sie auch keine Grenzen besitzt, so daß ich auch ihren betrete. Es gibt nichts in der Mitte. Ich kann sie nicht draußen halten, und sie kann mich nicht draußen halten. Da ist nur diese schreckliche, ungewollte Nähe. Zuerst denkt sie, sie könne mich kontrollieren. Es geschieht alles automatisch. Das ist das Schlimmste daran. Ich habe keine Wahl."

Sein Atem ging jetzt schnell, doch ich war mir sicher, daß er sich seines Atems oder seines Körpers nicht bewußt war. Er war ein kreisender Satellit; er beobachtete sich selbst dabei, wie er zu mir sprach, beobachtete, wie er vor Jahren sexuell mißbraucht wurde, beobachtete sich selbst, wie er Anziehung auf andere Frauen ausübte, so daß sie ihm auf ähnliche Weise Gewalt antaten.

„Ich habe versucht, mich von ihr fernzuhalten – von ihnen –, aber es nützt nichts. Ich versuche, Abstand zu allen Frauen zu halten, doch nicht in erster Linie, um mich vor ihnen, sondern eher, um sie vor mir zu schützen. Ich lebe im Extrem beider Polaritäten. Ich bin entweder total zurückgezogen und isoliert oder völlig involviert. Sie sind direkt in mir drin. Ich möchte einen neutralen mittleren Standpunkt einnehmen können. Ich möchte die Möglichkeit haben, zu wählen, ob ich meine Zustimmung gebe. Ich will, daß es Grenzen gibt.

Meine ehemalige Frau pendelte zwischen verzehrender Leidenschaft und Rückzug hin und her. Zu Beginn machte sie sich immer dann, wenn ich Verlangen nach ihr hatte, unerreichbar. Ich verzehrte mich vor Lust, in ihre Grenzen einzudringen. Doch wenn sie mich dann schließlich ließ, konnte ich einfach nicht ..."

Wären die Toten wirklich tot, warum leben sie dann immer noch in meinem Herzen?
– Winneap Shosone, Medizinmann

Marks Gesicht glich einer Steppe. Seine Stimme war ohne Konturen. Nur sein Körper bewegte sich rhythmisch vor und zurück – wie ein Metronom. „Ich wurde impotent. Sie empfand Verachtung und griff mich mit Worten an. Ich zog mich zurück."

Er schüttelte den Kopf, rieb sich die Stirn und brachte seine blauen Augen wieder in Scharfstellung. Seine Händen ließen feuchte Flecken auf seinen grauen Cordhosen zurück. „Wir sind seit einiger Zeit geschieden, aber mit anderen Frauen läuft es nicht viel besser. Daran will ich arbeiten. An der Impotenz, meine ich. Ich will in der Lage sein, einen anderen Menschen *freiwillig* in meine Welt einzulassen. Mich erst einmal mit der Frau anzufreunden. Ein eigenständiges Ich zu sein und dennoch einen anderen Menschen mit einzubeziehen. Ist so etwas möglich?"

Eine ganze Weile lang antwortete ich ihm nicht. Ich ließ einfach die Stille zwischen uns zu. Dann sagte ich ihm, daß das, was er zu lernen bereit war, viele Schichten besäße und daß wir uns eine Schicht nach der anderen hindurcharbeiten würden, seinem eigenen Bereitsein entsprechend.

Ich lud ihn zu einem Spaziergang ein. Durch die Bewegung schien er sich ein ganzes Stück zu entspannen und wieder in seine Mitte zu kommen. An einer kleinen Brücke machten wir halt. Während ich ihm zuhörte, wie er seine erste Ehe beschrieb, fiel mir auf, daß er in die Erinnerung daran eintrat und sie in diesem Moment wiedererlebte. Seine Gesichtszüge wurden flach, seine Bewegungen irgendwie gespreizt und minimal; seine Stimme monoton. Er beschrieb Streitsituationen mit seiner Frau in einer Weise, als würden sie noch geschehen. „Sie brüllt mich an, und ich erstarre. Ich fühle mich total bescheuert, doch ich kann mich nicht rühren. Ich habe schreckliche Angst."

Symbole besitzen die Fähigkeit, nicht nur auf intellektueller Ebene zu berühren, sondern auch auf der Ebene des Verhaltens und des Fühlens.
– Albert Einstein

Auf meine Frage, wann er sie zum letzten Mal gesehen habe, sagte er, daß es zwei Jahre her sei. Ich bat ihn um eine detaillierte Beschreibung der Bilder, die er im Kopf hatte, wenn er kurz davor war, eine Frau zu lieben. Ich erklärte ihm, daß ich nicht so sehr am Inhalt der Bilder interessiert sei als an der Art und Weise, *wie* er sie sich vorstellen würde. Seine Antwort war ein perfektes Beispiel für dissoziierte bildhafte Vorstellung: „Ich habe noch nie darüber nachgedacht, doch ich glaube, ich hänge an der Decke und beobachte ein anderes Ich, das mit der Frau im Bett liegt; ich gebe ihm Ratschläge und kommentiere, was er richtig und was er falsch macht."

Als ich ihn nach dem Tonfall fragte, in dem diese Kommentare erfolgten, sagte er, es klinge wie sein Vater oder ein kritischer Fußballtrainer, der alles, was er tat oder sagte, mit negativen Kommentaren bedachte. Er starrte in den Wasserlauf, fortgetragen vom Strom der Erinnerungen, die er wiedererlebte. Ich forderte ihn auf, auf der Wasseroberfläche den jüngeren Mark zu sehen, dem von seiner Frau verachtungsvolle Worte zugeworfen wurden. Ich machte den Vorschlag, er solle ihm von seiner jetzigen, weiseren Perspektive aus Rat erteilen.

Mit einem gequälten Lächeln im Gesicht sprach Mark deutlich und voller Mitgefühl zu seinem verheirateten Ich: „Atme, Mann. Es ist gleich vorbei – wie das Wasser unter der Brücke. Du wirst es überstehen. Ich werde für dich da sein."

Ich reichte herüber und berührte leicht seine ineinander verschränkten Hände. „Yeah man, genau so. Du und ich, genau so." Er streckte seine Hände über seinen Kopf und reinigte den Moment mit seinem Lachen.

Indem wir unsere Vorstellungskraft trainieren, können wir damit beginnen, andere wirtschaftliche, politische, unterrichtsbezogene Beziehungen und Arten der Religionsausübung zu imaginieren, die uns gerecht werden, anstatt uns noch mehr Schmerz zuzufügen. ... Dies macht es sehr aufregend, in unserer Zeit zu leben. Es ist, wie wenn man Wasser zum Kochen bringt. Zuerst sieht es nicht so aus, als würde viel passieren, bis die Temperatur um die entscheidenden 1 oder 2 Grad ansteigt. Ich denke, daß heute in der menschlichen Psyche im Untergrund eine ganze Menge Wasser am Brodeln ist.
– *Matthew Fox*

Als wir in meine Praxis zurückkamen, gratulierte ich ihm dazu, daß er aus seiner Vergangenheit herausgetreten und dazu in der Lage gewesen war, von dieser Perspektive aus zu sehen, was er zum damaligen Zeitpunkt in jener schmerzlichen Beziehung zu einer Frau gebraucht hätte. Ich bat ihn, darüber nachzudenken, was seiner Meinung nach geschehen würde, wenn er in seine lustvollen Erlebnisse mit Frauen hineingehen würde, indem er hinter seine eigenen Augen und Ohren kriechen würde, zurück in seine Haut, anstatt als Zuschauer von außen zu fungieren. Seine Antwort kam zuerst nur zögernd: „Ich würde sehen, wie das Licht sie berührt und wie meine Hand sie berührt ... Und ich sähe ihre Augen und wie ihr Blick immer weicher wird und ..." Als er bewußt zu verstehen begann, was geschah, lachte er mit jenem Lachen, das immer kommt, wenn ein Unbewußtes entdeckt, daß ein schlechter Witz sich in einen guten verwandeln kann. Sogar in einen sehr guten.

Sowohl Mark als auch ich wußten, daß er noch eine Menge zu lernen hatte, bevor seine Beziehungen zu Frauen nährend und gefahrlos werden konnten. Wir wußten auch, daß sie jetzt auch lustvoll sein konnten.

Ein einfacher Schritt

Es scheint nur wenige Menschen zu geben, die über diese Art der Anwendung dissoziativer Bilder Bescheid wissen. Neulich fuhr ich zum Keeler's-Bay-Supermarkt und hörte mir eine neuerworbene Tonkassette über das Führen eines Tagebuchs an. Die Frau, von der sie stammte, drückte sich klar und deutlich aus, sie war kreativ und verfügte über viel Erfahrung. Sie hatte sehr gute Ideen, wie man mit Hilfe eines Tagebuchs zu mehr Selbsterkenntnis kommen kann, bis – ich fuhr mit dem Auto beinahe in den See – die Stimme, die durch den Autolautsprecher kam, mir sagte, ich solle an die schlimmste Begebenheit denken, die mir je widerfahren sei, und die Erinnerung daran lebendig werden lassen. „Laß sie so lebendig werden, als geschähe sie jetzt. Gehe in sie hinein; rieche die Gerüche; spüre in deinem Körper, was du damals spürtest; höre die Geräusche. Was hast du an?"

Ich erinnerte mich an eine Frau, mit der ich vor Jahren gearbeitet hatte und die hysterisch erblindet war, nachdem ein Workshopleiter eine ähnliche Übung mit ihr gemacht hatte. Sie war in das Alter von zwei Jahren zurückkatapultiert worden; sie war auf einen Ofen gesprungen, ihr Nachthemd hatte Feuer gefangen, und 80% ihrer Haut waren durch Verbrennungen dritten Grades versehrt. Kein Wunder, daß ihr Unbewußtes nicht wollte, daß sie sehen konnte!

Beinahe wäre ich gegen den großen grünen Müllcontainer auf dem Parkplatz geknallt, bevor ich mir klarmachte, daß es besser wäre, aus dieser Erinnerung auszusteigen. Ich gab mir selbst das Versprechen, der Frau, die die Tonkassette verfaßt hatte, einen Brief zu schreiben und ihr so freundlich wie möglich zu erklären, daß das Heraustreten aus einer schmerzhaften Erinnerung den Lernprozeß effektiver und angenehmer machen könnte, ohne daß irgendeine wichtige Information dabei verlorengehen müßte.

Die folgende Übung wollen wir mentalen Texas-Twostep nennen und sie uns in Form eines Tanzes vorstellen. Wir wollen sie dazu benutzen, in die Freude, die in unserem Leben ist, einzusteigen und sie in Lebensgröße zu empfinden und herauszutreten in eine große Prärie, wo das Leid, das in unserem Leben ist, sich ganz weit draußen am Horizont befindet und wo wir eine neue Perspektive auf das erhalten können, was wir gebraucht hätten und nicht bekommen haben.

Rufe dir irgendeine Erinnerung ins Gedächtnis, die dir Freude macht. Vielleicht ist es eine Erinnerung der letzten

Könnte ich die Blume genauso malen, wie ich sie sehe, würde keiner sehen, was ich sehe, weil ich sie ganz klein malen würde, so, wie sie ist. Also habe ich zu mir selbst gesagt, ich werde malen, was ich sehe – wie die Blume für mich aussieht, doch ich werde sie groß malen, und die Leute werden erstaunt sein und sich die Zeit nehmen, genau hinzusehen.
– Georgia O'Keefe

Woche, des letzten Jahres oder des letzten Males, als du an ein Kindheitserlebnis dachtest.

Geh in die Erinnerung hinein, wenn du noch nicht darin bist. Verbinde dich in einer Weise mit ihr, als seiest du ganz in sie eingehüllt, als geschähe sie jetzt. Achte darauf, wie sich das anfühlt, aussieht, klingt, riecht, schmeckt. Komm wieder zurück und zentriere dich. Bringe deinen Körper in einen sehr angenehmen, unbeschwerten Zustand. Nimm etwas in die Hand, das dir ein Gefühl der Sicherheit gibt, setze dich in deinen Lieblingssessel oder gehe, während du die mit der Übung fortfährst, im Raum herum.

Denke jetzt an ein unangenehmes Ereignis in der Geschichte deines Lebens. Es braucht kein traumatisches oder besonders grausiges zu sein, es muß nur entschieden unangenehm sein. Übe dich darin, aus diesem Bild herauszutreten, es einfach andauern und einem jüngeren Selbst geschehen zu lassen, während dein gegenwärtiges Selbst es nur beobachtet und weiterhin in der Sicherheit des gegenwärtigen Moments gegründet bleibt. Achte auf die Wirkung, die dies auf deine Sinneswahrnehmungen hat.

Wenn ich in den Spiegel schaue, geschieht folgendes: Ich, der ich hier, auf meiner Seite, ein Nichts bin, plaziere mich dorthin, wo ich ein Mensch bin, und projiziere ihn wieder zurück auf dieses Zentrum ...; mein Spiegel leistet für mich das, was meine Freunde tun, nur mit weniger Komplikationen ... Der Spiegel und ich, wir beide bringen gemeinsam einen Menschen zustande.
– Douglas E. Harding

Du kannst in einem Rhythmus, der dir angenehm ist, hin- und hergehen, in die angenehme Erinnerung hineinund aus der unangenehmen hinausgehen, bis du diesen Tanz mit Leichtigkeit beherrschst.

Denke an ein Bild von deinem Feind. Tritt aus ihm heraus und achte auf die Art und Weise, wie es sich in bezug auf dein damals jüngeres Selbst verhält. Was kannst du aus dieser neuen Perspektive lernen?

Sorge für ein Gefühl der Sicherheit, auf jeden Fall und mit allen verfügbaren Mitteln

Es folgen ein paar Richtlinien für das Herstellen und Wiederherstellen eines Gefühls der Sicherheit, während du mit deiner bildhaften Vorstellung arbeitest.

Zuallererst: Zentriere dich. Wenn du deine Mitte verlierst, wenn du an deinen Schmerz oder deinen Kampf denkst, brauchst du manchmal nichts weiter zu tun, als mehr körperlichen Abstand zwischen dich und deinen Feind zu bringen, um wieder in deine Mitte zu kommen. Dies kann auf vielerlei Art geschehen. Verändere die Umgebung: Stelle

Die Menschheit kann ein Zuviel an Wirklichkeit nicht ertragen.
– T.S. Elliot

ein Glasfenster oder eine Glastür zwischen dich und die Repräsentation deines Feindes; nimm ihn mit an einen Ort in der Natur, wo du gerne bist. Bring dich selbst in eine Situation, wo du in jeder Zelle deines Körpers weißt, daß du geborgen bist – in einer warmen Badewanne oder in den Armen eines Menschen, dem du vertraust.

Wenn du mit einem geistigen Bild arbeitest, das dir große Angst macht, kannst du dir vorstellen, daß du eine Fernbedienung in der Hand hältst wie die, die du für den Fernseher benutzt. Lege einen Finger auf die Stoptaste; achte darauf, daß du in der Lage bist, den Lautstärkeregler sofort zu drücken – ebenso Rewind und Play. Wenn du das Gefühl hast, es zu „verlieren", drücke die Pausentaste, geh in deine Mitte und atme. Tu, was immer dir hilft, dich sofort in Sicherheit zu fühlen, und mach dann weiter. Ich habe einige Leute gebeten, sich ihren Feind oder ihre Verletzung auf einem winzig kleinen Bildschirm von der Größe einer Briefmarke vorzustellen – oder daß seine/ihre Stimme aus einem Miniradio ertönt – oder daß sie ihn/sie von der letzten Sitzreihe eines Kinos aus ansehen und dabei die Hand eines Menschen halten, dem sie vertrauen – oder daß sie einen ausgestopften Tiger umarmen, einen Lieblingsfelsen – oder sich eine Fußmassage geben lassen. Das Wichtige dabei ist, daß *du deinen Körper im gegenwärtigen Moment spürst, sicher und sehr angenehm.* Dein kinästhetischer Kanal bleibt in der Jetztzeit, auch wenn deine Augen und Ohren in die Vergangenheit zurückgehen und dort sehen und hören.

Wenn man eine Situation, die einen zum Leiden bringt, nicht zu ändern vermag, kann man immer noch die eigene Einstellung dazu ändern.
– Viktor Frankl

Bitte unterschätze nicht, wie wichtig es ist, sich ganz in Sicherheit zu fühlen. Wenn du dich nicht sicher fühlst, wird deine Intuition sich hinter jeder Mauer, Barriere und Barrikade, die in deiner mentalen Landschaft zu finden ist, verstecken. Raum schaffen, dich zentrieren; erhöhtes Gewahrsein entwickeln; wählen, wie, wann und wo du etwas wahrnimmst – all dies trägt dazu bei, durchlässige Grenzen zu schaffen. Und wenn du über gute Grenzen verfügst, brauchst du keine Mauern.

Eine Möglichkeit, festzustellen, ob du dich im gegenwärtigen Moment sicher fühlst und intakte Grenzen hast, besteht darin, darauf zu achten, ob du in der Lage bist, peripher zu sehen, die Geräusche in deiner Umgebung zu hören oder deinen Körper in seiner Ganzheit und die Energie im ganzen Raum zu spüren.

Du hast entdeckt, daß es an deinem Käfig einen unverriegelten Türöffner gibt. Die Wahl, ihn zu drehen und aus dem Käfig herauszutreten und damit die Freiheit zu haben, aus deinen Wunden und Verletzungen zu lernen, liegt jetzt bei dir.

Wer sich der Geschichte nicht erinnern will, ist dazu verdammt, sie zu wiederholen.
– Santayana

10 Dem Schmerz eine Heimstatt geben:

Benutze deine Kreativität, um dich im Außen auszudrücken

Eine Geschichte ist eine Medizin, die die Flaschenzüge schmiert und sie hochhievt, die uns den Weg nach draußen, unten, innen, kreuz und quer weist, die schöne, weite Tore in vorher undurchdringliche Mauern schlägt, Tore, die uns zu unserem eigenen Wissen führen.

– *Clarissa Pinkola Estés*

Wenn man auf einer langen Reise ist, fällt es viel leichter, sich zu orientieren, wenn man sich an einen Ort begeben kann, von dem aus man einen Überblick bekommt – einen Baum oder einen Berg, auf den man steigen kann, so daß die ganze Landschaft zu sehen ist. Auf vergleichbare Weise wird die Heilung erleichtert, wenn du in der Lage bist, den Feind, den *uke*, aus seiner Isolation heraus- und ihn in den größeren Zusammenhang deines Lebens zurückzubringen, innerhalb dessen du zu der Erkenntnis gelangst, daß du größer bist als das Problem.

Ehe wir uns neu arrangieren können, müssen wir durch eine Periode des De-Rangiertseins gehen.
– M.C. Richards

Wenn du den Kontext veränderst, innerhalb dessen du über etwas nachdenkst – wenn du dich z.B. vom Erdboden weg auf einen Baumast begibst –, kannst du deine Perspektive verändern. Wenn du die Art und Weise veränderst, wie du etwas wahrnimmst, kannst du die Art und Weise verändern, wie du darüber denkst, wie du es erlebst und was für ein Verhältnis du dazu hast. Verändere den Kontext – verändere die Wahrnehmung – verändere dein Erleben – verändere deine Reaktion. Anstatt sich in demselben verdammten Kampf im Kreise zu drehen, wird dein Geist offen für neue Möglichkeiten.

Inzwischen ist dir wahrscheinlich klargeworden, daß dieses Buch keine große Hilfe dabei sein wird, deinen Feind loszuwerden. Was sich jedoch verändern kann, ist die Art und Weise, *wie du dich diesem Feind gegenüber verhältst.* Und das kann alles verändern.

Sensei Kuboyama sagt uns immer wieder: „Mit den *ukes* im Außen fertigzuwerden ist einfach. Es sind die *ukes* in unserem Inneren, die uns am leichtesten besiegen können." Innen oder außen – er lehrt uns, nicht vor den *ukes* wegzulaufen; wie ignorieren sie nicht, und wir versuchen auch nicht, sie zu vernichten. Wir müssen flexibel genug sein, den Raum zu schaffen, der nötig ist, damit wir frei wählen können, wie wir reagieren. Wenn wir über diesen Raum verfügen, können wir wählen, wie wir die Energie des Gegners benutzen und umlenken, auf die gleiche Art und Weise, wie ein Außenfeldspieler einen Baseball fängt, indem er sich rückwärts bewegt, in dieselbe Richtung, in die der Ball fliegt, bevor er ihn wieder ins Innenfeld zurück dirigiert.

Die folgende Übung, die Sensei Lloyd Miyashiro „Schmetterling auf dem Handgelenk" nennt, steckt voller Lektionen, die mir dabei halfen, zu lernen, auf eine Kraft, die scheinbar unbeweglich ist, zu antworten, anstatt einfach nur zu reagieren. Sie läßt offensichtlich werden, wieviel Wahlfreiheit wir haben, wenn wir uns den Raum geben, den wir brauchen, um neugierig zu sein und zu lernen, anstatt zu kontrollieren und in die Verteidigung zu gehen. Sie stellt auch ein Modell dar für einen kraftvoll-sanften Weg, die Geschichte der Wunde zu erforschen, die sich in jeder geballten Faust verbirgt.

Strecke eine Hand aus und balle sie fest zur Faust. (Oder, noch besser, laß jemanden seine zur Faust geballte Hand ausstrecken, wenn er oder sie Lust hat, mit dir zusammen etwas zu lernen.) Versuche mit der anderen Hand, die Faust zur Seite, nach oben oder unten zu drücken.

Was geschieht mit der Faust? Bei den meisten Menschen schließt sie sich noch fester, als hinge das Überleben davon ab, daß sie genau dort bleibt, wo sie ist. Viele unserer Feinde sind in ihrer Weigerung, sich verändern oder kontrollieren zu lassen, genauso starrköpfig.

Probiere jetzt eine andere Möglichkeit aus: Zentriere dich, laß dann deinen Geist sich ausdehnen, als hätte er Flügel. Lege die Spitze des Daumens und des Mittelfingers deiner anderen Hand an beide Seiten deiner ausgestreckten Hand, SO LEICHT WIE EIN SCHMETTERLING. Sei offen für die Faust. In anderen Worten, fühle, wie sie sich bereits im Rhythmus deines Atems minimal bewegt.

Lernfähig zu sein heißt, jung zu sein, und wer immer die Freude am Lernen in sich wachhält, bleibt ewig jung.
– J.G. Bennett

Gehe mit ihren Bewegungen mit, so leicht, wie du kannst, und achte dann darauf, wo du auf diese natürliche Bewegung Einfluß nehmen kannst. Laß dir dabei viel Zeit und gib dir Raum. Sei spielerisch; ohne Ziel. Sei einfach neugierig darauf, wo es bereits eine Bewegung gibt, die du erweitern und beeinflussen kannst.

Wie unterscheidet sich die Faust jetzt vom ersten Mal? Die meisten finden heraus, daß die Faust ermüdet und nicht länger im starren Zustand verharren möchte, wenn es nichts gibt, wogegen sie ankämpfen könnte.

Indem du so sanft bist, zentriert in deiner Kraft, flexibel, rezeptiv und geduldig, ermutigst du zum Eingehen eines Bündnisses, anstatt zum Kampf. In anderen Worten, du gibst einem Aspekt deiner selbst, deinem Feind, bekannt, daß du ein Verbündeter bist und ihm nicht länger in einem inneren Bürgerkrieg Gewalt antun willst.

Um diese Lektion zu integrieren, benutze deine Geisteskraft ein paar Minuten lang dazu, um sie auf die Art und Weise zu übertragen, wie du mit deinem Feind umgehst. Wenn du wie der Schmetterling empfändest, wie würdest du mit dir selbst sprechen, wenn du dich über deinen Feind ärgerst? Was für Gedanken hättest du bezüglich der Verletzungen und Wunden deiner Geschichte?

Ich begann zu malen, um in einer Phantasiewelt Trost zu finden. Doch diesmal sagte meine innere Stimme: „Nimm Verbindung auf zu anderen Menschen. Du mußt nicht allein mit all dem fertigwerden."
– Laurel Burch

Im Laufe der folgenden Seiten wirst du die Macht der persönlichen Kreativität verwenden, um den größeren Zusammenhang, in dem dein Leben sich abspielt, noch mehr zu verändern. In diesem Kapitel wirst du lernen, von der Identifikation „Ich bin der Feind" zu der Externalisierung überzugehen: „Ich halte den Feind in sensiblen und festen Händen, von wo aus ich anfangen kann, mich auf wirksamere Weise auf ihn zu beziehen." Dies wird es deinem Geist ermöglichen, den Fluß der hinuntergeschluckten Ereignisse, seien es Verletzungen oder abgetrennte Aspekte von Körper, Geist oder Seele, umzukehren. Wenn sie sich in Reichweite deiner Hände befinden, unmittelbar vor dir, anstatt hinter deinem Rücken oder im Innersten deines Geistes verborgen, kannst du mit ihnen arbeiten.

Lernen mit Hilfe der eigenen Kreativität

Milton Erickson erweiterte die Anwendung von Symbolen, Geschichten, Analogien und Zeremonien auf den Heilungsprozeß. Er zeigte auf, daß indirektes Lernen sehr wirkungsvoll ist, weil es den Kontext verändert, innerhalb dessen jemand über ein Problem nachdenkt. Eine einfache Metapher, die durch Geschichten, Gedichte, Schnitzereien, Fotografien, Tänze, Lieder, Gewebtes oder Gemaltes ausgedrückt wird, kann zu einer Verschiebung innerhalb festgefahrener Muster führen und die Bedingungen für eine Veränderung schaffen. Sie ist eine Idee, die sich auf spezielle Weise offenbart, indem sie etwas, was dir zur Gewohnheit geworden ist – „immer wieder derselbe Mist!" – nimmt und dir hilft, auf eine ungewohnte, neue Weise darüber nachzudenken. Eine Metapher kann dies leisten, weil sie auf vielen Ebenen gleichzeitig kommuniziert. Sie hilft, die Knoten in unserem Geist zu lösen, weil sie die Starre unserer Denkweisen auflöst.

> **Malerei und Dichtkunst haben schon immer zu einer Veränderung unseres Empfindens und Fühlens beigetragen – was gleichbedeutend ist mit einer Veränderung des Körpers und des Geistes des Menschen.**
> **– *Norman O. Brown***

Auf diese Weise gehen wir, wenn wir unserem inneren Erleben eine äußere Form geben, zu den Symbolsprachen des Unbewußten über, wo detailliertes lineares Analysieren in das Verstehen eines Gewebes von Ideen übersetzt wird. Eine Alchemie des Geistes ist am Werk, die das Leiden in Bildhauerei oder Musik verwandelt. Die Chance für dich selbst und andere, deine Botschaft zu empfangen, ist in dieser neuen Form deutlich höher.

In unserer Kultur wird uns beigebracht, daß es auf die *Ergebnisse* unseres kreativen Prozesses ankomme. Für den Zweck der Heilung sind die Produkte jedoch irrelevant. Es kommt auf den *Prozeß* an. Dieser besteht im wesentlichen aus einer Art des Staunens – du trittst ein in die Dunkelheit und gehst durch sie hindurch; du löst die Bilder aus ihr heraus – bringst sie zu Papier oder auf Filmmaterial, formst sie in Ton oder in Stoffen – um das Entsetzen freizusetzen und ihm Gestalt, Form, Anmut und Erneuerung zu schenken. Der Sinn des kreativen Prozesses, wie wir ihn hier benutzen, liegt darin, den schöpferischen Akt als Heilverfahren zu erforschen und als eine Möglichkeit, zur eigenen Wahrheit zu erwachen.

Unser Körper gleicht einem Komposthaufen. Wir sammeln Erfahrungen, und aus der Zersetzung der weggeworfenen Eierschalen, Spinatblätter, Kaffeereste und Fleischknochen unseres Geistes entstehen Stickstoff, Wärme und äußerst fruchtbarer Boden. Auf diesem fruchtbaren Boden erblühen unsere Gedichte und Geschichten.
– Natalie Goldberg

Die Menschen sind die einzigen Geschöpfe auf der Erde, die, wie Alice Walker es beschreibt, dazu in der Lage sind, Gedichte zu erschaffen „aus den Überbleibseln unserer Verluste, unserer Trauer, unserer Liebe". In unserer Kultur jedoch sind Kunst und Kreativität in den Bereich des öffentlichen Auftritts verbannt worden. Uns wird beigebracht, daß nur einige wenige „talentierte" Menschen geboren werden und deshalb wir anderen ein dankbares Publikum abzugeben haben. Hinzu kommt, daß die konventionellen Methoden der Psychotherapie die Kreativität sowohl der Klienten als auch der Psychotherapeuten blockieren. Über die Jahrhunderte hinweg haben jedoch viele ursprüngliche Kulturen metaphorische Methoden entwickelt, die die Menschen lehren, durch die Dunkelheit hindurchzugehen, den Schmerz anzunehmen und zu transzendieren – Methoden, die sanft sind, mit Festlichkeiten einhergehen und wahrhaft gemeinschaftsstiftend sind. In Bali z.B. hat jeder eine bestimmte Arbeit, sei es das Ausnehmen von Fischen oder das Anpflanzen von Reis. Zusätzlich hat jeder einzelne die Möglichkeit zum kreativen Ausdruck, sei es im Tanz, in der Batik oder der Bildhauerei. Die Kreativität wird als ein wichtiger Bestandteil im Gewebe der Realität angesehen, als Verbindung von Spiritualität und Alltagsleben.

Was ist, wenn ein Mensch nicht mehr Talent hat als irgendein anderer, sich aber einfach selbst gestattet, mehr von dem, was es in der Welt gibt, wahrzunehmen und ihm Ausdruck zu geben? Krankheit und Mißbrauchserlebnisse konfrontierten mich mit der Möglichkeit des Zerstörtwerdens. Die Sucht konfrontierte mich mit meiner Fähigkeit, zerstörerisch zu sein. Von allen dreien zu genesen erforderte meine Fähigkeit, das Gegenteil zu tun – Teil des schöpferischen Prozesses des Lebens zu sein.

Wenn du tief genug in den Geist eines Menschen eintauchst, wirst du die Stelle finden, die schöpferisch ist. Träumen ist etwas Schöpferisches. Wenn du träumst, bist du schöpferisch tätig. Wenn du dir Sorgen machst, bist du schöpferisch tätig. Ich arbeitete einmal mit einer Gruppe von Frauen, die alle unter extrem hohem Blutdruck litten. Die jüngste von ihnen war 62 Jahre alt. Zuerst dachte ich, ich sollte ihnen helfen, zu tanzen und zu malen, sich zu entspannen und ihren Blutdruck zu senken, aber sie lachten über meine Vorschläge und

Wie alle anderen Manifestationen der Kreativität sollte das Filmemachen in einem Zustand der brennenden Erregung geschehen, es sollte ein Stoffwechselprozeß des Unbewußten sein, eine Reise zum Mittelpunkt unserer selbst und der Welt.
– Federico Fellini

fuhren fort in ihrer Gemeinschaft des Jammerns. Jeden Nachmittag saßen sie in der Vorhalle des Genesungsheims und tauschten miteinander Geschichten darüber aus, wessen Kinder die schlampigsten seien, wessen Enkel höchstwahrscheinlich in einem Drogenkrieg enden würden und wer von ihnen selbst die nächste sein würde, die in der Wohlfahrtsabteilung für unheilbar Kranke landen würde.

Ich bat die Pflegeschwester, eine Woche lang vor und nach diesen Sitzungen den Blutdruck der Frauen zu kontrollieren. Tatsächlich war der kollektive Blutdruck, ob mit Medikamenten oder ohne, nach all diesem Gejammer höher als zuvor. Es wurde mir klar, daß unter all diesen Erzählungen von Elend und Not eine Schicht von schweren Sorgen existierte, die von Expertinnen auf diesem Gebiet unterhalten wurde. Und unter dieser Sorgenmacherei lag ein ungenützter Vorrat an kreativer Energie.

Ich erzählte der Gruppe von meinem Sohn David, der zu der Zeit beim Skispringen war. Ich legte ihnen dar, wie ihm beigebracht wurde, zu trainieren, indem er Filme vor seinem geistigen Auge sieht und sich selbst etwas darüber erzählt, wie er mit Anmut und Erfolg den Neunzigmetersprung schafft. Ich schilderte in allen Einzelheiten, wie er da ganz hoch oben steht, atmet und so lange wartet, bis sein imaginärer Körper abspringt, und dann seinen realen Körper folgen läßt. Sogleich begannen all die Frauen sich Sorgen drüber zu machen, wie der arme David abstürzt, wie der arme David sein Blut auf dem schönen, sauberen Schnee verspritzt, wie die arme Dawna bei seinem Begräbnis weint.

Ich legte ihnen dar, daß ihre Sorgen das genaue Pendant der Imagination von David darstellten, nur mit jeweils negativem Ausgang. Statt guter Gefühle produzierten sie schlechte Gefühle in ihrem Körper – Knoten und hohen Blutdruck. Ich kritisierte sie scharf dafür, daß sie erbärmliche Jammertanten seien, und erzählte ihnen, daß, wenn David nicht in der Lage wäre, sich den Sprung genau vorzustellen, er ihn auch nicht ausführen könnte. Ich machte den Vorschlag, daß sie üben sollten, sich auf die richtige Weise Sorgen zu machen, so daß jede ihrer Geschichten ihnen dazu verhelfen könnte, „den Absprung zu finden". Sie gingen und machten sich dabei Sorgen, ob sie wohl lernen könnten, sich auf gekonntere Weise Sorgen zu machen. Bei der nächsten Sitzung hatten sich ihre Sorgen von Seifenopern in Erfolgsstories verwandelt. Wenn eine Frau steckenblieb, feuerten die anderen sie an, indem sie ihr zusetzten: „Spring, Ethel, spring! Wie könnte deine Enkelin Marcy vielleicht doch glücklich werden, wenn sie diesen Idioten heiratet?" „Tillie, wenn dein Sohn jetzt seine Stelle verliert? Aber dann könnte etwas ganz Tolles passieren, z.B. ..." In der darauffolgenden Woche rief mich die Schwester an und berichtete, daß der Blutdruck einer jeden Frau aus der Gruppe beträchtlich *gesunken* sei!

Das Ziel beim Arbeiten mit der persönlichen Kreativität besteht darin, Wahlfreiheit herzustellen bezüglich dessen, wie wir mit unserem Feind umgehen, auf einer tieferen Ebene verstehen zu lernen, was seine Motive sind, ein Gefühl des Staunens wiederzugewinnen und die Tatsache würdigen zu lernen, daß wir Teil eines größeren Ganzen sind.

Wenn es uns gelingt, sprachlos zu sein demgegenüber, was aus uns heraus entsteht oder was andere offenbaren, sind wir Menschen, die sich im Zustand des Wachsens befinden.
– Sidney Jourard

Lisa (V-K-A) litt jedes Jahr in den dunklen Wintermonaten unter schweren Depressionen. Es fiel mir auf, daß sie zu jeder Sitzung eine Segeltuchtasche mit Strickzeug mitbrachte. Eines Tages bat ich sie, es mir zu zeigen. (Manchmal kann ich sehr neugierig sein.) Sie strickte eine pastellfarbene Jacke nach einem Standardmuster. Am Ende unserer Sitzung bat ich sie, sich zu zentrieren, nach innen zu gehen und, von dort aus, einen „Medizinpullover" zu entwerfen und zu stricken, der ein Ausdruck sein sollte für ihre ganze dunkle Geschichte, für den Schmerz, den sie als Folge davon erfahren mußte, und auch für die Art und Weise, in der sie gerne mit dem Schmerz umgehen würde. Das war im Frühherbst. Ich sah sie sechs Monate später, und sie trug das, was sie mit ihren Händen geschaffen hatte: die Geschichte ihrer Heilung in Form eines knöchellangen Mantels, in über siebzig unterschiedlichen Farbtönen und Mustern. Es war ein weiter Umhang, eine Höhle, ein warmes Zuhause für ihre Angst. Stolz trug sie ihn jeden Tag jenes kalten Winters anstelle ihrer Depressionen. Anstatt ein Objekt zu sein, mit dem alles mögliche passiert, verwandelte sie die Dunkelheit in eine Qualität, mit deren Hilfe sie etwas erschaffen konnte.

Gib mir all das, was zermalmt ist und verletzt, und ich werde ein Licht daraus machen, das dich weinen machen wird, und es wird regnen, und es wird ein Anfang sein.
– Deena Metzger

Kreativität ist Erkennen und Ausdruck der eigenen Einzigartigkeit. Wenn einem beigebracht wird, diesen grundlegenden Wesenszug nicht geltend zu machen, wird man „anders". Anstatt etwas zu verändern, werden wir nur „anders". In meinem Fall bestand das Geltendmachen meines „Andersseins" in einer tödlichen Krankheit, bei der mein Körper innere Gewächse produzierte, die keiner zu heilen vermochte. Was sich darunter verbarg, war mein Bedürfnis, nach innen zu gehen, auf meine einzigartige Weise schöpferisch zu sein und dies im Außen auszudrücken. Ich habe mit Menschen gearbeitet, die ihr Anderssein behaupten, indem sie kraß übergewichtig sind, indem sie „der/die einzige" sind, „der/die ..." (z.B.: nicht geheilt werden kann, nicht verstehen kann, keine Liebe verdient usw.), indem sie isoliert und einsam sind. Anders zu sein stellt für einige von uns praktisch die einzige Möglichkeit dar, ihrer Einzigartigkeit Anerkennung zu verschaffen.

Nancy (A-V-K) wurde von Träumen gequält, in denen sie eine Lesbierin war, die unter einem riesigen Betthimmel erstickte. Sie hatte gerade geheiratet und war sehr in ihren Mann verliebt. Die Träume verwirrten und quälten sie. Ich forderte sie auf, den Stoff, aus dem der Betthimmel bestand, auf ein großes Blatt Zeitungspapier zu malen. Sie bedeckte das Papier mit einem komplizierten Muster – in Türkis, Rot und Orange, mit einem winzigen braunen Fleck an einer Seite – und bemalte dann den Rand sorgfältig mit einem Grenzstreifen. Wir hängten es an die Wand, und ich bat sie, zurückzutreten und sich selbst als das Gemälde zu beschreiben. Ihre Worte lauteten: „Da gibt es eine Grundschicht von verbindendem Gewebe bei mir. Was du siehst, entstammt dieser Schicht. Da gibt es eine Menge Farben und Leidenschaften, alles mögliche zu sagen. Ich habe eine Grenze, auf die ich vertrauen kann. Ich möchte mich gerne erforschen lassen, und ich kann es genießen. Die Gefühle, die für Nancy problematisch sind, sind nur dieser eine kleine braune Fleck mitten in all dem anderen, was ich bin. Eines Tages wird sie auch diesen Fleck verstehen, doch im Moment kommt es nur darauf an, daß sie sich an den ganzen Stoff erinnert, aus dem sie besteht."

Ich schlug ihr vor, das Bild einzurahmen und es genau an den richtigen Platz in ihrem Schlafzimmer zu hängen, wo es ihr Beruhigung und ein Gefühl der Sicherheit vermitteln konnte. Sie fing an, regelmäßig zu malen, als Möglichkeit, ihre Sexualität und ihre Individualität zu erforschen. Jedes Werk, das sie schuf, enthüllte die tiefste, grundlegende Wahrheit ihres Herzens und verschaffte ihr einen breiten Kontext, der der Verwirrung in ihrem Leben einen Rahmen gab.

Richtlinien: Wie gewinne ich meine Kreativität zurück?

Es ist hilfreich, sich so viel ungestörten Raum zu verschaffen, wie man braucht, so daß man das Bild, wer man zu sein habe, und alle Resultate, die man erbringen sollte, loslassen kann.

Inspiration ist vielleicht eine Form des Überbewußtseins oder auch des Unterbewußtseins – ich weiß es nicht. Doch bin ich sicher, daß sie die Antithese zum Selbst-Bewußtsein (In-sich-selbst-Befangensein) darstellt.
– Aaron Copland

Da es nicht auf das ankommt, was wir in diesem Wiederverbindung schaffenden Prozeß produzieren, ist alles, was wir tun, einfach eine Übung. Wenn du dich ungeschickt oder befangen fühlst, sieh das als Signal dafür, daß du vielleicht etwas wegfallen lassen solltest. Vielleicht lebt Mrs. Treblecleff vom Schulchor der dritten Klasse noch in deinem Denken, vielleicht deine Tante Lydia oder die Aufseherin Acres aus dem Ferienlager. Wenn eine von ihnen oder alle erscheinen, begrüße sie einfach: „Hallo,

Mr. Fartfellow. Ich sehe, Sie sind hier." Es besteht keine Notwendigkeit, zu schreien oder auf Kissen zu schlagen. Einfach nur: „Hallo, Mrs. Treblecleff. Sie sind ja auch noch da. Ich übrigens auch. Dies ist mein Moment, und ich will ihn genießen."

Stell dir erst einmal vor, wie es wäre, zu tanzen, dich zu bewegen, zu malen, zu singen, Töne zu machen oder zu schreiben, ohne darüber nachzudenken, ob es gut oder schlecht ist oder ob es besser oder schlechter sein könnte, tiefer oder bedeutsamer. Wenn du dir das vorstellen kannst, kannst du es zur Wirklichkeit werden lassen.

Oft beginne ich mit einer zeitlich begrenzten Aufwärmübung („Das mache ich jetzt zehn Minuten lang"), die ich von Natalie Goldberg lernte, der Autorin von *Wild Mind* und *Writing Down The Bones,* und folgendermaßen erweiterte: Elf Minuten lang schreibe ich den größten erdenklichen Mist zusammen oder male das häßlichste Bild oder tanze auf die linkischste Art und Weise oder spiele auf die ungeschickteste Weise mit Ton. Ich schaue genau auf die Uhr. Nach drei oder vier Minuten scheinen die kritischen Stimmen zu verstummen, doch ich bestehe auf der vorher festgelegten Zeit. „Ihr wolltet Raum und Aufmerksamkeit; ich habe euch elf Minuten versprochen, also bekommt ihr sie." Und wirklich dauert es nicht länger, weil ihr nach den elf Minuten alle in dieselbe Richtung gehen werdet, anstatt euch bei jedem zweiten Gedanken gegenseitig zu sabotieren.

Während du kreativ tätig bist, und danach, lautet die wichtigste Frage, die du dir stellen solltest: „Ist das echt?" oder: „Wie kann ich das, was ich innerlich erlebe, noch authentischer ausdrücken?"

Finde deinen eigenen Weg: Wie man mit Hilfe verschiedener Vorgehensweisen einen Feind externalisiert

Um deinen Feind externalisieren zu können, indem du ihn in irgendeiner imaginativen Form nach außen stellst, mußt du die Sequenz herausfinden, die für dich am effektivsten ist; dazu mußt du dir noch einmal vor Augen führen, was du in den vorhergehenden Kapiteln gelernt hast. Die folgenden Kommentare zeigen auf, wie verschiedene Menschen, die ich in unseren Fortgeschrittenengruppen befragt habe, ihre Feinde externalisieren. Es gibt jedoch auch Leute, die gerne erst einmal loslegen und sich dann entscheiden. Vielleicht liegt es dir auch näher, heute mit dem einen Kanal zu experimentieren, morgen mit einem anderen und im nächsten Jahr mit einem weiteren. Das ist völlig in Ordnung.

Alle Menschen haben das Bedürfnis, sich täglich in einer Weise auszudrücken, die die körperliche und gefühlsmäßige Befreiung begünstigt. Musikalischer Selbstausdruck ist ein fröhliches und gesundes Mittel der Kommunikation, das absolut jedem offensteht.
– Music For People

Im großen und ganzen gesehen verbrachten die meisten (aber nicht alle bzw. nicht immer), die ich befragte, einen Großteil ihrer kreativen Zeit in ihrem unterbewußten Kanal. Nachdem sie sich zentriert und nach innen gewandt hatten, wie in den vorhergehenden Kapiteln beschrieben, arbeiteten also V-A-Ks und K-A-Vs hauptsächlich vermittels von Liedern, Geschichten, Dialogen oder Klängen: K-V-As und A-V-Ks kreierten Szenen, Gemälde, geschriebenes Material oder Fotos; A-K-Vs und V-K-As tendierten dazu, Körper- oder Tonskulpturen zu kreieren und Gegenstände, Bewegungen oder praktische Erfahrungen zu verwenden. Genauer ausgedrückt:

K-A-V

„Zuerst muß ich darauf achten, was ich in meinem Körper spüre. Gehen oder Bewegung hilft mir. Dann setze ich mich ans Klavier und mache Töne, die dem Gefühl entsprechen. Oder ich mache die Töne auf meinem Körper oder auf dem Fußboden. Manchmal singe ich sie."

„Ich massiere mir zuerst die Füße oder den Körper und mache dann eine Skulptur von dem Feind oder von meinen Gefühlen ihm gegenüber. Ich brauche dann jemanden, mit dem ich über das sprechen kann, was ich daraus gelernt habe. Manchmal schreibe ich eine Geschichte, doch danach fällt es mir schwer, sie zu lesen."

„Ich tanze einfach. Wenn die Musik ohne Worte ist, kommen mir beim Tanzen Geschichten in den Sinn. Von Zeit zu Zeit male ich nach den Sitzungen all das, was mir in den Sinn kommt."

K-V-A

„Eine sehr starke Methode für mich ist, mich so zu bewegen, wie ich mich fühle, und mich dabei im Spiegel zu betrachten. Dann setze ich mich hin und schreibe Tagebuch, oder ich suche mir einen guten Freund oder Freundin, die zuhört, während ich beschreibe, was ich gesehen habe."

Schreibe hart und klar über den Schmerz.
– Ernest Hemingway

„Ich mache eine Tonfigur aus dem Feind und stelle sie so weit weg von mir wie nötig, um sie zu betrachten und etwas darüber zu schreiben."

„Ich gehe spazieren und suche etwas in der Natur, das mich an ihn erinnert; dann betrachte ich es und beschreibe es so, als wäre ich es selbst (‚Ich bin ganz vertrocknet und in der Mitte hohl ...'). Manchmal nehme ich einen Fotoapparat mit, und wenn der Film entwickelt ist, lege ich die Fotos vor mir auf einen Tisch und höre auf das, was sie mir erzählen."

V-K-A

„Ich schreibe Briefe an mich selbst, so, als ob der Feind mir schreiben würde."

„Es hilft mir, ein Symbol für meinen Feind zu finden und herumzugehen, es in der Hand zu halten, ihm zuzuhören und ihm Fragen zu stellen. Manchmal sehe ich etwas, das das Problem genau darstellt, und dann kommen starke Gefühle hoch, von denen ich mich durch Schreiben befreie."

„Ich suche mir gerne einen Spiegel und ‚werde zu dem Feind'; ich bringe meinen Körper in die entsprechende Form und schaue mir zu, während ich mich bewege. Manchmal schaue ich nur in den Spiegel und stelle mir Fragen."

V-A-K

„Ich male ein Bild mit meiner nichtdominanten Hand und schreibe dann irgendeine Geschichte, die mir gerade in den Sinn kommt, während ich das Bild betrachte. Ich brauche dann unbedingt jemanden, dem ich diese Geschichte oder das, was ich entdeckt habe, erzählen kann."

„Ich schaue einfach eine Zeitlang meine Hand an und fange dann an, ihr ein Aussehen zu geben, das meiner Meinung nach dem des Feindes ähnlich ist. Ich führe eine Art Puppenspiel mit ihm auf; dabei bringe ich eine Stimme aus meinem Kopf in meine Hand, so daß ich einen Dialog mit ihm führen kann."

„Ich gebe dem Feind einen besonderen Namen und schreibe dann eine Reihe von Briefen von ihm an mich und von mir an ihn."

Ein Mann wollte Wissen über das Denken erlangen, nicht in der Natur, sondern in seinem großen Privatcomputer. Er fragte ihn: „Rechnest du dir aus, daß du jemals wie ein Mensch denken können wirst?" Die Maschine machte sich daraufhin an die Arbeit, ihre eigenen Rechen- und Denkgewohnheiten zu analysieren. Zum Schluß druckte sie ihre Antwort auf einem Bogen Papier aus, wie solche Maschinen es zu tun pflegen. Der Mann eilte herbei, um die Antwort entgegenzunehmen, und fand, in säuberlicher Maschinenschrift, die Worte: DAS ERINNERT MICH AN EINE GESCHICHTE ...

– Gregory Bateson

A-K-V

„Ich erzähle anderen davon. Keiner ist schockiert. Aber ich brauche genügend Zeit, um alles ganz genau erzählen zu können. Es ist sehr hilfreich, wenn der Betreffende wirklich neugierige Fragen stellt."

„Ich spreche so, als sei ich der Feind und spräche zu jemandem, der zuhören möchte. Wenn keiner da ist (was häufig vorkommt), nehme ich es einfach auf Band auf; aber ich höre mir das Band nicht immer an, nur wenn ich gehe oder Auto fahre."

„Ich baue gerne ein Modell von ihm, nachdem ich ihn jemandem beschrieben habe. Ich mache die Modelle aus allem möglichen – aus Zahnstochern, Holzstücken, Servietten."

A-V-K

„Ich rede, rede, rede. Es hilft mir, den Feind in einer anderen Sprache zu beschreiben. Oder wenn ich am Telefon lange darüber gesprochen habe, ermöglicht mir dann das Schreiben, ihn zu erforschen. Wenn ich ihn male, fange ich an, ihn oder überhaupt irgend etwas zu spüren."

„Wenn ich Töne singe, die ihn beschreiben, während ich stillsitze und an die Wand starre, bringt das eine ganze Menge Bilder hoch, die ich dann niederschreibe."

„Ich mache einfach ein Lied über ihn. Manchmal ist es ein Lied von ihm an mich und manchmal von mir an ihn."

„Nachdem ich über ihn gesprochen habe, stelle ich mir vor, ein Buch in den Händen zu halten, das für mich geschrieben wurde. In meiner Vorstellung sehe ich die Seiten, und während ich sie durchblättere, lese ich die Botschaften, die für mich darin stehen."

Das Externalisieren des Feindes

Kreativität kann nicht gelehrt, sie kann nur freigesetzt werden. Wir benutzen sie hier, um eine Darstellung deines inneren Kampfes im Außen herzustellen, so daß du dir die Teile deiner selbst wieder aneignen kannst, die verlorengegangen oder dem Vergessen anheimgefallen sind, und dich wieder in Beziehung zu ihnen setzen kannst, um die unbefriedigten Bedürfnisse zu verstehen, die hinter ihnen stehen.

Es gibt so viele Möglichkeiten, dies zu tun, wie es Menschen, Kulturen und Bücher gibt. Was ich mitteilen werde, ist ein Prozeß, mit dem ich während der letzten fünf Jahre in meinen Workshops gearbeitet habe. Er benutzt alle Kanäle und gibt dir die Möglichkeit, alle Wahrnehmungskanäle zu erforschen, so daß du, wenn ein Kanal blockiert oder ängstlich ist, mit der Hilfe eines anderen lernen kannst. Fühle dich frei, zu experimentieren, und mache diese Übung zu deiner eigenen. Verändere die Sequenz; laß weg, was du willst. Zu Beginn benötigen wir eine äußere Repräsentation deines Feindes. Manche Menschen finden es leichter, wenn sie ein Zeitlimit haben –

Die Kunst ist die Lüge, die die Wahrheit sagt.
– *Pablo Picasso*

z.B. zehn Minuten. Manche hören gerne Musik dabei, um die kritischen Stimmen im Kopf beschäftigt zu halten. Und natürlich, zuallererst: Zentriere dich.

Besorge dir Malfarben. Ölkreiden eignen sich wunderbar; sie sind nicht teuer, und du kannst sie mischen, verwischen, übereinandermalen; aber Zeichenkreide, Buntstifte oder Textmarker sind auch gut, solange du eine Anziehung zu ihnen verspürst. Besorge dir große, saubere Papierbögen. Falls du dreidimensional arbeiten willst, besorge dir billigen Ton, um ihn zum Bild deines Feindes zu formen. Oder gehe statt dessen spazieren und suche dir einen Gegenstand, der eine gute Darstellung deines Feindes abgibt.

Oder besorge dir eine Schere, einen Stapel Zeitschriften und etwas Klebeband oder Leim. Schneide Worte und Bilder aus und mache eine Collage – eine Art Sammlung von Puzzleteilen, die ein Ganzes ergeben, das diesen Feind darstellt. Worauf es hierbei ankommt, ist, daß du ihm eine Form gibst, im Außen, auf Armeslänge entfernt.

Wenn du damit fertig bist, stelle die visuelle Repräsentation, die du von deinem Feind geschaffen hast, oder eine symbolische Repräsentation von ihm an einen Ort, von dem du dich ein Stück weit entfernen kannst. Gib dir genug Raum, so daß du „da draußen" bleibst, wo du sie wahrnehmen kannst, aber nicht mit ihr verschmilzt. Einige Menschen benötigen eine Glasscheibe zwischen sich und ihrem Feind, um dies fertigzubringen. Ich hoffe, du brauchst keine Tausende von Meilen, doch gib dir selbst die Erlaubnis, zu tun, was immer du mußt, so daß du dich sicher genug fühlst, um zumindest Neugier in bezug auf diesen Feind empfinden zu können. An diesem Punkt von Liebe reden zu wollen, wäre verfrüht. Neugier ist völlig ausreichend.

Hilf uns, die immerwährend hoffenden Gärtner des Geistes zu sein, die wissen, daß ohne Dunkelheit nichts geboren werden kann, so wie ohne Licht nichts zur Blüte gelangen kann.
– *May Sarton*

Ich möchte dich jetzt dazu einladen, diese Repräsentation oder dieses Symbol auf dieselbe Weise in dich aufzunehmen, wie du gelernt hast, deine Hand zu empfangen. Atme ein und stell dir dabei vor, daß du durch deine Pupillen ein- und ganz in deine Mitte hineinatmest. Atme aus mit einem Gefühl der Neugier. Stell dir nichts vor, urteile nicht, vergleiche nicht; sei einfach ein paar Minuten lang empfänglich für diesen Feind, so wie du einen roten Frosch oder einen türkisfarbenen DeSoto Jahrgang 1973 oder die Versteinerung eines Reptils anschauen würdest.

Externalisieren durch Erzählen von Geschichten

Du könntest dein Gewahrsein in bezug auf diesen Feind auf vielerlei Weise vertiefen und erweitern; doch was ich dir jetzt vorschlage, ist das Erzählen von Geschichten, weil das eine Kunstform ist, mit der die meisten von uns vertraut sind – wir erzählen uns selbst ständig alles mögliche.

Das Universum ist aus Geschichten geschaffen, nicht aus Atomen.
– Muriel Rukeyser

Nimm einen Stift oder einen Recorder zur Hand und fange an, eine Geschichte zu erzählen, die durch die visuelle oder die symbolische Repräsentation deines Feindes inspiriert ist. Je weniger Ähnlichkeit mit deinem Leben sie aufweist, desto besser. Zum Beispiel: Statt zu sagen: „Es war einmal eine Frau ...“, sage lieber: „Es war einmal ein grüner Warzenbaumfrosch ...“ Je mehr du den Kontext veränderst, desto mehr wird sich die Wahrnehmung deines Feindes verändern. Vergiß, daß es eine gute Geschichte werden soll, und laß die Geschichte sich selbst durch dich erzählen. Laß deinen Stift oder deinen Mund sich selbständig bewegen.

Laß die Geschichte bei der Gegenwart ankommen, nicht bei einem Ende. Vielleicht gibt es einfach nur eine vorläufige Unterbrechung. Das ist völlig in Ordnung. Dann lasse sie mindestens einen Tag lang ruhen. Laß sie köcheln, vergleichbar mit einem Hefebrotteig, der an einem sonnenbeschienenen Fenster steht und geht, oder wie eine Suppe, die zur Winterzeit auf dem Herd steht. Wenn du wieder neugierig auf sie geworden bist, kannst du sie dir selber laut vorlesen oder dir das Tonband anhören.

Bitte denke daran, daß diese Geschichte dem Teil deines Geistes entstammt, der nicht mit Bedeutungen arbeitet. Sie wird keine Bedeutung haben, ebensowenig, wie ein Stadtplan von Topeka eine Bedeutung hat: sie hat eine Botschaft, einen Sinn; sie kann dir dabei helfen, den nächsten Schritt zu tun; doch sie hat keine Bedeutung. Erlaube dir einfach, die Geschichte zu empfangen, ohne zu versuchen, ihre Bedeutung zu ergründen.

Wenn wir aus unserem Schmerz heraus zu schreiben beginnen, entsteht endlich Mitgefühl für unser kleines, tastend suchendes Leben. Aus diesem Zerbrochensein entsteht ein Gefühl der Zärtlichkeit für den Zement unter unseren Füßen, für das ausgedörrte Gras, das ein schrecklicher Wind dahinmäht.
– Natalie Goldberg

Dadurch, daß man etwas erschafft, wird eine lebendige Kraft freigesetzt, die einen wesentlichen Teil des Menschseins ausmacht, ohne die wir zwar überleben, aber nicht blühen und gedeihen können. Der schöpferische Prozeß zapft diese Kraft an, als wäre sie eine Wasserschicht, eine Quelle, die uralt und dennoch immer neu ist.

Indem du deinen Feind ins Außen stellst, in Hände legst, die voll Güte und Gewahrsein sind, hast du ihm Raum gegeben, in deinem Bewußtsein umherzuwandern, anstatt dich zu ertränken oder dich zu überwältigen. Du hast einen sicheren, respektvollen Ort geschaffen, eine Perspektive, von der aus du herausfinden kannst, worin die unbefriedigten Bedürfnisse bestehen, die als motivierende Kraft hinter diesem Hindernis stehen.

Im Rachen des Dämons:

Dem Mitgefühl eine Heimat geben

Obwohl schwer zu ertragen – Kummer und Scham, Zorn, Angst und Erschöpfung –, ist doch jedes dieser Gefühle ein Geschenk. Denn jedes kann uns unser tiefes, unsichtbares Mit-allem-Verbundensein im Gewebe des Lebens bewußtmachen. Und uns unserem engen Ich entheben und uns in Gemeinschaft führen, quer durch Raum und Zeit. Ein jedes von ihnen kann uns öffnen für das grenzenlose Herz. Dieses grenzenlose Herz, obwohl es nur im Leid gefunden werden kann, ist wirklich und die Grundlage für alles Heilen. – *Joanna Macy*

In der chinesischen Medizin gibt es ein zentrales Konzept, welches durch das Wort *hsin* dargestellt wird. Das entsprechende Wort im Japanischen lautet *shin.* In beiden Fällen ist der Geist gemeint, der im Herzen wohnt. Dort liegt der Ursprung des Mitgefühls.

Die Tatsache, daß du deinen Feind ins Außen gestellt hast, bedeutet nicht, daß es jetzt an der Zeit wäre, ihn ad acta zu legen. Doch was fängst du jetzt mit ihm an? Was sollst du von ihm lernen? Warum solltest du mit deinem Feind Mitleid haben und nicht mit deinem übrigen Selbst? Wozu soll all dies gut sein?

Bis jetzt haben wir auf unserer Reise unseren Körper und unsere Vorstellungskraft als Vehikel des Lernens benutzt. Jetzt sind wir an einer Wegkreuzung angelangt, wo nur noch unser Herz uns auf dieser Reise beistehen kann. Mit dem Herzen zu lernen verlangt, daß wir den Schmerz unserer gegenwärtigen Situation erfahren und das Leid, das sie mit sich bringt, mit Sensibilität und Mitgefühl ertragen. Es besteht darauf, daß wir die Aspekte unserer selbst verstehen lernen, die verlorengegangen, abgetrennt worden sind, und sie heimholen. Im tiefsten Grunde sehnt sich unser Herz nach dem Ende des Isoliert- und Fragmentiertseins. Es sehnt sich nach der Wiederverbindung mit dem Feind, mit Sinn, Zielsetzung und Gemeinschaft.

Ein Wendepunkt bricht uns das Herz, Zusammenbrüche, Aufbrüche, Auseinanderbrechen. Wir machen ein großes Geschrei: „Warum ich?“ Wir schreien und hadern mit Gott, unserem unseligen Schicksal, unserer elenden Hilflosigkeit. Wir suchen nach Bedeutung in jeder dunklen Ecke, die wir finden können. Wir greifen nach der erstbesten Antwort, die wir finden können, in der Annahme, unser Leiden sei Strafe und Vergeltung: „Es passierte, weil ich zu ... bin, nicht ... genug, weil ich nie ..., weil ich immer ...“ Wir verschließen uns mit Zynismus, und die Suche hat ein Ende. Eines der größten Verbrechen, die Menschen sich selbst gegenüber begehen können, ist diese Banalisierung des eigenen Leids.

Krankheit ist nicht ein Problem, das es zu lösen gilt, sondern die Art und Weise der Seele, an sich zu arbeiten.
– James Hillman

Ein Wendepunkt kann uns aber auch die Möglichkeit geben, unsere Wunde als Weg zu benutzen, um uns mit unserer Vergangenheit auszusöhnen und unsere Zukunft zu erkennen. Wenn wir es nur zulassen, kann unser Herz aufbrechen, durchbrechen, wegbrechen von Vorwurf und Beschämung und allzu leichten Antworten. Die Wunde kann zum Geburtskanal für den Sucher in uns werden – für den oder die, die nach Bedeutung sucht. Diese/r Suchende steckt ihren Kopf in den Rachen des Dämons, um die verborgene Kraft zu entdecken, er/sie findet die Möglichkeit, das Erfahrene als einen Weg wahrzunehmen, der zur Ganzwerdung führt.

Die Vorstellung, Mitgefühl für sich selbst zu haben, wird oft mit dem Wort „Selbstmitleid" diskreditiert, doch Mitleid heißt, daß man den Schmerz mit einem Gefühl der Angst berührt. Mitgefühl bedeutet jedoch, daß man mit der Furchtlosigkeit des eigenen Herzens den Schmerz in vollem Gewahrsein umarmt. Es bedeutet, daß du eine respektvolle Beziehung zwischen der Quelle (source) deines Problems, dem Feind und deinen inneren *Ressourcen* (deiner Weisheit) herstellst. In anderen Worten, du mußt in deinem Leben für diesen Feind Raum schaffen, ohne ihm die Erlaubnis zu geben, dich zu beherrschen. Gleichzeitig muß deine Vorstellung von dir selbst weiter werden: Du bist mehr als die Krankheit, mehr als die Angst, mehr als das Mißbrauchtwordensein; du bist in Wirklichkeit alle die Ressourcen, die du im Laufe der Erfahrungen eines ganzen Lebens gesammelt hast.

Kein Mensch schlafe angesichts der Wunden eines anderen.
– Ernie O'Malley

Als ich im Krankenhaus lag, gab es einen einzigen Menschen, dessen Gegenwart ich willkommen hieß; es war eine Frau, die mit einem großen Besen die Böden fegte. Sie war die einzige, die nichts in mich hineinsteckte, nichts herauszog und keine dummen Fragen stellte. Jede Nacht stellte diese riesige Jamaikanerin ihren Besen für ein paar Minuten gegen die Wand und ließ ihren Körper in den türkisfarbenen Plastiksessel sinken, der in meinem Zimmer stand. Alles, was ich hörte, war das Geräusch ihres Atems: ein und aus, ein und aus. Auf eine seltsame, einfache Weise ging eine beruhigende Wirkung davon aus. Mein eigener Atem kam zur Ruhe. Von den circa fünfzig Personen, mit denen ich jeden Tag Kontakt hatte, war sie die einzige, die nicht versuchte, mich irgendwie zu verändern.

Eines Nachts reichte sie zu mir herüber und legte ihr Hand auf meine Schultern. Normalerweise mag ich oberflächliche Berührungen nicht, doch ihre Hand fühlte sich an der Stelle ganz natürlich an. Zufälligerweise war es eine der winzigen Stellen meines Körpers, wo ich keine Schmerzen hatte. Ich hätte schwören können, daß sie mit jedem Atemzug zwei Worte sagte, eines beim Einatmen, eines beim Ausatmen: „So ... ist ... so ... ist ... (As ... Is ... As... Is ...)"

Bei ihrem nächsten Besuch schaute sie mich an. Ohne Bewertung, ohne den Versuch, aus mir schlau zu werden. Sie schaute nur und sah mich. Dann sagte sie einfach: „Du bist mehr als die Krankheit in deinem Körper." Ich war voller Betäubungsmittel, und so war ich mir nicht sicher, ob ich sie richtig verstanden hatte, doch mein Kopf war einfach zu sehr zugedröhnt, als daß ich noch hätte Fragen stellen können.

Ich frage einen Verwundeten nie, wie er sich fühlt; ich selbst werde zu dem Verwundeten.
– Walt Whitman

Den ganzen nächsten Tag lang murmelte ich diese Worte vor mich hin: „Ich bin mehr als die Krankheit in diesem Körper. Ich bin mehr als das Leiden in diesem Körper." Ich erinnere mich deutlich an ihre Stimme. Sie war volltönend, tief und köstlich wie Ahornsirup im Frühjahr.

Als in der darauffolgenden Nacht die Schwester mit der Morphinspritze kam, lehnte ich diese ab. Ich wollte herausfinden, ob es meinen Nachtengel wirklich gab oder nicht. Etwa eine Stunde später hörte ich das Geräusch, das ihr Besen auf dem Marmorboden der Halle machte. Ihr Körper füllte den ganzen Türeingang aus und warf einen langen Schatten auf den Boden meines Zimmers. Sie sank auf den Sessel. Ich hatte intensive Schmerzen. Sie atmete laut und sagte: „Du bist nicht der Schmerz in diesem Körper. Er ist da, aber du bist mehr als der Schmerz."

Ich griff nach ihrer Hand. Sie war kühl und trocken. Ich wußte, sie würde nicht loslassen. Sie sprach weiter: „Du bist nicht die Angst in diesem Körper. Du bist mehr als diese Angst. Laß dich auf ihr treiben. Du bist mehr als dieser Schmerz." Ich fing an, etwas tiefer zu atmen, so wie früher, wenn ich mich auf einem See treiben lassen wollte. Ich dachte daran, wie ich mich mit fünf Jahren auf dem Lake George trieben ließ, mit sieben auf dem Atlantik, als ich auf Coney Island war, mit achtundzwanzig auf dem Indischen Ozean vor der afrikanischen Küste. Ohne daß ich ihr irgendwelche Anweisungen gegeben hätte, hatte mich diese jamaikanische Führerin zu einer Quelle der Entspannung gebracht, die weiter und tiefer war als Schmerz oder Angst.

Fünfzehn Jahre ist es her, daß ich der Frau mit dem Besen begegnet bin. Ich war nie imstande, sie zu finden. Keiner kannte ihren Namen; doch sie berührte meine Seele mit ihrem Dasein, ihrem Mitgefühl, und ihre Fingerabdrücke sind noch da.

Der Raum zwischen der Quelle deiner Schmerzen, deiner Angst oder Verwirrung und deinen Ressourcen kann gefüllt werden mit einem Gefühl des Respekts, das die Existenz des jeweils anderen anerkennt und dazu ja sagt. Es ist die Erkenntnis, daß man gleichzeitig weise und frustriert, schmerzerfüllt, verletzlich oder leer ist.

Das Wort Respekt bedeutet „wieder sehen, Rücksicht nehmen, sich beziehen auf". In diesem Falle bedeutet es, deinen Feind zu respektieren, den Willen zu haben, seine Bedürfnisse in Betracht zu ziehen und ihn auf eine neue Weise zu sehen; es bedeutet, den Schmerz zu respektieren, den dir dein Feind zufügte, indem du ihm feste Grenzen setzt. Im Aikido wird dies *ma-ai* genannt; was ungefähr so viel bedeutet wie das Herstellen einer sicheren mentalen und physischen Distanz. Du achtest darauf, daß du zwischen dir und deinem Gegner immer genügend Abstand hast, so daß er mit ausgestrecktem Arm oder Bein nicht an dich heran kann. Weil du diesen Raum geschaffen hast, bist du sicher genug, um deinem Herausforderer gegenüber Neugier empfinden zu können. Du brauchst nicht einzugrei-

Großer Schmerz, dem vom Herzen her Ehre erwiesen wird, öffnet sich zu großem Verstehen.
– *Jack Kornfield*

fen oder zu manipulieren oder Kontrolle über deinen Gegner auszuüben; du hast genug Bewegungsspielraum, um nicht kontrolliert werden zu können.

Hast du mit einem inneren Herausforderer, dem Feind, zu tun, mußt du diesen Raum in dir selbst herstellen. Wenn dich zu zentrieren bedeutet, das Universum in deinem Bauch zu konzentrieren, dann geht es hierbei darum, dein Zentrum ins Universum hinein auszudehnen. Eine Frau z.B., mit der ich arbeitete und deren Feind in dem Drang bestand, sich selbst Schnittwunden zuzufügen, hatte alles in ihrer Macht Stehende getan in dem Versuch, den Feind unter ihre Kontrolle zu bringen oder ihn loszuwerden, jedoch ohne Erfolg. Ich gab ihr eine Stoffpuppe, die der Puppe ähnelte, die sie als Kind geliebt hatte, und sagte ihr, sie könne, wenn der Feind ihr befehle, sich zu schneiden, die Puppe zerschneiden und sie dann wieder zusammennähen. Dies gab ihr die Möglichkeit, diesem Feind Raum zu geben, so daß sie von ihm lernen konnte, und ermöglichte ihr gleichzeitig, dem Feind auf eine Weise Grenzen zu setzen, die Respekt für seine potentielle Gefährlichkeit bewies. In dem Raum, der von dem Feind besetzt gewesen war, erschuf sie ein heilendes Selbst, das mit dem verstümmelnden Selbst ein Bündnis einging.

Ich selbst bin verwundet worden und in Heilung begriffen, daher weiß ich, daß in jedem von uns eine natürliche Lebenskraft wohnt, die darum kämpft, sich geltend zu machen – eine Flamme, die jeden Moment emporlodern will. Mit dem Herzen zu lernen ist ein Geburtsvorgang, ein Werden, vom invaliden Opfer über den Veteran zum ehrwürdigen Lehrer. In den folgenden Kapiteln werden die Nöte, die du erfahren hast, in einem Herzen zur Ruhe kommen, das durch Verstehen und Vergebung offen und durch Weisheit und Entschlossenheit stark geworden ist. Während dessen kann dein angeborener Wunsch erwachen, zu lernen, Ursache dessen zu sein, was geschieht, über deine eigenen Grenzen hinauszuwachsen und anderen zu dienen.

Am Ende können wir diese Welt entweder als einen Ort ansehen, wo wir alle fressen und gefressen werden, oder als einen Ort, wo wir alle die Möglichkeit haben, uns gegenseitig Nahrung zu spenden.
– Jack Kornfield

11 Das Richtige im Falschen:

Wo liegen die unerfüllten Bedürfnisse?

Jede Krankheit trägt ihr eigenes Heilmittel in sich. ... Die Heilung muß aus derselben Wurzel erwachsen wie die Krankheit. – *Paracelsus*

Zu der Zeit, als ich als Psychotherapeutin in privater Praxis arbeitete, fingen fast alle Sitzungen damit an, daß sie mir erzählten, was sie loswerden wollten. „Dr. Markova, bitte helfen Sie mir, meine Angst, meine Schüchternheit, meinen Krebs, meine Sucht, meine Wut loszuwerden.“ Doch getreu den Lehren meiner Großmutter wußte ich, daß es unter all diesem Müll etwas gab, das zu wertvoll war, um weggeworfen zu werden – ein unerfülltes Bedürfnis, das darauf wartete, erfüllt zu werden.

Ohne das Leiden kann das Glück nicht verstanden werden. Das Ideal muß durch das Leiden hindurchgehen wie das Gold durch das Feuer.
– Fjodor Dostojewski

C.G. Jung benutzte häufig ein Wort, das mir liebgeworden ist: *Teleologie.* Es kommt aus dem Griechischen und bedeutet das Fokussiertsein eines Naturphänomens auf seinen letztlichen Zweck. Unsere Symptome sind nichts Zufälliges. Sie erfüllen ein Bedürfnis, eine Funktion. Eine treibende Kraft steckt in ihnen.

Wie ich schon ganz zu Anfang dieses Buches erwähnte: Das Bedürfnis, genährt und beschützt zu werden, das von Kindheitszeiten an darauf wartet, befriedigt zu werden, geht nicht weg. Ob wir es wissen oder nicht, es schiebt, treibt, drängt uns in Richtung Ganzwerdung. Dieses Bedürfnis bildet den inneren Kern unserer Sehnsüchte, es liegt in den Tiefen unseres Sehnens. Jeder von uns hat das Bedürfnis, daß man ihm zuhört, ihn sieht, ihn berührt und dabei ganz und gar annimmt, ob wir uns gestatten, dessen bewußt zu sein oder nicht. Jeder von uns hat das Bedürfnis, heimzukehren in die mitfühlende Umarmung, die uns vielleicht nie zuteil wurde.

Wie bei allem sonst im Leben müssen wir auch beim Leiden das Geschenk finden, das in ihm liegt. Wir können es uns nicht leisten, einen derartigen Aufwand an Gefühlen zu verschwenden; wir müssen daraus lernen.
– Katherine Mansfield

In diesem Kapitel wirst du dich durch den Oberflächenschutt hindurcharbeiten, hindurchwühlen, um zu entdecken, auf welche Weise dich dein Feind beeinflussen konnte und wie du dich sanft deinem eigenen Schmerz öffnen kannst. Hinter den Schatten wirst du die Kraft entdecken und erforschen, die diesen Dämon antreibt, die unerfüllten Bedürfnisse, die in seinem Bauch verborgen sind.

Öffne dich mitfühlend deinem Schmerz

Viele Menschen, die sich in dem Prozeß der Heilung ihrer von Mißbrauch geprägten Geschichte befinden, haben das „innere Kind“ entdeckt. Unglücklicherweise sind zu viele zu diesem Kind *geworden.* Meiner Erfahrung nach braucht das verletzte Kind einen kompetenten, über Ressourcen verfügenden Erwachsenen, der sich um es kümmert, nicht ein großes Kind, das einen

Teddybär mit sich herumschleppt. Darum ist es notwendig, eine von Respekt gekennzeichnete Beziehung zu diesem Kind aufzubauen, innerhalb derer du dich deinem Schmerz öffnen und ihm das geben kannst, was es die ganze Zeitlang gebraucht hätte – jemanden, der die Verantwortung übernimmt. Die- oder derjenige bist du, und dank der Weisheit, die du im Laufe deines Lebens erworben hast, könnte es keiner besser machen als du. Das Schaffen dieses inneren weiten Raums öffnet Möglichkeiten für eine Beziehung, die so tief geht, daß du Zugang zu einem größeren Ganzen erhältst, zu einer Kraft, die größer ist als du.

Es gibt so viele Dinge im Leben eines Menschen, die wir nicht als traumatisches Lernen ansehen sollten, sondern als unvollständiges, nicht zu Ende gebrachtes Lernen.
– Milton H. Erickson

Norma, eine Frau, die an einem unserer Wochenendworkshops teilnahm, war mutig genug, mit ihrer von Verletzungen geprägten Geschichte genau das zu tun. Sie hatte vor, auf die Philippinen zu gehen, um dort hörgeschädigte Kinder zu unterrichten. Sie war zwölf oder dreizehn Jahre lang in Therapie gewesen und bezeichnete sich selbst als „Borderlinefall". Ich sagte ihr, daß ich kein besonderes Interesse daran hätte, sie so zu sehen. Sie erzählte von all den Therapieformen, die sie mitgemacht hatte, und, das muß ich zugeben, was sie alles aufzählte, war eindrucksvoll.

Mein Vater war Handelsvertreter; er sprach häufig von Leuten, die „all show and no go" sind – Profikäufer, die nie etwas kaufen. Sie halten einen auf Trab, doch man verkauft nichts. Etwa vier Minuten lang sagte ich zur mir selbst: „Das ist eine Profiklientin – sie wird dich auf Trab halten, aber sich nicht verändern." Ich sagte mir selbst, daß ich nichts zu tun brauchte, um sie in Ordnung zu bringen, daß ich nur genug Raum in meinem Geist schaffen müsse, um neugierig auf sie zu sein.

Unter Tränen erzählte sie mir, daß sie ihrem Schmerz nicht entkommen könne. Immer wieder ertrank sie fast in ihm, egal, wie weit sie sich von ihm entfernen wollte. Während sie mit dünner, näselnder Stimme ihren Schmerz beschrieb, war es, als kreiere sie ein Vakuum, in das alle anderen Gruppenmitglieder hineingezogen wurden. Dabei geschah es zum ersten Mal in einem unserer Workshops, daß die Teilnehmer anfingen, lauthals gute Ratschläge vorzubringen. Sie sprangen in den Kreis, versuchten sie unter Zuhilfenahme von Kleenextüchern zu retten, brachten ihr zu trinken, tätschelten ihr den Rücken und gaben ihr gute Ratschläge.

Sie sagte, sie sei als Kind von ihren Eltern vernachlässigt und mißhandelt worden. Jedesmal, wenn jemand mit einem Vorschlag kam, zog sie die Ärmel ihres purpurfarbenen Chenillepullovers über ihre Hände, nickte und antwortete: „Ja, aber ..."

Während alle anderen ihr zu Hilfe zu kommen versuchten, saßen Andy und ich einfach da. Ich schaltete den Inhalt ihrer Worte ab und achtete statt dessen auf die Energie, die unter der Oberfläche war. Andy spiegelte die Bewegungen ihrer Hände und prägte sie sich ein. Ab und zu sagte ich: „Ich bin noch da."

Sie wurde hysterisch. Ich atmete, zentrierte mich und fragte mich selbst: „Was an all dem ist richtig? Welche Bedürfnisse werden durch diese Hysterie befriedigt?" So lange, wie ich daran dachte, daß ich nichts weiter zu tun brauchte, als offen für sie zu sein, brauchte ich mich nicht zurückzuziehen oder sie zu ignorieren. Ich fragte mich weiterhin, was daran richtig sein könnte, überhaupt nicht fähig zu sein, dem eigenen Schmerz zu entkommen. Es kam keine Antwort, und so sagte ich: „Ich bin noch da."

Wenn es überhaupt einen Sinn im Leben gibt, dann muß auch das Leiden einen Sinn haben.
– Viktor Frankl

Norma preßte die Augen zu, zog die Schultern über die Ohren und schrie: „Ja, aber du wirst es satt bekommen und mich verlassen, so wie alle es tun!" Ich atmete laut und sagte: „Ja, das stimmt, das werde ich." Sie öffnete die Augen und ließ die Schultern sinken. Ich beugte mich in ihre Richtung vor und fuhr fort: „Deshalb ist dein Schmerz so froh darüber, dich so treu und loyal zu sehen. Zum Glück bekommst du ihn nicht satt. Du bist immer für ihn dagewesen. Viel loyaler, als ich es jemals sein könnte."

Sieben oder acht Minuten lang gingen wir das durch, dann sagte sie ganz plötzlich: „Das funktioniert nicht." Ich nickte.

Sie stand auf und ging in den Mittelpunkt des Kreises. Zum erstenmal bemerkte ich jetzt ihren dünnen, agilen Körper. Sie wandte sich in Richtung des Platzes, an dem sie eben gesessen hatte, die Augen wäßrig hinter der randlosen Brille. „Was tue ich jetzt?"

Plötzlich veränderte sich alles. Die Energie schlug um, als wäre ein Gewitter durch einen schwülen Nachmittag gebraust, hätte ihn reingewaschen und wäre weitergezogen. Ihr Schmerz war da. Ihr Verletztsein war da. Andy blieb, wo er war, und machte weiterhin mit seinen Händen die Bewegungen, die sie gemacht hatte. Sie aber war an einem Wendepunkt angekommen. Anstatt ständig in der Drehtür im Kreis zu laufen, war sie jetzt bereit dazu, weiterzugehen.

Ich brachte ihr bei, sich zu zentrieren. Dann rief ich ihr eine ihrer Ressourcen in Erinnerung, indem ich davon sprach, daß sie die Fähigkeit besaß, in den Gesichtern der Kinder zu lesen, mit denen sie arbeitete, obwohl sie nicht mit ihr sprechen konnten. Ich forderte sie auf, sich im Kreis der anderen Teilnehmer umzusehen und zu lesen, was auf *ihren* Gesichtern geschrieben stand. Langsam ging sie den Kreis prüfend mit den Blicken durch und kaute dabei nervös an ihrer Unterlippe. Was sie dann als nächstes sagte, überraschte mich.

Solange du versuchst, etwas anderes zu sein, als du wirklich bist, erschöpft sich dein Geist. Doch wenn du sagst: „Dies ist, was ich bin; es ist eine Tatsache, die ich untersuchen und verstehen werde", kannst du darüber hinausgehen.
– Krishnamurti

Mit sanfter, aber deutlicher Stimme sagte sie: „Das nimmt kein Ende. Ich sehe echte Anteilnahme. Alle sind interessiert, und alle sind da. Dies wird nicht aufhören."

Während der nächsten Minuten beobachtete sie Andys Hände. Wie versteinert stand sie da. Sie sagte: „Wenn Andy die Zeichensprache beherrschen würde, hätte er gerade gesagt: ‚Gebt mich nicht auf." Ich forderte sie auf, sich vorzustellen, daß ihr verletztes Selbst gegenüber im Raum neben ihm säße. „Mache ihm in Zeichensprache deutlich, was du in diesem Kreis und in Andys Händen gesehen hast."

Normas dichtes schwarzes Haar fiel ihr übers Gesicht, als sie auf ihre eigenen Hände schaute und dabei langsam nickte. Im nächsten Augenblick wurden ihre Finger plötzlich zu Vögeln, Tänzerinnen, Weidenzweigen, sie flogen in die Luft, beschrieben Bögen, Kreise, als zögen sie unsichtbare Fäden aus Licht aus dem Nirgendwo. Ihre Lippen folgten den Bewegungen, doch es kamen keine Töne heraus. Ich forderte sie auf, zu sprechen, während sie die Zeichen machte.

Jeder Satz folgte auf eine Abfolge von Bewegungen. „Ich kümmere mich um dich. Ich interessiere mich für dich." Ihre Stimme war stet, gefüllt mit Rhythmus und Gefühl. „Wir sind noch nicht am Ende. Wir werden nie am Ende sein. Gib nicht auf. Ich bin noch da. Du brauchst dich nicht so zu plagen." Ihre Worte und ihre Hände kamen zusammen zur Ruhe, und Tränen unterstrichen den Moment.

Alles Schreckliche ist in Wirklichkeit, in seinem tiefsten Sein, vielleicht nur etwas Hilfloses, das Hilfe von uns möchte.
– Rainer Maria Rilke

Die gesamte Gruppe setzte sich wie von einem Geist beseelt in Bewegung und drängte sich um sie herum zusammen, um ihr Unterstützung zu geben. Ich schlug vor, sie könnten sich ihr eigenes verletztes Selbst dort vorstellen. Norma fuhr fort, Zeichen zu machen und zu sprechen, und wir alle umringten sie und lernten von ihr. „Ich kümmere mich um dich. Ich interessiere mich für dich. Wir sind noch nicht zu Ende. Wir werden nie am Ende sein. Gib nicht auf. Ich bin noch da. Du brauchst dich nicht zu plagen." In diesem Moment begegnete jeder von uns in vollem Ausmaß dem eigenen Schmerz und den eigenen unerfüllten Bedürfnissen. Eine Welle von Mitgefühl wurde durch uns hindurchgeleitet, so wie ein elektrischer Strom mit Hilfe von Wasser seinen Kreis zur Vollendung bringt. Norma strahlte, als hätte sie soeben in einer aus Menschen bestehenden Kathedrale ein Oratorium dirigiert.

In diesem speziellen Workshop haben die Teilnehmer auf Norma zuerst so reagiert, wie ihre Eltern auf sie selbst reagiert hatten. Sie sahen ihren Schmerz mit Angst, was Mitleid zur Folge hatte. Sie versuchten, sie in Ordnung zu bringen; das, was sie fühlte, wegzumachen. Sie selbst hatte vor ihrem Schmerz genausoviel Angst; das Resultat war Selbstmitleid. Was Norma brauchte, was die meisten von uns brauchen, ist, einfach so angenommen zu werden, wie wir sind, mit unseren Wunden und allem; unser Schmerz muß von Liebe berührt werden; das Ergebnis ist Gnade.

Das Falsche im Falschen

Bevor du mit Mitgefühl verstehen kannst, was am Falschen richtig ist, ist es nötig, sich völlig darüber im klaren zu sein, was falsch ist und was dies mit dir gemacht hat. Solange du Schmerz und Leiden im Unbewußten festhältst, wirst du dich auf eine Weise verhalten, die deine besten bewußten Absichten immer wieder zur Niederlage verurteilt. Es ist nicht der Schrei des Schmerzes, der das Leiden aufrechterhält; es ist die Einflüsterung der Angst, die einen davon abhält, sich diesen Schmerz bewußtzumachen. Du mußt den Schmerz, den du erfahren hast, anerkennen, die Wirkung, die er auf dein Erleben hat, genau feststellen, *um aus ihm zu lernen und die notwendigen Veränderungen in deinem Leben in die Wege zu leiten, die für deine Heilung erforderlich sind.* Darum muß du zulassen, daß der Schmerz, den du erfahren hast, zu deinem Lehrer wird. Damit meine ich im wesentlichen, daß es wichtig ist, daß du den Schmerz identifizierst, dich aber nicht *mit* ihm identifizierst.

Die Wahrheit ist wichtiger als die Fakten.
– Frank Lloyd Wright

Bitte denke über die folgenden Fragen so detailliert wie möglich nach und schreibe deine Antwort auf oder zeichne sie auf Tonband oder in anderer Weise auf:

Wie hat dieser Feind dein Leben beeinflußt? Welche Wirkung hatte er auf deine Einstellungen, deinen Körper, deine Gefühle, dein Handeln? Wie hat er gegen dich gearbeitet? Wie hat er die Erfüllung deiner Bedürfnisse verhindert? Wie hat er deine Beziehungen zu anderen Menschen beeinflußt?

Was braucht dein jetziges Selbst, was dir helfen wird, zu deinem Feind in Beziehung zu treten? Was wäre dabei hilfreich?

Gib deinem Schmerz Ausdruck

Beziehung ist ein Kreislauf, ein Ein- und Ausströmen. Um Raum für neue Möglichkeiten in dir zu schaffen, ist es nötig, loszulassen, was innerlich blockiert ist. Die folgende Übung, die ich „Erstellung eines Schadensberichts" nennen will, leistet genau das.

Deshalb mache ich dir den Vorschlag, daß du genau dokumentierst, welche Wirkung dieser Feind auf dich hatte: Schreibe Briefe an die Menschen, die in deinem Leben eine Rolle gespielt haben (du kannst sie abschicken oder auch nicht), mache Ton- oder Videoaufnahmen, suche Gegenstände, die das Leid, das du durch ihn erfahren hast, symbolisieren, male, bewege dich, fotografiere; gehe bei all dem so sehr ins einzelne wie möglich.

Das Geheimnis des Lebens liegt in dem Schatten und nicht in der offenen Sonne; um überhaupt irgend etwas zu sehen, mußt du tief in den Schatten eines lebenden Wesens blicken.
– *Sidney Jourard*

Bewahre bitte alles auf, was du dabei herstellst. Wir werden es für die künftigen Schritte auf dieser Reise brauchen. Bis dahin laß es im Fluß deines Geistes treiben. Du bist mehr als dieses Leiden.

Mitgefühl für deinen Feind: deine unerfüllten Bedürfnisse

Deine Heilung wird so tief gehen, wie du dein Verstehen reichen läßt. Wenn du einen glatten Stein in die Hand nimmst, scheint er fest und undurchdringlich zu sein. Wenn du jedoch einen Querschnitt von ihm unter ein Mikroskop legst, wirst du eine kristalline Struktur sehen mit Zwischenräumen zwischen den einzelnen Molekülen, und er wird dem Blick auf die Sternkonstellationen des Nachthimmels ähneln.

Thich Nhat Hanh spricht von der Notwendigkeit, tiefes Verstehen zu lernen, so daß wir, wenn wir eine Müllhalde sehen, fähig sind, auch die Blumen auf ihr zu sehen. Als ich ihn darüber sprechen hörte, fiel mir sofort ein, wie ich das Kompostieren lernte, als ich zum ersten Mal nach Vermont zog. Man nimmt „lebendigen Müll", z.B. Bananenschalen und Kaffeesatz, macht daraus einen Haufen auf dem Erdboden, vermengt ihn mit verdorbenem Heu und Pferdedung und läßt ihn über den Winter einfrieren. Im Frühjahr wendet man den ganzen Haufen um und findet fetten, reichhaltigen Humus, der einen guten Dünger für die Pfingstrosen und Begonien des Frühlings abgibt.

Meine Großmutter war gegen jede Verschwendung. Sie sagte, ich solle das Stanniolpapier küssen, in das mein Kaugummi eingewickelt war, bevor ich es wegwarf, so daß ich an den Wert dachte, den alles besitzt, bevor ich etwas in den Müll warf.

Sie glaubte auch nicht an Aspirin, aber das hatte andere Gründe. Stattdessen hatte sie Zauberpapier (den Zauber hatte es allerdings wohl nur für mich). Wenn ich z.B. Kopfschmerzen hatte, gab mir meine sehr vernunftorientierte amerikanische Mutter etwas zum Hinunterschlucken, ein Aspirin oder eine Malzmilch. Sie glaubte ans Kurieren (curing), und das Kurieren fing mit dem Mund an. Für meine intuitive immigrierte Großmutter war „curing“ (Einpökeln) etwas, was man mit Essiggurken oder Fleisch machte. Sie glaubte an das Heilen, und das Heilen fing im Geiste an und mit einem Paar freundlicher, reiner Hände.

Mir ist im Leben keine Schwierigkeit bekannt, die nicht einer positiven Fähigkeit gegenüberstehen würde.
– M.C. Richards

Sie behandelte meine Kopfschmerzen so: Sie wischte sich die Hände an ihrer weißen Schürze ab, setzte sich hin und klopfte leicht auf ihren Schoß. Mein Kopf fühlte sich von ihrem Schoß angezogen wie ein Kätzchen von einem Schälchen warmer Milch. Sie wiegte sich vor und zurück, streichelte mir über die Stirn und summte mit kehliger Stimme eine Melodie, in der viel „luu ... luu ...“ vorkam. Ihre Hände waren kühl und trocken.

Dann räumte sie den Küchentisch ab, der mit rotem Wachstuch bedeckt war, und legte darauf ein großes Stück einfachen braunen Packpapiers aus. Ich kniete mich auf einen Stuhl, und sie sagte mir, ich solle meinen Geist ausspreizen wie eine Taube ihre Flügel; ihn an den dunklen Ort gehen lassen, die tiefe Stelle unter all den Schichten, den Ort, wo uns keiner stören könnte. Ich sollte meine Augen geduldig auf dem leeren Papier ruhen lassen. Bald, bald, ganz bald würde das Papier mir zeigen, was mein Kopfweh brauchte, um zu heilen.

Ein Geschwür ist eine Phantasie, die nicht geküßt wurde und die sich dafür rächt, daß sie sitzengelassen wurde. Es ist ein Tanz, der nicht getanzt wurde, ein ungemaltes Aquarell, ein nicht geschriebenes Gedicht.
– John Ciardi

Ein Bild tauchte auf, als wäre es mit Zitronensaft gemalt und dann über eine Kerzenflamme gehalten worden. Ich sah Diane und Betsy. Sie waren meine besten Freundinnen gewesen, bis sie mir vor ein paar Tagen sagten, ich wäre ein Baby und sie würden sich schämen, mit mir zusammen gesehen zu werden. Als ich meiner Großmutter das erzählte, ließ sie mich Schuhe und Strümpfe ausziehen. Sie massierte mir sanft die Füße und sagte: „Ich bin so froh, daß du die noch hast.“

Dann geschah etwas Seltsames. Mein Kopf wurde ganz leer, die Schmerzen gingen weg, und meine Füße wurden ganz heiß. Sie kochten förmlich. Ich sprang auf, trampelte auf dem Papier herum und sang dabei: „Ich bin kein Baby. Aua! Aua! Aua! Ich will nicht mehr, daß ihr meine Freundinnen seid.“ Damit befriedigte ich eine glühend heiße, rasende Wut. Nenn es, wie du willst, aber ich *mußte* meine Wut ausdrücken, diese Beschämung von mir weisen, diese Identität zurückgeben. All das hatte ich buchstäblich „zugedeckelt“. Dann verbrannten wir das Papier mit Hilfe ihrer Kerze und ließen den ganzen Müll gehen. Doch das Juwel, das ich behielt, war eine feurige Kraft, die ich tief in mir spürte.

Meine Großmutter lehrte mich dieselbe Lektion wie Thich Nhat Hanh – tiefes Verstehen. Dies ist ganz entscheidend wichtig, wenn es darum geht, eine von Respekt und Mitgefühl geprägte Beziehung zu deinem Feind zu entwickeln, da es nötig ist, zu verstehen, daß dieser in der Tat eine Funktion für dich erfüllt. Jedes Verhalten hat einen Sinn. Dein Unbewußtes arbeitet immer für dich. In allererster Linie will es dir helfen, zu überleben, Heilung zu erfahren und die Befriedigung deiner Grundbedürfnisse. Es kümmert sich dabei um keinen anderen. Andere sind ihm dabei völlig egal. Seine Methoden, für deine Bedürfnisse zu sorgen, mögen naiv und begrenzt sein, doch wenn du erst einmal verstehst, was es eigentlich zu erreichen versucht, ist es ausgesprochen bereit dazu, gesündere und effektivere Methoden zu lernen, um diese Bedürfnisse zu befriedigen.

Was ist mit Licht gemeint? Mit ungeschützten Augen all das Dunkle anschauen.
– Nikos Kazantzakis

Abraham Maslow, ein bemerkenswerter Psychologe, beschreibt die von ihm sogenannte Hierarchie der menschlichen Grundbedürfnisse: elementares Überleben – Nahrung, Wasser, Behausung; Wärme und Verbindung auf der Gefühlsebene; Zugehörigkeit; Sinn – der eigene Beitrag; und Selbstverwirklichung – die Entwicklung des eigenen vollen Potentials.

Schutz, Nahrung, Kommunikation; urteilsfrei angeschaut, angehört, berührt zu werden; Wahlfreiheit in bezug auf Kontakt; Selbstausdruck und Grenzen, die uns vom Rest der Welt unterscheiden: dies sind grundlegende seelische Bedürfnisse. Wenn z.B. Kinder nicht liebevoll berührt werden, entwickeln sie sich nicht auf normale Weise. Ihr Wesenskern nimmt Schaden; ihre Seele hat eine Wunde.

Es ist genug da für jedermanns Bedürfnisse, aber nicht für jedermanns Gier.
– Gandhi

Die stärkste menschliche Triebkraft ist ein unbefriedigtes Bedürfnis. Wie ein Schatten verläßt es uns nie. Es verfügt über Dichte und einen starken magnetischen Zug, der uns folgt, uns antreibt, nach Erfüllung giert. Ein unerfülltes Bedürfnis wird dich in Situationen hineinziehen, die es deiner Seele ermöglichen, die Arbeit zu leisten, die sie tun muß, und das zu lernen, was für deine Selbstverwirklichung gelernt werden muß.

Wie alle Kinder hatte ich das Bedürfnis, beschützt zu werden. Ich wurde von meinem Vater beschützt, aber nicht vor ihm. Als ich älter wurde, suchte ich mir andere Männer, um dieses Bedürfnis zu befriedigen, doch ich geriet immer wieder in Situationen, wo die Männer, an die ich mich um Schutz wandte, genau diejenigen waren, vor denen ich Schutz gebraucht hätte. Mein Unbewußtes wollte, daß ich den Bedürfniszyklus abschließe, den ich so lange mit mir herumgetragen hatte: für meinen Schutz zu sorgen, indem ich Grenzen und Sicherheit bei einem Mann finde, weil ich sie bei meinem Vater nie hatte finden können. Ich wußte, daß ich, wenn ich von einem anderen abhängig war, der an meiner Stelle für die Erfüllung meiner Bedürfnisse sorgte, diesen Menschen schließlich verlieren würde und dann gänzlich schutzlos dastehen würde. Es war so, als gäbe ich einem anderen Menschen den einzigen Schlüssel zu meinem Safe.

Etwas, das wir zurückhielten, machte uns schwach, bis wir herausfanden: Wir waren es selbst.
– Robert Frost

Als ich die Wahl traf, Männern aus dem Weg zu gehen, um dem Mißbrauchtwerden zu entkommen, begann ich, mich selbst mit Hilfe von Drogen zu mißbrauchen. Erst als ich mir selbst die Erlaubnis gab, diesen Peiniger zu externalisieren und mir bewußtzumachen, wie tief meine Wunden waren, stellte ich den Raum her, der nötig war, um mir selbst das geben zu können, was ich seit meiner Kindheit wirklich brauchte: Trost und Schutz.

Das Richtige im Falschen

Wenn Andy und ich anderen beibringen, ihr Denken auf eine Ebene zu verschieben, die unterhalb ihrer Symptome angesiedelt ist, eine Ebene, wo der Strom der unerfüllten Bedürfnisse fließt, spielen wir eine Art psychologisches Detektivspiel namens „Richtig!" Es geht so:

Eine Person, X, agiert das problematischste Verhalten irgendeiner Person, der sie im Laufe der Woche begegnet ist. Diese, Y, darf nichts weiter sagen als: „Richtig!" Die beiden wissen, daß jeden Moment Andy oder ich hinter ihnen auftauchen, eine Hand auf Ys Schulter legen und sagen werden: „Was ist richtig?" Jetzt muß Y beschreiben, was an dem Verhalten, das X an den Tag legt, möglicherweise richtig sein könnte.

Für unsere Zwecke werde ich kurz ein paar Leute beschreiben, mit denen ich kürzlich gearbeitet habe, und dann die ihren Symptomen zugrundeliegenden Bedürfnisse mitteilen, die sie entdeckt haben.

Eine Frau hat furchtbare Angst davor, allein zu sein. Es ist kein Problem für sie, allein in ihrem Auto oder in ihrem Büro zu sein, aber wenn sie allein zu Hause ist, wird sie immer ängstlicher. „Ich fühle mich einfach verloren und voller Angst. Als drohe mir eine Gefahr. Ja! Als ich klein war, wurde ich immer allein in meinem Zimmer eingesperrt. Alles, was ich hören konnte, war das Schreien meiner Mutter, daß sie mich am liebsten umbringen wollte, und dann die Stille, wenn sie bewußtlos wurde. Jetzt habe ich noch die schreiende Stimme in meinem Kopf, und wenn ich in einem stillen Haus bin, bekomme ich Angst, daß sie jede Minute einen Ausbruch bekommt und mich umbringen will. Was ich gebraucht hätte, wäre folgendes gewesen: Mein Vater hätte heimkommen, mit mir reden und mir erklären müssen, was los ist."

Ein Mann bezeichnete sich als selbstmordgefährdet und sagte, er wolle mit allem Schluß machen. „Ich beginne langsam zu verstehen, daß mein unerfülltes Bedürfnis darin besteht, damit aufhören zu wollen, der zu sein, als den mich alle haben wollen. Ich gehe durch eine große Veränderung in meinem Leben, eine Scheidung. Ein Teil von mir stirbt, während ein anderer bereit ist, wiedergeboren zu werden. Ich denke, daß eine bestimmte Art, wie ich leide, sterben muß."

Nichts Menschliches ist mir fremd.
– Voltaire

Ein Mann ist extrem selbstkritisch, wann immer er anfängt, etwas zu gestalten. „Ich habe herausgefunden, daß mein Name ‚Wächter' bedeutet. Es wird mir klar, daß diese kritischen Stimmen in meinem Kopf mein Unbewußtes bewachten, so wie Dämonenstatuen vor einem Tempel Wache halten. Wenn ich mich nur genug kritisiere, wird kein anderer imstande sein, es noch schlimmer zu tun, und dann wird mich keiner überrumpeln können, wie es mir als Kind passierte. Ich habe immer Raum gebraucht, um Forschungen anstellen zu können, ohne gedemütigt zu werden."

Ein Mann wurde alt. Er war 55 Jahre lang verheiratet gewesen. Er war auf einem Ohr taub und driftete weg, wenn seine Frau ihm etwas sagen wollte. Seine Frau entwickelte eine Muskelschwäche vom Äußeren ihres Körpers aus nach innen. „Mein unerfülltes Bedürfnis, das mich taub werden läßt? Auf meine eigene innere Stimme zu hören. In meinem Alter wird es Zeit, auf sie zu hören. Ich denke, daß das für meine Frau auch zutrifft, aber ich weiß, daß ich es ihr nicht sagen soll. Ihr Körper sorgt dafür, daß ihr Bedürfnis, sich selbst Beachtung zu schenken, dadurch befriedigt wird, daß sie nicht mehr in der Lage ist, herumzulaufen und für alle anderen zu sorgen. Sie braucht selber Aufmerksamkeit. Sie muß sich selbst spüren lernen, was sie nie tat, als sie noch herumrennen konnte."

Eine Frau hatte Wutanfälle, immer vor dem Abendessen. Sie haßte die ganze Familie und stritt sich mit jedem. Dies führte häufig dazu, daß sie aus dem Raum stampfte, die Tür hinter sich zuschlug und schmollte Mit geröteten Wangen entdeckte sie, unter dem Feind Wutanfälle verborgen, folgendes: „Ich mußte einfach mal allein sein. So einfach ist das. Ich schäme mich, es zuzugeben, aber alle anderen zu hassen war die einzige Möglichkeit, mir das Alleinsein zu gestatten. Als Kind schickten mich meine Eltern auf mein Zimmer, wenn ich Wutanfälle hatte. Ich fand das toll! Ich konnte lesen und ungestört meine Ruhe haben. Ich glaube, ich benutze immer noch die gleiche Methode."

Einige Beispiele von Leuten, mit denen ich die letzte Woche gearbeitet habe: als eigenständiges Individuum anerkannt zu werden; Ermunterung und Anleitung beim Lernen zu erhalten; Unterstützung zu bekommen, sich ausruhen zu dürfen; neugierig auf die eigenen Gefühle zu werden und ihnen Nahrung zu geben; seinen Schmerz auszudrücken; gemocht zu werden; und eigene Leistungen mit einem Gefühl der Befriedigung zu genießen.

Übung: Finde die Rose hinter den Dornen

Es ist an der Zeit, wieder selbst etwas zu tun. Was wir wollen, ist, die *Teleologie* verstehen zu lernen, die Kraft, die hinter den Symptomen wirksam ist, die unerfüllten Bedürfnisse, die sich unter der Oberfläche der Symptome verbergen.

Was ist Unkraut? Eine Pflanze, deren positive Eigenschaften nie entdeckt worden sind.
– *Emerson*

Fangen wir mit etwas ganz Einfachem an. Du und ich sitzen einander gegenüber, und ich streiche mit meinen Fingern ständig durch mein Haar. Andy tippt dir auf die Schulter und flüstert: „Was ist gut daran?" Du sagst ...

„Vielleicht versucht sie, die Durchblutung ihres Gehirns zu verbessern; vielleicht hat ihre Mutter ihr immer übers Haar gestreichelt, wenn sie Kummer hatte; vielleicht braucht sie etwas kinästhetische Stimulation, um ihren Wortfluß zu beschleunigen; vielleicht hat sie Schuppen!"

Versuch es einmal damit: Eine Frau, die als Kind sexuell mißbraucht wurde, hat Bulimie. Sie stopft sich mit Essen voll und geht dann ins Badezimmer und erbricht sich. Was ist gut daran?

Vielleicht wurde sie als Kind von ihren Eltern sehr streng gehalten, so daß dies ihre Art ist, sich selbst zu be-eltern – indem sie sich all das zu essen gibt, was sie will, und dann Kontrolle über das ausübt, was sie verdaut. Vielleicht demonstriert sie, daß sie, als sie klein war, nicht imstande war, Dinge am Eindringen in sich zu hindern, die ihr auf- oder in sie hineingezwungen wurden, jetzt aber durch das Erbrechen auf gewisse Weise das Bedürfnis erfüllt, sich von ihnen zu befreien. Vielleicht ist es ein Weg, ihre Wut gegen einen Menschen, der sie mißbrauchte, *nicht* hinunterzuschlucken.

Hätte die Auster Hände, würde nie eine Perle entstehen. Weil die Auster gezwungen ist, eine lange Zeit mit der Irritation zu leben, kann die Perle entstehen.
– *Stephen Nachmanovitch*

Ein Mann bekommt Allergien gegen bestimmte Nahrungsmittel. Er kann nichts mehr essen, das aus Getreide besteht, ohne in einen Schockzustand zu geraten. Was ist gut daran? Vielleicht muß er mehr darauf achten, sich die richtigen Dinge zuzuführen. Vielleicht war seine

Mutter Alkoholikerin, und er hatte darunter zu leiden. Vielleicht muß er darauf achten, keine Substanzen zu sich zu nehmen, die aus Getreide bestehen – Schnaps –, so daß er sich auf eine Weise ernährt, die derartige für ihn toxische Substanzen nicht zuläßt.

Persönliche Exploration: Finde deine unerfüllten Bedürfnisse heraus

Was ist nun bei dir das Richtige im Falschen? Ich verlange nicht von dir, den Müll zu küssen. Worauf es bei dieser Übung ankommt, ist, daß du mit deinem Feind ein intuitives Gespräch über seine Bedürfnisse beginnst; benutze Blindenschrift, um deinen Weg hindurch zu finden, tief in sein Zentrum hinein; umarme ihn, laß ihn auf deinen Armen hüpfen, laufe mit ihm herum, mache gurrende Geräusche, so wie du es mit einem Baby tun würdest, das du lieb hast, bis zu spüren kannst, was es braucht.

Wenn man über einen alten Mythos herauswachsen will, ist es nötig, die Rolle zu akzeptieren, den dieser im eigenen Leben spielte, die Gründe zu verstehen, weshalb man ihn einst brauchte, und die gültigen Botschaften anzuerkennen, die er immer noch enthält.
– Stanley Krippner

Vielleicht kann dich die folgende Frage dahin führen: Was sollst du, wenn es nach deinem Feind ginge, loslassen? Woran sollst du festhalten? Welche Lektion versucht er dir beizubringen? Welches Leiden resultiert aus der Art und Weise, wie du auf ihn reagiert hast? Worin liegt sein verborgener Wert?

Wenn du diese Übung machst, kannst du in deiner Vorstellung das dissoziierte Bild deines Feindes in einer sicheren Entfernung halten oder die Darstellung, die du während des letzten Kapitels von ihm gemacht hast, in einer angenehmen Entfernung vor dir aufstellen.

Es folgen einige unterschiedliche Weisen, wie man seine unerfüllten Bedürfnisse kennenlernen kann:

Stell dir ein Gespräch mit ihm vor und nimm den gesprochenen Dialog auf Tonband auf.

Nimm einen Stift in deine nichtdominante Hand und laß sie einen Brief an dich schreiben, oder erschaffe einen visuellen Dialog, indem du mit deiner dominanten Hand Fragen aufschreibst und den Feind mit Hilfe deiner nichtdominanten Hand antworten läßt. Diese Hand ist unkultiviert, unverbildet, unerzogen, und so ist das, was von ihr kommt, obwohl es nicht sauber und ordentlich, sondern linkisch und unbeholfen aussieht,

Jedes Schreckliche in uns ist vielleicht im Grunde seines Seins etwas Hilfloses, das Hilfe benötigt.
– Rainer Maria Rilke

oft die nackte Wahrheit, ursprüngliches, unzensiertes Denken. Ich höre die Leute ständig sagen: „Einerseits ... andererseits ... (on the one hand ... on the other hand ...)" Du kannst also deinem Bewußtsein die eine Hand zur Verfügung stellen und deinem Unbewußten die andere.

Nimm dich selbst auf einen Spaziergang mit – dein Selbst, das Schmerzen leidet, dein Schattenselbst, deinen inneren Feind. Du kannst einmal um den Block gehen oder quer durch die ganze Stadt. Tu so, als sei dieses Selbst neben dir anstatt in dir, oder, wenn sich dies besser anfühlt: vor dir. Ich meine damit nicht, daß du an diesem Punkt bereits eine bedeutendere Beziehung zu ihm eingehen sollst. Laß einfach in deinem Geist genügend Raum entstehen, um Neugier zu entwickeln. Wie wäre es, mit diesem Selbst zu atmen, ihm zuzuhören? Mit welchem Stimmton würde es sprechen? Wie wären seine Bewegungen, wie wäre sein Rhythmus? Wie würde es die Welt sehen? Mache einfach die Erfahrung, auf seiner Seite zu stehen. Sieh zu, wie du herausfinden kannst, welche Bedürfnisse auf Erfüllung warten, so, wie du es bei einem guten Freund tun würdest.

Gib dir die Erlaubnis, die Energie und den Rhythmus deines Feindes zu spüren, und laß ihn für dich tanzen, Töne machen oder das, was er braucht, auf einer Trommel, einer Gitarre, einem Keyboard spielen.

Gehe ganz gemächlich spazieren und achte darauf, welche Gegenstände in der Natur dir als Repräsentanten deiner unerfüllten Feindeswünsche ins Auge fallen. Fotografiere sie oder nimm sie mit nach Hause, beschreibe sie in deinem Tagebuch und benutze dabei die Worte „ich bin" anstelle von „es ist". Die letzte Zeile deiner Beschreibung könnte so anfangen: „Wenn du mich gut behandeln willst, dann wisse, daß ich ... brauche."

Unter der Oberfläche einer jeden kämpferischen Auseinandersetzung gibt es ein Verlangen nach Beziehung.
– Dannan Perry

Gehe einen Stapel alter Zeitungen durch und schneide Worte, Bilder, Sätze aus, die dir als Repräsentanten deiner unerfüllten Bedürfnisse ins Auge springen. Mach das so schnell, daß dir dein linearer Verstand dabei nicht in die Quere kommt.

Ein Beispiel, das dem nächstliegenden Verstand entstammt, den ich finden konnte: ein Brief, den meine nichtdominante Hand an mich schrieb, von meinem Lieblingsfeind des Monats – dem Aspekt meiner selbst, der alles, was heute dringend erledigt werden müßte, lieber auf morgen verschiebt – meiner Trägheit!

Dear Pressuring Present Dawna
(pressuring: Druck ausübend, drängend, dringend;
present: Gegenwart, Präsent, präsent),
ich weiß, du hältst mich für einen Raumkadetten und denkst, daß ich dich im Stich lasse, wenn du mich brauchst. Ich weiß auch, daß du mich für faul hältst und

denkst, ich schöbe alles auf die lange Bank. Nun, du sollst wissen, daß auch ich Bedürfnisse habe. Ich muß manchmal träumen und als Puffer wirken gegen deine schonungslosen Forderungen nach Leistung, Leistung, Leistung. Ich denke kreisförmig, und ich möchte, daß du meine einzigartige Art und Weise, in der Welt zu funktionieren, respektierst. Und da wir schon einmal dabei sind: Ich muß spielen können. All die destruktiven Spiele hast du uns weggenommen. Und was wollen wir jetzt spielen?

Sincerely, very sincerely
In Her Shell
(Wortspiel: in her shell: in ihrer Schale; klangähnlich mit „inertia" – Trägheit)

Nimm deine Bedürfnisse mitfühlend an

Hast du mal jemanden sagen hören: „Ich möchte nicht so aussehen, als ob ich es nötig hätte, aber ..."? Hast du jemals gesagt: „Ich brauche keinen!" Ich erinnere mich daran, daß ich, als ich das sagte, ein paar Monate später erkrankte. Dann nahm ich an einem vierzehn Jahre lang dauernden Auffrischungskursus teil, der davon handelte, wieviel ich wirklich brauche. Je weniger du dir deiner Bedürfnisse bewußt bist, desto mehr Feinde werden in den Schatten deiner Seele hausen.

Je genauer wir uns unsere Schmerzen und Krankheiten ansehen, desto bestürzter werden wir sein angesichts der schmerzlichen Wahrheiten, die sie uns über unsere auf gefährliche Weise entkörperlichte Lebensweise mitzuteilen versuchen.
– Marion Woodman

Wenn du darin geübt bist, dem, was du brauchst, keine Beachtung zu schenken, besteht eine Möglichkeit, dein Gewahrsein wieder einzufordern, darin, darauf zu achten, was du den Menschen, die um dich herum sind, gibst. Es ist zwangsläufig so, daß wir anderen das geben, was wir uns selbst in erster Linie geben müßten.

Es folgt eine einfache Übung, deren Sinn darin besteht, deine Fähigkeit zu erhöhen, deine Bedürfnisse mitfühlend anzunehmen:

Etwa eine Woche lang achte einfach darauf, wie du deine eigenen Bedürfnisse in deinem Körper wahrnimmst. Was verursacht sie? Bist du ihrer in einem Kanal oder multimodal bewußt? Ziehst du dich energetisch zusammen, wenn du sie bemerkst, oder weitest du dich? Wie ist es, wenn das Bedürfnis aufhört? Was folgt darauf?

Jede Verletzung birgt potentiell das Geschenk des Heilwerdens. Du wirst das spüren, wenn du willens bist, deinem Feind mit deinem Herzen zuzuhören,

Zerbrich eine Vase, und die Liebe, die die Scherben wieder zusammenfügt, ist stärker als die Liebe, die ihr Ebenmaß als etwas Selbstverständliches hinnahm, als sie heil war.
– Derek Walcott

wenn deine Augen ihn im Licht des Mitgefühls sehen, wenn du dir selbst die Erlaubnis gibst, ihn mitleidsvoll zu berühren. Wenn du die Bedürfnisse des verwundeten Kriegers und des hilflosen Heilers in dir verstehen lernst, wenn du dem Sucher die Freiheit gibst, in der Dunkelheit den Sinn aufzuspüren, hat deine Reise zum Ganzwerden eine Wendung vollzogen; sie geht jetzt dem Licht entgegen.

12 Was du brauchst, ist, was du hast:

Das Aufspüren innerer Ressourcen

Halte fest, was gut ist,
und sei es nur eine Handvoll Erde.
Halte fest, woran du glaubst,
und sei es nur ein Baum, der ganz allein steht.
Halte fest an dem, was du zu tun hast, sei seine Vollendung auch
noch so weit entfernt.
Halte fest am Leben,
sei es auch leichter, es fahren zu lassen.
Halte fest an meiner Hand,
sei ich auch fern von dir.

– *Segensspruch der Pueblo-Indianer*

Ehe du deine Reise fortsetzt, müssen wir eine Weile lang haltmachen und uns ausruhen. Auf jeder Expedition braucht man eine Art Basislager – einen Ort, an dem man sich mitsamt all den Dingen, die einem Schutz geben und Nahrung, niederlassen kann, einen Ort, wohin man sich vom Kampf zurückziehen und wo man sich ausruhen kann, wo man sich wieder aufbauen, erholen und Verbindung zu den Nachschublinien aufnehmen kann.

Genau das werden wir jetzt tun. Bisher lernten wir durch „sourcing“ (Aufspüren der Quelle), indem wir eine Reise nach innen unternahmen und dabei Intuition und Imagination als Brennstoff benutzten. Der Feind ruht derweil draußen in den Händen des Mitgefühls. Jetzt ist es an der Zeit, anzuhalten und durch „resourcing“ (Auffinden unserer Ressourcen) zu lernen, indem wir unseren Verstand wieder einsetzen, um uns das Reich des Möglichen zu erschließen. Dafür brauchen wir einen klaren Verstand, der über flexible Neugier verfügt, statt sich an rigide Gewißheit zu klammern. In diesem Kapitel werden wir uns nicht auf den Feind konzentrieren, sondern lernen, deine inneren Ressourcen zu erkennen, die Aktivposten und Lebenserfahrungen, über die du verfügst, um den Erfordernissen des jeweiligen Problems begegnen zu können.

Der größte Vorteil, den du deinem inneren Gegner lieferst, ist dein fehlender Glaube an deinen letzlichen Sieg.
– R.L. Wing

Was wäre nun aber, wenn du, soweit dir bekannt ist, über gar keine Ressourcen verfügtest? Oder nicht die geringste Vorstellung davon hättest, wie du die Ressourcen finden kannst, die dir bei diesem Kampf helfen würden? Das Wort „Ressource“ stammt aus dem Lateinischen und bedeutet dort: wieder aufsteigen, wiederauferstehen. Und die Wurzel, die dem Wort „recognize“ (erkennen) zugrunde liegt, bedeutet: auf andere Weise wissen/kennen/erkennen. Du wirst also tatsächlich lernen, auf andere Weise zu erkennen, um wiederaufzuerstehen.

Du bist mehr als dein Feind: sich auf das Positive konzentrieren

Als ich in Chicago, Illinois, die vierte Klasse besuchte, war einer meiner Lieblingsplätze, wo ich nach der Schule mit meinem Freund Bobby Newton hinzugehen pflegte, der Mayflower Doughnut Shop. Ich weiß nicht mehr, ob ich am liebsten den Ahornsirupdoughnut oder den Zimtdoughnut aß, was aber in meiner Erinnerung aufleuchtet, ist ein auf Fichtenholz gemaltes Schild an der grünen Wand hinter der Kasse. Darauf stand: „Auf deinem Weg durchs Leben, was immer dein Ziel, schau auf den Doughnut, nicht auf das Loch.“

Auf der Universität lernte ich, auf das Loch zu achten und Mängel jeder Art zu kategorisieren. Milton Erickson jedoch war ein Meister des Doughnuts. Während meine klinischen Supervisoren mich ermahnten, die Muster aufzudecken, die dem Leiden jedes Patienten zugrunde lagen, glaubte Dr. Erickson daran, daß es nötig sei, die Muster ihres Glücklichseins zu entdecken und wieder zugänglich zu machen. Er verschob die Problemstellung von der Frage, wie gut es jemandem geht, zu der Frage, wie der Betreffende es anstellt, daß es ihm gut geht. Während ich die Regeln der Pathologie paukte, lehrte er die Menschen, auf die Ausnahme von der Regel zu achten: Wann war eine bestimmte Person, die als paranoid diagnostiziert wurde, angstfrei? Unter welchen Umständen bewegte sich ein Mensch, der als kataton diagnostiziert wurde, *doch?* Seine Lehre war, daß Menschen deshalb Probleme haben, weil sie in ihrem gegenwärtigen Kontext nicht in der Lage sind, sich Zugang zu den Ressourcen und Fähigkeiten zu verschaffen, die ihnen zur Verfügung stehen, und sie zu benutzen. Es ist, als seien ihre Ressourcen in winzige, voneinander getrennte Fächer eingesperrt worden. Die Herausforderung besteht darin, einen Weg zu finden, das zu nehmen, was die Betreffenden haben, und es an die Stelle zu bringen, wo sie es benötigen.

Es ist so leicht, auf das ausgerichtet zu sein, was nicht funktioniert und nie funktioniert hat. Schon im Kindesalter werden wir unseren Mängeln auf die Spur gebracht. Unser gesamtes Erziehungssystem ist um die Frage herum aufgebaut, was wir alles falsch machen. Kein Wunder, daß wir unseren Problemen so treu bleiben. Alice Walker beschreibt dies so: Wir lieben das, was knapp ist, nicht das, was in Hülle und Fülle vorhanden ist. In unserer Kultur wimmelt es von Gruppen, die ein magnetisches Verhältnis zu ihrer Pathologie haben. Es wird uns beigebracht, uns *als unsere Probleme* zu etikettieren: „Ich bin eine Inzestüberlebende" und uns *als die Ursache unserer Probleme* zu bezeichnen: „Ich habe mir gestern den Arm gebrochen. Ich hätte wohl mehr darauf achten sollen, was ich tat."

So, wie mein Vater trank, arbeite ich.
– George Bernard Shaw

Es gibt offensichtliche Vorteile dabei, wenn wir uns auf diese Weise identifizieren. Wir stehen nicht mehr isoliert und allein mit unseren Problemen da; wir können uns mit einer Gemeinschaft von anderen Menschen verbinden, einer Subkultur innerhalb der „normalen" Kultur. Darin liegt auch eine Gefahr: „Ich bin Alkoholiker; ich bin deshalb nicht schuld daran, daß ich sie zusammengeschlagen habe."

Wenn du dich jedoch nur für deine Probleme interessierst, für das, was du nicht kannst, wirst du dich für unfähig halten und dein Gehirn an dieses Muster des Steckengebliebenseins fesseln. Wenn du aber in erster Linie ein von Mitgefühl getragenes Interesse für dein Problem entwickelst – so, wie wir es zusammen gelernt haben – und dann ein Interesse für den weiten Horizont

*D*u kannst gewissen Anteilen deines Soseins nicht entkommen. ... Sie sind vielleicht früh in dir angelegt worden, ohne dein Wissen oder deine Zustimmung. Manchmal ist diese Ausstattung sehr gut und zweckmäßig. Manchmal landest du damit früher oder später im Graben. So oder so, das dicke Ende kommt nach, wenn du irgendeinen davon loszuwerden versuchst.
– *David Small*

deiner Erfahrungen – die Stärken und Erfolgsmuster, die du dir im Laufe deines Lebens bereits verdient hast –, wirst du ein Gefühl für deine Fähigkeiten, deine Macht erhalten. Dein Selbstwert- und Kompetenzgefühl wird zunehmen in dem Maße, wie du dich mit deinen Mustern des Gesundseins wieder vertraut machst, die dich dazu befähigen, diese innere Weisheit zur Lösung deines Problems einzusetzen.

Ich hatte einen wunderbaren Traum, der mir zeigte, wieviel mehr Freiheit ich besaß, als ich mir selbst zu wissen gestattete. Er begann als wiederkehrender Alptraum: Eine Frau in einer Gefängniszelle. Jemand schießt auf sie. Sie trägt glänzende, undurchdringliche Kraftarmbänder, die jeden Schuß ablenken. Doch es hagelt Kugeln, schneller und schneller. Sie genießt den Triumph, daß sie den Angriff überlebt hat – zumindest zuerst. Doch es erschöpft sie und wird nach einer Weile sinnlos. Ihre Arme beginnen sich wie Blei anzufühlen. Teilnahmslos murmelt sie: „Was soll's?" Als sie gerade die Hände sinken lassen und einer der Kugeln die Entscheidung überlassen will, wache ich auf.

Jede Nacht verfolgt mich dieser Traum unbarmherzig im Schlaf. Monate später fliegen immer noch die Kugeln und wehren die Armbänder sie ab. Doch diesmal lehnt sich die Frau in ihrer Erschöpfung an die Zellentür und bemerkt, daß sie in Höhe ihres unteren Rückens gegen etwas stößt.

Ich erwache jäh, ohne den Traum zu beenden. In der darauffolgenden Nacht bin ich extrem neugierig auf diesen Traum und wild entschlossen, ihn zu Ende zu träumen. Ich schlafe ein, und die Frau ist wieder rasend damit beschäftigt, die fliegenden Kugeln abzuwehren. Sie lehnt sich gegen die Zellentür und stößt wieder gegen diesen Gegenstand. Sie faßt mit der einen Hand hinter ihren Rücken, während sie mit der anderen doppelt so schnell abwehrt und spürt ... unmöglich! ... sie spürt einen *Türgriff* ... einen glatten, metallenen Türgriff! Wie unter Schock dreht sie ihn automatisch, und die Zellentür öffnet sich nach draußen.

*U*nser Verwundetsein öffnet die Türen unseres Empfindungsvermögens auf eine größere Realität hin, die unserer gewohnten, konditionierten Betrachtungsweise verschlossen bleibt.
– *Jean Houston*

Rasch dreht sie sich um; eine weite Landschaft dehnt sich vor ihr aus, ein großartiges Panorama, das sich ungehindert bis zum Horizont erstreckt! Überwältigt versucht sie, zurück in die Zelle zu kriechen, doch der Wind saugt sie heraus. Sie rollt sich zusammen und wird zu einem Stein, der ins Zentrum von allem fällt. Eine Stimme ruft von irgendwoher: „Laß los. Laß los ... und lebe!" Genau das tut sie, doch es ist nicht wirklich ein Tun, sondern eher ein wildes Gehenlassen. Ihr Körper breitet sich aus, wie ein Drachen oder ein Fallschirm. Das Fallen wird zum Schweben, dies wird zu einem Sichemporschwingen und Lachen, einem grenzenlosen, ungehemmten, unerhörten Lachen!

Es ist alles da

Wilder Penfield, ein kanadischer Neurochirurg, entdeckte in den 50er Jahren, daß die elektrische Stimulation von Gebieten des Frontallappens des Gehirns zur Folge hatte, daß die Patienten lebhafte Erinnerungen durchlebten von, wie es schien, allem, was sie im Alter von fünf, dann 19, dann 24 erlebt hatten, einschließlich der Ereignisse, die ihnen damals nicht bewußt waren.

In anderen Worten, die Fünfjährige, die nicht weiß, daß du erwachsen bist, der bedürftige Teenager, die verwirrte junge Erwachsene sind noch als vollständige Persönlichkeiten irgendwo in deinem Geist vorhanden, so wie es *ihre Qualitäten und Fähigkeiten auch sind!* Wir wissen so viel mehr, als wir wissen! Um das volle Potential unseres Geistes zu entwickeln, müssen wir diese Ressourcen anzapfen – seien sie etwas so Einfaches wie Zwiebelschneiden oder so komplex wie das Malen eines Dschungelwandgemäldes – und sie dazu zu benutzen, die Art und Weise zu verändern, wie wir uns auf unsere persönliche Geschichte beziehen, auf die Probleme in unserem gegenwärtigen Leben und auf unseren Zukunftsentwurf.

Es folgt ein Beispiel: Andy und ich arbeiteten mit einem ehemaligen Geistlichen (K-V-A), dem viel Respekt entgegengebracht wurde, dem es aber sehr schlecht ging. Es war immer sein Wunsch gewesen, zu malen, aber, wie er uns sagte, der bedeutendste künstlerische Akt, zu dem er es je brachte, bestand in der Durchführung von Hochzeitszeremonien. Schließlich trat er aus der Kirche aus, doch er war so von Schuldgefühlen überwältigt, daß er nicht malen konnte. Ich bat ihn, sich vorzustellen, daß sich in seiner linken Hand ein intuitives, kreatives Selbst befinde und in seiner Rechten sein gesellschaftlich anerkanntes Selbst, so, wie er sich „in der Welt" bewegte. Er saß eine Weile lang mit nach oben gedrehten Händen da und wog eine Hand gegen die andere ab. Er berichtete, daß diese Haltung eine genaue Darstellung dessen sei, wie er sich in seinem Leben festgefahren fühle. Ich sagte ihm, er solle seine rechte Hand mit seiner linken vermählen. Er war zuerst sprachlos, dann warf er den Kopf zurück und lachte. In den folgenden Augenblicken

Die Ressource Macht befähigt uns, Eindruck zu machen. Die Ressource Liebe befähigt uns, auf das zu achten, was Herz und Bedeutung hat. Die Ressource Vision befähigt uns, dem, was wir sehen, Stimme zu verleihen. Die Ressource Weisheit befähigt uns, offen zu sein für alle Möglichkeiten und nicht am Ergebnis zu haften.
– *Angeles Arrién*

rezitierte er sämtliche Heiratsgelübde und vollzog eine rituelle Ganzwerdungshochzeit dieser beiden Teile seiner selbst.

Es gibt vier Abteilungen von Ressourcen, die du vielleicht noch nicht erkannt hast oder von denen du nicht weißt, wie du sie dir zugänglich machen und in bezug auf deinen Feind verwenden kannst. Die erste umfaßt Fähigkeiten und Fertigkeiten aus anderen Lebensgebieten, wie bei dem Mann, der Hochzeitszeremonien durchführte. Die zweite enthält die Momente, in denen dein Feind dich nicht blockierte. Die dritte umfaßt eine Sammlung von Fähigkeiten, die falsch wahrgenommen wurden, weil sie im falschen Kontext benutzt wurden, und die vierte birgt Qualitäten und Aspekte, die bisher nicht voll ausgeschöpft wurden. Wir werden eine nach der anderen erforschen.

Erkenne, wo du frei bist: beachte deine Plusfaktoren

Die meisten meiner Lehrer lehrten mich, mein Zentrum an den Ort des Problems, in den Kampf hinein, zu bewegen. Dann stand plötzlich Terry Dobson, der brillant-einfache Aikido-Meister, in meiner Küche und griff mit seiner großen, schwieligen Pranke nach meinem Handgelenk. Ich reagierte natürlich gewohnheitsmäßig. Zuerst versuchte ich, mich freizumachen, indem ich mich steif machte. Dann gab ich auf und versuchte, ihn nicht zu beachten. Er sagte, und seine Augen blitzten aus den Höhlen seiner buschigen grauen Augenbrauen hervor: „Deine Aufmerksamkeit ist dort, wo du feststeckst. Bringe sie dahin, wo du frei bist!“ In einem Augenblick wurde mir klar, daß etwa 98% meines Körpers frei waren, sich zu bewegen, sich zu bücken, herumzuwirbeln und den freien Arm über seine Schulter zu legen und ihn zu umarmen!

Es gibt eine Vitalität, eine Lebenskraft, eine Energie, eine Lebendigkeit, die durch dich in Handlung umgesetzt wird, und weil es zu jeder Zeit dich nur ein einziges Mal gibt, ist dieser Ausdruck einzigartig. Und wenn du ihn hinderst, wird er nie durch ein anderes Medium zur Existenz gelangen können – er wird verlorengehen – die Welt ist ärmer ohne ihn.
– *Martha Graham*

Wenn du mit einem Problem ringst, darum kämpfst, die fliegenden Kugeln abzuwehren, vergißt du all die Erfahrungen, Ressourcen, Weisheit, die du im Laufe deines gesamten Lebens angesammelt hast. Es ist so leicht, den offenen Himmel deines Geistes zu verlieren und in dieser einen Sturmwolke hängenzubleiben.

Eine Denkweise, die sich auf die Plusfaktoren konzentriert, basiert auf der Annahme, daß du bereits über die inneren Ressourcen verfügst, um einen Weg hindurch zu konstruieren, der ganz allein dein Weg ist und der in anderen Lebenssituationen sehr effektiv für dich sein kann. Wie ich schon zuvor gesagt habe, unterscheidet sich dieser Ansatz sehr von dem, was den meisten von uns beigebracht wurde. Und es ist dieser Unterschied, der einen so großen Unterschied macht.

Für die Arbeit mit Rena (V-K-A) standen mir ganze drei Sitzungen zur Verfügung. Diese Bedingung hatte sie ganz klar gestellt. Sie hatte eine Haarmähne in der Farbe eines feurigen Sonnenuntergangs. Außerdem kämpfte sie mit einem Gebärmutterhalskrebs, hatte gerade die operative Entfernung ihrer Gebärmutter hinter sich und war im Begriff, mit einer Chemotherapie anzufangen. Sie wollte, daß ich zur Schmerzlinderung hypnotherapeutisch mit ihr arbeitete. Sie erklärte mir ganz direkt, mit einer schnellen, hohen Stimme, daß der Mann, der sie zu mir gebracht hatte (sie nannte ihn ihren „Typen"), mit Marihuana dealte. Ich drehte mich um und sah mir den bärtigen Mann an, der in dem roten 1975er Ford-Pick-up vor dem großen Erkerfenster meines Praxisraumes saß.

„Außerdem schlägt er mich. Und ich weiß, daß ich mich von ihm trennen muß; doch ich kann damit jetzt noch nicht umgehen, nicht, bevor ich die Chemotherapie hinter mir habe." Sie bedeckte die Augen mit ihren langen, weißen Fingern. Ich bemerkte blaue Flecken unter ihren Fingernägeln. Ihre Stimme klang erschöpft. Sie erinnerte mich an abgenutzte Schonbezüge.

„Malst du?" fragte ich sie.

„Ja, schon – klar. Gut, ich male nicht direkt ... eigentlich doch. Ich meine, ich bemale T-Shirts und verkaufe sie. So verdiene ich meinen Lebensunterhalt."

Ich nickte nur und atmete. Keine Fragen stiegen in mir auf. Angesichts der Tatsache, daß die Wahrheit ans Tageslicht kommen könnte, fühlte ich mich ein bißchen eingeschüchtert. Für den Fall, daß die Wahrheit ans Tageslicht käme, fühlte ich mich, im Wissen, daß ein gewalttätiger Haschischdealer mich beobachtete, ein bißchen eingeschüchtert. Ich setzte mich ein wenig aufrechter hin.

Künstler zu sein heißt, zu scheitern, wie kein anderer zu scheitern wagt.
– Samuel Beckett

Ihre Worte überschlugen sich. „Irgendwie habe ich auch das Gefühl, daß er mich liebt, doch er behandelt mich brutal. Es ist wie ein Austausch, ein Handel; nur jetzt, wo ich krank bin, hat er Angst. Ich benutze ihn. Aber darüber will ich nicht reden. Ich will, daß du Trancearbeit mit mir machst, damit ich keine Schmerzen habe und mir das Haar nicht ausfällt. Die drei Sitzungen bezahlt er."

Ich lehnte mich an mein braunes Cordkissen. „Das kann ich nicht tun, Rena."

Sie ließ die Kinnlade fallen. Ich hatte gelesen, daß es das gab, aber ich hatte es noch nie selbst gesehen. „Aber du bist doch Hypnotherapeutin."

In langsamen, einfachen Sätzen erklärte ich ihr, daß die meisten Menschen Hypnose dafür benutzen wollten, um mit bestimmten Dingen aufzuhören –

wie z.B. mit dem Rauchen, Eßsucht oder Nägelkauen. Ich sagte ihr, daß ich der Meinung sei, daß Hypnose bei so etwas ohnehin nicht besonders wirksam sei und daß, da Haarverlust eine Folge der toxischen Substanzen sei, die bei der Chemotherapie Anwendung finden, es nichts gebe, was man dagegen tun könne. Ich stand auf.

„So, ich glaube nicht, daß ich dir helfen kann, Rena. Ich will deine Zeit nicht verschwenden."

Sie griff nach meinem Handgelenk. Ich konnte ihren Augen nicht ausweichen. Sie waren ungeheuer groß und wäßriggrün. „Warte. Hör mir zu. Ich habe wirklich Angst. *Du* bist da durchgegangen. Und du bist eine Frau. Alle meine Ärzte sind Männer. Ich brauche eine Frau, die mir hilft. Bitte hilf mir."

Ich setzte mich wieder und legte meine andere Hand auf ihre.

„Du hast meine Aufmerksamkeit, Rena. Ich *bin* eine Frau. Ich könnte viel Anteilnahme für dich haben und für das, wo du durchmußt. Vielleicht sogar zuviel, um dir helfen zu können. Außerdem bin ich gar nicht ‚da durchgegangen'. Ich habe nie Chemotherapie bekommen. Ich habe nicht die geringste Vorstellung, wie ich dir helfen könnte. Die Situation, in der du lebst, ist toxisch."

Ich neigte meinen Kopf in Richtung des roten Pick-ups. „Du bist im Begriff, durch eine weitere toxische Situation hindurchzugehen. Welche Möglichkeit gibt es für mich, dir dabei zu helfen?"

Der Mensch ist sein eigener schlimmster Feind. ... Zehn Feinde sind nicht imstande, einem anzutun, was man sich selbst antut.
– Isaac Bashevis Singer

Sie rollte sich schluchzend zusammen, ein winziges Geschöpf ohne Knochen. Ich legte eine Hand auf ihren Rücken und atmete ein und aus. Viele Minuten lang blieben wir so. Am Ende machte sie lange und langsame Atemzüge mit mir. Über ihre Wangen zogen sich schwarze Streifen von Wimperntusche.

„Es ... es tut mir leid. Ich hätte nicht gedacht, daß es soweit kommt. Ich ... ich habe große Angst und mußte das, glaube ich, einer Frau sagen. Meine Mutter starb, als ich Kind war. Ich bin auch sehr wütend, richtig böse ... und, nun gut, vielen Dank jedenfalls." Sie ging zu der Spiegelwand am anderen Ende des Raumes und begann ihr Gesicht mit einem Papiertaschentuch zu reinigen.

Ich folgte ihr. „Rena, was ich tun *kann*, ist, dich zu begleiten, und vielleicht kann ich dir helfen, ein paar Wahlmöglichkeiten zu entdecken, die du bei alledem vielleicht nicht berücksichtigt hast."

Sie schaute mein Spiegelbild an und hörte mitten im Reiben auf. „Was willst du damit sagen?"

„Nun, wenn deine Angst einfach nur Lebenslust wäre, die ans Tageslicht will? Wenn deine Wut, dein Bösesein Energie wäre, die nach Bewegung verlangt? Meiner Meinung nach sind alle Emotionen das: Energie, die nach Bewegung verlangt. Was wäre, wenn diese Energie dir zu signalisieren versuchte, daß eine Veränderung ansteht, daß du trauern und loslassen mußt, um den Weg für das freizumachen, was möglich ist?"

Die Worte strömten nur so aus mir heraus. Ich machte eine Pause, um Atem zu schöpfen, und legte meine Hand auf ihre Schulter. „Was wäre, wenn – stell es dir einfach mal vor – wenn du, anstatt dich als Opfer zu fühlen, dem all dies zustößt, dich dir selbst als edle Kriegerin vorstellst, die gegen die Barrieren kämpft, die ihre eigene Wahrheit blockieren?

Hier ist ein Beispiel für das, was ich meine." Ich ließ sie stehen und verließ den Raum. Nach drei oder vier Minuten kam ich zurück, die Arme voller Sachen, die ich vor sie hinlegte.

Willst du etwas bekämpfen, so mußt du es erst auf seinen Höhepunkt gelangen lassen. Willst du etwas nehmen, so mußt du es dir zuerst schenken lassen.
– Lao Tse

„Du mußt das nicht *mit dir* machen lassen, Rena. Du kannst die Wahl treffen, das Talent, das du hast, zu benutzen und aus der ganzen Angelegenheit dein Kunstwerk zu machen." Ich breitete eine Schere, ein elektrisches Schermesser, sechs Tiegelchen mit Temperafarbe, drei Marderhaarpinsel und ein großes weißes Handtuch auf dem nackten Boden aus.

Sie schaute die Sachen an. Sie schaute mich an, dann in den Spiegel, und schüttelte den Kopf. „Willst du damit sagen, ich soll mir meine Haare selbst abrasieren?"

„Ich will noch mehr damit sagen. Ich meine, du solltest dieses Ereignis zu einem Übergangsritual werden lassen, das zum Inhalt hat, daß du deine Haare abrasierst und dann dir selbst deine eigene Kopfhaut mit Bildern bemalst, die für dich Heilung und Kraft symbolisieren."

Innerhalb von zwei Minuten ging ihr Gesicht durch ganze Jahreszeiten von Emotionen – von Erstaunen über Wut zu Trauer und zu Verwunderung. Sie wandte sich dem Spiegel zu und begann sich mit den Fingern durchs Haar zu fahren. „Sag das noch mal, das mit dem Krieger."

„Rena, du bist kein Opfer, dem dies und jenes zustößt. Du bist eine strahlende Kriegerin, eine edle Künstlerin, die dazu berufen ist, jetzt einen Übergangsritus zu vollziehen. Dein Zorn ruft dich. Dein Schrecken ruft dich. Dein Leben ruft dich. Du wirst durch einen Prozeß der Heilung gehen, bei dem Zellen zerstört werden. Du hast Lebensweisen gewählt, die zerstörerisch für dich waren. Die kannst du jetzt gehen lassen. Du kannst aus ihnen etwas erschaffen."

Sie strich weiter durch ihr Haar. Ich atmete. Eine Stimme in meinem Kopf begann zu schreien: „*Markova, bist du wahnsinnig? Was wird er denken, wenn sie mit einem bemalten kahlen Schädel aus dem Haus herausspaziert? Er bezahlt dich, damit du ihr Haar rettest. Markova, er ist ein sehr großer und gefährlicher Mann!*"

Ich wollte schon ihre Träumerei unterbrechen, um ihr zu sagen, sie bräuchte jetzt noch keine Entscheidung zu treffen und sollte vielleicht erst einmal noch mal mit ihrem Typen darüber reden, da streckte sich ihr Rücken, sie hockte sich auf den Boden und legte sich das Handtuch um die Schultern. „Setz dich doch neben mich, Dawna! Halte mir den Handspiegel, so daß ich mich von hinten sehen kann." Ich ließ mich sofort auf dem Boden nieder und folgte ihren Anweisungen. Sie griff nach der Schere.

Ich weiß nicht, wie lange es dauerte. Ich atmete nur. Ein und aus. Irgendwann drehte sie sich um und schaute mich an. „Du kannst jetzt hinschauen, Dawna."

Entdecken Sie die Muster des Glücklichseins.
– Milton H. Erickson

Wie soll ich diesen Moment beschreiben? Ihr Kopf und ihr Nacken waren von einem Dschungel bedeckt, der in der heißen Sonne von Papageien, Schlingpflanzen, Fröschen, Zebras und Alligatoren nur so schrie. Sie strahlte von innen heraus, als hätte sie den Sommer getrunken.

In den auf unsere Sitzung folgenden Wochen berichteten mir einige Leute von der schönen Frau mit dem bemalten Kopf, die sie gesehen hatten. Sie machte eine Menge Eindruck, wenn sie die Hauptstraße der kleinen Vermonter Stadt entlanglief, in der sie lebte.

„Ich habe gemacht, was du mir gesagt hast", sagte sie zu Beginn unserer nächsten Sitzung stolz. Sie streckte ihre langen Beine auf den Kissen auf der Fensterbank aus. Sie trug eine Latzhose und rote, hochhackige Lederstiefel. Sie war nicht geschminkt, aber ihr Kopf war absolut bemalt ... mit wahren Bilderorgien – diesmal Katzen – Panther, Leoparden, Tiger mit blutigen Zähnen. In der Mitte ihrer Stirn war ein flauschiges schwarzweißes Kätzchen. Es war mit dem Rest durch ein schwarzes Spinnennetz verbunden. Ich war so fasziniert, daß ich ein paar Minuten lang sprachlos war.

„Ich habe meinen Kopf als eine Art Tagebuch benutzt. Anstatt meine Krankheit in mein Tagebuch zu zeichnen und das, was sie braucht und wie es sein wird, wenn ich geheilt bin, habe ich jeden Tag einen anderen Teil meines Kopfes bemalt."

Ich schaute nervös zur Straße hin. Da stand der rote Pick-up und ihr Typ, der eine Camel rauchte. Diesmal jedoch starrte er direkt ins Fenster.

„Wie hat dein Typ auf all das reagiert?" fragte ich reichlich beklommen.

Sie lehnte sich zurück und lachte leise. „Nun, es ist reichlich merkwürdig. Als ich letzte Woche in seinen Wagen stieg, war alles, was er sagte: ‚Scheiiiße!', und ich sagte sofort: ‚Laß mich in Ruhe! (Don't fuck with me!)' Ich hatte noch nie so mit ihm gesprochen, mußt du wissen; aber ich habe mich einfach zentriert, wie wir es hier getan haben, und die Worte kamen direkt aus meinem Bauch hoch." Sie zeigte mit dem Daumen auf den roten Lieferwagen: „Ich denke, er fährt schlecht auf meinen Kopf ab oder so. Egal, jedenfalls ist mir die ganze Woche lang aufgefallen, wie ich zu einer ganzen Menge Leute sagte: ‚Laß mich in Ruhe!' Ich habe mich auch dafür entschieden, daß ich nicht will, daß er diese Sitzungen bezahlt. Ich möchte dich in Form von T-Shirts bezahlen. Ist das okay für dich?"

Bei der Therapie geht es darum, den ersten Dominostein umzustoßen. Alles, was nötig war, war die Korrektur einer einzigen Verhaltensweise, und wenn diese korrigiert wurde...
– Milton H. Erickson

Nicht nur war das in Ordnung für mich; als Antwort drehte ich mich zum Fenster, zog an der Schnur, die seitlich herunterhing, und ließ die dünnen silbernen Jalousien langsam über die Fensterscheiben hinab.

„In Ordnung! Jetzt geht es nur noch um uns beide, Rena."

Thich Nhat Hanh sagt uns, daß es in Zeiten des Chaos überaus wichtig sei, unser Augenmerk auf das zu richten, was in unserer inneren und äußeren Welt stabil ist, worauf wir zählen können, egal, was geschieht, wenn alles andere in Veränderung begriffen ist. Rena ging durch einen Orkan in ihrem Leben. Es half ihr nicht, sich an den Zweigen festhalten zu wollen. Indem sie Zuflucht nahm zu ihrer Kunst, die immer für sie da war, kletterte sie an dem stabilen Baumstamm hinab, dorthin, wo ihre Weisheit ihr bei der Erforschung der Wurzeln ihrer Heilung helfen konnte.

Wie erkenne ich den Doughnut?

Dies ist nicht dasselbe wie „positives Denken" oder das Aufsagen von Affirmationen. Es geht nicht darum, dein Leiden zu negieren oder zu affirmieren, daß die Welt so sei, wie du sie gerne hättest. Dein Feind bekommt volle Aufmerksamkeit, und dann achtest du *auch* auf die Ausnahme von der Regel deines Feindes. Weil Veränderung etwas Konstantes ist, gibt es Augenblicke, wo wir glücklicher und effektiver sind als zu anderen Zeiten. Was ich vorschlage, ist, daß wir lernen, die jeweilige Wahl zu untersuchen, die wir in *jenen* Augenblikken treffen, wie wir dann denken und reagieren, wie wir unsere Erfolge, unsere Ressourcen, unsere Aktivposten ausfindig machen – so daß wir sie benutzen können, um die Bedürfnisse zu befriedigen, die in unseren Problemen eingebettet sind. Dies ist, was William James in seinem Buch *Varieties of Religious Experience* „geistig gesunde Einstellung" nannte.

Ich arbeitete mit einem Mann (V-K-A), der unter sehr starken Asthmaanfällen litt. Er wollte, daß ich ihm durch Anwendung von Hypnose dabei helfen sollte, sie zu überwinden. Ich erklärte, daß ich das nicht tun könne, weil ich selber nie einen Asthmaanfall gehabt hätte. Er ging sofort in einen Zustand der Konfusion. Dann erklärte ich sehr langsam und rhythmisch, so, daß sein Unbewußtes mich hören konnte, während sein Bewußtseinszustand sich weitete, daß in Wirklichkeit er selbst der Experte sei, der wisse, wie man einen Anfall überwindet, da sein Organismus bereits Hunderte von ihnen überwunden habe. Während seine Lider flatterten und sein Körper im Takte meiner Worte vor- und zurückzuschwingen begann, richtete ich die Bitte an sein Unbewußtes, alles zu benutzen, was es über die Überwindung von Asthmaanfällen wisse, und es genau eine Minute nachdem der Anfall begonnen habe, anzuwenden.

Unsere tiefsten Ängste sind Drachen vergleichbar, die unseren tiefsten Schatz bewachen.
– Rainer Maria Rilke

Als er zwei Wochen später wiederkam, sagte er, ich hätte versagt, weil er dieselbe Anzahl von Anfällen gehabt habe wie vor unserer Sitzung. Doch dann zwinkerte er mit den Augen und sagte, er habe Erfolg gehabt, weil jeder Anfall geendet habe, bevor er sein Inhaliergerät aus der Tasche genommen hatte!

Laß uns ein wenig in der Schublade stöbern, wo deine Erfahrungen und dein Wissen aufbewahrt sind, darüber, wie du sinnvoll mit dem umgehen kannst, was „nicht richtig" bei dir ist.

Denke an eine Zeit, als du mit Erfolg Einfluß auf deinen Feind ausgeübt hast, und sei es auch nur eine Minute lang gewesen. Wenn dir nichts einfällt, denke an eine Zeit in deinem Leben, als du erfolgreich darin warst, etwas zu tun, was du wirklich tun wolltest.

Laß dies wieder los und geh dazu über, an eine Zeit zu denken, als du blockiert warst.

Gehe zwischen den beiden hin und her, bis du ein oder mehrere Dinge erkennen kannst, die du dabei tatest, die einen Unterschied machten. (Z.B.: In der Zeit, als mir etwas gelang, ging ich draußen spazieren, und in der Zeit, als ich blockiert war, saß ich an einem Tisch. In der Zeit, als mir etwas gelang, sah ich alles durch meine eigenen Augen, und in der Zeit, als ich blockiert war, schaute ich wie von einer Überwachungskamera aus von außen auf mich selbst.)

Das Erforschen deiner Ressourcen

Es folgt eine Reihe von Fragen, von denen einige dir dabei helfen können, zu erkennen, wo und wann du von deinem Feind bereits frei ist. Viele davon wurden angeregt durch die Arbeit von Steve de Shazer am Familien-Kurzzeittherapiezentrum in Milwaukee. Vielleicht magst du die Antwort in ein Tagebuch schreiben, sie auf Band sprechen oder einen Spaziergang unternehmen, während dein Gehirn darüber nachdenkt. Vielleicht mußt du einige Forschungsarbeit leisten und einfach etwa eine Woche lang darauf achten, was für Antworten zu den jeweiligen Fragen hochkommen:

Woran wirst du erkennen, daß du das Problem überwunden hast? (Sei so spezifisch wie möglich und so detailliert, wie du kannst.)

Finde eine Zeit in deinem Leben, zu der es so schien, als breche alles auseinander, und du aufgeben wolltest, es aber nicht tatest.

Wann läßt dein Feind dich in Ruhe? Wann macht er weniger Schwierigkeiten?

Der Irrtum ist eine genauso wichtige Bedingung für Fortschreiten im Leben wie die Wahrheit.
– C.G. Jung

Was genau machst du zu diesen Zeiten? Wie triffst du die Entscheidung, das zu tun, was du dann tust? Welche Ressourcen und Eigenschaften nimmst du dabei zu Hilfe?

Kannst du dir vorstellen, wie es wäre, wenn du nicht mehr mit diesem Feind zu kämpfen hättest? Wenn nicht, stell dir vor, ein Wunder sei geschehen, und du wachst auf und er ist verschwunden. Wie/woher wirst du wissen, daß du ihn überwunden hast? Was wird sich für dich und die Menschen, die du liebst, dadurch verändern?

Wenn der Feind dich in Ruhe läßt, was fühlst du dann in deinem Körper? Kannst du dir vorstellen, was in deinem Leben geschehen wird, wenn du dich auch zukünftig so fühlen wirst? Geschieht irgend etwas Derartiges gerade jetzt, und sei es auch nur in ganz geringem Ausmaß?

Welches sind die Ressourcen, über die dieser Feind verfügt (z.B. Halsstarrigkeit/Entschlossenheit, Loyalität, Schutz usw.)?

Denke an eine Zeit in der Vergangenheit, die vor der Zeit liegt, als du mit deinem Feind zu tun bekamst, egal, wie weit zurück du gehen mußt. Welche Fähigkeiten oder Ressourcen standen dir damals zur Verfügung?

Wie hast du bereits mit der Heilung all dessen begonnen? Wie wird das allererste Zeichen dafür sein, daß es sich zum Besseren wendet?

Worüber wirst du zukünftig nachdenken, wenn du darüber hinaus bist?

Wer in deiner Vergangenheit war auf irgendeine Weise wirklich hilfreich für dich? Welchen entscheidenden Unterschied hat seine/ihre Unterstützung bewirkt?

Es gibt nur eine wirkliche Entbehrung, entschied ich heute früh, und diese besteht darin, nicht fähig zu sein, die, die man am meisten liebt, zu beschenken. ... Das nach innen gekehrte Geschenk, das nicht geschenkt zu werden vermag, verwandelt sich in eine schwere Last, manchmal sogar in eine Art Gift. Es ist, als würde der Lebensstrom zurückgestaut.
– May Sarton

Wer hat dich inspiriert: ein Held, eine Heldin der Geschichte, der Jetztzeit? Welche Tiere waren Verbündete für dich?

Wer und was sind die Menschen und Dinge in deinem gegenwärtigen Leben, die wichtig für dich sind und zu denen du weiter Kontakt haben möchtest?

Welche Gewohnheiten und routinemäßigen Abläufe gibt es in deinem Leben? Ist irgend etwas dazu geeignet, dir in dieser Situation weiterzuhelfen?

Das Recycling von Psychomüll

Viele wertvolle Dinge sind zuerst nur Lehm, Morast. Die Herausforderung besteht natürlich darin, den Lehm zu nehmen und damit zu töpfern. Die Ressourcen deines Feindes und die Ressourcen deines Lebens warten darauf, zu etwas Nützlichem umgeformt zu werden. Das einzige, was man dabei tun muß, ist, sie zu nehmen und auf eine andere Weise zu verwenden.

Ich arbeitete mit einer Frau, die mir sagte, daß sie immer das Gefühl habe, abgelehnt zu werden. Als wir tief in die Therapie eintauchten, entdeckte sie, daß sie tatsächlich selbst Expertin darin war, sich selbst abzulehnen und im Stich zu lassen. Wir entschieden, daß dies als wertvolle Ressource bei der Zurückweisung ihres Selbstzweifels dienen könnte. Da sie sich selbst andauernd im Stich ließ, entschieden wir uns dafür, dies dafür zu verwenden, sie mit dem Im-Stich-Lassen ihrer Selbstkritik experimentieren zu lassen. Es fing an, uns beiden richtig Spaß zu machen, das Umdrehen dieser schlechten Witze in gute zu genießen. Ich übte mit ihr und fing damit an, meine eigene Selbstkritik hinauszuzögern, indem ich spielerisch vorgab, fehlendes Vertrauen in die Art und Weise zu haben, wie ich meine eigenen Fähigkeiten in Zweifel zog.

Angeregt durch die Erzählungen von diesem Erlebnis entschied sich ein Mann, mit dem ich arbeitete und der jeden Wunsch, den er hatte, ständig mit einem „Ja ... aber" quittierte („Ich möchte gern fliegen lernen, ja, aber ich habe nicht genug Geld"), dafür, die „abers" nach außen umzustülpen und sie dazu zu benutzen, unerwünschte Einmischung von seiten anderer abzuwehren, wenn er an seinem Arbeitsplatz eine Idee an den Mann bringen wollte („Ich weiß, du denkst, daß das nicht funktionieren wird, aber es ist jetzt nicht hilfreich für mich, das zu hören").

Die einzig wahre Befreiung ist diejenige, die sowohl den Unterdrücker wie auch den Unterdrückten befreit.
– *Thomas Merton*

Es folgen einige weitere Beispiele dafür, wie du den Mechanismus des Problems dafür verwenden kannst, das Problem *für* dich arbeiten zu lassen. Thich Nhat Hanh benutzt die Dinge, die auf die meisten von uns irritierend wirken, als Signale dafür, zu atmen und in die

Stille zu gehen. Z.B. schlägt er vor, jedesmal, wenn das Telefon läutet, drei Atemzüge zu beobachten, bevor wir den Hörer abnehmen, und ebenso drei Atemzüge zu machen, bevor wir selber einen Telefonanruf machen. Für einige von uns heißt dies, daß wir tagsüber viele Gelegenheiten haben, unseren Geist zu beruhigen. Er macht auch den Vorschlag, rote Verkehrsampeln und Staus ähnlich zu nutzen. Ich bemerkte, daß ich, wenn ich zwei Päckchen Zigaretten pro Tag rauchte, mir unfehlbar die Chance gab, vierzigmal am Tag sieben volle Minuten meinen Atem zu beobachten! So gibt es also jeden Tag immerhin Zeit genug, um mindestens vierzigmal auf meinen Atem zu „meditieren".

Noch ein Beispiel, über das ich lächeln muß, wenn ich daran denke, ist der Mann, der sich dazu zwang, an seinem Arbeitsplatz der Beste zu sein, weil er verzweifelt versuchte, etwas Besonders zu sein. Gleichzeitig war ihm bewußt, daß er sein Leben überhaupt nicht genoß. Es geschah einfach mit ihm. Als er auf diesen Vorgang aufmerksam zu werden begann, entdeckte er, daß es eine Stimme in seinem Kopf gab, die ihm immer wieder zuflüsterte, daß das, was er machte, ganz gewöhnlich sei, überhaupt nichts Besonderes. Sie brachte auch Beispiele dafür vor, daß das stimmte. Wir begannen gemeinsam, den Nutzen und die Vorteile des „Gewöhnlichen" zu erforschen, und entdeckten, daß es ihn befähigen könnte, eine einfache Freude an seinem Leben zu empfinden, sich mit einem Gefühl des Staunens für die kleinen Dinge zu öffnen, sich in allen Situationen friedlich und leicht zu fühlen und einfach offen zu sein für das, was um ihn herum vorgeht.

Auf noch mal etwas andere Weise – hier ist ein Fach, das zu durchstöbern dich jedesmal erfüllter, weiter, lebendiger machen wird:

Du erhältst Zugang zu dieser Ressource, indem du schriftlich oder mündlich eine Liste erstellst. Die Überschrift zu dieser Liste lautet: „Zehn Dinge, die ich sehr gern habe". Kurz bevor du damit anfängst, stell dir vor, du seiest im Gefängnis und es handele sich um Dinge, die dir fehlen. Oder stell dir vor, du lägest auf dem Totenbett und dies seien die Dinge, um die du jetzt, da du sie verlassen mußt, wirklich trauerst. Es können ganz kleine Dinge sein, wie die Sonntagszeitung, oder größere. Was immer dir in den Sinn kommt.

Du erkennst einen Menschen nicht an seinen Sünden, sondern an dem, was für ihn Anlaß zum Feiern ist.
– Rabbi A. Twersky

Gib dir selbst ein kurzes Zeitlimit, vier Minuten z.B. Das erschwert deinem linearen Verstand, im Weg zu sein.

Dann mache eine Liste von drei Malen während des letzten Monats, wo du etwas Entscheidendes getan hast. Etwas Kleines oder etwas Großes. Es kann etwas so Einfaches sein wie: „Ich habe meine Katze versorgt und sie einen Monat lang am Leben erhalten."

Für einige Leute stellt dies eine besondere Herausforderung dar. Übe einfach weiter – wie bei einem Waldweg, der erst dann zu deinem Weg wird, wenn du ihn oft gegangen bist, wird das Anerkennen deiner Ressourcen diese immer deutlicher hervortreten lassen.

Noch eine letzte Übung. Laß uns herausfinden, welche Ressource deinem Unbewußten zufolge dir dabei helfen könnte, den Bedürfnissen deines Feindes auf eine neue Weise zu begegnen:

Bitte zentriere dich. Weite deinen Bewußtseinszustand und finde Zugang zu deiner Intuition auf irgendeine Weise, die sich dir als angenehm und effektiv erwiesen hat.

Stelle dir mit einem Gefühl des Staunens die Frage (formuliere sie in deinen eigenen Worten): „Welche Ressource würde mir am besten dabei helfen können, diese Bedürfnisse zu befriedigen? Bitte gib mir ein Symbol."

Dann laß deinen Geist wandern, wohin immer er gehen möchte. Irgendwann wird sich dir ein Symbol für eine Ressource zu erkennen geben. Vielleicht jetzt, vielleicht später. Wenn es auftaucht, frage, wo in deinem Körper der beste Platz wäre, es aufzubewahren. Wenn die Antwort kommt, stell dir vor, das Symbol an dieser Stelle einzupflanzen oder ihm dort ein Nest zu geben – eine Art heiligen Safe, wenn du so willst.

Hole dir die Qualitäten, die du brauchst: Metaformen

Albert Einstein sagte, daß die Probleme, denen wir uns gegenübersehen, nicht auf derselben Denkebene gelöst werden können, von der aus wir sie geschaffen haben. Wir müssen einen Schritt zurück tun, unsere periphere Wahrnehmung ausdehnen, unser Bewußtsein erweitern, den Kontext verändern, innerhalb dessen wir über sie nachdenken.

Es gibt kein Problem, das nicht gleichzeitig ein Geschenk für dich mit sich brächte.
– Ein Kurs in Wundern

Als ich dabei war, von einer Marihuanasucht zu genesen, fiel mir auf, daß ich mich täglich in eine neue, handgemachte Makrameehängematte zurückzog, die ich gekauft hatte, ohne wirklich zu verstehen, warum. Oft legte ich mich nicht einmal hinein, aber ich liebte es, mit den Fingern über all die vielen Knoten zu fahren und in die Zwischenräume zwischen ihnen hineinzugehen und wieder heraus. Ich zog an einem Ende, bis die Schnüre so fest gespannt waren, daß ich gleich wieder herausgeschnellt wäre, wenn ich versucht hätte, darauf zu sitzen. Dann wieder ließ ich die ganze Schnur heraus, bis die Hängematte schlaff am Boden lag. Schließlich fand ich genau das richtige Maß an Spannung und Nachgiebigkeit, so daß sie, wenn ich hineinstieg, wie ein Mutterleib war, dem ich mich überlassen konnte, mit dem Gefühl von vollständigem Rückhalt und Sicherheit.

Dieses Hängemattenritual bekam eine zentrale Bedeutung für mich. Erst Monate später verstand ich, daß ich ein konkretes Objekt als Metapher dafür benutzte, mir eine ganz neue Art und Weise beizubringen, mit mir selbst umzugehen – mit funkelnagelneuen „Neins" (Knoten – knots – „nots") und Raum dazwischen und genau dem richtigen Maß von Spannung und Nachgiebigkeit. Ich nenne Gegenstände, die wir auf diese Art verwenden können, „Metaformen".

Alles steht miteinander in Verbindung, wie das Blut, das eine Familie eint. Was immer mit der Erde geschieht, geschieht auch mit den Kindern der Erde. Die Menschen haben das Gewebe des Lebens nicht gewebt; wir sind nur ein Faden in ihm. Was immer wir dem Gewebe antun, tun wir uns selbst an.
– *Häuptling Seattle*

Eine Metaform hilft deinem Unbewußten, die Mauern zwischen den verschiedenen Abteilungen durchlässig werden zu lassen. Sie stellt Beziehungen her oder läßt bestehende deutlich werden. Hier ein Beispiel. Ein Mann, mit dem ich arbeitete, hatte jahrelang Antidepressiva eingenommen. Er merkte, daß er abhängig davon war, und wollte damit aufhören, aber er hatte große Angst davor, in ein immerwährendes dunkles Loch zu fallen. So beschloß er, bei einer Pille jeden Morgen zu bleiben und sie mit seiner eigenen Kraft aufzuladen, indem er erklärte: „Ich verleihe dir die Kraft, mir dabei zu helfen, mich vital und lebendig zu fühlen." Nachdem er dieses Ritual einige Wochen lang durchgeführt hatte, begann er damit, von jeder Pille etwas abzukratzen und dabei zu sagen: „Die Verantwortung dafür, mich vital und kraftvoll und lebendig zu fühlen, übernehme ich von jetzt an selbst." Nach drei Monaten schaute er nur noch in den Spiegel und sprach diese Worte; die leere Pillendose steckte er in die Tasche als Erinnerung daran, daß alle seine Kraft aus ihm selber kommt.

Ein weiteres Beispiel, auf einer trivialen Ebene: Da Andy und ich so viel unterwegs sind, um Workshops zu halten, vermissen wir oft unser Zuhause. Wir begannen damit, kleine Teile davon mitzunehmen. Mit ein paar Kissen fing es wohl an, dann folgte ein Stein aus dem nahegelegenen See, dann ein kleines Stück Zedernholz aus den umliegenden Wäldern. In unseren Taschen steckte meist mindestens ein solcher Schatz, im Hotelnachtschränkchen ein weiterer, in dem Raum, in dem wir unsere Arbeit durchführten, noch einer. Dies stellt eine Möglichkeit dar, uns zu Hause zu fühlen, wo immer wir sind. Gegenstände können auch als Metaformen für Ressourcen dienen, über die wir verfügen, auf die wir uns aber sonst vielleicht nicht besinnen können. Es sind kinästhetische Auslöser, die dabei helfen, sich mit bestimmten ausgewählten Qualitäten, Fähigkeiten, Ressourcen zu verbinden. Ein kleiner Stein kann dir dabei behilflich sein, zu deiner Festigkeit zu finden; ein Gummiband kann dich daran erinnern, flexibel zu sein; die Haarlocke deines Kindes kann dir dabei helfen, Zugang zu deiner Weichheit und Sensibilität zu gewinnen.

Jetzt bist du an der Reihe, einige Metaformen zusammenzutragen, die dir dabei helfen werden, an Ressourcen heranzukommen, die du im Verlauf des nächsten Kapitels verwenden wirst, um die Bedürfnisse zu erfüllen, die du im letzten Kapitel entdeckt hast.

Mache einen gemütlichen Spaziergang im Haus oder draußen und suche dir vier Gegenstände, die in irgendeiner Weise vier Qualitäten oder Aspekte repräsentieren, die dir dabei helfen könnten, die verborgenen Bedürfnisse zu befriedigen, die du im letzten Kapitel entdeckt hast. Meist mache ich den Vorschlag, daß etwas dabei sein soll, was für ein Gefühl der Sicherheit steht. Andere Gefühle, die oft gewählt werden, sind Kreativität, Kraft, Klarheit, Mitgefühl, heilende Weisheit usw.

Wenn du zurückkehrst, nimm dir ein paar Minuten Zeit, um eine kurze Beschreibung von jedem dieser Gegenstände niederzuschreiben und dabei nicht die Worte „Es ist ...", sondern: „Ich bin ..." zu benutzen: „Ich bin glatt und rund. Man kann mich werfen, aber nicht zerstören. Ich wurde unter einer Mülltonne gefunden, aber da komme ich nicht her" usw. (Dies ist übrigens eine weitere Möglichkeit, die Mechanik des Problems – Projektion – als Mechanismus der Lösung zu benutzen – kreative Projektion.)

Hebe deine Gegenstände für unseren nächsten Schritt auf.

Tun, nicht Sein

Wenn du erkennen kannst, daß du ein Problem *machst*, nicht *bist*, kannst du auch erkennen, daß es viele andere Dinge gibt, die du genausogut tun kannst. Deine Loyalität kann sich zu deinen Pluspunkten und Ressourcen hin verschieben, an einen Ort, von dem aus du dich durch viele Wahlmöglichkeiten hindurchmanövrieren kannst, anstatt ständig zu versuchen, das Problem zu manipulieren. Im Zuge dieses Loyalitätswechsels verändern sich die Fragen, die du stellst, von: „Kann ich das tun?" zu: „Wie kann ich das tun?"

Ein Trost zum Ende, der klein ist, aber nicht kalt: Das Herz ist das einzige zerbrochene Instrument, auf dem man spielen kann.
– T.E. Kalen

Ich habe dich gebeten, deine ursprüngliche Natur neu zu betrachten, als etwas, das weiter und tiefer ist als dein Problem. Ich habe dich gebeten, die Ebene zu wechseln, von der aus du über dich und deine positiven Aspekte nachdenkst. Ich habe den Vorschlag gemacht, daß du deiner

Individualität treu sein kannst, indem du deine eigene Weisheit so vollständig anerkennst wie die äußeren Autoritäten. An-erkennen – erkenne dich selbst auf neue Weise.

Sei bei mir, halte mich in deinen starken Armen, beschütze mich davor, irgendeinen Teil meiner selbst wegzuwerfen.
– Audre Lorde

Mit Gewahrsein, Imagination und Mitgefühl haben wir erforscht, wie die Gedankenmuster, die Leiden erzeugen, uns zur Ganzheit führen können. Alice Walker schreibt, daß in der Sprache der Yoruba das Wort *aché* bedeutet: „die Macht, Dinge zu bewirken". Also: *aché*! Es ist an der Zeit, alles, was du gelernt hast, zusammenzubringen und genau das zu tun.

13 Die Erschaffung einer möglichen Zukunft:

Integration mit Hilfe von Symbolen und Zeremonien

Plötzlich sehe ich mich selber in einem hell erleuchteten, schönen und warmen, großen Vortragssal am Rednerpult stehen, vor mir ein interessiert lauschendes Publikum in gemütlichen Polstersitzen – und ich spreche; spreche und halte einen Vortrag über die Psychologie des Konzentrationslagers! Und all das, was mich so quält und bedrückt, all das wird objektiviert und von einer höheren Warte der Wissenschaftlichkeit aus geschildert ... Und mit diesem Trick gelingt es mir, mich irgendwie über die Situation, über die Gegenwart und über ihr Leid zu stellen, und sie so zu schauen, als ob sie schon Vergangenheit darstellte ... – *Viktor Frankl*

Es ist an der Zeit, Brücken zu bauen über die Täler und Abgründe, die sich zwischen den Ressourcen in deinem Basislager – dem Gebiet, das wir erforscht haben – und dem Weg, der noch vor uns liegt, befinden. Es ist an der Zeit, eine Wende einzuleiten und von der Trennung zur Wieder-Verbindung, von Degeneration zu Regeneration überzugehen. Im wesentlichen geht es darum, die Bedürfnisse, die dein Feind repräsentiert, mit dem Kontext von Kompetenz zu verbinden, der von deinen Ressourcen repräsentiert wird. Von dort aus werden wir eine Kehrtwendung machen und uns auf das hinorientieren, was sein kann. Das Ziel dieses Kapitels ist die Versöhnung mit der Vergangenheit und die Verwirklichung einer möglichen Zukunft.

In dir lebt ein „Gefühl für das Mögliche", eine Sehnsucht, voranzuschreiten und das Leben in seiner ganzen Fülle zu umarmen.
– Danaan Parry

Ist das wirklich machbar? Wie bringt man Gegenwart und Vergangenheit zusammen, und wie schreitet man von hier aus weiter?

Benutzen wir ein Bild, um diese Fragen zu betrachten. Es gibt Dinge, die für mich die Zeit anzuhalten scheinen. Dabei zuzusehen, wie eine Frau ihr sehr langes Haar zu Zöpfen flicht, ist solch ein Ereignis. In Wirklichkeit ist es etwas sehr Einfaches – diese Hände, die dieses Haar in drei getrennte Strähnen aufteilen. Diese Finger, die die äußere Strähne über die mittlere legen, die ihrerseits zur äußeren wird und dann wieder kreuzweise über die mittlere gelegt wird. Und weiter so, in uraltem Rhythmus, bis ein starker, glänzender Zopf entsteht.

Du hältst die eine Strähne, die deinen Feind repräsentiert, in mitfühlenden Händen. Du hältst die Strähne deiner Ressourcen in neugierigen Fingern. Du bist im Begriff, die eine über die andere zu legen und dann die letzte Strähne hervorzuholen – die deines zukünftigen Selbst. Das Herstellen von Verbindungen zwischen verschiedenen Dingen geschieht am besten dadurch, daß man die Sprache und das Symboldenken des Unbewußten verwendet, welches das Ruder führt.

Das Herstellen einer Verbindung zwischen den Ressourcen und dem Feind

Ich habe gelesen, daß Antonio Stradivari einige seiner schönsten Geigen aus einem Haufen kaputter, mit Wasser vollgesogener Ruder baute, die er in den Hafenanlagen Venedigs fand. Er war bereit, seine Ressourcen – seine schöpferischen Visionen und seine kunstgeübten Hände – mit dem Müll, dem Abfall zu verbinden, den das Leben ihm bot. Er arbeitete so lange beharrlich daran, bis ein neues Muster entstand: aus dem Zusammenbruch ein Durchbruch.

Mein Sohn David spielte oft stundenlang mit roten und weißen Legobausteinen. Er verbrachte z.B. eine Stunde damit, sie zusammenzusetzen, bis ein Panzer entstanden war. Dann aß er ein oder zwei Schälchen Trockenobst, kam dann zurück, nahm das alte Muster auseinander, legte alles zu einem großen Haufen zusammen und verbrachte dann eine weitere Stunde damit, die roten und weißen Legosteine aufs neue zusammenzusetzen, bis sie zu einem Raumschiff wurden. Sowohl Antonio als auch David verwendeten die ganz natürliche Vorgehensweise des Unbewußten, neue Muster hervorzubringen, indem sie Ressourcen und Erfahrungen auseinandernahmen und wieder zusammensetzten.

Suche im Himmel die Form und in der Hölle die Kraft und vermähle die beiden.
– William Blake

Max (K-V-A) war Bildhauer; infolge eines Autounfalls litt er an chronischen Rückenschmerzen. Er war Führer in einer Kunstgalerie. Seine Arbeit bestand darin, Führungen für Kunden durchzuführen und dabei die Vorzüge der ausgestellten Stücke hervorzuheben. Wie er sagte, war dies oft eine Herausforderung, da er viele der Kunstwerke, die dort verkauft wurden, nicht besonders gut fand; doch er hatte gelernt, die Fähigkeiten seines unterbewußten visuellen Kanals zu nutzen, um sie aus vielen Perspektiven heraus zu sehen, einschließlich derer des Künstlers und des Kunden.

Ich gab ihm einen großen Block Malpapier und ein paar Filzstifte und bat ihn, eine Skizze von dem Schmerz in seinem Rücken – dem Feind – anzufertigen. Als nächstes fertigte er eine Skizze von dem angenehmen Gefühl an, das er aus der Zeit vor seinem Unfall erinnerte, und eine dritte von dem Gefühl der Geborgenheit, das er hatte, wenn eine Frau ihn in den Armen hielt. Die letzte Ressource, die er malte, war die Kraft seiner Imagination, die seit seiner Kindheit eine seiner positivsten Fähigkeiten war.

Wir bestimmten, daß der Raum, in dem wir uns befanden, die Galerie darstellen sollte, und ich bat Max, eine Ausstellung aufzubauen, indem er ein Feind-Bild an die eine Wand hängte und die Ressource an die gegenüberliegende. Er bot mir an, eine typische Führung für mich zu machen, beginnend mit den drei Skizzen seiner positiven Fähigkeiten.

Als er vor jeder Ressource stand, machte ich den Vorschlag, daß er sich das Feind-Bild anschauen und seine guten Eigenschaften, seine Bedürfnisse und seine Funktionen beschreiben sollte. Die Perspektive, die er aus dem angenehmen Gefühl heraus einnahm, brachte zum Vorschein, daß die Schmerzen versuchten, ihn dazu zu veranlassen, einen Schritt zurückzutreten (to back off, wobei back = Rücken; A.d.Ü.) und damit aufzuhören, ständig zu versuchen, auf alle Leute Eindruck zu machen. Sie versuchten dafür zu sorgen, daß er schön daheim (back home) in seinem Körper blieb.

Aus der Perspektive des Sicherheitsgefühls heraus sah Max, wie er sich dazu zwang, in seinem Leben viele Risiken auf sich zu nehmen und sich in Positionen hineinzumanövrieren, von denen aus es keinen Weg zurück für ihn gab (to back out).

Du kannst die Brandung nicht anhalten, aber du kannst surfen lernen.
– anonym

Zum Schluß sah er aus seiner kindlichen Imagination heraus, daß die chronischen Schmerzen ihn davon abhielten, ein Künstler zu werden, der serienmäßig produziert, der seine Werke aus einer marktorientierten Einstellung heraus herstellt, was ihn davon abhalten würde, die einfache Freude am Experimentieren und Staunen zu empfinden, die ihm so viel bedeutete.

Es erübrigt sich zu sagen, daß die Ausstellung ein Bombenerfolg war und die volle Zustimmung des lokalen Kunstkritikers fand! Max machte die Erfahrung, daß sich für seinen Körper, der bisher als Schlachtfeld für die Konflikte in seiner Seele gedient hatte, die Möglichkeit auftat, das zu sein, was die alten Griechen *temenos* nannten – der heilige Ort, an dem sich Außerordentliches zutragen konnte.

Integration: Feind und Ressource

Integration ist ein natürlicher Vorgang für das Unbewußte, das ja laufend Beziehungsmuster erschafft und umerschafft. Es verbindet einzelne Datenfragmente zu einem Ganzen, indem es Geschichten und Symbole verwendet. Ein einfaches Beispiel dafür ist das beidäugige Sehen. Jedes unserer Augen vermittelt uns eine Beschreibung der Welt. Werden diese beiden Beschreibungen in unserem Geist miteinander verbunden, entsteht eine neue, tiefere Perspektive auf die Realität.

Wir werden also zwei symbolische Prozesse anwenden, um dein verlorengegangenes Selbst wieder in das Weisheitsgewebe zu integrieren, das deinem Unbewußten innewohnt. Beim ersten verwendest du die Gegenstände, die du im Verlauf des letzten Kapitels gesammelt hast, und den, den du gemacht oder gefunden hast, um deinen Feind zu repräsentieren, um eine Geschichte zu erfinden, die deinen Feind mit einer Ressource verbindet. Beim anderen verwendest du deine Vorstellungskraft und deinen Körper, um ein „Wholing" (Prozeß des Ganzwerdens) zu erschaffen.

Bring deinen Feind nach Hause

Nimm jeden der Gegenstände, die eine Ressource darstellen, nacheinander in die Hand und führe dir lebhaft eine Zeit vor Augen, als du diese Qualität erlebtest. Gehe in diese Qualität hinein, assoziiere dich damit, hülle dich darin ein. Werde so vollständig wie möglich zu dieser Qualität; dann wende deinen Geist dem Symbol des Feindes zu. Wie könntest du ihn als ebenjene Ressource wahrnehmen? Was könnte er für dich bewirken?

Wenn du damit fertig bist, stelle alle Gegenstände um den Feind herum auf, so, als würdest du eine Landschaft formen. Bedenke, wie sie sich im Raum aufeinander beziehen. Vielleicht möchtest du einige in der Nähe haben, einige weit entfernt, einige ineinandergeschachtelt usw. Stelle sie so lange um, bis du herausgefunden hast, was intuitiv für dich „stimmt". Gehe um die gesamte Landschaft mit einem Gefühl der Neugier herum.

Behalte die Landschaft im Gedächtnis und gehe in einen erweiterten Bewußtseinszustand. Laß in deinem Geist eine Geschichte entstehen. Beginne mit dem Kampf gegen deinen Feind und laß die Geschichte sich von der Einführung der Ressourcen aus in eine mögliche Zukunft hinein entwickeln. An jedem Punkt, wo du es brauchst, mache eine Pause und laß deine Augen einfach die Landschaft „lesen". Wähle eine dir angenehme Möglichkeit, die Geschichte aufzuzeichnen – Video, Tagebuch, Tonband usw.

Eines Tages werden die Menschen sich erheben, sie werden den Gipfel erreichen, sie werden groß und stark und frei zusammenkommen, bereit, die goldenen Strahlen der Sonne zu empfangen, an ihnen teilzuhaben und sich an ihnen zu wärmen.
Welche schöpferische Laune, welche Phantasie, welches Dichtergenie ist imstande, auch nur annähernd vorauszusehen, welche Entwicklungsmöglichkeiten eine solche Kraft für das Leben der gesamten Menschheit eröffnen wird!
– Emma Goldman

Wann immer du Lust dazu hast, spiele oder lies dir die Geschichte vor. Es gibt keinen Fachmann, keine Autorität in der Welt, die eine wirkungsvollere „Visualisierung", „Affirmation" oder „gelenkte Phantasiereise" für dich erschaffen könnte als diese. Du bist die Schöpferin/der Schöpfer deines eigenen Erlebens. Wenn du möchtest, laß die Symbole auf deinem Schreibtisch oder an einem besonderen Ort liegen und stelle sie ab und zu um und laß dabei deinen Geist durch die Landschaft schweifen.

Prozeß des Ganzwerdens (Wholing): Integration durch körperbezogene Vorstellungsbilder

Für die meisten Menschen, mit denen Andy und ich arbeiteten, verwenden wir Variationen des Wholing-Prozesses. Es geht dabei um eine einfache Möglichkeit, den Computer in deinem Kopf zu bitten, zwei „Dateien" miteinander zu kombinieren und dir die daraus resultierenden neuen Informationen zugänglich zu machen, wenn du sie am nötigsten brauchst.

Jeder entwickelt dabei seine eigene Art und Weise. Manchmal hört jemand nur die Beschreibung, wie es gemacht wird, findet kein Objekt, malt oder schreibt auch nichts, doch während er über die George-Washington-Brücke fährt oder Laub recht, merkt er plötzlich, wie sein Geist „sich vorstellt, es zu tun". Eine Frau entdeckte, daß sie durch den Wholing-Prozeß ging, während sie einen Quilt machte; eine andere machte ihn in ihren Träumen.

> **Die äußeren Umstände besiegen nicht die Menschen; die Menschen besiegen die äußeren Umstände.**
> – *Oprah Winfrey*

Zentriere dich und erweitere deine periphere Wahrnehmung; dann halte bitte deine eine Hand in bequemem Abstand vor dich. Stell dir so lebhaft wie möglich vor, daß du die Energie deines Feindes und seiner Bedürfnisse in dieser Hand hältst. Laß alle Bilder und Empfindungen auftauchen, während du auf deinen Atem achtest.

Halte deine andere Hand ebenfalls vor dich und stelle dir die Energie der Ressourcen deiner Wahl vor, die du in sie hineingelegt hast. Achte auch hierbei auf die Empfindungen und Bilder, die in deinem Geist aufsteigen, während du auf deinen Atem achtest.

Dreh deine Hände so, daß sich die Handflächen in einem Abstand von etwa einem guten halben Meter einander gegenüber befinden. Laß dabei deine Ellbogen leicht gebeugt sein und deine Schultern bequem hängen. Fühle die magnetartige Anziehung zwischen deinen beiden Handflächen. Atme und laß dabei ein Bild oder eine Geschichte entstehen, die diese Anziehung verstärkt, bis deine Hände tatsächlich sich einander zu nähern beginnen.

Wenn deine Hände Kontakt miteinander aufgenommen haben, laß das Gefühl der Lösung und der neugewonnenen Kraft durch deine Arme und deinen gesamten Körper hindurchgehen. Gib dir selbst eine Beschreibung dieses Gefühls.

> **Begründe deine Begrenzungen, und du hast sie wirklich.**
> – *Richard Bach*

Hinorientierung auf eine mögliche Zukunft

Die meisten Heilverfahren verwenden sehr viel Zeit auf die Arbeit an den Traumata der Vergangenheit, aber relativ wenig auf die Schaffung einer möglichen Zukunft. So viel Zeit wird damit zugebracht, über die Kreuzigung zu reden, so wenig, von der Auferstehung zu sprechen. Wir müssen unserem Geist einen Horizont geben, nach dem er greifen kann. Wir alle brauchen eine lebendige Leidenschaft, den sehnsüchtigen Wunsch nach Expansion, ein von innen heraus bestimmtes Ziel, das uns wie ein Tiger oder wie eine Windbö über den Abgrund trägt, dem wir bei einem Wendepunkt gegenüber stehen.

Als ich erst einmal eine Psychoanalyse anfing, um die Knoten meines Elends zu entwirren, konzentrierte sich Dr. Freudenfarkle auf die Auflösung der Konflikte in meiner Vergangenheit, die für die Entstehung meiner Neurose verantwortlich waren. 50.000 Dollar später war ich immer noch „neurotisch“ und unglücklich, aber ich konnte auf Cocktailparties mit anderen Hochschulabsolventen über das „Warum“ und das „Weil“ diskutieren.

Dann traf ich auf die Psychotherapiebewegung der sechziger und siebziger Jahre, die sich hauptsächlich auf die Gegenwart konzentrierte. Meine Vergangenheit mag mich zwar für meine Probleme prädisponiert haben, was aber wichtig wurde, war das, was ich im Hier und Jetzt tat, um sie aufrechtzuerhalten. Dies bewirkte weitaus effektivere Veränderungen, lieferte allerdings weniger interessanten Gesprächsstoff.

Bevor sie sterben, sollten alle Menschen bestrebt sein, herauszufinden, wovor sie davonlaufen, wem oder was sie hinterherrennen, und warum.
– James Thurber

Als ich jedoch auf meinen ersten bedeutsamen Wendepunkt zusteuerte, war noch so viel Schlagen auf Kissen oder Sitzen auf heißen Stühlen nicht mehr imstande, mir zu helfen. Soweit ich weiß, besaß Dr. Erickson keine Theorie darüber, warum Leute Probleme hatten. Statt dessen verfügte er über eine Therapie des Intervenierens – dessen, was zu tun sei – und war auf die Zukunft hin orientiert. Die Vergangenheit war nur soweit von Interesse, als sie Hinweise auf die Gegenwart gab und auf Lösungen, die eine bessere Zukunft hervorzubringen vermochten. Er war dafür berühmt, daß er sagen konnte, worauf er sich in seinem eigenen Leben freute, worauf er „vorwärtsblickte“.

Dies fiel mir zur Zeit meiner Krankheit sehr schwer, da ich nicht der Meinung war, besonders viel Zukunft zu haben. Doch ich fühlte mich inspiriert durch die Tatsache, daß er in vorgerücktem Alter fast ständig unter körperlichen Schmerzen zu leiden hatte und mit mehr Schwierigkeiten zu kämpfen hatte, als ich aufzählen konnte; dennoch lebte er ganz in der Gegenwart und freute sich auf eine überaus angenehme Zukunft, die er selbst zu erschaffen schien. Er machte nicht den Versuch, die Vergangenheit in Ordnung zu bringen. Er arbeitete mit den Menschen an der Erfüllung ihrer gegenwärtigen Bedürfnisse und an der Erschaffung einer Zukunft, die funktionierte.

Ich wünschte, ich hätte schon früher gewußt, daß man bis zum Tage, da man stirbt, alle Zeit hat, die man braucht.
– William Wiley

Es ist anscheinend durchaus möglich, daß wir auf der Zellebene ebensogut in der Lage sind, über Programme zukünftiger positiver Empfindungen zu verfügen wie über Programme von schmerzhaften Erinnerungen. Und da Verletzungen auf der Zellebene uns dazu zwingen können, zeitlich zu regredieren, scheint es ebenso logisch zu sein, daß diese Zukunftsprogramme als mächtiger Strom wirken können, der uns vorwärts bewegt. Viktor Frankl war ein Pionier, was dies betrifft, und es ermöglichte ihm, Jahre entsetzlichen Leidens in einem Konzentrationslager zu überleben.

Es kommt nicht nur darauf an, was du denkst, sondern wie du es denkst

Um über die Zukunft nachzudenken, die du natürlich nie erlebt hast, mußt du deinen Geist auf eine Weise benutzen, die der Hervorbringung neuer Muster dient. Das Natürlichste wäre, den linearen Verstand über die Vergangenheit nachdenken zu lassen. Schließlich handelt es sich dabei um einen Schritt für Schritt nachvollziehbaren Verlauf. Als ich während der Zeit, als ich in privater Praxis arbeitete, die Muster untersuchte, die viele Menschen, besonders selbstmordgefährdete oder deprimierte, dazu verwenden, um über die Zukunft nachzudenken, fand ich jedesmal heraus, daß das Gegenteil der Fall ist: *Ihr kreativer Geist denkt über die Vergangenheit nach und ihr logischer Geist über die Zukunft.*

Es zählt nicht, wieviel wir tun, sondern wieviel Liebe wir in das legen, was wir tun.
– *Mutter Teresa*

So geschieht es, daß durch die Lupe des kreativen Verstehens hindurch gesehen der unbedeutende Streit mit Marvin im vergangenen Jahr sich zu einer größeren Schlammschlacht ausweitet. Eine Frau beschrieb ihr Leben als eine „endlose traurige Geschichte". Als wir ihre Erinnerungen erforschten, waren all ihre Bilder buchstäblich blau gefärbt!

Diese Menschen denken nicht nur über ihre Vergangenheit mit Hilfe von dreidimensionalen Disneylandkarten nach – häufig ist ihnen auch noch beigebracht worden, sich ihre Zukunft mit Hilfe einer Landkarte vorzustellen, die einem Direktticket ähnelt. Da aber das Bewußtsein sich nichts vorstellen kann, was nicht schon einmal dagewesen ist, liefert es einfach eine leidlich vernünftige Kopie dessen, was bereits geschehen ist oder was jemand anderes vorausgesagt hat („Du wirst einmal genauso enden wie dein Vater!"). Folglich sind die Gedanken trübe, dunkel, tonlos, schwarzweiß, bewegungslos, hart und kalt, düster („nur die Tatsachen und nichts als die Tatsachen"). Die Betreffenden äußerten Dinge wie: *„Ich kann mir nicht einmal vorstellen,* was ich will, wo ich in sechs Monaten sein will, was nächstes Jahr geschehen wird." Oder: „Das geht über mein Glaubenssystem hinaus, und ich habe Angst. Alles liegt vor mir wie ein schwarzgraues Loch, so, wie wenn das Pflaster endet und man am Ende der Straße angekommen ist."

Ich glaube nicht, daß es eine organisch vorgegebene Funktionsweise des Gehirns ist, die Art und Weise, wie wir uns unser Schicksal vorstellen, derartig zu verzerren. Ich glaube lieber, daß jeder von uns in seiner Seele ein Künstler, ein Träumer, ein Dichter ist. Wir sind Schmetterlinge, denen beigebracht wurde, sich in Raupen zu verwandeln. „Sei kein Träumer. Du vergeudest dein Leben. Setze einfach einen Fuß vor den anderen. Die Welt ist ein kalter, grausamer Ort. Du kannst dich nicht waschen, ohne dich naß zu machen. Sei praktisch."

**Man entdeckt, daß man das Schicksal lenken kann, daß man nicht Gefangener der ersten Wachsprägung bleiben muß, die dem kindlichen Gefühlsleben aufgedrückt wurde.
Ist der Zerrspiegel einmal zerschlagen, gibt es die Möglichkeit des Ganzseins. Die Möglichkeit der Freude existiert.
– *Anaïs Nin***

Die *Bestimmung* unseres Gehirns ist es, unseren kreativen Geist als Ersteller der Landkarte und als Steuermann einzusetzen, da er derjenige ist, der neue Muster und Möglichkeiten hervorbringt; der bewußte Verstand dient dann als Chauffeur. Laß uns umlernen und so durch die Landschaft unserer Vergangenheit fahren, wie sie war, und unseren Weg in die Zukunft erträumen.

Di (A-V-K) machte genau das. Während ihrer Kindheit war die Angst wie ein ständiges Hintergrundgeräusch. Sie erzählte ihre tragische Geschichte auf einem Wochenendworkshop. Ihre Mutter hatte versucht, sich umzubringen, indem sie sich die Pulsadern aufschnitt. Di, damals vierzehn Jahre alt, war diejenige, die den im Koma befindlichen Körper fand, im Krankenhaus anrief und in der Familie die Rolle der Mutter einnehmen und für ihre jüngere Schwester sorgen mußte. Ihr Vater war Alkoholiker und mißbrauchte sie sexuell. Als ihre Mutter ein Jahr später nach Hause zurückkehrte, litt sie immer noch unter Wahnvorstellungen. Als Di mit achtzehn das College besuchte, erhängte sich ihre Schwester.

Di sagte uns, sie müsse die Fähigkeit entwickeln, die Worte zu finden, die beschreiben könnten, was sie im Leben wollte. Obwohl sie gewöhnlich keine Probleme damit hatte, sich auszudrücken, wurde sie „stumm und dumm", wenn sie versuchte, von ihrer Zukunft zu sprechen. Sie konnte an nichts anderes denken als an Auswegslosigkeit; Frau zu sein bedeutete für sie Tod und Vernichtung. Di hatte jahrelange Therapien hinter sich, während derer sie versucht hatte, ihre sexuellen Mißbrauchserfahrungen und den Selbstmordversuch ihrer Mutter und den vollendeten Selbstmord ihrer Schwester zu verarbeiten. Wenn sie an die Vergangenheit dachte, schien dies jetzt auf rationale und logische Weise zu geschehen. Doch sie verfügte über keine kreative

Möglichkeit, mit sich selbst oder irgend jemand anderem über die Zukunft zu sprechen. Sie berichtete uns einen wiederkehrenden Alptraum, in dem sie ein Baby auf dem Arm hielt, das daraufhin kalt und blau wurde. Es fiel mir auf, daß Di während der Gruppensitzungen häufig Comicfiguren zeichnete. Ich beschloß, den Versuch zu machen, ihre Kreativität für die Gestaltung ihrer Zukunft einzuspannen und dafür diese Ressource zu verwenden. Ich forderte sie auf, ein ganz buntes zukünftiges Selbst zu skizzieren, welches die Art Frau darstellte, die sie werden wollte. Sie zeichnete ein Bild in hellstem Licht.

Unser Leben wird durch unser Denken geformt. Wir werden zu dem, worauf wir unsere Gedanken richten.
– Dharmapada

Dieses Bild stellten wir vor ihr auf, und wir baten sie, in der Stille der nächsten Augenblicke auf das zu lauschen, was die zukünftige Di ihr vorsingen würde von all den Möglichkeiten, die im Lichte einer neuen Zukunft auf sie warteten. Mit diesem Lied im Geiste sollte sie sich umdrehen und sowohl die junge Di mit dem Baby auf dem Arm als auch die Di, die ihre Mutter aufgefunden hatte, in sich zurückholen. Sie schlang ihre Arme um sich selbst, und der Engel der Führung sang für uns alle von der Zukunft, die sie und wir alle im Licht leben würden, und die Gruppe sang ihr Lied als Echo für sie.

Es gibt Menschen, die die Fähigkeit haben, sich mit Hilfe ihres kreativen Geistes die Zukunft vorzustellen, aber sie erschaffen damit, anstatt eines erreichbaren Zukunftsbildes, das, was Sheldon Kopp „neurotisch-optimistische Phantasien“ nannte. Mir kommen sie wie die ausgleichenden Kräfte am anderen Ende der Wippschaukel vor, im Gegensatz zu denen, die sich keine Zukunft vorstellen können. Der neurotisch Optimistische sagt: „Eines Tages werde ich im Lotto gewinnen“, während der neurotisch Ängstliche den Singsang wiederholt: „Eines Tages werde ich ein notleidender Aussätziger sein.“

Kein Vogel fliegt zu hoch, der mit den eigenen Flügeln fliegt.
– Michael Jordan

Beide Seiten existieren parallel in uns. Die eine repräsentiert gewöhnlich die Kraft des Wachstums und die andere die Kraft der Sicherheit. Die eine ist ein Nein, die andere ein Ja. Mein optimistisches Bild, im Lotto zu gewinnen, versucht also, mich zum Expandieren zu bringen, und mein angsterfülltes Bild, bankrott zu gehen, versucht mich darin zu bestärken, meine Angelegenheiten durch das Errichten von Grenzen in den Griff zu bekommen.

Das Zukunftsbild, das du entwickeln wirst, geht über diese beiden Polaritäten hinaus, indem es die Funktion beider in ein entwickelteres Selbst hinein integriert. Ein Beispiel für die Auflösung der oben erwähnten Beispiele könnte darin liegen, daß ich mir Reichtum an Zeit zugestehe und mich reich fühle, indem ich jeden Aspekt des Lebendigseins, einschließlich der Ruhepausen, genieße.

Es ist jetzt an der Zeit für dich, ein einfaches leitendes Bild zu finden, das dich zu einer Begegnung mit deinen höchsten Möglichkeiten führen wird. Es ist Zeit, daß du über die Trauer über das, was du nicht mehr sein kannst, hinausgehst, so daß sie nicht länger ihren Schatten wirft auf das, was du werden kannst.

Imaginationen einer möglichen Zukunft

In den fünfziger Jahren ließ Milton Erickson seine Patienten häufig, wenn sie in Trance waren, sich auf lebhafte Weise eine Kristallkugel vorstellen. Er sagte ihnen, sie sollten ein zukünftiges Selbst finden, das weiser und älter und von jedwedem Symptom geheilt sei, mit dem sie zu kämpfen hätten. Dann sagte er, sie sollten rückwärts gehen und in eine andere Kristallkugel schauen, wo sie eine Szene sehen würden, in der sie auf so wirkungsvolle Weise von ihm behandelt würden, daß dies zu dieser Heilung führte. Dann erzählten sie ihm, was sie in der Kugel gesehen hatten. Er beendete die Sitzung damit, daß er endlos darüber redete, wie bestimmte Leute auf mannigfache Weise alles mögliche vergessen. Nach ihrem Erwachen aus der Trance verschrieb er ihnen dann genau die Behandlung, von der sie ihm berichtet hatten!

Jetzt wird bewiesen, was einst nur in der Phantasie existierte.
– William Blake

Zufällig bin ich im Besitz eines unerschöpflichen Vorrats von Kristallkugeln, die er nie benutzt hat. Ja, es ist sogar eine von ihnen in den Seiten dieses Buches versteckt – dein Name steht darauf. Schüttle das Buch in deinem Schoß aus, nimm sie in die Hand und sieh jenes ältere, weisere Selbst, das von dem phantastischen Dr. Erickson mit Erfolg behandelt worden ist.

Was hat sich bei dir verändert? Wie ist deine Körperhaltung? Wie bewegst du dich?
Wie schaust du in die Welt? Wie sprichst du? Was sagst du?
Was weißt du dann, was du jetzt nicht weißt?

Positive Zukunftsbilder haben eine mächtige, magnetische Kraft. ... Sie ziehen uns an, sie geben uns Energie, Mut und den Willen, wichtige Initiativen zu ergreifen. Negative Zukunftsbilder haben auch einen Magnetismus. Sie ziehen den Geist herunter auf den Pfad der Verzweiflung und der Ohnmacht.
– William James

Die Verwendung von Zeremonien als Brücke zwischen Vergangenheit und Zukunft

Die letzte Verbindung, die es herzustellen gilt, besteht darin, die Strähne, die deinen Feind repräsentiert, über die Strähne zu legen, die deine mögliche Zukunft darstellt, zu der du hintendierst; sie bildet eine Beziehung zwischen dem, was war, und dem, was sein kann. Eine Möglichkeit, dies zu tun, besteht darin, daß du eine Zeremonie, einen Übergangsritus erschaffst, der symbolische Bedeutung besitzt. Dieses Ritual kann den Weg bilden, auf dem das, was du in deinem Inneren gelernt hast, in dein äußeres Leben gebracht werden kann. Es kann auch nährend sein für das, was als *hambre del alma*, Seelenhunger, bekannt ist, indem es Tiefe und Heiligkeit kultiviert.

Alle meine Lehrer sind von kleiner körperlicher Gestalt, haben eine große Seele und sind Meister der Zeremonie. Meine Großmutter führte uralte Rituale durch, die etwas so Triviales wie das Wischen des Küchenfußbodens in einen Übergangsritus verwandelte. Sensei Kuboyama beginnt und beendet jede Unterrichtsstunde mit Centering-Ritualen. Milton Erickson war ein Pionier in der Verwendung von Symbolen, Geschichten und Ritualen zur Verfolgung therapeutischer Ziele.

Ritual und Mythos gleichen Saatkristallen für neue Verhaltens- und Denkweisen, die schließlich zu einer Veränderung unserer Kultur führen können.
– Starhawk

Eine Zeremonie, wie einfach sie auch sein mag, erschafft ein Muster, das auseinanderstrebende Teile zu einem Ganzen verbindet. Sie stellt ein Verbindungskabel dar zwischen Kulturen, Generationen, Geschlechtern und verschiedenen Aspekten unseres Geistes. Z.B. führte Thich Nhat Hanh im Sommer 1991 im oberen Teil des Staates New York ein Retreat für Vietnamveteranen und vietnamesische Flüchtlinge durch. Nach einer Meditation richtete er mit freundlicher Stimme das Wort an die Veteranen. „Ihr seid die Hand, die ins Feuer faßte, aber der Befehl dazu kam vom gesamten Körper, und das Ergebnis ist, daß der gesamte Körper leidet." Es gab eine blumengeschmückte Altardecke aus Papier, an die die Teilnehmer Notizzettel hefteten, auf denen die Namen derjenigen standen, derer sie gedenken wollten. Es war nicht möglich, sie zu lesen, ohne tief berührt zu sein. Auf einem stand z.B.: „Zum Gedenken an all diejenigen, die unter meinem Gewehrfeuer starben." Daneben gab es einen anderen, auf dem einfach in vietnamesischer und englischer Sprache stand: „Zum Gedenken an meinen gefallenen Bruder."

Was wir zur Zeit auf einer ganzen Anzahl von Gebieten beobachten können, ist nicht nur die Entstehung eines neuen Stils, sondern die Verwandlung des kreativen Aktes selbst. Wenn die Kreativität eine Vergangenheit hat, so hat sie auch eine Zukunft, wenn es auch in diesem Stadium nicht möglich ist, vorherzusagen, wie diese aussehen wird.
– Morris Berman

Nach einer schweigenden Gehmeditation im Dunkeln stellten sich einige der Veteranen mit der papierenen Altardecke in den Händen hin. Alle standen zusammen unterm Sternenhimmel, jeder hielt eine Kerze in der Hand, und die Altardecke wurde verbrannt und die Asche in den See gestreut. Bis tief in die Nacht hinein wurden vietnamesische und amerikanische Lieder gesungen.

Für mich sind Zeremonien der Heilung gleichbedeutend mit Initiationen in ein tiefes, altes Wissen. Sie verändern eingefleischte Gewohnheiten, geben dem Chaos der Gefühle eine Form und bilden eine Insel der Klarheit, von der aus neue Muster entstehen können. Es gibt viele Arten von Ritualen und Zeremonien, doch diejenigen, von denen wir hier sprechen, haben die Verwirklichung oder Ent-Deckung des ganzen Menschen zum Ziel.

Es gibt heutzutage eine ganze Anzahl von Büchern über Rituale, die jemand anderes für dich entworfen hat. Für unsere Zwecke ist es wichtig, daß der Übergangsritus *von dir* geschaffen wird, weil es erforderlich ist, Symbole zu verwenden, die für dein Unbewußtes spezifische Nebenbedeutungen besitzen. Vor kurzem wählte ein Mann in einem Workshop für seine Zeremonie den Teil eines Netzes als Symbol für Sicherheit; für einen anderen hätte dieses Netz wahrscheinlich Unfreiheit bedeutet. Das Ziel hierbei ist, dich mit deiner Welt zu verbinden, ein wichtiges Geschehen zu validieren, dein Herz in bezug auf sein eigenes Potential zu erwecken und einer Veränderung in deinem Leben den Boden zu bereiten.

Mein Leben ist meine Botschaft.
– *Gandhi*

Diese Zeremonien brauchen nicht kompliziert oder ausgeschmückt zu sein. Letzte Woche rief mich während einer Radioshow ein Mann an, der wissen wollte, ob es sich lohnen würde, 1.000 Dollar für Hypnose auszugeben, damit er vom Rauchen loskomme. Er sagte, er sei sich nicht ganz sicher, ob er wirklich dazu bereit sei, aufzuhören. Ich sagte ihm, daß ich sein Problem gut verstehen könne, da ich dreißig Jahre lang geraucht hätte und über große Fachkenntnisse darüber verfüge, wie man damit aufhört: ich hatte mindestens zwanzigmal mit dem Rauchen aufgehört!

Ich erzählte ihm, daß ich schließlich „wirklich" bereit war, mit dem Rauchen aufzuhören, als ich mich bereiterklärte, mit meinen Freunden Robert und Peggy ein Begräbnisritual durchzuführen. Wir erklommen einen Hügel, rauchten ein letztes Mal, wobei wir wie wild inhalierten und bei jedem Ausatmen einen Erstickungsanfall simulierten. Dann begruben wir all unsere Besitztümer, die mit dem Rauchen zu tun hatten. Jeder von uns zählte all die Bedürfnisse auf, die durch das Rauchen befriedigt worden waren, und die neuen Möglichkeiten, mit deren Hilfe wir diese Bedürfnisse in Zukunft zu befriedigen gedachten. Wir erklärten, daß wir unserem Suchtmittel Treue erwiesen hatten, indem wir notfalls mitten in der Nacht aus dem Haus gingen, um es uns zu besorgen; daß wir aber an unserem eigenen Körper Verrat geübt hatten. Wir sagten diesen alten falschen Freunden am Grabe Lebewohl und vergossen ein paar Tränen angesichts ihres Ablebens. Wir schlossen mit dem Gewesenen ab und erklärten unsere Absicht, einen Neubeginn zu wagen, der bedeutete, daß wir von nun an uns selbst treu

Weißt du, daß Krankheit und Tod unweigerlich über uns kommen werden, ungeachtet dessen, was wir gerade tun? Womit möchtest du beschäftigt sein, wenn der Tod dich überrascht? Hast du in dem Moment, da er dich überfällt, etwas Besseres zu tun, dann arbeite daran.
– *Epiktet*

sein und uns auf eine freie Zukunft einlassen wollten. Wir konnten die Ressource „Verrat" für uns verwenden, indem wir sie gegen all das kehrten, was toxisch für uns war.

Der Mann am Telefon verharrte einen Augenblick lang schweigend. Schließlich sagte er, er sei nicht die Sorte Mensch, der Rituale abhalten würde. Ich führte ihm vor Augen, daß der Akt des Rauchens selbst ein Ritual darstellte – er besorgte sich Zigaretten, legte sie sich auf eine bestimmte Weise zurecht, trug seine Symbole zusammen – Aschenbecher, Zündhölzer –, all dies geschah auf ritualisierte Art und Weise: wie er mit der rechten Hand das Päckchen Zigaretten auf den Tisch legte, sie mit der linken anzündete, heilige Plätze dazu auserkor – sein Auto, den Korridor hinter seinem Büro. Es war in der Tat eine ausgesprochen komplexe Zeremonie.

Dazu konnte er nicht mehr viel sagen, und er antwortete: „Nun, wenn ich bereit wäre, dasselbe zu tun wie ihr, könnte ich mir die 1.000 Dollar für Hypnose sparen!" Darauf gab es nichts zu erwidern.

Der physische Akt einer symbolischen Handlung funktioniert anscheinend auch dann, wenn Gespräch und Vernunft versagen. Die Zeremonie vorzubereiten, darüber nachzudenken, sie ins Werk zu setzen und alles genau zu bedenken – all dies trägt zu ihrer Bedeutung bei. Den meisten Menschen braucht man gar nicht zu sagen, wie man ein Ritual durchführt. Sie hören sich einfach genau an, wie andere es gemacht haben. Anscheinend verstehen sie die grundlegenden Prinzipien und passen sie ihren eigenen Zwecken an.

Wenn der Geist sich seiner selbst bewußt ist, ist er ein wahrer Führer.
– Marilyn Ferguson

Die folgende Geschichte beschreibt die Integrationszeremonie eines der Menschen, dessen Geschichte du bereits teilweise kennst; vielleicht führt sie dich zu deiner eigenen Zeremonie.

Erinnerst du dich an Rena? Ihre dritte und letzte Sitzung bei mir fand beinahe drei Monate später statt, nachdem sie durch die erste Phase ihrer Chemotherapie hindurchgegangen war und eine tiefgreifende Heilung des sexuellen Mißbrauchserlebnisses erfahren hatte, das ihr als Kind zugestoßen war. Ihr Kopf war mit etwa zwei Zentimeter hohem wildem rotem Flaum bedeckt. Vor meinem Haus stand ein kleiner gelber Volkswagen, der über und über mit wilden Dschungelkatzen und Schmetterlingen bemalt war; auf der Vorderhaube lag auch noch ein zusammengerolltes kleines Kätzchen.

Sie erzählte mir, daß sie sich von ihrem „Typen" getrennt habe und auf dem Weg nach Kalifornien sei, wo sie einiges über Massage, Kräuter und gesunde Ernährung lernen wolle. Sie legte eine blaue Plastiktüte auf das Kissen zwischen uns. Ich schaute hinein und fand darin all das feurige Haar unserer ersten Sitzung. Sie sagte: „Ich will etwas damit machen, um zu einem Abschluß zu kommen, um mich in bezug auf das, was geschehen ist, vollständig zu fühlen.

Nach unserer letzten Sitzung ist mir klargeworden, daß, seit ich ein kleines Mädchen war, mein Körper mir zu sagen versuchte, ich solle eine Frau sein, die imstande war, zu sagen: ‚Laß mich in Ruhe (Don't fuck with me)!' Ich denke, das war es, worum es bei der Krebsgeschichte ging. Das ist es, was mein Körper damit sagen wollte. Ich wollte keine Frau sein. Es fühlte sich nach etwas Schmutzigem an. Hilfst du mir, einen Weg zu finden, um all dies zu einem Abschluß zu bringen?"

Ich nickte und ging an meinen Schreibtisch. Auf einem darüber befindlichen Regal stand ein blaßgrüner Weinkelch aus Speckstein. Ich nahm ihn sowie einen Krug und sagte zu Rena, sie solle die Tüte mit ihrem Haar und die Schaufel, die am Schuppen lehnte, mitbringen. Wir verließen das Haus und gingen zu einem großen alten Ahornbaum, der ganz oben auf dem Hügel stand. Ich sagte ihr, sie solle eine Abschlußzeremonie durchführen. Für die Dauer von ein paar Minuten blickte sie über die Landschaft hin und begann dann, am Fuße des Baums ein Loch zu graben. Als es knietief war, ließ sie die Schaufel fallen und fing an, ihr Haar in das Loch hineinrieseln zu lassen, wobei sie für mich unhörbare Worte murmelte. Als sie damit fertig war, schenkte ich den Kelch voll mit Wasser und fügte etwas Erde hinzu. Ich bot ihn ihr mit folgenden Worten dar:

„Du wurdest mißbraucht, doch jetzt hat dies ein Ende. Dieser Kelch ist ein Symbol für die Frau, die du bist. Er kann alles fassen, doch er ist weitaus mehr als das, was er enthält. Seine Macht liegt darin, daß er seinem Inhalt Form und Gestalt zu verleihen vermag. Sie kann ihn/sich zur Verfügung stellen, um diese Inhalte in sich aufzunehmen und sie dann ausgießen und sich selbst wieder zurücknehmen, aufs neue frei."

Renas Hand griff langsam nach dem Becher. Sie bewegte sich mit kleinen Unterbrechungen, wie von einer Schnur gezogen. Sie betrachtete das schmutzige Wasser in dem Kelch und goß es dann langsam, sehr langsam in das Loch, wo sich ihr Haar befand. Ich hob den Krug in ihre Richtung, und sie hielt mir den Becher entgegen.

Die Zeit, die dir gegeben ist, dauert so lange, wie du lebst, und keine Minute länger.
– W. Edward Deming

Ich füllte ihn mit klarem Wasser. „Was möchtest du jetzt in dir haben?"

Die Linien um ihren Mund, die wie Klammern aussahen, vertieften sich. Sie sagte: „Wie wäre es mit etwas Selbstachtung für den Anfang? Ja, ich bin bereit für eine Zukunft, in der ich Achtung vor mir selbst empfinde."

„Dies ist der Beginn der Selbstachtung und das Ende der Schreckenszeit."

Einen Moment lang hielt Rena den Kelch hoch erhoben und brachte dann einen Trinkspruch aus: „Ich trinke auf den Neubeginn."

Ich erwartete, daß sie ihn in einem Zug austrinken würde, doch das tat sie nicht. Sie kostete ihn aus, trank ihn in kleinen Schlucken, als wäre es Wein

Das Wunder, der Schrecken, das Frohlocken, am äußersten Rande des Seins entlangzutaumeln.
– Anatole Broyard

eines hervorragenden Jahrgangs. Zum Schluß goß sie die letzten Tropfen in das Loch und schüttete es zu, indem sie mit einem Fuß über ihr Haar, ihre Verletzung, ihre Geschichte Erde verteilte und festdrückte. Ich legte meine Hand auf den rauhen Stamm des Ahornbaumes und sagte: „Mache guten Gebrauch davon." Das pflegten meine Eltern zu sagen, wenn sie jemandem ein Geschenk überreichten. Rena blickte zu den leuchtenden Ästen hoch und lachte: „Ja, alter Baum, mache guten Gebrauch davon."

Eine Zeremonie der Wieder-Verbindung

Die folgende Übung ist eine „Gär"meditation, die das Auftauchen von Ideen zur Schaffung einer eigenen Zeremonie an die Oberfläche deines Bewußtseins begünstigen soll.

Spüre in einer Hand die Energie, die das Bedürfnis deines Feindes repräsentiert. Vielleicht schaust du dir den Gegenstand an, der dieses repräsentiert. In der anderen Hand stell dir so lebhaft wie möglich die Energie deines zukünftigen Selbstes vor.

Laß jede dieser Empfindungen sich zur jeweils anderen Seite deines Körpers hin ausbreiten und erforsche die Unterschiede. Ist eine Seite wärmer? schwerer? dunkler? Wie unterscheiden sich die Oberflächen?

Vielleicht fallen dir Beispiele ein für Harmonie, Verschmelzung, Integration: Singen, Tanzen, Weben, Brückenbauen. Während du dies tust, kannst du deinen Handflächen erlauben, sich zu drehen, und die magnetische Anziehungskraft spüren, die zwischen ihnen besteht.

Wenn deine Hände aufeinander zugehen und dabei die Energien, die du in deinem Körper spürst, miteinander verschmelzen, wirst du ein Bild oder eine Geschichte finden, die diese Verschmelzung für dich darstellt.

Vielleicht möchtest du dein Unbewußtes direkt darum bitten, zuzulassen, daß diese Verschmelzung in deinem Leben weitergeht. Eine Möglichkeit, dies zu tun, besteht darin, dir vorzustellen, wie dein Feind und dein zukünftiges Selbst getrennte Wege entlangmarschieren, die irgendwann an einem gemeinsamen Punkt zusammentreffen werden. Einige Menschen tun dies unter Zuhilfenahme von Worten, andere visualisieren, und wieder andere bekommen einfach ein Gefühl für die Bewegung. Stell dir dieses Bild vor, bevor zu schlafen gehst, und als erstes jeden Morgen.

Erschaffe deine eigene Zeremonie

Was mich am meisten mit Stolz erfüllt, ist, daß ich gegen Ende meines Lebens zu dem wurde, was ich schon immer hätte sein sollen – ein anständiger, liebenswürdiger Mensch.
– Stan Getz

Diesen letzten symbolischen Akt des Beendens und des Beginnens, des Zusammenflechtens all dessen, was du bist und sein kannst, überlasse ich dir und deiner Vorstellungskraft. Denke daran, daß Rituale sehr einfach und sehr kompliziert sein können, im wesentlichen jedoch von dir und für dich geschaffen werden. Nimm dir all die Zeit, die du brauchst, um dir über die Absicht der Zeremonie klarzuwerden und darüber, was sie für dich bewirken soll.

Noch einiges andere sollte dabei bedacht werden: Wo soll dieses Übergangsritual stattfinden? Möchtest du, daß jemand als Zeuge und zur Unterstützung dabei ist? Was mußt du vorbereitend tun? Gibt es ein Gedicht, ein Gebet oder eine Anrufung, die du verwenden möchtest, die dich in deinem Entschluß, weiterzugehen, unterstützen kann?

Dieses Übergangsritual ist eine lebendige Inszenierung deiner Absicht, in eine neue Intimität mit dir selbst und der Welt einzutreten. Du wirst gereifter aus ihm hervorgehen und bereit sein, dein Leben zu bewohnen.

Um dein verlorengegangenes Selbst herum hast du das elastische Binde-Gewebe einer wachen Gegenwart, eines schöpferischen Geistes und eines Herzens gewebt, das voller Mitgefühl ist. In diesem Kokon des Verstehens kann die Verwandlung von Angst in Weisheit und von Leid in Verzeihen geschehen.

14 Laßt unsere Wunden unsere Heiler sein:

Das Eingehen und In-die-Tat-Umsetzen von Verträgen mit uns selbst

Frei davon, sich selbst festzuhalten, können die Hände greifen; frei davon, auf sich selbst zu schauen, können die Augen sehen; frei von dem Versuch, sich selbst verstehen zu wollen, kann der Verstand denken. – *Alan Watts*

Transformation besteht zu einem Teil aus Inspiration und zum anderen Teil aus der Verwirklichung. Der letzte Abschnitt dieser Reise, der offene Moment, führt uns aus der dunklen Wildnis, die wir durchstreiften, heraus und zurück an einen Ort, den wir nie wirklich verlassen haben – unser alltägliches Leben, unsere Familie, Gemeinschaft, Gesellschaft. Im offenen Moment suchst du nicht mehr nach Antworten; du mußt die Antwort *sein.* Dieser Ort, an dem die innere und die äußere Landschaft miteinander verschmelzen, ist vielleicht das rauheste Terrain von allen. Hier gehen wir von der Haltung, die Dinge geschehen zu lassen, dazu über, ihr Geschehen zu bewirken, vom Rezeptivsein dazu, die Art von Leben, die unserer Heilung förderlich ist, aktiv zu erschaffen.

Du wirst das sein, was du tust.
– *Buddha*

In diesen Grenzgebieten kann die Seele sich manifestieren. Zu diesen felsigen Ufern tragen wir auch die Narben von den Schlachten und Invasionen unserer Vergangenheit. Hier also müssen wir das Treibholz unserer Bedürfnisse durchstöbern, um die Signalfeuer unserer Verträge mit uns selbst und unserer Grenzen zu entzünden. Hier ist der Ort, wo wir Flöße und Brücken bauen aus unseren authentischen „Jas“ und unseren kompromißlosen „Neins“.

Viele Reisende schaffen den Weg durch diese letzte Wegkreuzung hindurch nicht. Sie bleiben mit den schlimmsten Zeiten in ihrem Leben, mit ihrem Leiden identifiziert; die Schale bricht auf, doch die Saat dringt nicht durch die Erdoberfläche, sie gelangt nicht ans Licht. Ich arbeitete mit einer Frau, die mit einer Krebserkrankung kämpfte. Sie sagte, sie wäre bereit, alles zu tun, um gesund zu werden. Doch, nebenbei gesagt, ich sollte nicht von ihr verlangen, daß sie etwas an der Beziehung zu ihrem Mann veränderte, an ihrem Wohnort, ihrer Arbeit, weil das zuviel wäre und sie zu hart gearbeitet hätte, um dahin zu kommen, wo sie jetzt sei. „Lieber sterbe ich, als wieder in Armut zu leben.“ Und das tat sie dann auch.

Unser Leben ist das Instrument, vermittels dessen wir mit der Wahrheit experimentieren.
– *Thich Nhat Hanh*

Das Leiden ist der Boden, auf dem die Erneuerung wächst. Die Last und die Verantwortung, zu lernen, diesen Weg durch die „heilige Katastrophe“ des Wendepunkts zu finden, besteht darin, daß du die Art und Weise verändern mußt, wie du dein Leben lebst – du mußt dich einlassen auf tiefe, grundlegende Erneuerungen im gesamten System. Diese geschehen oft in sehr kleinen Schritten, dennoch erfordern sie große Kraft des Herzens. Was unsere Seele mindestens von uns verlangt, ist, daß wir die Wahrheit unseres vollen Potentials geltend machen.

Dieses Kapitel handelt davon, wie du das, was du bis dahin gelernt hast, in die Tat umsetzt und mit Leben füllst, wie du ihm *Wurzeln* gibst, so daß du die Art von Leben erschaffst, die die Arbeit, die du zu tun hast, befruchtet. Wir werden um die empfindlichen Ecken und Kanten herum Grenzen errichten,

Wege der Vergebung anlegen und Verträge mit uns selbst (Commitments) formulieren, die garantieren, daß deine Fähigkeit, in alle Richtungen zu wachsen, gepflegt, umhegt und unterstützt wird.

Wir werden uns weiterhin des kreativen Denkens bedienen, um dem bewußten Denken Zugang zur Weisheit des Unbewußten zu vermitteln, doch während wir durch das Endstadium dieses Lernprozesses gehen, werden wir uns mehr und mehr auf den bewußten Verstand verlassen, wie auf einen Bogen, mit dem du die Pfeile der Inspiration abschießt, die du geschmiedet hast.

Laßt die Schönheit, die wir lieben, unser Tun sein.
– *Rumi*

Natürlich beginnen wir mit einer Geschichte. Nun, um ehrlich zu sein, es gibt mehrere Geschichten, unterschiedliche Kammern *eines* Herzens. Oder vielleicht gleichen sie, ineinander eingebettet, jenen ineinanderpassenden chinesischen Lackdosen.

Tenemos las manos limpias, somos más

Alice Walker sagte, daß wir alle Teile ein- und derselben Geschichte erzählen. Doch dies ist eine Geschichte, die zu erzählen mir angst macht. Es fällt mir sehr viel leichter, dir Geschichten darüber zu erzählen, als ich das Opfer war, als darüber, wie ich selbst die Gewalttäterin war. Es genügt mir jedoch nicht, einfach nur die Lehrende zu sein. Ich muß von dem erfüllt sein, was ich lehre. Und meine eigenen Wunden sind mein größter Führer.

Diese Geschichte beginnt damit, daß Amy Davis während einer Abendsitzung unserer Studiengruppe in Madison in einem Kreis von Leuten saß. Sie bat um etwas Zeit, um uns eine Geschichte zu erzählen. Ihre eine Hand schwebt hinauf in Höhe ihrer Kehle; die andere ruht auf der Mitte ihrer Brust wie eine Lilie.

„Ich möchte euch von einer Frau erzählen, die ich gestern sprechen hörte. Sie heißt Isabel Letelier. Sie war die Frau von Orlando Letelier, dem chilenischen Botschafter in den Vereinigten Staaten, der vor Jahren in Washington ermordet wurde."

Amys Stimme klingt angestrengt. Sie hält inne, ihre Hände spielen an dem Fell herum, mit dem ihre Hausschuhe umsäumt sind. Sie schwingt leicht vor und zurück, und ich muß an all die blauäugigen Puppen denken, mit denen ich als Kind spielte – Puppen mit mondförmigen Augen, die auf- und zugingen, wenn man sie bewegte.

Sie sprach über das, was in Chile geschieht, über die Verletzung der Menschenrechte. Eine der Geschichten, die sie erzählte, läßt mich nicht mehr los. Ich kann sie nicht vergessen; wieder und wieder höre ich in meinem Geist ihre Erzählung.

„Häufig geschieht es, daß in der Hauptstadt um die Mittagszeit, wenn die meisten Menschen draußen auf den Plazas sind, die Studenten der Universität sich um eine Haftanstalt herum versammeln und rufen: ‚Dies ist ein Folterzentrum. Hier werden Menschen umgebracht!' Wenn dann Militär und Polizei eingreifen, bilden sie Ketten, indem sie wechselseitig die Arme verschränken, halten die Hände hoch und rufen im Chor: ‚Tenemos las manos limpias. Somos más!', was bedeutet: ‚Unsere Hände sind rein. Es gibt noch mehr von uns!'

Wissen Sie, was auf der Welt mich am meisten in Erstaunen versetzt hat? Die Unfähigkeit von Macht und Gewalt, irgend etwas zu erschaffen. Auf lange Sicht ist es immer der Geist, der das Schwert besiegt.
– *Napoleon Bonaparte* (am Ende seines Lebens)

Dann verschwinden sie in der Menschenmenge, wenn sie können. Wird einer von ihnen ergriffen, bilden die anderen Ketten und rufen: ‚Tenemos las manos limpias. Somos más!' und zwingen auf diese Weise die Soldaten, sie alle zu verhaften und die Gruppe als ganze in das Folterzentrum zu bringen.

Dieser Sprechchor hat sich über ganz Chile verbreitet. Nach Konzertaufführungen stehen die Leute, anstatt zu applaudieren, schweigend auf, verschränken untereinander die Arme und halten die Hände hoch. Wenn ein Bus an einem Soldaten vorbeifährt, der gerade jemanden auf offener Straße zusammenschlägt, pressen die Passagiere ihre Handflächen gegen die Scheibe: ‚Tenemos las manos limpias! Somos más!'"

Amys Hände kommen zur Ruhe; ihre Handflächen sind erhoben und zum Zentrum des Kreises hin gerichtet. Ihr Kinn zittert zuerst, wird dann fest, als sie es leicht anhebt. Das Schweigen im Raum hat ein Gewicht, eine Form, es pulsiert. Innerhalb einer Minute verschränken die anderen Gruppenteilnehmer wie von einem Dirigenten angeleitet, untereinander die Arme und heben die Hände. Wie mit einer Stimme skandieren sie: „Tenemos las manos limpias. Somos más!"

Langsam bildet sich auf Amys Gesicht eine Tränenspur. Ich reiche zu ihr herüber und lege ihre Hand in ihre Tränen. Sie blickt auf sie hinunter und läßt dann beide Handflächen übereinandergleiten, so, als würde sie sie reinwaschen.

Während ich Amy zusehe und den Chor anhöre, steigt in mir ein Bild hoch, das den Moment durchschneidet wie eine Klinge; wie die Wunde, die von einer Klinge geschlagen wird; beides.

Vor mir stand David – sieben oder acht Jahre alt –, David, das Leben, das meinem Körper entsprang. David, das Kind meines Herzens. David stand in meinem Geiste vor mir; seine dunklen Augen sprühten Feuer, sein kleiner roter Mund schrie mich an: „Ich hasse dich, Mama! Ich hasse dich!"

Wenn auch das Hindernis, das ich selbst bin, unendlich unüberwindlich zu sein scheint, so mache ich doch weiter.
– Carla Needleman

Auf der Pfirsichhaut seiner Wange war eine wüst aussehende wunde Stelle. Sie sah aus wie ein Brandmal – in Form meiner Hand. Seine Hände waren zu Fäusten geballt, als wären sie gefroren, er schwang sie in der Luft und zitterte. Seine Stimme war rauh, sehr laut. „Warum kann ich dich nicht schlagen, Mama? Was hält mich davon ab, dich zu schlagen? Irgendwann einmal werde ich es tun. Ich werde zurückschlagen, und dann wird es dir leid tun."

Einen kurzen Moment lang wird alles dunkel. Dann zieht mich ein lichter Faden durch ein taumelndes Band von Jahren. Ich sehe ein kleines Mädchen mit langem, feuerrotem Haar, das zu widerspenstig ist, um in den an ihrem Rücken herabhängenden Zöpfen gezähmt zu werden. Sie zieht an der Hand eines Mannes, an deren einem rötlichen Finger ein goldener Ring steckt – ein Ring, in den zwei Gesichter geschnitzt sind, ein lachendes und ein böse aussehendes, und in den ein grüner Stein eingelassen ist, wie ein Auge zwischen den beiden Gesichtern. Es war die Hand, die dazu da war, sie zu leiten, sie zu beschützen, die Hand, zu der sie Vertrauen hatte wie zu keiner anderen. Die Hand wurde mit einer heftigen Bewegung weggezogen.

Wieder griff sie danach, doch dieses Mal sprang sie hoch zum Himmel und fiel dann auf sie nieder. Um sie gewickelt war ein brauner krokodillederner Gürtel mit einer glänzenden goldenen Schnalle. Das Mädchen sah die Knöchel dieser Hand, die mit kleinen feuerroten Haaren bedeckt waren, genauso wie ihre eigenen. Der Gürtel ... sehr schnell ... sauste herab. Wilde Lichter blitzten ihr entgegen. Sie konnte sich nicht rühren. Statt dessen wand sie sich innerlich ... die Schnalle traf sie, schnitt sie auf, ließ ihr Blut fließen. Sie schwebte über dem Gürtel, über der Hand, über ihrem eigenen Körper, der gefror hinter einem Schild des Schweigens.

Sie schwebte an einen Ort, wo ihr Herz nicht verletzt werden konnte. Sie gelobte sich selbst, nicht zu weinen ... ihn nicht wissen zu lassen, daß er ihrem Körper wehtat. Sie schrie: „Ich hasse dich! Eines Tages werde ich dich schlagen. Ich werde zurückschlagen, und dann wird es dir leid tun. Aber mein Kind werde ich nicht schlagen. Nie, nie, nie!"

Ich fühlte mich wie zerfetzt. Ein großes Loch ist in meinen Bauch gesprengt und reißt mir den Atem weg. Die Zeit entwirrt sich, und ich finde mich in Madison wieder. Ich schaue auf meine Erwachsenenfüße, die in Strümpfen stecken und auf dem Holzfußboden ruhen. Ich flüstere: „Ich bin jetzt hier. Ich habe es geschafft. Ich habe überlebt. Menschen, die verletzt werden, verletzen

Es gibt immer Hungrige, denen man Nahrung spenden, Nackte, denen man Kleidung geben, und Kranke, die man trösten und gesundpflegen kann. Ich verlange nicht von dir, die Welt zu retten, doch ich bitte dich, die zu lieben, mit denen du unter einem Dach schläfst, das Glück derer zu teilen, die du deine Freunde nennst, dich mit den Visionären unter uns zusammenzutun und die aus deinem Leben zu entfernen, die dir Verzweiflung und Mißachtung bieten.
– Nikki Giovanni

andere. Menschen, die dabei sind, zu heilen, heilen andere. Ich erinnere mich, um zu lernen. Ich lerne, um fähig zu sein, zu heilen."

Dann, durch dieses Loch hindurch, wie von einem Wind getragen, kommen Worte aus meinem Mund, die das absolute Schweigen des Kreises brechen. „Ich kann diese Worte nicht mitsprechen. Ich würde gerne mit euch allen mitmachen. Ich würde gerne so tun, als seien *diese* Hände rein." Meine Kehle will zugehen, als stäke sie in einem Schraubstock. Ich presse die Worte heraus.

„Die chilenischen Soldaten sind nicht die einzigen, die sich die Hände schmutzig gemacht haben. Ich kann diese Worte nicht einfach nur so dahersagen; irgendwie muß ich selbst ganz darin sein. Ich muß an die Zeiten denken, als meine Hände anderen Gewalt angetan haben – z.B. meinem Sohn –, und aus diesen Erinnerungen lernen. Ich muß mich an die Zeiten erinnern, als mir durch Hände anderer Gewalt angetan wurde, und daraus lernen. Bevor das nicht geschehen ist, sind meine Hände nicht rein."

Das Schweigen scheint sehr lange zu dauern, bis Andy das Wort ergreift. Er sagt ruhig, daß das, was ich gerade erlebe, vielleicht für andere im Raum genauso zutreffend sei. Er schlägt vor, wir sollten paarweise Rücken an Rücken am Boden sitzen und uns gegenseitig Halt geben. Seine Anweisungen lauten wie folgt: „In der Geborgenheit und Stille der nächsten Minuten können wir vielleicht alle eine Zeit in unserer Geschichte finden, zu der unsere Hände einem anderen Gewalt angetan haben oder zu der uns durch die Hände eines anderen Gewalt angetan wurde. Diese Stille kann der Moment für uns sein, in dem wir unsere Hände reinwaschen."

Ich kann spüren, wie sein Rücken sich mit jedem Atemzug ausdehnt und zusammenzieht. Ich lege meine Hände auf meinen Bauch und spüre in meine Füße auf dem nackten Holzboden hinein, um mich zu erden. Die Zeit beginnt sich zu weiten. Während meine Augen zugehen, sehe ich Amy Rücken an Rücken mit Gena sitzen, Joanne mit Lee, Will mit Jackie. Ich spüre, wie sich in der Mitte meiner Brust ein Wärmegefühl ausbreitet, und mir wird ein gemeinsames Pulsieren in dem Raum bewußt, das tiefer ist als mein eigenes.

Ich reite zurück auf den Spiralen der Zeit zu dem Kind mit dem feuerroten Haar. Ich strecke ihr die Arme entgegen und flüstere: „Du wirst es schaffen. Du wirst überleben. Ich verspreche es." Sie zuckt vor meiner ausgestreckten Hand zurück.

„Ich bin deine Zukunft, Kleines. Ich weiß. Nie wieder werde ich zulassen, daß irgend jemand dich schlägt. Ich werde dir den Schutz geben, den du nicht bekommen hast. Und ich werde für dich die Schmerzensschreie ausstoßen, ‚aua' schreien. Ich werde ihm zeigen, wie sehr er dich verletzt. Nie wieder werde ich es zulassen, daß irgend jemand dich so mißhandelt. Nie wieder werde ich zulassen, daß du deine eigenen Schmerzenslaute abschneidest. Kind meiner Geschichte, nie wieder werde ich zulassen, daß du deinen Körper im Stich läßt, und nie wieder werde ich dich im Stich lassen!"

Die Welt bricht jeden, und viele sind hinterher stark an den gebrochenen Stellen.
– Ernest Hemingway

Sie beginnt in mich hinein- und durch mich hindurchzusinken, als würde ich Sonnenlicht und Nebel in mich aufnehmen. Das Bild meines Vaters steigt vor mir auf. Er steht allein in einem Zimmer, der Krokodilledergürtel liegt schlaff zu seinen Füßen; seine Augen sind voller Tränen. Er hat sich in eine dunkle Ecke in sich selbst zurückgezogen; sein eigener Körper ist das Schlachtfeld, sein eigenes Leben die Herausforderung. Aus meinem gebrochenen Herzen erwächst ein Mitgefühl für alles Zerbrochene, wie die Wurzel eines Baumes, die sich ihren Weg durch die Pflastersteine hindurch erkämpft. Vergebung für ihn zu finden scheint möglich zu sein, jetzt, da ich weiß, daß ich in Sicherheit bin.

„Du hast damals das Beste getan, was du tun konntest, nicht wahr, Dad? Keiner hat dich gelehrt, deinen Geist stark zu machen, so daß du nicht deine Hände als Waffen zu benutzen brauchst. Als du mich schlugst, Dad, hast du deiner eigenen Unschuld und Reinheit Gewalt angetan. Ich werde keinem mehr gestatten, mir das anzutun, was du getan hast. Im Wissen darum vergebe ich dir."

Der Schmerz erfüllt mein Blut wie eine steigende Flut. Schmerz und Liebe und die Notwendigkeit, all dies Leid in mich aufnehmen zu müssen. Es trägt mich zu der Erinnerung an das haßverzerrte Gesicht von Davids Vater.

Ich stehe außerhalb und sehe mich selbst als junge Mutter im Wohnzimmer mit David – eine verwirrte, unerfahrene Frau, eine Frau, die als alleinerziehende Mutter eines Sohnes eine schwere Last zu tragen hat, eine Frau, die betäubt ist von ihrem allnächtlichen Wodka-Tonic.

Mit wildem Nachdruck flüstere ich ihr zu: „Nie wieder. Nie wieder werde ich deinen Händen erlauben, Waffen deines Feuers zu sein. Nie wieder werde ich deinen Händen erlauben, einem anderen Menschen Gewalt anzutun. Nie wieder werde ich dir erlauben, dich so zu betäuben, daß du das Bewußtsein darüber verlierst, was du anderen antust. Ich weiß nicht, ob David dir je ganz vergeben wird; aber in dem Wissen, daß ich dieses Versprechen und diese Grenzen einhalten werde, vergebe ich dir die Mißhandlung deines Kindes."

Wieder durchströmen Schmerz und Zärtlichkeit die Kammern meines Herzens. Eine harte, verschlossene Stelle, die mir noch nie aufgefallen war, wird weich und löst sich; ein Tor öffnet sich. Ich werde meines Vaters auf eine Weise gewahr, die mich überflutet. Nicht so, wie ich ihn kannte, als er noch lebte, sondern als ein Gewahrsein seines Wesens. In diesem einen stillen Moment ist seine Liebe eine lebendige Gegenwart, die mich durchdringt. Ich kann Licht hören, riechen und es an den Stellen meines Mundes schmecken, die nie etwas anderes als Bitterkeit gekannt hatten.

Meine Ohren bringen mich in den Kreis zurück. Im ganzen Raum höre ich Stimmen, die abwechselnd flüstern, donnern, singen: „Nie wieder ... ich vergebe ... nie wieder werde ich es zulassen, daß meinem Körper Gewalt angetan wird ... ich vergebe meiner Schwester ... meinem Onkel ... nie wieder ... ich vergebe mir selbst." Ich schaue auf meine eigenen Hände hinunter, führe sie an meine Wangen, wie ich es mit Amys Händen getan hatte. Ich wasche sie in meinen Tränen, und meine Worte mischen sich in den Chor: „Nie wieder, nunca más, werden diese Hände einem anderen Menschen Gewalt antun. Ich vergebe diesen Händen. Nie wieder werde ich es zulassen, daß ich stillschweigend Gewalt über mich ergehen lasse. Ich vergebe meinem Schweigen. Nunca más!"

In Wirklichkeit ist es so, daß Heilung zwischen Menschen geschieht. Meine Wunde ruft den Heiler in dir auf den Plan, und deine Wunde ruft den Heiler in mir auf den Plan, und dann arbeiten die beiden Heiler zusammen.
– Rachel Naomi Remen

Es liegt zuviel Nähe in diesem Augenblick, als daß wir uns umarmen mögen. Wir bewegen uns als einzelne innerhalb eines größeren Ganzen, leuchtende Fische in einem Strom von Wärme. Wir bilden einen Kreis, verschränken unsere Arme ineinander und halten unsere nassen Hände in die Höhe.

„Tenemos las manos limpias. Somos más."

Die Worte bilden einen Chor in meinem Herzen, Stimmen in einem Gewölbe, einer Menschenkathedrale.

„Tenemos las manos limpias. Somos más."

Das Definieren von Grenzen: das heilige Nein

An der Grenze blüht das Leben.
– James Gleick

Eine Grenze ist ein Gebiet, keine Linie. Ihre Wirkung besteht in der Festlegung sowohl dessen, was sich innerhalb, als auch dessen, was sich außerhalb befindet. Tatsächlich stellt sie einen Ort der Begegnung und der Verbindung dar, denn dort ist es, wo sich deine Ränder mit meinen treffen.

Wir wissen nicht viel über Grenzen. Die meisten von uns haben gelernt, sich hinter unsichtbaren Barrieren zu verschanzen. Dies hat ein verengtes Gefühl unserer selbst zur Folge und führt oft zu Projektionen. Was wir statt dessen tun müssen, um unsere Ränder zu finden und unser Gewahrsein auszudehnen, ist, tiefer in unseren Körper zu gehen. Dies bedeutet nicht, andere auszuschließen. Es bedeutet, die eigenen Bedürfnisse einzulassen, sie explizit zu machen, anderen zu zeigen, wie sie richtig mit dir umgehen können. Es bedeutet Individuation, nicht Abspaltung.

Eine Frau, mit der ich arbeitete, wollte nicht von ihrer Mutter aufgefressen werden, die extrem kontrollierend war. Immer wieder ging sie einfach fort, in der Hoffnung, ihr klarmachen zu können, daß sie diese Art der Behandlung nicht akzeptiere.

Das hatte sie ein Jahr lang getan, und das einzige Ergebnis war, daß sie sehr häufig das Abendessen versäumte. Ihre Mutter tat weiterhin das, was sie immer getan hatte. Endlich beschloß die Frau, ihre Grenzen folgendermaßen offen zu erklären: „Mom, ich gehe fort, weil ich nicht mag, wie ich mich jetzt fühle oder wie ich eben jetzt auf dich reagiere." Sie ging fort, mit intaktem Selbstwertgefühl, ohne mit ihrer Mutter verstrickt zu sein, ohne etwas von ihr zu brauchen. Ihre Mutter war total verwirrt und rief sie an, um ihr zu sagen, daß sie sich nicht so fühlen solle usw.; aber die Frau fühlte sich erstaunlich klar und befreit. Sie fühlte sich frei genug, um ihrer Mutter gegenüber Liebe zu empfinden und zum Ausdruck zu bringen, die nun ihrerseits mehr und mehr das Kontrollierende verlor.

Die folgende Übung habe ich etwas verändert von Sensei Lloyd Miyashiro übernommen. Sie wird dir dabei helfen, ein auf Zellebene empfundenes „Nein" zu erleben und bis in deine Knochen hinein ein Gefühl für den Unterschied zu bekommen zwischen dem, was es heißt, dich zu verteidigen, indem du Barrieren baust, oder dich zu schützen, indem du Grenzen errichtest.

Was du täglich tust, wirkt sich genauso auf deine Seele aus wie das, was deine Eltern mit dir gemacht haben.
– James Hillman

Während du aufrecht sitzt und dich in deinen beiden Füßen zentrierst, stell dir vor, ein zartes, hilfsbedürftiges kleines Kind klammere sich an deine Brust. Schüttele deine Arme und laß die Schultern los. Hebe die Arme und halte sie direkt vor dich. Greife deinen einen Handrücken mit der Innenfläche der anderen Hand. Deine Arme bilden eine Barriere um den Raum vor deinem Brustkorb.

Jetzt laß die Ellbogengelenke einrasten und verkrampfe dich im Schulterbereich. Bitte jemanden, sich vor dich hinzustellen und gegen deine Hände Druck auszuüben. (Wenn du das lieber allein tun möchtest, stell dir lebhaft jemanden vor, der Gegendruck leistet.) Achte darauf, was alles in deinem Körper und Geist vor sich geht, wenn du dich auf diese Weise starr machst, um dich zu verteidigen.

Irgendwann wirst du zu müde werden, um länger in der Erstarrung zu verharren. An diesem Punkt laß deine Arme einfach weich werden – wie weichgekochte Nudeln. Dies ist die Haltung des Zusammenbrechens – der Gegner kann einfach durch die Arme hindurchkommen und in den heiligen Raum eindringen, an den das kleine Kind sich klammert. Man nennt das auch Anpassungsfähigkeit oder übertriebene Zuvorkommenheit.

Jetzt laß uns etwas anderes versuchen. Zentriere dich, schüttle deine Arme und Hände aus. Mache drei bewußte Atemzüge und zieh dabei mit jedem Einatmen deine Schultern etwas hoch und laß sie bei jedem Ausatmen wieder sinken.

Stell dir vor, deine Arme seien wie jene riesigen Feuerwehrschläuche aus Segeltuch, die sich so lange biegen lassen, bis sie mit Wasser angefüllt werden. Hebe sie wieder an, in dieselbe Position wie vorhin; doch dieses Mal laß deine Ellbogengelenke biegsam sein. Stell dir vor, du zögest Energie durch deine Beine hoch aus dem Erdboden, durch dein Herz hindurch, dann im Kreis herum durch deine Hände und Arme, als sei sie Wasser aus einem Hydranten, immer im Kreis herum durch deine Arme. Auf diese Weise bilden deine Arme, unterstützt durch all diese Energie, einen sicheren und heiligen Ort für das kleine Kind.

Wenn der Gegner Druck ausübt, stell dir vor, daß deine Hände diese Energie einfach in sich aufnehmen und sie zusätzlich in den durch die flexiblen Arme gebildeten Kreislauf einleiten. Die Arme geben vielleicht ein wenig nach, doch sie werden nicht aufgeben oder zusammenbrechen. Sollte der Druck irgendwie unangenehm werden, kannst du so tun, als seist du eine gläserne Drehtür, und zulassen, daß der Druck dich um deine eigene Achse dreht. So fühlt sich das Beschützen an.

Um dies realer werden zu lassen, stell dir vor, es handele sich bei deinem Gegner um deinen Feind, der als Angreifer auftritt. Welche Grenzen würdest du deutlich benennen? („Nein, ich werde nicht zulassen, daß du einen fünften Bourbon trinkst." „Nein, ich werde nicht zulassen, daß du diesen Stuhl auf sie wirfst." „Nein, ich werde nicht zulassen, daß du ihn mit deinen Worten in Stücke reißt." „Nein, ich werde nicht zulassen, daß du auf die Bedürfnisse aller anderen achtest und deine eigenen ignorierst." „Nein, ich werde nicht zulassen, daß du dein eigenes Innenleben vernachlässigst.")

Du kannst dir dabei einen Menschen oder eine Situation vorstellen, während du dies tust, und deine Grenzen laut benennen („Nein, Arbeit, ich werde dir nicht erlauben, mir alle meine freie Zeit zu stehlen." „Ich will nicht, daß du so mit mir umgehst. Wenn du mich weiter so anschreist, suche ich mir einen ruhigen Ort." „Nein, ich finde es nicht in Ordnung, zwei Tage lang nicht zu wissen, wo du steckst.".

Die Leute geben ständig den äußeren Umständen die Schuld für das, was sie sind. Ich glaube nicht an äußere Umstände. Die Leute, die es in dieser Welt zu etwas bringen, sind die, die sich aufmachen und nach den Umständen suchen, die sie wollen, und, wenn sie sie nicht finden können, sie selber schaffen.
– George Bernard Shaw

Es ist auch möglich, und oft sehr bewegend, dies mit Menschen aus deiner eigenen Geschichte zu tun – du kannst dir dein jüngeres Ich vorstellen, wie es sich an deine Brust klammert, und einen Menschen, der deine Grenzen verletzt oder dir Gewalt angetan hat, der jetzt gegen deine Hände drückt.

Grenzen sind nicht *gegen* Menschen gerichtet; sie sind eine Proklamation *für* dich selbst. Nach solchen Übungen ist es oft sehr nützlich, sich hinzusetzen und eine Liste zu erstellen mit der Überschrift: „Wenn du respektvoll mit mir umgehen willst ...", in der die Grenzen, die du entdeckt hast, deutlich und klar benannt werden, so daß du für die Menschen in deinem Leben ein jederzeit zugängliches Lehrmittel zur Hand hast. Es hat auch eine große Wirkung, wenn du dich vor einen Spiegel stellst und dir selbst die Liste mit lauter Stimme vorliest. Riskiere es.

Vergebung üben: von der Grenze des Nein zur Grenzenlosigkeit des Herzens

Vergebung zu üben, ohne aus deiner Verletzung zu lernen, wird zur Wiederholung deiner Geschichte führen; zu lernen, ohne zu vergeben, wird dein Herz in Bitterkeit verhärten.

Zu der Zeit, als ich an einer Ausbildung in Gestalttherapie teilnahm, war es üblich, auf Kissen zu schlagen und Leute anzuschreien, die für jemand anderen unsichtbar waren, nur für einen selber nicht. In einem solchen Workshop verfolgte ich meinen Vater, der sich in einem roten Cordkissen verbarg, mit einem alten hölzernen Tennisschläger. Ich schlug zu und brüllte, wie ich es auf einem Tennisplatz nie fertiggebracht hätte: „Nie wieder darfst du mich verletzen, nie, nie, nie!" Eine Feuerwoge ging durch den trockenen Zunder meines Beckens, auf die weiche Wellen eines sich in meiner Brust ausbreitenden zarten Gefühls folgten. Als ich dem Therapeuten davon berichtete, sagte dieser, ich hätte Angst vor meinem Vater und würde deshalb schwach werden. Seinen Anweisungen folgend, schlug und schrie ich aufs neue. Auch diesmal folgte auf den leidenschaftlichen Ausbruch das Mitgefühl. Ich verließ den Workshop in der Überzeugung, ein emotionaler Waschlappen zu sein.

Alle unsere endgültigen Entscheidungen werden in einem Geisteszustand getroffen, welcher nicht von Dauer sein wird.
– *Marcel Proust*

Was mir klargeworden ist, ist, daß das Lernen aus dem Leiden und das Setzen von Grenzen dir die Sicherheit gibt, die du brauchst, um die Bindungen zu lösen, die dich an das fesseln, was war. Die Schale fällt ab, und das Saatkorn kann sich zum Licht hin entfalten. „Nie wieder" sind die Worte, die „Ich vergebe" möglich machen. Weisheit geht einher mit Mitgefühl. Vergebung, diese weitmachende Wärme in meiner Brust, war das Weichwerden meines Herzens, sein Sich-Öffnen, da es beschützt genug war, um Verbindung aufzunehmen. Dieser Vorgang ist so natürlich wie der Sonnenaufgang, der auf einen Sonnenuntergang folgt.

Vergebung hat absolut nichts mit einer Rechtfertigung dessen zu tun, was deine Verletzung verursachte; es bedeutet auch nicht, daß du diejenigen ausfindig machen müßtest, die dir Böses zugefügt haben. Sie ist einfach eine Bewegung darauf hin, das eigene Herz von dem Schmerz und dem Haß, der es gebunden hält, zu befreien. Es ist die Frucht, die man erntet nach einer Jahreszeit der Dunkelheit, auf die eine Jahreszeit des Wachstums und schwerer Arbeit folgt.

Die folgende Übung, Lösung des Herzens, ist inspiriert von einer von Jack Kornfield weitergegebenen Meditation. Du kannst sie machen, während du in der Natur spazieren gehst, dich in einer Badewanne ausruhst oder irgendwo sitzt, wo du dich behaglich und geborgen fühlst.

Spirituelle Reife besteht im Annehmen eines Lebens in Beziehung.
– Jack Kornfield

Bring dein Gewahrsein in dein Zentrum, auf welche Weise auch immer dir dies am besten gelingt. Laß deinen Geist sich weiten, indem du deine visuelle und auditive Peripherie ausdehnst. Spüre deinen Körper als Ganzes in der Gegenwart. Du kannst im Folgenden deine Augen offen oder geschlossen halten, in Stille oder mit Musik arbeiten.

Geh mit deinem Gewahrsein in deine Brustkorbmitte. Stell dir vor, von dort aus einzuatmen und das Gefühl der Neugier auszuatmen. Während du dies tust, erlaube dir, jegliche Enge, jedes Verspanntsein, Festhalten, jede Barriere zu spüren, die da sind, weil du dir selbst und anderen nicht vergeben hast. Du kannst die Bitte an dich selbst richten, wahrzunehmen, ob du dein Herz verschlossen hast. Atme weiter und dehne dein Gewahrsein um diese Stelle herum aus.

Wenn du soweit bist, stelle dir deinen Feind vor. Bringe ihn in eine Entfernung von dir, die sich gut anfühlt. Vielleicht gibt es da einige Worte, die du sagen mußt, um dem Schmerz Ausdruck zu geben, den du seinetwegen erfahren mußtest, den Lektionen, die du gelernt hast, und den Grenzen, die du ziehst, um weiterem Leiden vorzubeugen. Wenn du soweit bist, finde die Worte, die deinem Herzen loslassen und Vergebung schenken.

Du kannst dies dadurch ergänzen, daß du dir über die Art und Weise klar wirst, wie du deinen Feind verletzt, verwundet oder geschädigt hast. Falls es angebracht erscheint, finde Worte, die dem Ausdruck geben, was du gelernt hast, und die die Grenzen benennen, die du als Ergebnis davon aufrechterhalten willst. Dies kann dadurch ergänzt werden, daß du an deinen Feind die Bitte um Vergebung richtest.

Zum Schluß kannst du, wenn es dir angemessen erscheint, dich vor dich selbst hinstellen. Das Selbst, dem du Schaden zugefügt hast. Du kannst zulassen, daß dir das Leid bewußt wird, das du als Folge davon ertragen mußtest. Indem du dir selbst für all dies verzeihst, kannst du auch dein Herz von dem Gefühl der Schuld und der Scham befreien, in dem du gefangen warst.

Genausowenig, wie man Gras dadurch zum Wachsen bringt, indem man an ihm zieht, kann man Vergebung gewaltsam wachsen lassen. Sie braucht Zeit, Pflege, den frischen Regen heißer Tränen und viel Sonne. Diese Übung kann man täglich wiederholen; laß die Bilder wie Balsam die harte Kruste durchdringen, die deine Wunde umgibt.

Was die Seife für den Körper ist, das sind die Tränen für die Seele.
– *Chassidisches Sprichwort*

Das Eingehen und Einhalten von Verträgen mit dir selbst: Erschaffe ein Ja in all deinen Zellen

In Japan erzählt man sich die Geschichte von zwei Samurais, die ein Treffen arrangierten, um festzustellen, wer von ihnen der Größte im ganzen Lande sei. Eines Morgens standen sie sich gegenüber, die Hände auf die in Scheiden steckenden Schwerter gelegt. Eine riesige Menschenmenge, die bei Sonnenaufgang schweigend den großen Kampf erwarteten, drängte sich um sie. Sie warteten. Und warteten. Die Minuten wurden zu Stunden. Keiner der Samurai rührte sich. Schließlich fiel nach drei Stunden einer von ihnen auf die Knie, verneigte sich und schritt von dannen. Besiegt. Obwohl kein Schwert gezogen wurde, blieb einer der beiden Krieger als Sieger zurück: derjenige, der über unbeugsame Willenskraft verfügte.

Unsere Energie treibt unseren Körper an, doch die Kraft unserer Absicht treibt unsere Energie an. Was nottut, ist, das Ziel der eigenen Absicht präzise beizubehalten und gleichzeitig volles Gewahrsein der gegenwärtigen Realität aufrechtzuerhalten. Du brauchst dir keine Sorgen darum zu machen, wie du die Kluft zwischen den beiden überbrücken wirst. Diese Kluft nennt man schöpferische Spannung, und sie kann am besten mit Vertrauen ausgefüllt werden. Mehr und mehr wird dir bewußt, wo du stehst, und mehr und mehr, wohin du gehen willst.

Ich haben den Segen erfahren, leidenschaftlich zu glauben, tief zu lieben und fähig zu sein, mit dem, was ich liebe und was ich glaube, ins Reine zu kommen.
– *Audre Lorde*
(nachdem sie erfahren hatte, daß ihr Brustkrebs Metastasen in der Leber gebildet hatte)

Die Wahl, die du triffst, ist der grundlegende Ausdruck dessen, was du bist. Welche Verpflichtungen könntest du dir selbst gegenüber eingehen, die dir dabei helfen können, das zu leben, was du von deinem Feind gelernt hast? Für welche Wahlmöglichkeiten kannst du dich entscheiden, um dein eigenes Wohlergehen und das der Menschen um dich herum zu fördern? Welche Wahlmöglichkeiten werden deine Seele schützen, die Bedürfnisse erfüllen, die nach dir gerufen haben, und auch dazu führen, daß der Umfang deines Selbst sich ausdehnt und weitet? Dokumentiere deine Antworten: Teile sie jemandem mit, schreibe sie an auffälliger Stelle nieder, nimm sie auf Tonband auf, laß sie konkret werden. Achte darauf, daß diese Verträge spezifisch sind und ihre Einhaltung in deiner Reichweite liegt. Mach sie klein genug und wichtig genug, daß du sie leben wirst. Unter allen Umständen.

Es gibt zwei Arten zu leben. Die eine ist, so zu leben, als gäbe es keine Wunder. Die andere ist, so zu leben, als sei alles ein einziges Wunder.
– Albert Einstein

Wir alle brauchen sehr einfache und spezifische Dinge, die wir Tag für Tag tun können, um die Verträge, die wir uns selbst gegenüber eingehen, ins Leben umsetzen zu können und die Faktoren zu begünstigen, die unserer Entwicklung Kraft geben. Da sehr wenige von uns Loyalität sich selbst gegenüber gelernt haben, führe ich ein paar Beispiele für die Art von Gelübde an, das ich meine: Eine Frau, die, um Geld zu verdienen, eine Art Arbeit tun mußte, die ihr verhaßt war, ging sich selbst gegenüber die Verpflichtung ein, sich selbst täglich vor dem Schlafengehen eine Stunde zu schenken, um zu träumen und einen „Gefängnisausbruch" zu planen, so daß sie Vorbereitungen für eine positive Zukunft treffen konnte. Ein Mann verpflichtete sich dazu, jedesmal, wenn er den Drang verspürte zu rauchen, sich selbst zu fragen, was er wirklich wollte. Jemand anderes, mit dem ich arbeitete, ging die Verpflichtung ein, jedesmal, wenn er seiner Freundin diese Frage stellte, sich selbst zu fragen, was er wollte. Eine Frau traf die Wahl, sich zu Hause vor jeder Mahlzeit nackt vor den Spiegel zu stellen und ihr Versprechen zu wiederholen, nur das zu essen, was sie wirklich nährte. Ein Mann kaufte sich einen „Freiheitsstift", den er in derselben Tasche aufbewahrte, in der früher seine Zigaretten steckten, und holte ihn jedesmal heraus, wenn er Verlangen nach Nikotin verspürte, um seinen Vertrag, frei von Sucht zu sein, aufs neue aufzuschreiben.

Da eine alte Art und Weise, mich zu schützen, darin besteht, ein Gefühl des Gelähmtseins und der Sprachlosigkeit zu entwickeln, besteht meine Verpflichtung darin, das Feuer, das ich zu meinem Schutz brauche, zu binden und zu kanalisieren, indem ich laufe, stampfe, renne, mit dem Staubsauger auf jedes Stäubchen losgehe, das ich finden kann, so laut ich kann sinnlose Worte schreie, zur Mülldeponie gehe und Flaschen in den grünen Container werfe, mit dem Auto auf die Autobahn fahre und so laut, wie ich will, absurde Lieder singe, mir einen großen Batzen Ton vornehme und meine Leidenschaftlichkeit ihm Form geben lasse. In anderen Worten, ich suche mir einen Weg, mein

Feuer zu externalisieren, bis ich imstande bin, zu dechiffrieren, auf welche Weise es mich zu beschützen versucht.

Ein Mann, der, als er heiratete, den Vertrag mit sich selbst schloß, sich sein Autonomiegefühl zu bewahren, stellte sich vor einen großen Spiegel, sprach sein eigenes Ehegelübde und überreichte sich selbst einen Ring für seine rechte Hand. Eine Frau, mit der ich arbeitete, entdeckte, daß ihr Feind, den sie Pathos nannte, Unterstützung brauchte, wenn er traurig war. Ihre Mutter machte sich dann lustig über sie und versuchte, ihre Aufmerksamkeit in eine andere Richtung zu lenken. In ihrem Vertrag mit Pathos gab die Frau das Versprechen ab, jedesmal, wenn sie fühlte, daß Pathos an ihr ziehen wollte, eine silberne Anstecknadel mit einem eingravierten spiralförmigen Knoten zu tragen. Diese Nadel war ihr eine Freundin in Zeiten der Traurigkeit und eine Darstellung der Verpflichtung, Pathos „nicht" (nicht – not – knot – Knoten) zu demütigen.

Jetzt ist die Reihe an dir. Die folgenden zwei Übungen werden dir helfen. Die erste habe ich von Sensei Richard Kuboyama gelernt; sie heißt „Von der Mitte aus nach vorne gehen" und wird dir sowohl dabei helfen, auf Zellebene ein Gefühl dafür zu entwickeln, auf die Zukunft hin orientiert zu sein, als auch dein Bewußtsein davon erhöhen, daß du dich auf das zubewegst, was du willst – auf das hundertprozentig authentische Ja.

Wenn du jemanden hast, der dich dabei unterstützt, wunderbar. Falls nicht, kann es recht effektiv sein, dir vorzustellen, daß jemand mitmacht, wenn es vielleicht auch nicht so viel Spaß macht.

Ein feiner Wind bläst die neue Richtung der Zeit durch mich hindurch. Ließe ich nur zu, daß er mich trüge, mich mit sich fortrisse!
– D.H. Lawrence

Setze dich bequem auf einen Stuhl mit gerader Rückenlehne, die Füße auf dem Boden. Denke so lebhaft wie möglich an eine Zukunft, die du leben willst. Stell dir vor, daß sie dort drüben ist, auf der anderen Seite des Raumes.

Die Aufgabe besteht darin, von dem Stuhl aufzustehen und dich in Richtung auf sie hinzubewegen. Doch wir wollen etwas Erschwerendes hinzufügen, um die Sache realistischer zu machen. Stell dir jemanden vor, der sich hinter dich stellt (oder bitte jemanden, dies zu tun) und sich mit seinen Unterarmen auf deine Schultern lehnt. Er oder sie drückt nicht, sondern lehnt mit seinem vollen Gewicht auf dir. Jetzt versuche, aufzustehen.

Wenn du es so machst wie die meisten Leute, hast du deine Füße etwas vom Boden hochgehoben und deine Energie dazu benutzt, dich *nach oben* zu bewegen, gegen den Druck der Unterarme des anderen. Wir lernen, gegenzuhalten; unser Schwerpunkt läßt sich in den Kampf hineinziehen, an den Ort, wo wir festsitzen. Wenn dein wirklicher oder phantasierter Gegner größer ist als du, kann es sogar sein, daß dein Zentrum *in* ihn hineingeht. Falls dies nicht der Fall ist, bewegt es sich vielleicht über den anderen hinaus („überwältigen“).

Bitte stehe auf und schüttele all das von dir ab.

Setz dich wieder hin und stell dir diesmal vor, daß eine Tube Zahnpasta auf dem Boden liegt. Der Deckel ist ab, und ein großer Fuß kommt und tritt auf die Tube. Was geschieht mit der Zahnpasta? Richtig – sie quillt vorne heraus. Und wenn ein noch größerer Fuß kommt und noch stärker auf sie tritt? Richtig. Je größer die Herausforderung ist, desto größer ist die Bewegung nach vorne. Die Zahnpasta hat keinen rationalen Verstand. Sie hat nicht gelernt, dagegen zu drücken.

Selbstverpflichtung ist die Liebe, die Energie und Sehnsucht miteinander verbindet.
– anonym

Jetzt spüre deine Leidenschaft für die Zukunft, die du dir vorgestellt hast. Laß sie so wichtig für dich werden, daß in deinem Körper das Gefühl: „Unter allen Umständen“ entsteht. Für mich könnte das eben jetzt lauten: „Unter allen Umständen werde ich dieses Buch mit Freude und Loyalität mir selbst gegenüber fertigschreiben.“ Finde eine Zukunft, die die Maschinerie deines Wünschens in Schwung bringt. Finde einen Sinn, der dir den Wunsch gibt, zu leben.

Spüre das Feuer, das die Sonne in deinem Bauch speist. Stell dir vor, wie es sich von deinem Bauch aus spiralförmig nach vorne ausdehnt. Am gegenüberliegenden Ende des Raumes befindet sich deine Zukunft. Die Energie in deinem Körper dehnt sich in Richtung auf die Zukunft aus, wird von ihr angezogen, so, als bilde sie ein magnetisches Kraftfeld. Deine Füße können aus der Erde Kraft in deinen Körper leiten, so, wie ein Baum Nahrung aus der Erde zieht.

Jetzt laß deinen Gegner wieder erscheinen (real oder in deiner Vorstellung). Denke an die Zahnpastatube, triff die Wahl, auf die Herausforderung so zu reagieren, daß das Gewicht deine Energie nach vorn treibt, in Richtung auf die Zukunft. Die Bewegung entsteht in deinem Bauch, und du wirst von dort aus nach vorn gezogen, bis du am anderen Ende des Raums angekommen bist. Auf diese Weise hat das Problem zu deiner Vorwärtsbewegung beigetragen, anstatt sie zu blockieren.

Die meisten Leute können das nicht glauben, bevor sie diese Übung nicht ein paarmal gemacht haben. Sie denken, der Gegner würde mogeln und beim zweiten Mal weniger Gewicht auf ihre Schultern legen. Dann beginnen sie zu entdecken, daß zwischen dem Impuls und der Handlung ein Punkt der freien Wahl existiert. Wirst du wählen, deine Energie „gegen“ oder „hin zu ...“ einzusetzen? Wird sich dein Zentrum in dem Kampf selbst befinden oder sich unter allen Umständen auf eine proaktive Zukunft hinbewegen? Es wird offensichtlich, daß die Kraft nicht in dem liegt, was uns zustößt, sondern in unserer Wahl, wie wir auf das, was uns zustößt, reagieren.

Die folgende Übung wird dir dabei helfen, dein Gewahrsein für Möglichkeiten, wie du deinen Vertrag in die Tat umsetzen kannst, zu erhöhen. Finde die Sequenz heraus, die zu deiner Art des Lernens am besten paßt:

Ich bin der Wahrheit verpflichtet, nicht der Übereinstimmung.
– Gandhi

Führe eine Bewegung aus oder nimm eine Haltung ein, die die Art und Weise beschreibt, in der dein Feind dich gewöhnlich blockierte.

Arbeite eine Bewegung oder Haltung aus, die die Lehren symbolisiert, die du in bezug auf deinen Feind und die Unterstützung, die du dir selbst gibst, gelernt hast.

Beobachte deine Hände dabei, wie sie von einer Bewegung zur anderen übergehen, als tanzten sie die fortlaufende Geschichte deiner persönlichen Entwicklung.

Setze diesen Prozeß visuell fort: Mache in einer Ecke des Blattes eine kleine Zeichnung oder Markierung, die die Art und Weise darstellt, wie du dich deinem Feind gegenüber verhalten hast, und eine andere, die darstellt, wie du im Verlauf dieses Prozesses gelernt hast, dir selbst Unterstützung zu geben. Finde eine Möglichkeit heraus, sie miteinander zu verbinden.

Setze diesen Prozeß verbal fort: Beschreibe dir selbst in Worten, kurzen Sätzen oder Tönen die Dinge, die du bei deiner alten Art des Dich-Beziehens zu dir selbst sagtest, und dann die neuen Aussagen, die du entwickelt hast, um dir selbst Unterstützung zu geben. Eine sehr wirkungsvolle Möglichkeit, vom Alten zum Neuen überzugehen, ist die Anerkennung des Alten, indem man einfach „Hallo" sagt. Z.B.: „Oh, hallo, Kritik!" Keine lange Unterhaltung oder Analyse. Einfach: „Hallo!" Einige haben auch herausgefunden, daß sie die Brücke vom Alten zum Neuen schlagen können, indem sie die alten subvokalen Sätze aufschreiben und dann das Papier zerreißen.

Wenn du auf dein Leben zurückblickst, wirst du finden, daß die herausragenden Momente, die Momente, in denen du wahrhaft gelebt hast, diejenigen sind, wo du etwas im Geist der Liebe getan hast.
– Henry Drummond

Diese Mini-Übergangsrituale können zu täglichen Verstärkern deiner Selbstverpflichtung zur Veränderung werden. Am Morgen kannst du dir im Spiegel dabei zusehen, wie du den Tanz, die Bewegungen oder Haltungen ausführst. Fang mit den Kritzeleien in deinem Notizbüchlein an; murmele die Worte oder singe die Melodie vor dich hin, während du im Auto oder in der U-Bahn fährst. Jedesmal, wenn du etwas davon in dein Bewußtsein bringst, führst du deine persönliche Entwicklung ein weiteres Stück der Reife entgegen.

Anhang

Das Herausfinden der Wahrnehmungsmuster

Vorgehensweise: Wähle für jede Frage die zutreffendste Antwort und mache in der entsprechenden Spalte auf S. 279 ein Kreuz. Wenn mehr als eine Möglichkeit angegeben ist, wähle beide. Z.B.: Lautet die Antwort auf Frage 1 „a", mache ein Kreuz sowohl in der Spalte AKV wie in der Spalte AVK. Dann zähle, wie viele Kreuze in jeder Spalte sind. Die Spalte mit den meisten Kreuzen stellt wahrscheinlich dein Muster dar.

1. ***Wie würdest du die Art und Weise beschreiben, wie du sprichst?***

a) Die Worte strömen heraus, in logischer Reihenfolge, ständig, ohne Zögern; du verfügst über ein hervorragendes Vokabular. AKV, AVK

b) Du bist manchmal befangen oder scheu, wenn es darum geht, vor Gruppen zu sprechen. VKA, KVA

c) Du verwendest viele Metaphern und Bilder („wie ein Wirbelwind, ein blauer Trichter, ein vom Winde zerzauster Baumwipfel"). VAK, KAV

d) Du sprichst hauptsächlich von Unternehmungen, Gefühlen, Ereignissen. KAV

e) Du machst Handbewegungen, bevor du die Worte aussprichst; du mußt die Hände benutzen oder dich bewegen, um Worte zu finden. VKA, KAV

f) Du redest im Kreis, stellst endlose Fragen. VKA, KVA

2. ***Wie würdest du deine Art und Weise beschreiben, Blickkontakt herzustellen?***

a) Du hältst steten Blickkontakt aufrecht. VAK, VKA

b) Du bist „blickscheu"; du fühlst dich unwohl, wenn ein Blickkontakt mehr als ein paar Sekunden lang andauert; du schaust oft weg. AKV, KAV

c) Du hältst steten Blickkontakt, aber blinzelst oder zuckst, wenn er lange andauert. AVK, KVA

d) Deine Augen werden glasig, wenn du zu lange zuhörst. VKA, KVA

3. *Wie würdest du deine Handschrift beschreiben?*

a) Sauber und leserlich — VAK, VKA

b) Schwer zu lesen — AVK, KVA

c) Kindlich; manchmal sind die Buchstaben nicht ausgeformt. — AKV, KAV

4. *Woran erinnerst du dich am ehesten?*

a) An Dinge, die gesagt wurden: Witze, Gedichte, Namen, Titel; du behältst Dinge durch häufiges Wiederholen. — AKV, AVK

b) An Dinge, die gesehen oder gelesen wurden: Gesichter; wie etwas aussieht; du behältst Dinge durch wiederholtes Schreiben. — VAK, VKA

c) An Dinge, die getan oder erlebt wurden: wie sich etwas anfühlt oder riecht; du behältst Dinge durch wiederholtes Tun. — KVA, KAV

5. *Wie würdest du deine körperlichen Bedürfnisse und Fähigkeiten beschreiben?*

a) Du bist ständig in Bewegung, kannst kaum stillsitzen. — KAV

b) Du kannst lange Zeit stillsitzen. — AVK, VAK

c) Du kommst dir häufig ungeschickt vor oder bist leicht frustriert, wenn es darum geht, eine Art der körperlichen Betätigung zu erlernen. — AVK, VAK

d) Du lernst körperliche Betätigungen leicht und mühelos, ohne daß viele verbale Anweisungen nötig wären. — KVA, VKA

e) Direkt unter der Oberfläche verfügst du über einen hohen Energiepegel. — AKV, VKA

6. *Wie reagierst du auf Berührungen?*

a) Vor körperlichem Kontakt scheust du eher zurück. — AVK, VAK

b) Du berührst gerne Menschen, die du gut kennst, und läßt dich gerne von ihnen berühren. — KVA, KAV

c) Du berührst erst, nachdem du Kontakt aufgenommen hast. — AKV, VKA

7. *Wie drückst du Gefühle aus?*

a) Du behältst deine Gefühle gerne für dich. VAK

b) Deine Gefühle scheinen dicht unter der Oberfläche zu liegen. AKV, VKA

c) Du gibst für Gefühle Gründe an. AVK

d) Es fällt dir sehr schwer, Gefühle in Worten auszudrücken. KVA

8. *Welche Umstände bringen dich dazu, „auszuspacen"?*

a) Wenn es sich um zu viele visuelle Details handelt; wenn du etwas gezeigt bekommst oder gefragt wirst, was es zu sehen gab. AKV, KAV

b) Wenn es um zu viele Worte oder verbale Erklärungen geht oder du gefragt wirst, was du gehört hast. VKA, KVA

c) Wenn es zu viele Wahlmöglichkeiten gibt, was du tun könntest; wenn du berührt wirst oder gefragt wirst, was du empfindest. AVK, VAK

9. *Was nehmen andere als dein unangenehmstes Verhalten wahr?*

a) Du kannst nicht stillsitzen. AKV, KAV

b) Du machst gerne eine Show. VAK

c) Du bist ein Witzbold, neigst zu Unverschämtheiten. AKV, AVK

d) Du wirst leicht mürrisch und verschlossen. VKA, KVA

e) Du unterbrichst andere, redest ununterbrochen. AKV, AVK

f) Du neigst zum Jammern; „ja-aber". VKA

10. *Woran erinnerst du dich am ehesten, wenn du einen Kino- oder Fernsehfilm gesehen oder etwas gelesen hast?*

a) Wie die Menschen und die Szenerie ausgesehen haben. VAK, VKA

b) Was gesagt wurde oder welche Musik gespielt wurde. AKV, AVK

c) Was geschah oder wie sich die Charaktere fühlten. KVA, KAV

11. ***Was machst du zuerst, um dir eine bestimmte Telefonnummer ins Gedächtnis zu rufen?***

a)	Ich sage sie zu mir selbst oder höre sie im Kopf.	AKV, AVK
b)	Ich sehe das Telefon oder die Nummer in meinem Kopf.	VAK, VKA
c)	Ich spüre, wie ich den Telefonhörer abnehme und die Nummer wähle.	KVA, KAV

12. ***Woran erinnerst du dich am ehesten, wenn es um eine Person geht, die du gerade getroffen hast?***

a)	An das, was du mit ihr zusammen gemacht hast oder wie sich ihre Energie anfühlte.	KVA, KAV
b)	An ihr Aussehen.	VAK, VKA
c)	An ihren Namen oder an das, was sie gesagt hat.	AKV, AVK

13. ***Was macht dir am meisten angst, was ist für dich am schwersten zu ertragen?***

a)	Gemeine, verletzende Worte	VKA, KVA
b)	Schlagen, Knuffen, grenzverletzende Berührungen	AVK, VAK
c)	Böse Blicke	AKV, KAV

14. ***Wie baust du etwas zusammen?***

a)	Ich lese die Anleitung und tue es dann. Wenn jemand es mir erklärt, ist das für mich verwirrend.	VKA
b)	Ich lese die Anleitung, stelle Fragen und spreche dann mit mir selbst, wenn ich es tue.	VAK
c)	Ich nehme die Teile zur Hand, stelle dann Fragen, falls es nötig sein sollte; ich lese keine Anleitungen.	KAV
d)	Ich nehme die Teile zur Hand, schaue auf das Diagramm und stelle dann Fragen.	KVA
e)	Ich lasse mir erklären, wie es geht, dann lasse ich es mir zeigen, dann versuche ich es.	AVK
f)	Ich lasse mir erklären, wie es geht: dann versuche ich es. Ich lese Anleitungen nur, wenn es absolut unumgänglich ist.	AKV

15. *Was ist bei deiner Entscheidung, welche Kleider du trägst, am wichtigsten?*

a) Wie sie sich anfühlen, wie bequem sie sind: die Oberflächenbeschaffenheit. KVA, KAV

b) Die Farben; wie sie mir stehen, wie sie zusammenpassen. VAK, VKA

c) Sie müssen eine Vorstellung von meiner Identität vermitteln; der Markenname; was die Kleider über mich sagen; was ich mir selbst in bezug auf sie sage; was mich anspricht. AKV, AVK

	AKV	AVK	KAV	KVA	VKA	VAK
1.						
2.						
3.						
4.						
5.						
6.						
7.						
8.						
9.						
10.						
11.						
12.						
13.						
14.						
15.						

Literatur

Achterberg, Jeanne. *Imagery in Healing.* Boston: Shambhala 1985; dt.: *Gedanken heilen: die Kraft der Imagination.* Reinbek: Rowohlt 1994.

Berman, Morris. *Coming To Our Senses.* New York: Bantam 1990.

Bly, Robert. *A Little Book On The Human Shadow.* San Francisco: Harper 1988; dt.: *Die dunklen Seiten des menschlichen Wesens.* München: Droemer Knaur 1993.

Boffey, Barnes D. *Reinventing Yourself.* Chapel Hill: New View 1993.

Borysenko, Joan. *Fire In The Soul.* New York: Warner 1993; dt.: *Feuer in der Seele.* Freiburg i.Br.: Hermann Bauer 1996.

Brown, Norman O. *Love's Body.* New York: Vintage 1966.

Bush, Mirabai & Dass, Ram. *Compassion In Action.* New York: Bell Tower 1992; dt.: *Auf dem Weg zum Herzen.* München: Droemer Knaur 1993.

Cameron, Julia. *The Artist's Way.* New York: Jeremy Tarcher / Perigee 1992; dt.: *Der Weg des Künstlers.* München: Droemer Knaur 1996.

Chopra, Deepak. *Unconditional Life.* New York: Bantam 1991; dt.: *Die unendliche Kraft in uns: Heilung und Energie.* München: Heyne 1992.

Coles, Robert. *The Call Of Stories.* Boston: Houghton Mifflin 1989.

Combs, Gene & Freedman, Jill. *Symbol, Story, and Ceremony.* New York: W.W. Norton 1990.

Cousins, Norman. *The Healing Heart.* New York: Avon 1984.

Csikszentmihalyi, Mihaly. *Flow.* New York: Harper and Row 1990; dt.: *Flow, das Geheimnis des Glücks.* Stuttgart: Klett-Cotta 1992.

Dobson, Terry & Miller, Victor. *Aikido In Everyday Life.* Oakland: North Atlantic 1992.

Dolan, Yvonne. *Resolving Sexual Abuse.* New York: W.W. Norton 1991.

Dossey, Larry. *Meaning and Medicine.* New York: Bantam 1991.

Erickson, Milton. *Healing in Hypnosis.* New York: Irvington 1983.

— *Life Reframing in Hypnosis.* New York: Irvington 1985.

Estés, Clarissa Pinkola. *Women Who Run With the Wolves.* New York: Ballantine 1992; dt.: *Die Wolfsfrau.* München: Heyne 1993.

Feinstein, David & Krippner, Stanley. *Personal Mythology.* Los Angeles: Tarcher 1988; dt.: *Persönliche Mythologie.* Basel: Sphinx 1987.

Ferrucci, Piero. *Inevitable Grace.* Los Angeles: Jeremy Tarcher 1990; dt.: *Unermeßlicher Reichtum: Wege zum spirituellen Erwachen.* Basel: Sphinx 1992.

Field, Joanna. *A Life Of One's Own.* Los Angeles: Jeremy Tarcher 1981.

Fisch, Richard, Watzlawick, Paul & Weakland, John. *Change.* New York: Norton 1974; dt.: *Lösungen: Zur Theorie und Praxis menschlichen Wandels.* Bern: Huber 1975.

Frankl, Viktor. *Der Mensch vor der Frage nach dem Sinn.* München: Piper 1985.

Gendler, J. Ruth. *The Book Of Qualities.* New York: Harper Collins 1987.

Gleick, James. *Chaos.* New York: Viking 1987; dt.: *Chaos - die Ordnung des Universums.* München: Droemer Knaur 1990.

Goldberg, Natalie. *Long Quiet Highway.* New York: Bantam 1993.

Haley, Jay. *Conversation with Milton H. Erickson,* M.D. New York: Triangle Press 1985.

Halifax, Joan. *The Fruitful Darkness.* San Francisco: Harper 1993.
Herman, Judith. *Trauma and Recovery.* New York: Basic 1992.
Hoffer, Eric. *The Ordeal Of Change.* New York: Harper and Row 1963; dt.: *Die Angst vor dem Neuen.* Reinbek: Rowohlt 1968.
Houston, Jean. *The Possible Human.* Los Angeles: Jeremy Tarcher 1982; dt.: *Der mögliche Mensch.* Reinbek: Rowohlt 1987.
Jung, C.G. *Der Mensch und seine Symbole.* Olten: Walter 1968.
Kabat-Zinn, Jon. *Full Catastrophe Living.* New York: Delacorte Press 1990; dt.: *Heilsame Umwege: Meditative Achtsamkeit und Gesundung.* München: Piper 1995.
Keen, Sam. *Faces Of the Enemy.* New York: Harper Collins 1988; dt.: *Bilder des Bösen.* Weinheim: Beltz 1987.
Kopp, Sheldon. *All God's Children Are Lost, But Only A Few Can Play the Piano.* New York: Prentice Hall 1991.
Kornfield, Jack. *A Path With Heart.* New York: Bantam 1993; dt.: *Frag den Buddha und geh den Weg des Herzens.* München: Kösel 1995.
Kübler-Ross, Elisabeth. *Interviews mit Sterbenden.* Gütersloh: Verlagshaus Mohn 1992.
Leonard, Linda. *Witness To the Fire.* Boston: Shambhala 1989.
Levine, Stephen. *Healing Into Life and Death.* New York: Doubleday 1987; dt.: *Sein lassen: Heilung im Leben und im Sterben.* Bielefeld: Context 1992.
London, Peter. *No More Secondhand Art.* Boston: Shambhala 1989.
Lowe, Ed & Siegel, Stanley. *The Patient Who Cured His Therapist.* New York: Plume 1992.
Macy, Joanna. *World As Lover, World As Self.* Berkeley: Parallex Press 1991.
Markova, Dawna. *The Art Of the Possible.* Berkeley: Conari Press 1991; dt.: *Die Entdeckung des Möglichen.* Freiburg: VAK 1993.
— *How Your Child Is Smart.* Berkeley: Conari Press 1992; dt.: *Wie Kinder lernen.* Freiburg: VAK 1996.
Metzner, Deena. *Writing For Your Life.* San Francisco: Harper 1992.
Miller, Alice. *Abbruch der Schweigemauer.* Hamburg: Hoffmann und Campe 1990.
Mindell, Arnold. *Dreambody, The Body's Role in Revealing the Self.* New York: Viking-Penguin-Arkana 1986; dt.: *Dreambody: Krankheit und Individuation.* Fellbach: Bonz 1985.
— *The Leader As Martial Artist.* New York: Harper Collins 1992.
Moore, Thomas. *Care Of the Soul.* New York: Walker 1992; dt.: *Die Seele lieben.* München: Droemer Knaur 1995.
Muller, Wayne. *Legacy Of the Heart.* New York: Fireside 1992.
Nachmanovitch, Stephen. *Free Play.* Los Angeles: Jeremy Tarcher 1990.
Needleman, Carla. *The Work Of Craft.* New York: Knopf 1979; dt.: *Handwerk. Ein Weg zu sich selbst.* Südergellersen: Bruno Martin 1980.
Nhat Hanh, Thich: *Being Peace.* Berkeley: Parallex Press 1987.
— *Touching Peace.* Berkeley: Parallex Press 1992.
— *The Blooming Of A Lotus.* Boston: Beacon Press 1993.
— *Peace Is Every Step.* New York: Bantam 1991; dt.: *Ich pflanze ein Lächeln.* München: Goldmann 1994.

Purce, Jill. *The Mystic Spiral.* New York: Thames and Hudson 1974; dt.: *Die Spirale - Symbol der Seelenreise.* München: Kösel 1988.

Rossi, Ernest, ed. *The Collected Papers Of Milton H. Erickson.* New York: Irvington 1980; dt.: *Gesammelte Schriften von Milton H. Erickson.* Heidelberg: Carl-Auer-Systeme 1995.

Rico, Gabriele. *Pain and Possibility.* Los Angeles: Jeremy Tarcher 1991.

Siegel, Bernie. *Love, Medicine and Miracles.* San Francisco: Harper 1987; dt.: *Liebe, Medizin und Wunder.* Düsseldorf: Econ 1991.

Siller, Todd. *Breaking the Mind Barrier.* New York: Simon and Schuster 1990.

Somé, Malidoma Patrice. *Ritual.* Oregon: Swan 1993.

Steinem, Gloria. *Revolution From Within.* Boston: Little Brown and Co. 1992; dt.: *Was heißt schon emanzipiert: Meine Suche nach einem neuen Feminismus.* Hamburg: Hoffmann und Campe 1993.

Van der Hart, Onno. *Rituals In Psychotherapy.* New York: Irvington 1983.

Walker, Alice. *The Temple Of My Familiar.* New York: Harcourt, Brace, Janovich 1989; dt.: *Im Tempel meines Herzens.* Reinbek: Rowohlt 1992.

Welwood, John. *Journey Of the Heart.* New York: Harper Collins 1990.

Wisechild, Louise, ed. *She Who Was Lost Is Remembered.* Seattle: Seal Press 1991.

Wolinsky, Stephen. *Trances People Live.* Connecticut: Bramble 1991; dt.: *Die alltägliche Trance.* Freiburg i.Br.: Lüchow 1993.

Zeig, Jeff, ed. *Ericksonian Approaches To Hypnosis and Psychotherapy.* New York: Bruner / Mazel 1982.

Zukav, Gary. *The Seat Of the Soul.* New York: Simon and Schuster 1989.

JUNFERMANN

Die Macht der positiven Sprache

156 Seiten, kart.
DM 24,80
ISBN 3-87387-303-6

„Was man sagt, bekommt man.“ Diese schlichte Behauptung beschreibt eines der wichtigsten Werkzeuge der spirituellen Selbstverwirklichung: die Affirmationen. Bei einer Affirmation handelt es sich um einen positiven Gedanken oder eine Vorstellung, auf die man sich bewußt konzentriert, um ein gewünschtes Resultat zu erzielen. Die Affirmation ist eine einfache und wirksame Methode, mit der die meisten unterschwelligen Einstellungen geändert und transformiert werden können. Affirmationen wirken wie sich selbst erfüllende Prophezeiungen und verändern innere Zustände, indem positive Haltungen und Glaubenssätze bewußt gemacht werden. Der Gebrauch von heilsamen Affirmationen ist ein einfacher und freudiger Vorgang. Der Autor vermittelt in diesem Buch diesen Prozeß sehr einfühlsam und nachvollziehbar. Erst wenn man die Affirmation ausspricht, sieht und fühlt, sind die Sinneskanäle kraftvoll kombiniert und führen so zu einem optimalen Resultat. Die vorliegenden 52 Unterweisungen und Affirmationen sind Angebote des Autors, diesen erfolgversprechenden Weg zu gehen und dabei zu üben.

Dieses Buch wurde geschrieben, um auf die Kraft der Sprache und die damit verbundenen Möglichkeiten hinzuweisen, unser Leben zu heilen und zu transformieren. Es gibt wohl kaum einen besseren und einfacheren Weg, um die kreative Kraft der Gedanken einzusetzen, als mit Hilfe von Affirmationen im Alltag.

JUNFERMANN VERLAG • Postfach 1840
33048 Paderborn • Telefon 0 52 51/3 40 34